致我的孫兒們。

以及英才早逝的摯友阿特金森（Tony Atkinson）及莫里斯（Jim Mirrlees）。

目錄

第二部　未來之路：政治與經濟改革方案

推薦序

更多政府治理挽救美國——諾貝爾獎得主史迪格里茲的對策

高希均

批評總統的白宮經濟顧問

十九年前獲得諾貝爾經濟學獎的史迪格里茲（Joseph E. Stiglitz），得獎前與得獎後從不自限於象牙塔裡自我感覺良好；所討論的經濟專題，都希望能引起社會大眾的共鳴。

這位極富盛名也有爭議性的哥倫比亞大學教授，所著述的大論述是不局限於美國，不局限於這一代，更不局限於經濟。他從大學時代，就決定從主修物理改讀經濟，因為正值年輕的他在印第安那家鄉蓋瑞城的衰落中，看到社會貧富懸殊、歧視普遍、教育不均、政治權力腐化等的現象。MIT的博士學位，名校的教職，率直及切中時弊的言論，使他在柯林頓總統任內，受聘為經濟顧問委員會主席。他身為白宮重要幕僚，卻直言柯林頓不惜犧牲社會福利等重要政策，用以刪減赤字，迎合在野黨所做出的政治妥協，辜負了選民當初的託付。他位居世界銀行要職，也直斥國際貨幣基金成為美式資本主義的宣傳工具，並對它在因應全球金融危機時的僵化與麻木提出抨擊。

他在學府、白宮及國際機構所累積的第一手觀察，親身目擊權力官僚的左右逢源，「市場經濟」太多的限制性，及內在腐化的種子。他愈來愈相信：只有政府可以變成真正解決問題的關鍵之手。

這位自由派大師，去年四月發表的著作：*People, Power and Profit*是他對全球化時代以來，資本主義（或泛稱市場經濟）所帶來的人民增加的憂鬱、剝削行為的持續、全球化中的利益衝突、金融危機中的貪婪、新技術創造的新財富及失業等提出了強烈批判（詳見第二到第六章）。他再以全書一半的篇幅提出政治與經濟所需的改革，可說是「史迪格里茲改革宣言」，因此中文版以此稱之。

去年九月，以《二十一世紀資本論》聞名的法國經濟學家皮凱提也出版了他另一本巨著《資本與意識形態》（*Capital and Ideology*），在長達一千一百餘頁中，他控訴「超級資本主義」帶來了「世界經濟的不平等」。他的對策也是更多的政府參與，從教育正義、工人權益到高所得稅。大西洋兩岸的大學者都在鼓吹要有大政府。看來，「大政府」與「大市場」的世紀辯論，在柏林圍牆倒塌後，又將掀起另一波高潮；可惜海耶克和密爾頓・傅利曼兩位市場派大師已去世。

不能容忍川普製造對立

「天下文化」已先後出版過史迪格里茲前三本著作：

(1)《狂飆的十年》，二〇〇五年十二月

(2)《世界的另一種可能》，二〇〇七年六月

(3)《失控的未來》，二〇一〇年六月

在這些著作中，我們看到一位洞悉經濟理論與實際參與政府高層決策的學者，他要呈現的不是「理論凌駕現實」，或者「妥協超越理想」；而是要想出政策，使某一政策優點極大化，缺點極小化；並以這個態度來診斷當前美國及世界經濟的爭議。更具體地說，他心中的理想世界是四大元素的追求與平衡：經濟效率、社會正義、個人責任與自由價值。

這些題材也正是自己在一九七〇至一九九〇年代於美國教述經濟政策時的重要課題。我對美國社會曾有過這樣的描述：

人人有成功的機會，人人有失敗的自由，這就是公平的美國。

大家向前看，大家向錢看，這就是公平的美國。

有眾多的百萬富翁，有眾多的貧窮家庭，這就是殘缺的美國。

處處有大愛，時時有搶劫，這就是迷惑的美國。

右手拿木棒，左手拿胡蘿蔔，這就是官方的美國。

可惜執政快四年的美國總統川普，喪失了美國的立國精神與優良的民主傳統；也違反了市場經濟的法則，及國際道義的承諾，進而破壞了人類與國家之間的互信與尊重。

這是美國立國二百五十餘年歷史上不光彩的一頁。作者在書中不斷出現他對川普的強烈批判。在前言中，就出現這幾則：

- 「川普仗著掌握權力而為所欲為。這種藐視真理、科學、知識和民主精神的行徑，是川普政府及世界各地『類川普』領袖級人物，不同於雷根及過去保守派人士的根本差異。川普代表的其實是革命的一派，而非保守的一派。」
- 「他大肆製造對立，並擴大對立來獲取個人利益。身為文明人所應有的素養被他拋在一邊，就連冠冕堂皇的言行也被他徹底揚棄。」
- 「川普並沒有提出一個能幫助美國走出困局的腹案；他有的只是放任社會頂層人口繼續掠奪絕大多數民眾的計畫。」

•「我也將釐清為何川普經濟學（詭異的結合低富人稅、放鬆金融與環境管制、本土主義與保護主義等政策路線）也終將失敗。」

書中對川普施政撥亂反正的行動綱領，特別包括下面幾個重點：

(1) 不能對「市場」放任，尤其當社會報酬（Social Return）與私人報酬（Private Return）出現落差懸殊時（如碳排放收費）。當「市場資訊不對稱」時，政府也必要採取行動，減少壟斷獨佔。

(2) 國家財富取決於二個支柱：國家生產力的提升與技術的升級，二者都需要政府大量投資。

(3) 在國家整體財富增加過程中，要用有效的政策阻止企業剝削消費者及勞工，亦即要大量減少尋租（rent-seeking）的不當行為。

(4) 社會中的彼此「對立」如果比較不嚴重，經濟體系的表現就會較好。因此，設法減少貧富差距，趨向所得接近，可以變成雙贏。

(5) 所得分配的稅率必須要調整。教育不平等的問題也要處理，遺產稅目前也過低。

(6) 美式民主已從「一人一票」逐漸變成「一元一票」，美國必須要有更平等分配的經濟體系。

(7)一九九七金融危機所呈現的華爾街貪婪、自私、道德敗壞需要嚴格防範，它傷害了社會的信任與人民的凝聚，不能重蹈覆轍。

(8)川普的孤立主義絕不是選項，必須要努力改善美國的國際關係。

(9)在推動經濟改革時，漸進主義與微幅調整，不足以解決各種難題。因此先要有政治改革，才能推動經濟改革。

從這些討論中，史迪格里茲教授是意含白宮需要換人。這本去年出版的著作，正可以做為今年美國總統大選各方辯論的題材。

一個距離天堂最近的美國，在一個無誠信、缺正義、少公平的川普，不到四年的主政下，竟會受到國內外如此的奚落及譴責！各國政治領袖可不慎乎？

我們隔洋觀戰，完全沒有絲毫幸災樂禍的心理。這是一個相互依賴的世界，美國好，世界才會好，台灣與大陸也才會好。天佑美國！

（作者為美國威斯康辛大學榮譽教授）

前言

印第安那州蓋瑞市（Gary）位於密西根湖南畔，那裡是我的故鄉。在資本主義的黃金年代長大成人的我，直到事後驀然回首，才發覺那是資本主義的黃金年代。當時的我並未感覺周遭的一切有那麼繁榮興盛，在整個成長過程中，我目睹大規模種族差別待遇與隔離政策、嚴重的不平等、勞工抗爭乃至偶發的經濟衰退等現象，而這一切的一切，對這個城市的樣貌、對我同學的人生，都留下令人難以忽視的影響。

蓋瑞市是美國工業化到去工業化的歷史活見證。這個城市設立於一九〇六年，當年世界最大的一貫作業鋼鐵廠便座落於此，而它是以美國鋼鐵公司（US Steel）創辦董事長蓋瑞（Elbert H. Gary）的姓來命名，是個徹頭徹尾的公司市鎮（company town）。我在二〇一五年回到蓋瑞市參加第五十五屆高中同學會時，川普（Trump）尚未成為如今這麼舉足輕重的角色，但局勢明顯已劍拔弩張，這座城市已跟隨整個美國的軌跡，一步步邁向去工業化。那一年，當地人口已比我成長時期少了一半，整個城市簡直只能用油盡燈枯來形容。如今蓋瑞市，已經成為好萊塢電影中受戰火蹂躪或世界末日後等衰敝場景的拍攝地之一。

我的同學長大以後，有的成了老師，也有少數人當上醫師和律師，還有很多人擔任祕書職務。不過，那次同學會上最令人感到辛酸的話題，是有些人談到當年高中畢業後，原本期待在本地的鋼鐵廠謀個差事，但由於整個國家正好陷入另一場經濟衰退，他們不得不選擇從軍，生命的軌跡自此朝維護治安的職涯推進。看著已離世同學的名冊，再看看在場許多同學的身體狀態，我不由得再次想起美國人平均餘命（life expectancy）與健康狀況的不平等問題。正當我陷入思索之際，突然有兩名同學起了爭執。一名曾當過警察的同學用惡毒的言語批判政府，另一名曾任學校教師的同學則反批，說那名退休警察的社會安全與失能給付，正是來自他所惡言批判的政府。

我在一九六〇年離開蓋瑞市到麻州的安默斯特學院（Amherst College）求學。在當時，任誰都無法預測歷史將會如何發展，更不可能想像得到，歷史的發展會對蓋瑞市和我的同學造成什麼影響。這個城市對我的人生態度影響至深：年少時期目睹的不平等現象與苦難，在我的腦子裡留下深刻烙印，那些記憶不斷啃噬著我，導致我對理論物理學的熱情漸漸消退，並對經濟學產生極大興趣。我熱切的希望了解，為何美國經濟體系會導致那麼多人陷入匱乏，更想釐清要如何解決那樣的困境。

等到我開始進行研究，更能理解為何市場的運作經常不完美之際，上述種種問題已變得更加嚴重，不平等的程度惡化到超乎年輕的我所能想像的地步。直到多年後的一九九三年，也就是我加入柯林頓（Bill Clinton）政府擔任經濟顧問委員會（Council of Economic Advisers）委員那時，世人才終於漸漸開始正視這些議題。這個國家不平等的程度，在一九七〇年代中期或一九八〇年代初期間突然嚴重惡化，一九九三年時已達到我有生以來最嚴重的水準。

透過經濟學研究，我體察到很多保守派人士的意識型態是錯的；他們幾乎像信仰宗教般篤信「市場的力量」，甚至相信我們幾乎可以完全仰賴自由不受束縛的市場來管理經濟體系，問題是，這樣的信念並沒有理論基礎或證據可言。當時，我面對的挑戰不僅在於如何說服其他人相信保守派人士的意識型態有誤，更在於如何設計出真正有效的計畫與政策，來扭轉不平等程度惡化的危險趨勢，並阻止一九八〇年代雷根（Ronald Reagan）政府以來，因積極推動金融自由化帶來的不穩定與潛在風險發生。更令人煩惱的是，到一九九〇年代，愈來愈多人對市場的力量堅信不移，我在柯林頓政府裡的某些同僚更是不遺餘力的推動金融自由化，甚至連總統本人都積極朝這個方向前進。[1]

我在任職經濟顧問委員會期間，就對不平等程度的日益惡化憂心忡忡，不過從二〇〇〇年起，隨著不平等的程度持續不斷惡化，這個問題更達到令人不得不提高警覺的狀態。因為，即使是經濟陷入大蕭條之前，美國金字塔頂端的國民所得占比都不像目前那麼高。[2]

距離我加入柯林頓政府二十五年後，我開始反思：美國怎麼會落入如此這般的境地？未來我們將何去何從？還有，要做些什麼才能改變未來的方向？我是以經濟學家的身分來回答這些問題，所以不意外的，我認為我們至少可以從經濟失靈之中，找到這些問題的部分解答。美國現在面臨的經濟失靈包括：未能妥善處理由製造業經濟到服務業經濟的轉型歷程、未能有效馴服金融部門、未能適當管理全球化及其後果，以及最重要的：儘管美國已漸漸變成一個「一%所有、一%所治、一%所享」的經濟體系與民主政治，我們卻未能針對這樣日益惡化的不平等情勢採取回應。[3]過往的經驗和學術研究都清楚顯示，經濟和政治無法切割，尤其是美國這種「有錢能使鬼推磨」式的政治。因此，儘管本書多數內容聚焦在和美國眼前局勢有關的經濟情勢，但若未對美國的政治稍加著墨，將是我的疏忽。

上述診斷結果的許多要素如今已為人所熟知，包括不節制的金融化，管理不善的全球化，以及不斷增強的市場操縱力（market power）等。我將說明這些要素之間的交互關聯性，並說明當這些要素結合在一起後，如何造成經濟成長趨於貧乏，並導致經濟成長果實的分享變得那麼不平等。

但無論如何，本書的目的不只是要診斷問題的癥結，更要提供解決問題的處方，也就是未來我們能做些什麼，來解決眼前的問題。為了回答這些疑問，我必須先解釋國家財富的來源，並區隔「財富創造」（wealth creation）和「財富搾取」（wealth extraction）之間的差異。所謂的財富搾取，是指透過剝削或其他不良手段取走他人財富。國家財富並非源自財富榨取，而是奠基在財富創造上。國家財富奠基在一國人民的創造力與生產力，以及人民之間建設性的互動。國家財富奠基在科學的進步，科學讓我們學會如何發掘隱藏在大自然的真理，並利用那些真理來促進技術升級。更深入來說，國家財富奠基在我們對社會組織理解的進步，這些理解源自於理性對話，並促成「法治」、「權力制衡」以及「正當法律程序」等制度的設立。

在本書中，我將提出一份改革計畫的綱要，這個改革計畫的論述和川普及其支持者的計畫完全相反。某種意義來說，這是一個融合老羅斯福（Teddy Roosevelt）與小羅斯福（FDR）的主張，但完全適用於二十一世紀的改革計畫。我要強調的核心論點是，經過這些改革，經濟將更快速成長，但在此同時，經濟的繁榮將得以共享；在那樣的環境下，多數美國人所渴望的生活將不再只是白日夢，而是可以達成的現實。總之，如果我們真正理解國家財富的來源，就能實現更有活力且繁榮共享的經濟體。但要達到那個目標，政府必須勇於承擔和目前不同、甚至更大的責任；在二十一世紀的複雜世界裡，我們不能逃避集體行動的必要性。我也將說明，只要政府採行一系列財力許可下的卓越政策，中產階級生活將再次成為常態。在上個世紀中葉，我們曾經差一點就實現那樣的生活方式，但目前看來，我們距離那種生活方式已愈來愈遙遠。

川普經濟學對民主政治的攻擊

看著美國當前的處境，不禁讓人想起四十年前右派份子再度勝出時的情景。當時右派份子的再次崛起，儼然成了一場全球運動：包括美國的雷根總統（Ronald Reagan）以及英國的柴契爾夫人（Margaret Thatcher）皆是這場社會運動的要角。強調政府可透過貨幣與財政政策積極提升需求來維持充分就業的「凱因斯經濟學」（Keynesian economics），因這場運動而被「供給面經濟學」（supply-side economics）所取代。供給面經濟學的主張是：放鬆管制（deregulation）與減稅能讓經濟體系獲得解放，並提升商品與勞務供給的誘因，從而使個人的所得增加。

似曾相識的巫毒經濟學

然而當年供給面經濟學並未讓雷根討到好處，如今川普也不可能靠它得逞。現在的共和黨人向黨員及美國民眾表示，川普的減稅將活化經濟體系的動能，他們還強調這股動能非常強大，大到足以使減稅所造成的稅損低於質疑者所宣稱的水準。這就是供給面經濟學的論述，但如今我們已經知道，供給面經濟學根本行不通。雷根的一九八一年減稅行動，開啟巨額的財政赤字與緩慢的經濟成長，以及更不平等的世代。而川普的二〇一七年稅改法案更令人匪夷所思，不僅減稅規模更大，更絲毫沒有科學依據可言，純粹是以更甚於雷根的自私與迷信為基礎。老布希總統（George H. W. Bush）曾將雷根的供給面經濟學稱為「巫毒經濟學」（Voodoo economics），而川普採納的供給面經濟學，則可謂是加強版的巫毒經濟學。

一些川普的支持者也承認他的政策確實不完美，但仍極力為其辯護，宣稱至少川普關注到那群長久以來被忽略的民眾，至少川普給予他們尊嚴並聆聽他們的聲音。不過我的看法有所不同：川普向來精明，他早就察覺到社會上憤恨不平的聲浪，所以不斷火上加油的激化那些不滿，最終無情的利用這些不滿來謀取個人利益。他情願讓美國中產階級民眾的情況變得更糟，完全無視於整個國家已隨平均餘命縮短而搖搖欲墜的事實，無情奪走一千三百萬名美國人的醫療保健福利，這些作為在在顯示，他非但一點也不關注那些民眾，而且根本是藐視那些民眾。不僅如此，他為富人減稅，卻導致絕大多數中產階級稅賦負擔加重的政策，也是公然藐視民眾的行徑。[4]

經歷過雷根總統造成那段苦日子的人，應該都會感覺到目前的情況與當年似曾相識，雷根和川普都善於利用恐懼和偏執來謀取利益。雷根用「福利女王」（welfare queen）一詞來指稱接受社會福利幫助的人，批評他們掠奪美國民眾辛苦賺來的錢，藉此強化美國人的恐懼與偏執。當然，他所隱含的訊息是：非裔美國人在濫用社會福利。他對窮人也完全沒有同理心可言，在食品業的壓力下，讓番茄醬改列為學校營養午餐所要求的「蔬菜類」食物，此事固然滑稽，卻也極其悲哀。另外，他運用華麗的自由市場詞藻，來包裝一些具強烈保護主義傾向的政策，更是不折不扣的偽善行徑。雷根的偽善衍生許多委婉的修辭，其中之一是「自動出口設限」（voluntary export restraints），意思是指日本可以選擇自願削減它的出口量，或是遭受被動削減。川普的貿易代表萊特希澤（Robert Lighthizer）在四十年前，就曾在雷根麾下擔任美國貿易副代表，所以川普重用此人絕非偶然。

雷根和川普之間還有其他相似點，例如他們都公然表現出樂於為企業利益效勞的意願，甚至以特定利益團體為重。雷根策畫一個天然資源大放送計畫，以相當於市價幾分之幾的跳樓大拍賣價格，將美國的大量石油賤賣給大型石油公司。而川普為了取得政權，在競選期間承諾「抽乾沼澤」（drain the swamp），清理腐敗的政治生態，讓長久以來被華盛頓權力掮客漠視的人得到發聲機會；但當他執政後，這個沼澤的腐敗程度比起過往，卻明顯有過之而無不及。

然而，儘管他們兩人之間有很多相似之處，卻也存在某些深刻的差異，這些差異正是導致部分老共和黨人和川普之間出現嚴重嫌隙的根本原因。雷根周遭的確充斥盲目支持所屬政黨一切政策的「政黨駭客」（party hack），但也不乏許多傑出的公僕，例如夏爾茲（George Shult）就曾擔任雷根政府國務卿、財政部長等多項掌握實權的重要職務[5]。這些傑出的公僕仍然重視理性和真理，例如他們認同氣候變遷是一種攸關存亡的威脅，而且相信美國必須堅守它做為全球領袖的立場。一如在他們之前與之後擔任政府官員的所有人，這些公僕會因公然說謊被拆穿而困窘得無地自容。儘管他們可能也曾試圖掩蓋實際情況，但好歹還是有把真理當一回事。但白宮的現任主人和周遭的人顯然並非如此。

雷根至少保持理性與邏輯的表象。他的減稅政策至少還有理論基礎可言，我們先前提及的供給面經濟學便是這項減稅政策的依據，儘管隨後四十年間，這個理論被反覆證明是錯誤的。相較之下，川普和二十一世紀的共和黨人根本連理論也不要，他們仗著掌握權力而為所欲為。這種藐視真理、科學、知識和民主精神的行徑，是川普政府及世界各地「類川普」領袖級人物，不同於雷根及過去保守派人士的根本差異。事實上，誠如我解釋的，從很多方面來說，川普代表的其實是革命的一派，而非保守的一派。或許這樣我們就能理解，為何川普諸多扭曲概念能引起美國民眾的迴響，但那些概念並不會因為這些迴響而變得更具說服力，也不可能因為這些迴響而變得較不危險。

二〇一七年的川普稅賦「改革」，徹底說明了美國偏離過往傳統與規範的程度有多麼嚴重。稅務改革通常理當是要簡化與消除漏洞，確保沒有人能逃避依法應付的稅金，同時確保稅金足夠應付國家的支出。即使是雷根，都曾在一九八六年的稅務改革中提出簡化稅制的呼籲。但二〇一七年的稅改法案非但沒有簡化稅制，反而增加一系列全新的複雜規定，原本的漏洞則幾乎原封不動，包括私募基金從業人員最高只須繳納二〇%的稅率，而美國其他勞工的最高稅率是前者的幾乎兩倍。[6]尤有甚者，這個新法案更廢除旨在有效防杜個人與企業濫用漏洞的「最低稅負」（minimum tax），未來有心逃漏稅的個人與企業，將不再需要就其所得繳納基本稅額。

這一次，政府倒是不再吹噓稅務改革能降低赤字，於是唯一的疑問只在於：赤字會增加多少？到二〇一八年年底，一般估計政府隔年舉債金額將達一兆美元以上的歷史新高。[7]若以債務在國內生產毛額（GDP）的占比來看，數字也將創歷史新高。更糟的是，這樣的赤字水準是發生在美國未處於戰爭，經濟也未衰退的時期。由於經濟體系正一步步接近充分就業，那樣的赤字顯然將產生不良後果，因為聯準會（Federal Reserve）將不得不提高利率，而利率上升將壓抑投資活動和經濟成長；儘管如此，只有一名共和黨人（肯塔基州的保羅〔Rand Paul〕參議員）對這個法案表達微弱到幾乎無法察覺的反對聲音。相較之下，美國政治體系以外的各方批評聲浪則是波濤洶湧且源源不絕，連一向避免批評美國的國際貨幣基金組織（International Monetary Fund）（因為這個實體受美國勢力支配）都加入討論美國的「財政不負責」行為。[8] 美國政治圈的偽善程度令政治觀察家瞠目結舌，想當年，在二〇〇八年金融危機過後，雖然經濟體系亟需提振，共和黨人卻振振有辭的宣稱政府負擔不起經濟提振措施的支出，因為那會導致赤字增加到無法容忍的水準。當時的說法言猶在耳，但如今他們對政府赤字的態度卻已不變。

川普的稅改法案源自於極度濃厚的政治犬儒主義（political cynicism）。這個由共和黨一手策動的計畫，將讓一般公民在未來幾年獲得小額減稅，但公民們實際獲得的只是微小且短暫的利益。共和黨的政黨策略似乎是以兩個假說為基礎，而如果這些假說正確無誤，絕非美國之福：其一是，一般公民極度短視，所以只會聚焦在眼前的小額減稅，忽略那些減稅只是暫時的，也沒有注意到絕大多數中間課稅級距納稅人的稅賦，將因此更為加重；其二是，就美國的民主政治來說，真正重要的是錢。若能讓有錢人開心，他們就會捐獻巨款給共和黨，而這些捐款將能「收買」到足夠維繫各項政策的選票。這樣的策略說明美國早已偏離立國時的理想，而且愈離愈遠。

公然試圖進行選民壓制（voter suppression），以及肆無忌憚不公平的重劃選區，這些行徑不僅破壞民主政治的根基，也使得當前的政府顯得十分「與眾不同」。雖然過去的執政者並非沒有過類似的行徑（我得遺憾的說，這類行徑幾乎可說是美國的固有傳統之一），但過去的政府並沒有表現得那麼冷酷、那麼精準，也沒有那麼露骨。

或許最重要的是，過去兩黨的領袖都試圖維繫整個國家的團結，畢竟每一位總統上任時都曾宣示擁護美國憲法，而憲法開宗明義就提及「我們，美利堅合眾國的人民……」，換言之，憲法條文的基礎是我們對共同利益（Common Good）原則的信仰。但川普則徹底相反，他大肆製造對立，並擴大對立來獲取個人利益。身為文明人所應有的素養被他拋在一邊，就連冠冕堂皇的言行也被他徹底揚棄。

當然，目前美國和整個世界的情況與四十年前截然不同。四十年前，去工業化的歷程才剛剛展開，如果當時雷根及繼任者能推行正確的政策，或許美國的工業腹地不會被蹂躪到如今這般悲慘的境地。當時美國還處於「大鴻溝」（Big Divide）的初期階段，所謂的「大鴻溝」是指美國頂層一％人口和其他人口之間的鴻溝。過去的經濟學養成教育告訴我們，一旦國家達到某個開發階段，不平等的程度將會縮減，而美國確實也曾經印證這個理論。[9]在第二次世界大戰結束後那幾年，美國社會的各個角落都欣欣向榮，而且社會底層民眾的所得成長率，遠遠高於最頂層的人口；當時的美國創造世界史上最大的中產階級族群。但相反的，到二〇一六年選舉時，美國的不平等程度已達到十九世紀末「鍍金時代」（Gilded Age）以來的最高點。

只消一窺美國今日與四十年前的處境，就能清楚體會川普經濟學和雷根的政策一樣無法有效率的正常運作，而且相較於雷根，川普經濟學更不適用於眼前的世界。即使是在雷根時代，我們都不可能回到艾森豪（Eisenhower）執政時期經濟蓬勃發展的榮景，因為當時的美國已經一步步從工業型經濟轉型為服務型經濟。在四十年後的今天，那樣的殷切期盼卻比雷根時代更加強烈，看起來完全脫離現實。

不過，美國不斷改變的人口結構，已讓尋求恢復那段「榮光」往日（當時多數人未能享受到繁榮興盛的好處，包括婦女和有色種族）的人陷入兩難。不僅因為有色人種將成為美國人口中的多數，也因為二十一世紀已不再容得下一個僅由男性支配的社會。目前生活在都會區的大多數美國人，不分北方或是南方，都已能體悟多元性及合作的價值，並相信唯有政府發揮必要的作用，美國才有實現繁榮共享的一天。民眾打破過往的陳舊的錯誤觀念，有時改變甚至就像是在一夜之間。當民心已發展至此，那麼在一個只為少數族群（無論是試圖剝削消費者的大企業、試圖剝削貸款人的銀行，或是沉溺在過去的一切並試圖重返過往榮光的人）效勞的民主社會裡，若這些少數族群想繼續保有他們的經濟與政治支配力量，唯一的對策就是以某種方式壓制民主。

我們可以不用變成那樣的國家。美國可以不要成為一個有非常多窮人、有非常多民眾單純為了繼續活下去，而不得不努力奮鬥的富裕國家。雖然新科技與全球化等變遷正促使不平等的程度惡化，但各國之間截然不同的模式顯示，只要採納不同的政策，必定會產生攸關重大的差異。不平等只是我們過去選擇所造成的結果，它並非不可避免。不過，除非我們改變目前的路線，否則不平等的程度可能會繼續擴大，經濟成長也可能繼續困在當前的低迷水準。事實上，目前低迷的經濟現象本身就像個謎團，因為美國理當是世界史上最創新的世代裡最創新的經濟體。

川普並沒有提出一個能幫助美國走出困局的腹案；他有的只是放任社會頂層人口繼續掠奪絕大多數民眾的計畫。本書將一一說明為何川普及共和黨的行動計畫，有可能導致美國社會當前的所有問題進一步惡化，讓經濟、政治與社會鴻溝擴大，使平均餘命進一步縮短，美國財政持續惡化，並帶領這個國家走向愈來愈緩慢成長的新世代。

的確，美國當前的很多問題當然不該全歸咎於川普，不過他確實讓這些問題變得更明朗且具體。各種鴻溝原本就存在，有心煽動的人隨時可利用這些鴻溝來謀利。就算川普沒有取得政權，想必不出幾年也會有其他精於煽動群眾的人躍上檯面。放眼全世界，這樣的人物處處可見，例如法國的勒朋（Le Pen）、波蘭的莫拉維茨奇（Morawiecki）、匈牙利的奧班（Orban）、土耳其的艾爾段（Erdogan）、菲律賓的杜特蒂（Duterte），以及巴西的波索納洛（Bolsonaro）等。

這些精於煽動群眾的人物各有不同，卻都有著藐視民主的共同特質（奧班甚至驕傲的讚揚「不自由民主政治」〔illiberal democracies〕的優點），他們都不把民主國家的法律規定、自由媒體和獨立法院系統等當一回事。此外，他們都堅定相信「強人」（也就是他們自己）的重要性，問題是，在世界上多數地方，「強人性格崇拜」早已是過時的文化。他們都是習慣將自身的問題歸咎於外部的人。他們也都是無條件擁護本土價值的民族主義者。這個世代的獨裁者和有意獨裁者似乎普遍具備一種粗鄙的人格特質，某些個案甚至公然表現出偏執狂與厭女症的態度。

雖然其他先進國家也會遭遇類似困擾，不過，誠如我們將討論的，美國的情況比其他國家更嚴重，例如美國的不平等程度較嚴重，美國人的健康狀況較差，社會對立的情況也較為明顯。川普就像一面重要的警世殷鑑，提醒世人：若不及早發現並採取對策，這些病症最終將變成難以治癒的陳痾。

嶄新的改革資本主義

不過，俗話說：光說不練贏不了真把式。在經濟學議題上也是如此，想打敗某個爛計畫，唯一的方法就是說明我們有更好的替代計畫可用。就算沒有陷入當前這種困境，我們也需要一個不同於美國和世界上其他多數地區已熱情擁抱長達三十年的夢想。過去三十年的社會觀是以經濟為中心；而且是透過「自由」市場的視角來看待經濟體系的社會觀。這個社會觀假裝它是以我們對市場了解的進展為基礎，但事實上正好相反，過去七十年的經濟學進展早已證明自由市場的極限。當然，任何眼睛雪亮的人都已清楚見到：「偶發且有時極為嚴重的失業」（例如大蕭條時期）以及「嚴重的環境汙染」（某些地方的空氣甚至不適合呼吸），這只是證明市場本身不盡然能有效率運作最明顯的兩個證據，其他證據更是不勝枚舉。

我寫本書的首要目的，是為了讓一般人更理解國家財富的真正來源，並說明如何在強化經濟體系的同時，確保經濟成果的平等分享。

我在本書提出一個不同於雷根與川普政策的替代行動計畫，這個行動計畫是以現代經濟學的獨到見解為基礎，我相信，現代經濟學將帶領我們走向繁榮共享的境界。在闡述這個行動計畫的過程中，我將釐清為何以「自由不受束縛的市場」為基礎的新自由主義（neoliberalism）

概念會失敗；另外，我也將釐清為何川普經濟學（詭異的結合低富人稅、放鬆金融與環境管制、本土主義與保護主義等政策路線）也終將失敗。在展開這個旅程以前，我認為先總結一下這個替代行動計畫的主要論據或許會更有幫助，以下是一些和經濟學有關的全新領悟。[10]

第一，若放任不管，市場本身並無法達到共享且永續的繁榮。在功能運作良好的經濟體系，市場確實能發揮非常寶貴的力量，但也經常未能創造公平與效率的結果，它製造太多不良的事物（汙染），製造太少有利的事物（基礎研究）。而且，一如二〇〇八年金融危機所示，市場本身並不穩定。八十多年前，凱因斯（John Maynard Keynes）就已解釋為何市場經濟體的失業率經常居高不下，他還教導我們，政府如何能將經濟體系維持在充分就業或接近充分就業的狀態。

當一項經濟活動所帶來的社會報酬（social return，即社會因此得到的利益）與這項活動的私部門報酬（private return，即個人或企業因此得到的利益）之間的落差懸殊時，就無法單憑市場的力量來解決這個落差。氣候變遷是一個很好的例子，溫室氣體的超量排放對地球來說是一個攸關存亡的威脅，它所造成的巨大社會成本，遠遠超過任何企業或國家所能負擔。限制碳排放是絕對必要的，而我們可透過立法來加強監理，或是針對碳排放收費等手段來達到目的。

當資訊不完全且某些關鍵的市場（例如針對失業等重大的風險提供保障）付之闕如，或者當市場競爭有限時，市場就無法維持良好運作。雖然這些市場「缺陷」普遍存在，不過當「缺陷」出現在某些領域時，會特別顯得攸關重大，例如金融領域。另外，市場也不會創造足夠所謂的「公共財」（public goods），例如消防、國防這類傾向於全民共享，且不易找到賦稅以外收費方式的財貨。要實現維持良好運作、且讓公民感覺更安全富足的經濟體系與社會，政府一定得花錢，例如花錢提供更好的失業保險、花錢為基礎研究提供財源；另外，政府也應該落實監理，讓民眾無法傷害他人。因此，資本主義經濟體向來牽涉到民間市場與政府之間的某種交融，市場或政府都不是問題，問題在於如何融合兩者以實現最大的利益。若應用到本書的主題，那是指若要實現能快速成長且維持效率與穩定的經濟體系，同時確保所有人都能公平分享到經濟成長的果實，政府有必要採取行動。

第二，我們必須認清一個國家的財富取決於兩大支柱。首先，當一個國家的生產力提升，且生產力提升的最重要源頭是知識水準的提升，這個國家就會變得更富裕，換言之，它將實現更高的生活水準。技術的升級，來自政府出資的基礎研究所打造的科學基礎。另一個支柱是：當一個國家擁有優質的整體社會組織，讓所有成員得以在有保障的情況下互動、交易與投資，這個國家也會變得更富裕。優質的社會組織設計，源自於數十年的理性與審慎思考以及經驗觀測，而透過那類長期的思考與觀測，我們才得以釐清何種設計可行，何種又不可行。而在設計社會組織的過程中，世人也漸漸體察到「法治」、「正當法律程序」、「權力制衡機制」，以及與發現、評估與講述真理有關的大量機構等對民主政治實體的重要性。

第三，不能將「一個國家的財富」和「該國特定個人的財富」混為一談。某些人和企業藉由提供消費者想要的新產品而功成名就，那是良性的致富管道。然而，某些人則是利用自身的市場操縱力，透過剝削消費者或勞工而累積財富，這類被經濟學稱為「尋租」(rent-seeking)的行為，說穿了只是所得的重新分配，並無法使國家的整體財富增加。「尋租」行為和「財富創造」行為呈現鮮明的對比：財富創造者是在努力把餅做大，而尋租者只是努力分得更多的餅。政策制定者應該集中火力來處理所有存在超額利潤的市場，因為這些市場的存在，意味經濟體系的表現可以更有效率；實際上，隱藏在超額利潤背後的固有剝削行為會削弱經濟實力。所以若能成功打擊尋租行為，就能將資源重新導向財富創造活動。

第四，對立較不嚴重的社會、較平等的經濟體系表現較好。導因於種族、性別和少數民族的不平等，尤其令人反感。這個觀點非常不同於先前在經濟學占有支配地位的觀點，過去流行的觀點主張凡事有「得」就必須有「捨」，若想要追求更平等的社會，就必須犧牲經濟成長和效率。當不平等已達到美國這樣的極端程度，且其不平等導因於少數人不當利用市場操縱力，進行剝削或差別待遇等時，設法降低不平等程度的好處將最為顯著。因此，追求提高所得平等程度的目標，無須付出金錢上的代價。

此外，我們也需要揚棄對「下滲式經濟學」（trickle-down economics）的錯誤信念，這個概念主張，若經濟成長則所有人都將受惠。從雷根開始的歷任共和黨籍總統所採納的供給面經濟學政策，都是以此概念為基礎。但實際的記錄清楚顯示，經濟成長的利益根本就沒有向下滲透。無論是在美國或其他先進國家，歷經幾十年的供給面經濟政策，儘管GDP確實增加了，但廣大民眾的所得卻幾乎停滯，民眾也因此活在憤怒與失望當中。市場本身並不盡然會幫助這些民眾，不過，政府可透過政策來改變這樣的現象。

第五，以實現繁榮共享為目標的政府計畫，必須同時聚焦在市場所得的分配（有時被稱為預分配〔pre-distribution〕）及重分配，即個人在課稅與財富移轉後所享有的所得。市場並非與世隔絕，它與其他經濟要素息息相關；所以我們必須有計畫的建構市場，而我們建構市場的方式，會影響到市場所得的分配與經濟成長和效率。我們的法律若允許大企業濫用賣方獨占勢力，或讓執行長可以分走企業多數的所得，將導致更高的不平等及更低的經濟成長率。要實現一個更公平的社會，需要有平等的機會，但要有平等的機會，就必須有更平等的所得和財富。優勢代際相傳的現象一向存在，所以，上一代所得與財富分配的過度不平等，將轉化為下一代的嚴重不平等。教育是解決這個問題的局部方案，但只是局部。美國教育機會的不平等比其他很多國家嚴重，而若能為所有國民提供更好的教育，就有可能改善不平等的程度，並提高經濟表現。問題是，當前美國的繼承稅（inheritance tax，遺產課過遺產稅並分發給繼承者後，再針對繼承者所課的稅賦）過低，這意味美國正一步步形成一個由繼承型富豪統治的社會，而這樣的發展將使得原本已因教育機會不平等而產生的惡性影響，變得更加難以收拾。

第六，由美國經濟與社會運作的遊戲規則都取決於政府，所以，政府的所作所為攸關重大；政治和經濟密不可分。經濟層面的不平等必然會被轉化為政治勢力的不平等，而掌握政治勢力的人能利用政治力量為自己爭取更多優勢。如果我們不改革美國的政治規則，形同放任我們的民主政治淪為笑柄，因為我們已漸漸變成「一元一票」，而非「一人一票」的獨特世界。如果我們的社會想要擁有一套制衡體系，來有效檢核超級富豪族群是否為非作歹，我們就必須創造一個財富與所得更平等分配的經濟體系。

第七，自一九七〇年代初以來，轉向「美國式資本主義」的經濟體系以令人遺憾的方式，形塑我們的個人認同與國家認同。大衰退（Great Recession）時期金融業所顯露無遺的貪婪、自私、道德敗壞、樂於剝削他人以及不誠實，嚴重牴觸我們較為崇高的價值觀；然而這樣的情形已明顯可見於社會的各個領域，而且不僅是美國如此。我們內心判別行為可否被接受的規範早已改變，這些改變破壞社會信任與凝聚力，甚至傷害到經濟績效。

第八，雖然川普和世界各地的本土主義者圖謀將我們（尤其是因去工業化而吃盡苦頭的人）的困境，歸咎給其他人或事（移民和不良的貿易協定），但其實錯在我們自己，我們理當更良善的管理技術變遷與全球化的歷程，讓多數因此失業的人能在其他領域找到新工作。展望未來，我們必須做得比過去更好，而我將在本書中說明該如何達成。最重要的是，孤立主義絕非可行的選項，我們生活在一個高度連結的世界之中，無論是在經濟或政治的層面，必須比過去更善加管理我們的國際關係。

第九，制定一個全方位的經濟行動計畫，來恢復經濟成長與共享繁榮。這個行動計畫要清除妨害經濟成長與平等的障礙（例如節制大型企業濫用市場操縱力），同時重建新的平衡（例如賦予勞工更大的協商力量）。這個行動計畫要對基礎研究提供更多支持，同時更積極鼓勵民間部門從事真正的財富創造，而非尋租行為。

當然，經濟只是達成目的的一種手段，它本身並不是目的。在二次世界大戰結束後的那些年裡，「中產階級生活」似乎成了美國人與生俱來的權利；時至今日，那樣的生活似乎又變成美國大多數民眾遙不可及的夢想。事實上，當今的美國比二次世界大戰後的美國富裕非常多，所以我們絕對有財力確保絕大多數美國公民如願達到那樣的生活水準。本書將說明要如何實現那個願景。

最後，現在就是展開這場變革的正確時機。採取漸進主義（Incrementalism）微幅調整美國政治與經濟體系，並不足以解決當前的種種難題。我們真正需要的，是本書所呼籲的劇烈變革。不過，如果我們缺乏一個強大的民主政治體制，強大到足以抵銷隨著財富集中化而衍生的政治勢力，本書提及的所有經濟變革都不可能完成。所以，在進行經濟改革以前，必先完成政治改革。

第一部

迷途

政治經濟糾葛下的難題

若一家自相紛爭，那家就站立不住。

——馬可福音3：25；林肯總統（Abraham Lincoln）

第一章　緒論

若說美國和很多先進國家的狀況不太好，實在是太過輕描淡寫。這一片土地早已瀰漫不滿的情緒。

若依過去四分之一個世紀美國經濟學及政治科學界的主流思維，情況理當不該發展到如此不堪的境地。一九八九年十一月九日，當柏林圍牆倒塌時，福山（Francis Fukuyama）在這個民主政治與資本主義終於勝出的時刻公開宣稱「歷史的終結」。隨著經濟成長率提高到前所未見的水準，一般人漸漸相信全新的全球繁榮世代即將來臨，並認為美國理所當然將成為繼續帶領全球經濟前進的領頭羊。[1]

然而到了二〇一八年，這些爆紅的概念似乎被打回原形，一切終於回歸現實。二〇〇八年的金融危機已經顯示，資本主義完全無法達到世人原本的期待：它既沒有效率，也不穩定。接著，有大量統計數據證明，過去四分之一世紀的經濟成長，主要受益者其實是社會最頂層。最後，大西洋兩岸出現的的反建制（anti- establishment）投票結果，從英國的脫歐公投到美國的川普當選總統，更令人們對民主國家選民的智慧產生懷疑。

我們的權威專家學者對這種種現象提出一個簡單的解釋，就目前的情況觀察，這樣的解釋並無不妥：社會上的菁英份子在追求全球化和自由化（包括金融市場的全球化與自由化）的過程中，忽略大量人民的困境，雖然他們信誓旦旦保證所有人都將受惠於這些「改革」，但實際上多數公民並未獲得菁英份子承諾的利益。全球化加速去工業化（deindustrialization）的進程，絕大多數的公民因此被遺忘，尤其是教育程度較低的男性公民。

二〇〇八年，金融市場自由化引爆金融危機，造成一九二九年大蕭條以來最嚴重的經濟衰退。世界各地數千萬人失業、數百萬個美國人失去家園，然而那些將全球經濟推向毀滅邊緣的大型金融企業高階主管，卻絲毫沒有被追究責任。不僅沒有人坐牢，他們甚至還獲得巨額紅利的報酬。銀行業者得到紓困，但被掠奪的受害者卻落得自生自滅的下場。即使政府在危機爆發後採納的經濟政策成功避免另一場大蕭條，卻衍生政治上的後果，事實上，以如此明顯失衡的紓困方案來說，會造成那樣的投票結果一點也不足為奇。[2]

希拉蕊（Hillary Clinton）以「可悲之人」（deplorables）來形容那些因美國去工業化受傷，但卻堅定支持川普的民眾。她的說法或許是個致命的政治失誤（說出這樣的話本身就很可悲），因為在那些民眾眼中，她的言論正反映出菁英份子目空一切的傲慢姿態。一系列書籍翔實記載眾多經歷去工業化之苦的民眾其感受及不滿，包括凡斯（J. D. Vance）的《絕望者之歌：一個美國白人家族的悲劇與重生》（*Hillbilly Elegy: A Memoir of a Family and Culture in Crisis*）[3]、霍希爾德（Arlie Hochschild）的《自家土地上的陌生人：美國右派份子的憤怒與哀愁》（*Strangers in Their Own Land: Anger and Mourning on the American Right*）[4]等，這些著作充分顯示美國的菁英份子和民眾距離有多麼遙遠。[5]

「笨蛋，問題在經濟！」是柯林頓在一九九二年總統選舉中喊出的口號，諸如此類的口號當然過度簡化問題，然而上述學術研究說明它受到歡迎的原因：民眾希望被尊重，希望在位者能傾聽他們的聲音。[6]事實上，過去三分之一多個世紀，共和黨人不斷灌輸「『政府』無法解決任何問題」的觀念，於是民眾漸漸不敢奢望政府會出面解決他們的問題。事實上在民眾的內心深處，一方面還是希望政府能為他們「出頭」，無論所謂的「出頭」指的是什麼；另一方面又不願意被政府斥責為「跟不上的人」，因為那有損他們的人格。在這樣一個不公平的世界裡，民眾用選票做出艱難的選擇，期待某些不平等能因此獲得解決。然而在二〇〇八年的金融危機中，明明危機是因菁英份子一手主導的金融市場自由化而引爆，政府卻仍只為那些菁英份子出頭。以上的敘述不僅具有一定程度的說服力，而且一如我接下來將進一步闡述的，也相當貼近於事實。[7]

雖然柯林頓的口號看來或許過度簡化問題，讓人以為經濟代表一切，但事實上這句口號或許並沒有太大問題，因為我們的經濟體系確實沒有為多數人效勞，同時又讓金字塔最頂層的人獲得巨額的報酬，而且向來如此。事實上，這條貧富之間日益深化的鴻溝，不僅是造成美國當前困境的根源，也是造成很多先進國家困境的根源。

當然，失靈的不僅是經濟，美國的政治也一樣失敗。經濟上的鴻溝已造成政治上的鴻溝，而政治鴻溝又進一步強化經濟鴻溝。有錢有勢的人利用他們在政治上的勢力，改寫經濟和政治賽局的規則，從而持續提高自身優勢。

美國的菁英份子是一個非常小的族群，但這個小小的族群對經濟體系的控制力量卻愈來愈大，而社會底層的廣大群眾卻幾乎沒有任何資源可言，[8]四十％的美國人無法承區區四百美元的意外費用，像是小孩生病或汽車故障等。[9]而美國前三大富豪貝佐斯（Jeff Bezos）、比爾蓋茲（Bill Gates）及巴菲特（Warren Buffet）的身價，比美國底層五〇％人口的總身價還多，這正是美國社會頂層人口極度富裕，而社會底層人口極為貧窮的鐵證。[10]

傳奇億萬投資人巴菲特曾說：「的確，美國正陷入一場階級戰爭，但挑起這場戰爭的是我所屬的階級，也就是富人階級，而我們正一步步打贏這場戰爭。」他的說法非常正確。[11]但他講這番話並不是為了挑釁，而是因為他認為這樣的說法精確描述美國現況。巴菲特也清楚表明他認為這是錯誤的，雖然這樣的想法可能帶有反美（un-American）的意味。

美國開國之初，開國元勳們擔心這個國家可能會發生多數族群壓迫少數族群的情況，所以決定採行代議民主制。他們透過憲法訂下防護措施，包括對政府的職權設限等。[12]然而，經過兩百多年後，一切已然改變。如今的美國被一群政治少數族群把所持，他們阻撓多數族群從事對全體國民有利的事，甚至反過來壓迫多數族群。美國絕大多數的選民希望加強槍枝管制、提高最低工資、實施更嚴格的金融監理規定，並期盼自己更有能力在不用承擔沉重債務的前提下，獲得醫療資源與大學教育。過半數的美國人把票投給高爾（Al Gore）而非小布希（George Bush）；也有過半數的美國人把票投給希拉蕊而非川普。同樣的，過半數的美國人一再將票投給眾議院的民主黨人，然而由於選區不公平的重劃等因素，共和黨通常還是得以繼續掌握控制權。

直到二〇一八年，民主黨人才終於獲得足夠多的選票，再次取得控制權。那一年，大多數美國人也把票投給民主黨參議員，[13]可是由於人口較少的州（如懷俄明州）與人口眾多的州（如紐約州、加州）參議員席次都同樣是兩席，所以最終參議院還是繼續被共和黨控制，這個結果攸關重大，因為參議院掌握最高法院法官人事任命同意權。所以我們很遺憾的說，如今的最高法院已不再是憲法的公正裁決人與解讀者，反而成為另一個政治角力的戰場。因為最高法院受上述少數族群把持，美國的憲法也無法發揮捍衛多數族群的作用。

這種畸形的經濟與政治組織，造成的後果將遠遠超出經濟學範疇，不僅影響到美國的政治，也影響到美國社會與自我認同的本質。不平衡、自私、短視的經濟與政治組織，造就不平衡、自私與短視的個人，並導致美國經濟與政治體系變得更加羸弱。[14]二〇〇八年金融危機帶來的後果，暴露出美國眾多銀行從業人員嚴重不誠實與樂於利用弱勢者圖謀私利的行徑，外界也終於見識到他們道德敗壞的真面目。尤其是幾十年來，美國政治人物總是滿嘴仁義道德與價值基準，在這樣的情況下，出現上述種種墮落行為自然更令人震驚。

要了解如何重建共享的經濟成長，必須先了解國家財富的來源。美國財富的真正來源是美國人民的生產力、創造力和生命力：過去兩個半世紀極度顯著的科學和技術升級；以及同一段時間內大有進展的經濟、政治和社會組織，包括法律規定、自由競爭且受到良性監理的市場，具備制衡功能的民主制度；以及各式各樣「講述真理」的機構。這些進展是奠定過去兩個世紀生活水準得以大幅提升的基礎。

然而，下一章將說明，過去四十年來發生兩個令人困擾的變化，導致社會最頂層人口與其他人口之間出現巨大的鴻溝。而我們先前已經略微提及這兩個變化，那就是「經濟成長趨於緩慢」及「大多數人的所得停滯或甚至降低」。

光描述美國經濟體系和社會的演變軌跡並不夠。我們必須更深入了解過去四十年間，促使我們嚴重脫離正軌的概念與利害關係的力量，並了解為何那些概念和利害關係錯得如此徹底，卻會對廣大民眾產生如此強大的控制力。任憑大企業的利害關係者設定經濟與政治行動計畫，已使經濟與政治勢力變得更加集中，而且未來還會更集中。要實現和目前不同的另一個世界，首要之務便是去了解：為何美國經濟與政治體系會讓美國人如此失敗。

我在此充滿期待的表明：我們有可能藉由一些簡單的改革（就經濟面而言很簡單，但就政治面而言並不簡單），實現更加繁榮共享的目標。誠如我們將見到的，我們可以打造一個符合多數人共同基本價值觀的經濟體系，符合政治、經濟與宗教領袖抱持的崇高價值觀（我相信這是多數人的價值觀），而不是美國銀行從業人員明顯貪婪與不誠實的價值觀。這樣的經濟體系將塑造我們成為更貼近內心真正嚮往的個人與社會。在這個過程中，我們將打造一個更為人道的經濟體系，一個有能力讓絕大多數公民獲得內心渴望已久的「中產階級」生活的經濟體系。

國家的財富

亞當斯密（Adam Smith）在一七七六年發表的名著《國富論》（*The Wealth of Nations*），為了解國家如何蓬勃發展提供很良好的基礎，因此很多人認為這本書是現代經濟學的始祖。亞當斯密對當時流行的「重商主義」（mercantilism，是文藝復興時代到工業時期初期盛行於歐洲的經濟思想學派）提出準確的質疑。重商主義者相信，只要積極出口商品、換取更多黃金，就能使國家經濟更富足、政治勢力更壯大。今日的我們或許會為這種愚蠢政策啞然失笑，畢竟在地窖堆放更多黃金，無助於提高民眾的生活水準。然而，類似的錯誤觀念在現代仍然普遍存在，那些主張「出口必須超過進口」並積極推動有助創造出超政策的人，尤其對這些觀念堅信不移。

我們應該如何衡量一個國家是否真正富足？所謂「國家的財富」，是國家持續為全體公民實現高生活水準的能力。這項能力能否實現，仰賴生產力持續提升，生產力的提升有部分來自廠房與設備的投資，但最關鍵還是來自對「知識」及「確保充分就業的經濟體系」有關的投資，因為這些投資能確保資源不會遭到浪費或閒置。一個國家「提高公民生活水準的能力」，當然絕對和單純累積金融財富或黃金無關。我必須指出，如果國家一味聚焦在金融財富，反而會阻礙生產力的提升。因為「金融財富」成長的同時，會犧牲國家的「實質財富」，而這有助於解釋當前金融化世代的經濟成長率為何會趨於緩慢。

亞當斯密的《國富論》出版於工業革命初期，自然還無法充分意識到現代國家財富到底是從哪裡來的。事實上，在當時以及後續一個世紀中，大英帝國的財富主要來自對殖民地的剝削。然而，亞當斯密既不是聚焦在出口，也不是聚焦在殖民地的剝削，而是著眼於工業與商業所扮演的角色，他談論較大的市場能享有分工帶來的利益。[15]他的觀點確實非常卓越，但他並沒有討論到現代經濟體系國家財富的來源：他沒有談論到研發，甚至沒有談到透過經驗累積而成的知識，也就是經濟學家所謂的「邊做邊學」（learning by doing）。[16]原因很簡單：技術與學習的進展，對十八世紀經濟體系的影響非常小。

在亞當斯密撰寫《國富論》的前幾個世紀中，生活水準呈現長期停滯狀態。[17]稍晚於亞當斯密的經濟學家馬爾薩斯（Thomas Robert Malthus）對這種現象提出解釋，他認為人口增長將確保工資停留在只夠維持溫飽的水準：如果工資上漲到維持溫飽以上的水準，人口就會增加，並促使工資回落到只夠維持溫飽的水準。根據他的理論，生活水準根本沒有提升的可能。但事實證明，馬爾薩斯錯得離譜。

啟蒙運動帶來的影響

亞當斯密是參與十八世紀末啟蒙運動（Enlightenment）的一員。提到啟蒙運動，一般人通常會聯想到科學革命，而這場運動的發生奠基於前幾世紀的各項發展。第一項發展是宗教改革（Protestant Reformation），在十六世紀由馬丁路德（Martin Luther）發起宗教改革之前，所謂的「真理」是權威者說了算，只有權威者才能決定什麼是真理。宗教改革挑戰教會的威權，歐洲人從一六一八年左右發動三十年戰爭，為爭取替代的新典範（paradigm）而奮鬥。

對威權者的質疑，迫使整個社會得要面對下列這些問題，並設法尋找解答：要如何得知真理？要如何理解周遭的世界？要如何維持社會的井然有序？應該如何組織我們的社會？

於是一種全新的認識論應運而生。「科學」以其驗證而後相信（trust with verification）的系統，席捲信仰以外所有的生活層面，而在這個系統中，每一項進展都奠基於前人所累積的研究及成果。[18] 這些年來，大學與各種研究機構陸續成立，幫助我們判別真理，並探索人類世界的本質。如今我們視為理所當然的很多事物，從電力、電晶體、電腦，以至於智慧型手機及現代藥品等，這些科學發現都是奠基於對基礎科學的研究而生。當然，不僅僅是高科技領域，即使生活中的道路或建築，也是以科學進展為基礎；若沒有科學上的進展，就不會有當今的摩天大樓和超級高速公路，當然也不可能擁有現代化都市。

當社會上不再有來自皇家或教會等威權者的命令，社會應該如何維持良好的運作與秩序？這意味社會必須自行設法釐清該如何組織它的結構，從而維持井然有序的狀態。一個社會不能依賴地球上或天上的威權者來確保各項事務順利運作（或盡可能順利運作），它必須打造一個治理系統。但「怎樣的社會機構才能確保社會福祉？」這個問題的答案，要比釐清大自然的真理複雜得多。一般來說，社會無法進行對照實驗，但若能詳細研究人類過往的經驗，或許能從中找到一些情報。但是要進行詳細的研究，必須仰賴推理和對話，因為世上沒有任何一個人能獨占對社會組織結構的理解。經由這樣的推理，人們漸漸體悟到以諸如「對所有人公道」與「個人自由」等基本價值觀為基礎的法律規定，以及正當法律程序和制衡系統的重要性。[19]

美國政府體系堅守公平對待所有人的承諾，所以它要求必須查明真理。[20]有了優質的治理體系，就比較可能制定出優質且公平的決策。這些治理體系或許並不完美，但一旦有缺陷，也比較有可能獲得修正。

長期下來，許多「講述真理」、「發現真理」與「釐清真理」的機構持續演進，而美國經濟體系與民主政治的成功，多半也是拜這些機構所賜。[21]在這些機構當中，最重要的是活躍的媒體。一如所有機構，媒體也難免犯錯；不過媒體的調查研究活動是社會整體制衡系統的一環，是一項重要的公共財。

和啟蒙運動有關的技術升級與科學進展[22]，乃至社會、政治及經濟組織的變化，促使產出的成長幅度超出人口的成長幅度，於是，人均所得（per capita income）開始增加。社會學會壓抑人口成長的方法，而先進國家也有愈來愈多民眾決定限制家庭的規模，尤其是生活水準愈高的國家。就這樣，馬爾薩斯的詛咒被解除。因此，過去兩百五十年的生活水準大幅提高（正如圖1所示：生活水準停滯幾個世紀後開始迅速上升，最初是十八世紀末至十九世紀初的歐洲開始提高，接著世界其他地方的生活水準也漸漸上升，尤其是在第二次世界大戰結束後[23]），壽命也顯著延長，這一切的一切讓人類受益良多。[24]對人類的命運來說，這是一段戲劇化的變遷。在過去，多數人儘管日日勞心勞力，也只能換得基本

圖1：生活水準發展趨勢

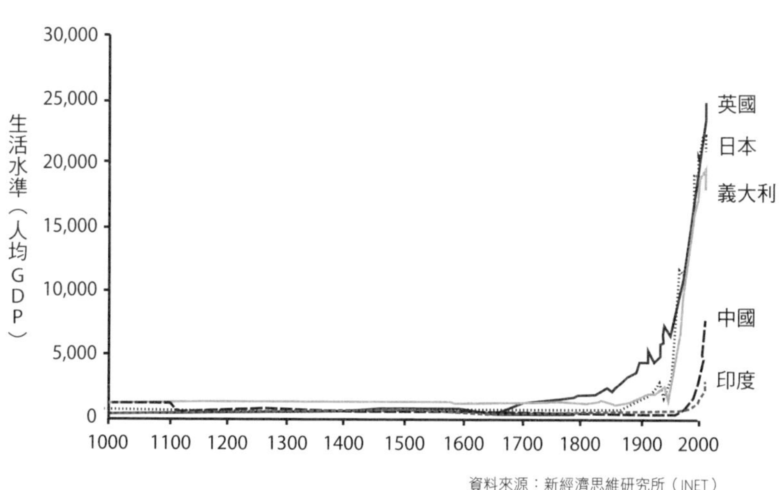

資料來源：新經濟思維研究所（INET）

生存所需；但如今我們一週工作幾個小時的所得就足以維持溫飽。[25]

然而，在十九世紀，生活水準進步的果實並未非常公平的分享給每一個人。[26]對很多人來說，工業革命似乎只是讓生活情況變得更糟。霍布斯（Thomas Hobbes）就曾在一個多世紀前形容「生命是汙穢、殘忍且短暫的」[27]。而狄更斯（Charles Dickens）更在小說中，生動描繪十九世紀中葉發生在英國的種種苦難。

以美國來說，到十九世紀末期的「鍍金時代」，不平等的程度頻創歷史新高，被稱為「咆哮二〇世代」（Roaring Twenties）的一九二〇年代亦然。幸好政府能及時針對這兩次嚴重的不平等狀態做出妥善因應，「進步時代」（Progressive Era）的立法以及小羅斯福總統的新政（New Deal），某種程度上抑制有心人士利用市場操縱力剝削其他人的行徑，並試圖解決已顯而易見的市場失靈，包括已令人無法忍受的不平等，以及因不平等而產生的不安全感。[28]在小羅斯福總統的帶領下，美國通過老年與失能相關的社會安全計畫，正式名稱為「老年、遺屬與殘障保險」（OASDI）。那個世紀稍後一段時間，詹森總統（Lyndon B. Johnson）進一步為年長者提供醫療保健，同時啟動打擊貧窮的戰爭。而在英國和多數歐洲國家，政府也出面確保所有人都能使用醫療保健服務。就這樣，美國成為唯一未將醫療的使用列為基本人權的先進國家。

到上個世紀中葉，各先進國家打造當時所謂的「中產階級社會」，即所有民眾共同享受進步果實的社會。當時大多數公民都在合理的範圍內共享進步的成果，若非基於種族與性別考量設計出排他性的勞動市場政策，應該能有更多人受惠。公民的壽命變長、身體變得更健康，而且擁有更優質的住宅與物質生活。政府為公民的子女提供教育，因此營造出生活更加繁榮且機會更加均等的美好希望。政府也為公民提供部分老年保障，並針對失業與失能等其他風險提供社會保障措施。

市場及政治機構從十八世紀起漸漸開啟發展的歷程，但一路上的進展並非一帆風順。整個過程中爆發幾次偶發性的經濟危機，其中最嚴重的一次是一九二九年開始的「大蕭條」，這場經濟危機對美國造成嚴重的傷害，直到第二次世界大戰結束後，美國才徹底從這次衰退復原。在戰爭爆發前，政府為暫時失業的人提供失業保險；而戰爭結束後，先進國家還繼續肩負起維持經濟體系充分就業的政府責任。

確保進步成果獲得平均分配的社會運動也並非穩定持續進行。誠如在本章稍早所提到的，十九世紀末和一九二〇年代的不平等現象變得非常嚴重，但情況又在第二次世界大戰後的幾十年間獲得顯著改善。在戰後的幾十年間，所有族群的所得都顯著增加，而且社會底層人口的所得增加速度比頂層人口更快。可惜接下來，各項事態又在一九七〇代末期與一九八〇年代初期再次急轉直下，出現非常負面的轉變。社會底層人口的所得開始停滯甚至降低，而頂層人口的所得則暴增。有錢人的平均餘命繼續延長，但教育程度較低的人均餘命則開始縮短。

保守力量的反撲

社會上也有許多人敵視與啟蒙運動有關的發展。這些反對者包括排斥「演化」概念的宗教保守派人士，以及對啟蒙運動所宣揚的「包容」和「自由」，感到不自在的社會保守派人士。*除此之外，有些人發現個人經濟利益與科學研究結果出現嚴重牴觸，因此也加入反啟蒙的行列，例如煤炭公司的老闆和員工，這是因為有非常多證據顯示，這類公司是導致地球暖化與氣候變遷的主要因素，所以使得這類公司可能面臨關廠的命運。不過，由宗教保守派、社會保守派，以及基於私利而公然反對科學研究結果者所組成的聯盟，規模並沒有大到足以取得政治權力。若想取得政治權力，必須獲得商業界普遍的支持；而要取得商業界的支持，就必須付出相對的報酬，那就是「政策鬆綁」與「減稅」。以美國來說，原本看似不可能當選的川普總統，藉由上述方式大大鞏固保守聯盟的勢力。看著美國商業界為了獲得一個監理最少、大幅減稅的有利經商環境，轉而噤聲支持一個偏執狂、厭女症，而且執著於本土主義與保護主義的總統，這樣的發展著實令人痛心，畢竟這位總統的行徑和商業界人士一向自詡的價值觀完全背道而馳。顯然，貪婪遮蔽了理智，他們口袋裡的錢重於一切。

打從川普投入選戰，他的所作所為就已遠遠超出傳統保守派的經濟主張，就任總統後更是變本加厲。誠如先前提及過，某些方面來說，他其實是個「革命派」，他以強大的火力攻擊美國社會上眾多機構，攻擊那些我們用來獲取知識與確認真理的機構。他的目標包括美國各大學、科學社群以及法院系統。當然，他最強烈惡意攻擊的對象，是被社會公認為權威與客觀的新聞媒體，他為那些媒體貼上「假新聞」（Fake News）的標籤。諷刺的是，這些媒體一向扮演事實查核中心的角色，而川普本人卻經常臉不紅氣不喘的撒一些漫天大謊。[29]

川普的攻擊行徑不僅在美國史無前例，還產生侵蝕性的惡劣影響，嚴重傷害美國的民主與經濟。儘管川普的每一項攻擊都是眾所周知，但最關鍵的問題是他發動這些攻擊的動機，以及他鎖定的攻擊目標。另外，我們也必須認識到，這些行徑並不僅是川普個人的問題，如果他未能引起社會上如此廣泛的共鳴，他對新聞媒體所發動的攻擊就不會產生這般深遠的影響。在其

---

* 我應該強調，「保守主義」和「反自由主義」（illiberalism）的結盟並非必然。不過，大致上來說，情況通常是那樣發展，儘管目前很多傑出的保守派人士向來也是主張包容的指標性人物。

他國家和地區也能看到類似的攻擊行徑，因此就算川普沒有開戰，還是會有人會這麼做。

從這個脈絡來說，商業界對川普的支持看來尤其令人極度悲觀與寒心，特別是對一九三〇年代法西斯主義（fascism）興起還稍有記憶的人感觸最深。歷史學家帕克斯頓（Robert O. Paxton）暗示，川普獨惠富人的行徑，和當年促成德國納粹興起的幕後策略極為相似。[30]正如同川普的核心支持者是一群特殊的少數族群，當年法西斯主義者的核心支持者數量，也少到無法透過民主管道掌握權力，他們從未獲得過半數的選票。川普的成功來自他和商業界的聯盟關係，這也和當年的法西斯主義如出一轍，法西斯主義者也是在商業界及其他保守勢力的廣泛聯合支持下才得以掌權。

對大學與科學的攻擊

川普對媒體的攻擊引來廣泛的關注，而他對美國各大學的攻擊卻沒有獲得類似的注意，問題是，這兩種攻擊對美國經濟體系與民主政治的未來都一樣危險。美國的大學是美國進步的泉源。是什麼造就了像矽谷這般產業創新的中心？許多技術層面的進展皆源自於當地兩所偉大的大學：史丹佛大學和加州大學柏克萊分校。而麻省理工學院和哈佛大學也在波士頓孕育出一個相似於矽谷的傑出生物科技產業聚落。美國在創新方面一向享有領導者的聲望，而那樣的聲望完全來自美國各大學所奠定的知識基礎。

美國各大學和科學研究中心的貢獻不僅止於知識的促進，它們每年從世界各地吸引許多優秀人才風塵僕僕的來到美國，其中有些人後來更成為美國頂尖的創業家。由於到美國就有機會進入這些優異的大學就讀，所以很多外國人才受吸引而來。舉例來說，一九九五年至二〇〇五年間，矽谷有五二％的新企業是移民所創立。[31]而在二〇一七年《財星》（*Fortune*）五百大企業中，有四〇％是由移民所創立。[32]

儘管如此，川普卻打算刪減二〇一八年政府預算中的基礎科學研究經費。[33]此外，二〇一七年共和黨版的稅改法案中，更幾近破天荒的對美國某些私立的非營利大學課徵一項稅賦，其中許多大學向來對促進知識不遺餘力，是美國人生活水準與美國競爭優勢得以提升的關鍵樞紐。

一些共和黨人對美國的大學提出批評，認為大學一味追求「政治正確」（politically correct），而對偏執狂與厭女症等行徑缺乏容忍。的確，學術界人士幾乎都會告誡我們的下一代，氣候變遷是不容小覷的事實，也有很多學術界人士對供給面經濟學充滿疑慮。相較之下，各大學對主張「世界是平的」的相關理論、化學領域的燃素理論（phlogiston theories），或經濟學中的金甲蟲（gold bugs）等，則未給予同等的重視。總之，的確有些概念理所當然的未能在高等教育領域中獲得均等的重視，[34]因為當大學向學生傳授已反覆被科學方法證明有誤（disprove）的概念，肯定就是百分之百的失職。

到目前為止，各大學尚未因上述長期攻擊而退守。不過，如果川普和其他發動這場戰爭的人真的獲勝，不難想像美國的經濟和在世界上的地位將會淪落到什麼地步。若這個惡夢成真，美國在創新領域的領導地位將迅速崩落。目前其他國家已經開始利用川普的反移民與反科學立場來圖利，例如加拿大和澳洲正積極吸收優秀的學生，並計畫創立各式各樣的研究機構與實驗室，意圖打造一個能夠取代矽谷的創新泉源。

對法院系統的攻擊

任何社會當然都存在不一致的聲音，當各方意見不合或起爭端（不論是兩個人、兩家企業，或個人與本國政府之間的爭端），這時就需要法院出面，在可查明的範圍內，評估哪一方的主張才符合真理。當然，這些爭端幾乎都不容易解決，如果容易解決，起爭執的各方大可自行和解，無須訴諸成本高昂且曠日廢時的法律途徑。如今，當法院做出川普不喜歡的判決，他就會很不以為然的以「所謂的法官」來稱呼做出那些判決的法官。從他樂於任命全然不適格法官的行徑，便清楚可見他有多麼藐視法院系統。舉個例子，他為哥倫比亞特區提名的聯邦地區法院法官派特森（Matthew Spencer Petersen），甚至未曾有過審訊經驗。派特森在審核其提名案的聽證會上，被一連串的質詢逼問得無地自容，最後知難而退，自動撤回他的提名案。不過，川普提名的不適格法官人選眾多，派特森只是其中之一。

自我防衛心態

這種攻擊有模式可循。從川普及其支持者的視角來說，由於「講述真理」的機構所持觀點和川普、川普周遭人士及其所屬政黨的成見相互牴觸，所以這些機構都很危險。從戈培爾（Goebbels）提出「大謊言」（Big Lie）概念開始，法西斯主義就未曾停止這樣的攻擊，他們試圖透過不斷重複的謊言來扭曲事實、創造新的真理。[35] 川普也是如此，他非但未依據現實情況（例如全球氣候變遷的事實）來校正他的觀點，反而攻擊所有設法揭露真相的人。但不可否認的，諸如此類的攻擊能引來那麼大的迴響，某部分證明美國教育制度的失敗。不過，我們不能將現況全部歸咎於教育制度的失敗。透過行為經濟學與行銷學等領域的發展，我們了解到人類可以操縱別人的知覺和信念。例如菸草公司就曾利用這些手法，成功促使民眾對「吸菸有害健康」的科學研究結果產生懷疑。此外，各種企業也能利用這些手法，成功說服一般人購買原本不需要也不想要的產品。既然你有辦法賣掉不好或甚至危險的產品，就有辦法賣掉不好或甚至危險的概念，而且這麼做還能帶來極可觀的獲利。班農（Steve Bannon）和福斯新聞（Fox News）便是運用這種「獨特洞見」，以報復般的心態改變一般人對「氣候變遷」、「政府的無能與不公」等眾多議題的認知。

向多數人推銷有違利益的政策

川普和他的「黨羽」藉由顛覆真理而獲得極大利益，這個事實一點也不令人意外。但你可能會問，既然那些行徑涉及的風險那麼高，美國在過去兩百五十年間辛苦建立起來的民主政治和生活水準都可能因此岌岌可危，那麼為何那些對美國文明化歷程居功厥偉的機構與概念的攻擊，會引起那麼多人的共鳴？我寫這本書的目的之一，就是期許如果有更多人了解這些機構的重要性，將會有更多人願意在它們遭受攻擊之際挺身而出，捍衛這些機構。

然而，這並不是當今美國政壇唯一令人費解之謎。你可能還會問：為何一個民主社會願意容忍那麼嚴重的不平等？當然，恕我直言，那是因為某些社會頂層人士（他們的財富與政治影響力與人數不成正比）的極度貪婪與短視。他們希望永遠占據頂層地位，完全不管這會對社會造成什麼代價。其中有太多富人被零和（zero-sum）思想迷惑，換言之，他們堅信致富的唯一管道就是剝削地位低於他們的人。

不過，如果社會頂層人士真正理解其個人私利的意義，就應該支持較符合平等主義（egalitarian）的政策；而九九%受當今不平等傷害的人當然更支持平等主義。即使是最頂層的一〇%人口，都擔心當前這種遲緩的經濟成長可能導致他們的身價降級。如今連頂層一%的很多民眾都受到不平等的傷害：在其他國家，有錢人被迫住在門禁森嚴的社區，成天擔心自家的孩子會被綁架。[36]美國的整體經濟成長正受到傷害，而這也傷害到頂層一%的人口，因為他們的財富來自社會底層人口上滲（trickle up）的金錢；當底層人口的財富減少，可上滲的財富自然也會減少。現代經濟學的獨到見解之一是，不平等程度較嚴重的國家（尤其是不平等程度達到美國這麼嚴重的水準，且透過美國這種方式演變為那麼不平等的國家）的表現較差。[37]經濟體系並非零和遊戲。經濟成長受經濟政策的影響，而導致不平等程度惡化的行為與政策將會使經濟成長趨緩，尤其是從長期考量來看。

總而言之，我們實在很難找到美國容忍不平等現象存在的合理解釋，也很難就美國經濟政策的其他幾個面向提出理想的解釋，換言之，如果相信一般人大致理性，而且支持有利於個人私利的政策，並假設我們的民主政治發揮正常功能，那麼，美國政府應該會採行能照顧絕大多數人利益的政策。例如設法改善氣候變遷來符合美國多數人的利益，而非迎合煤炭、天然氣和石油公司老闆的利益。

但一如金錢已汙染美國的政治圈，金錢也已玷汙其他更廣泛的信仰。柯氏兄弟（Koch brothers）、石油與煤炭企業及其他既得利益者，已成功蒙蔽美國大部分地區的人，讓他們對氣候變遷產生懷疑，一如先前提到的，大約五十年前，菸草公司說服美國大部分地區的人對「吸菸有害健康」的研究結果產生懷疑。事實證明，溫室氣體造成氣候變遷，而煤炭公司厭惡這些事實的程度，一點也不亞於當年菸草公司厭惡香菸致癌與引發心肺疾病等事實。[38]以香菸致病的例子來說，數十萬人口因吸菸而早逝（若不吸菸，會更長壽）。

另外，有錢人似乎也說服非常多美國人相信，國家財政將因廢除繼承稅而變得更有餘裕，即使不課徵繼承稅會造就很多繼承型富豪（這和美國人的理想主義背道而馳）。絕大多數美國人並不會被課徵到遺產稅與繼承稅（以已婚夫婦來說，若遺產金額不超過一千一百萬美元，實質上就能免除遺產稅），但民眾終究還是被有錢人說服了。

科學和理性論述已經被意識型態所取代。意識型態成為追求資本主義式貪婪的新工具。美國的某些區隔已經形成某種和科學理性對立的文化。誠如我在前一段內容中說明的，形成這種文化的最好解釋是：利用在科學上有爭議的方法來賺錢的人（不管是透過生產香菸、化學品或煤炭），有充分動機去誘導世人對整個科學領域產生懷疑。如果不試圖改變這樣的情況，或者如果讓支持這種觀點的共和黨人繼續掌權，向來以科學基礎為本的美國財富創造機器可能很難繼續運轉。

菁英份子的失敗

雖然我們很難理解，竟然會有那麼多人支持有些人猛烈攻擊美國的經濟與政治核心機構，但倒是不難理解為何多數美國人普遍反對「權勢團體」及其對全球化、金融化等眾多經濟觀點。過去四十年，菁英份子（包括共和與民主兩黨）雖信誓旦旦的承諾會藉由各項改革來實現某些成果，但他們的許諾卻未能實現。

那些菁英份子原本承諾要降低富人稅、進行全球化與金融市場自由化等改革，藉此促使經濟更快速且更穩定成長，並使所有民眾從中受惠。但最後的結果不僅和他們當初的許諾相去甚遠，實際的發展更是令人憤怒。正因如此，當川普以「作弊」（rigged）一詞來描述那些情境時，馬上就能引起廣大共鳴。

難怪在我們描述的「經濟失靈」（自由化與全球化只讓少數族群獲得財富，其他多數人的財富則停滯，缺乏保障且不穩定）發生後，社會上會對菁英份子、乃至讓這些菁英份子獲得「所謂」智慧的知識機構產生高度懷疑。然而事實並非如此，學術界裡的有識之士早就指出，除非政府採取積極補償的對策，否則全球化有可能促使低技能勞工的工資降低；而且即使排除全球化使商品價格下跌的因素（勞工購買這些商品所付出的價格因而降低），實質工資仍會降低。此外，學術界人士也早就警告金融自由化將帶來動盪。可惜的是，這些聲音被積極鼓吹全球化與金融自由化的聲浪徹底淹沒。[39]

不管是出於何種原因，[40]我們忽略整個國家經歷去工業化的過程所受的苦難。我們漠視工資與所得的停滯，也漠視愈來愈絕望的民眾。我們誤以為只要「粉飾太平」就真正解決問題，誤以為因房市泡沫化而產生的許多建築類暫時性職缺，就已為工業部門失業者創造足夠的就業機會。

總之，美國兩黨的菁英份子都認為只要聚焦GDP就好，無須關注民眾的需要，因為他們以為GDP增加就代表民眾財富增加。實質上，這些菁英份子根本沒有把美國的眾多民眾放在心上。而這些對民眾而言，這種不受尊重的感受跟他們所經歷的經濟悲劇一樣讓人感到痛苦。

國家財富來源的替代理論

我先前已說明，國家財富的真正來源取決於科學及知識基礎，以及我們為了和平的共同生活、與基於共同利益而緊密合作等目的而創設的社會制度。我也說明川普與他的同儕對這些基礎的威脅，他們根據一些不完善的信念（這些信念徹底脫離現實，只顧著為某些短視的財富掠奪者效勞），認定唯有針對美國「講述真理」的機構與民主政治本身發動攻擊，才能成功創造國家財富。

就國家財富的來源而言，還有一個更歷史悠久且眾所周知的理論，過去四十年來，這個理論對美國產生令人遺憾的深刻影響。這個理論的觀點是：如果秉持完全放任的態度，或至少去除對市場造成束縛的多數要素，經濟體系的表現將最為優異。鼓吹這類理論的人倒不是像川普那樣極力扭曲事實的真相，而是像優秀的魔術師，集中所有精力設法轉移一般民眾的焦點。舉例來說，如果全球化導致很多人被政府遠遠拋在腦後，如果雷根的改革導致更多人陷入貧窮，而且多數民眾所得趨於停滯，那麼就要一些轉移焦點的小手段，停止蒐集和貧窮有關的數據、閉口不談不平等議題。讓民眾把焦點放在市場一向就存在的激烈競爭，而絕口不談市場實際上早已被少數幾家大企業所掌控。

翻翻大學普遍使用的經濟學教科書就知道。「競爭」（competition）一詞普遍存在於所有章節；「操縱力」（power）一詞則頂多只在一、兩個章節出現；而「剝削」（exploitation）一詞甚至可能完全不會看到，因為這個詞語早已從傳統經濟學家的詞彙裡消失。在閱讀美國南方的經濟史時，我們比較可能看到的是和棉花或奴隸市場（競爭）有關的討論，較不容易看到有個族群濫用操縱力，來剝削另一個族群勞動成果的討論，更鮮少看到這個族群意圖利用政治力量來確保他們在南北戰爭後得以繼續濫用操縱力的討論。這些教科書上就算有談到不同性別、種族和少數民族的懸殊工資落差（這是我們下一章要討論的美國重要經濟特質），也只是使用諸如「差別待遇」（discrimination）等溫和字眼輕輕帶過。直到近來，才有人用諸如「剝削」和「操縱力」之類的詞彙，來描述現實中到底發生了些什麼。

因少數人掌握過大的操縱力而導致缺乏競爭，只是市場運作通常缺乏效率的原因之一。市場運作缺乏效率的情況相當顯而易見：有太多人的所得過低，以致於無法過理想的生活；美國人平均花在醫療保健的費用，遠高於世界上其他國家，但我們的平均餘命不但比其他先進國家低，而且仍在持續縮短；我們的經濟體系同時存在許多空屋和許多一輩子也買不起房子的人。最戲劇化的市場失靈是：很多工作迫切需要人力來完成，民眾也想要從事那些工作，然而卻又發生大規模失業。一九三〇年代的大蕭條和二〇〇七年展開的大衰退是兩個最鮮明的例子，不過，自從資本主義問世後，市場經濟體系始終存在一個特質：偶發性的嚴重失業。

以這兩個案例來說，事實證明，即使是在政府政策運作效率未臻完美的情況下，這些政策還是有助於改善各項事態（相較於未實施那些政策的狀態）。舉例來說，在美國經濟走下坡的幾個時期，當政府透過貨幣與財政政策所施行的經濟提振措施，確實都有效降低失業率。41

除了確保充分就業，政府是否還能發揮其他作用？或者政府應該放手讓市場自由決定一切？要回答這個疑問，第一步是先承認市場是達成「更繁榮社會」的手段，而非本身就是「更繁榮的社會」。因此，最重要的疑問是：市場何時會為整個社會實現繁榮，而不僅是為社會頂層一％人口實現繁榮？亞當斯密提出的「看不見的手」（invisible hand，追求個人私利的行為就像一隻看不見的手，會促成整個社會的福祉）或許堪稱現代經濟學最重要的概念，但即使是亞當斯密都承認，市場的力量有其極限，所以需要政府採取行動。現代經濟研究（包括理論與經驗研究）讓我們得以更了解政府在市場經濟體系所能發揮的根本作用。政府必須做市場不願意且無法做到的事，而且必須設法確保市場表現出該有的表現。

若要市場自行維持良好運作，必須具備許多條件，例如：健全的市場競爭、公開且充分的資訊，而且個人或企業的行為不能對其他人造成危害（例如不能造成汙染）等。然而事實上，這些條件從來無法被完全滿足，因此市場在許多情境下無法實現良好運作。在環境法規施行前，當時美國的空氣品質根本不宜呼吸，水質無法飲用或游泳，一如現在的中國、印度等環境監理法規不齊備或執法不徹底的國家。

對一個充滿活力的創新經濟體來說，最重要的一點是，民間部門並不會自動自發花很多資金在基礎研究上，也不會投資在能創造廣大公眾利益的其他領域（例如基礎建設與教育）。政府為實現這些目標而花費的支出，能創造遠遠超過成本的效益，但政府必須有財源，當然，那就需要稅收。[42]（不意外的，民間部門大肆吹噓它的貢獻：民間部門主張它的應用研究很重要，但若沒有公共資金支持的基礎研究，民間部門也無法應用。）

我曾問瑞典的財政部長，為何他們國家的經濟表現一直那麼好。他回答：因為稅賦很高。當然，他真正的意思是，瑞典人深知一個國家需要高水準的基礎建設、教育、科技和社會保障等公共支出才可能蓬勃發展，也因如此，政府需要收入來持續不斷的為這類支出提供財源。這類公共支出和民間部門的支出彼此互補，政府出資支持的技術升級可能有助於支援民間投資。而如果一個國家擁有受過高等教育的勞動力及優質的基礎建設，投資人的投資報酬率就會更可觀。經濟快速成長的核心要素是知識的增長，而根本的基礎研究必須獲得政府的支持。

上述真知灼見和雷根式「供給面」政策背道而馳，供給面政策的根本假設是：「放鬆管制將能讓經濟體系獲得解放、較低稅率將為經濟體系帶來誘因，而這兩者結合在一起，將促進經濟成長。」然而，雷根推動改革後，經濟成長反而趨緩。放鬆管制（尤其是放鬆對金融市場管制）造成一九九一年、二〇〇一年和二〇〇八年的經濟衰退，其中又以二〇〇八年的大衰退最為嚴重。而降低稅率也沒有帶來供給面經濟學派所宣稱的那種活化效果。根據皮凱提

（Thomas Piketty）等人的記錄，降低最高稅率後，世界各地的經濟成長實際上並未改變，甚至還出現降低的現象。[43]一如對減稅政策多所批判的評論者所預料，不管是雷根的富人減稅，或是稍後小布希所頒布的減稅法案，都未能促使勞動力供給或儲蓄增加[44]，自然也未能促成更快速的經濟成長。[45]

事實清楚證明，供給面經濟學信任不受束縛的自由市場，非但不是促進經濟成長的途徑，反而對經濟成長有害。要創造良好的經濟表現，不能只靠低稅率和寬鬆的監理規定。

回歸雷根經濟學的危險

川普以及他對各項規範與機構的攻擊，其實也讓很多保守派人士膽戰心驚，他們震驚的程度幾乎不亞於左派人士。這些保守派一向站在為全球化而戰的第一線，眼見黨內同志一手摧毀他們為全球化的所有努力，內心自然非常反感。然而，這些被稱為「永不支持川普者」（Never Trumpers）的人，所能提供給這個國家的，是其他曾在過去失敗的政策：進一步為富人與企業減稅、進一步鬆綁監理規定，以及進一步縮小政府的權責。換言之，他們能端出來的對策，其實也不過是二十一世紀版的雷根經濟學罷了。

當今美國經濟體系的一大特色是不受監理的賣方獨占市場，在這些市場上，財富創造行為被剝削行為取代。在此同時，以美國來說，「民粹主義」（populism）*和「本土主義」聲勢持續壯大的真正危險，在於這兩種意識型態比注意力分散更糟糕。我們所面臨的問題並非導因於不公平的貿易協定，也非移民所造成，所以川普針對這些競爭領域提出的對策，非但無法解決問題，反而可能使美國當前問題（包括因去工業化而受創的人的困境）趨於惡化。另外，沒有任何一個國家能在漠視預算限制的情況下達到快速且永續的經濟成長，但川普卻明顯漠視預算限制，他在二〇一七年十二月簽署的稅改法案以及二〇一八年一月增加的支出，有可能導致預算崩潰。

誠如我將解釋的，美國真正的問題是我們自己造成的。我們對民眾、基礎建設和技術的投資太少，卻又過度相信市場機制能解決所有問題。必要的監理法規太少，但不必要的監理法規又太多。而川普的每日一秀更分散我們的注意力，以致於無法專注於這些更深層且更重要的議題。

民主制度岌岌可危

本書主要討論的是經濟問題，美國會陷入當前的處境，是過去一些有瑕疵的選擇所造成可預期的後果，我們可以採取一些替代方案來改善未來狀況。不過，本書也反覆出現一個貫穿首尾的重要主題：政治問題與經濟問題彼此緊密交織、難以分離。在美國，經濟不平等已轉化為政治不平等，而政治不平等又反過來催生了各種會惡化經濟不平等的政策。同樣的，我們在經濟上的失敗，也會對政治造成深遠影響，川普的崛起就是體現這個現象的最佳範例。以下是我對未來最深刻的憂慮。

真正貪婪與短視的社會頂層一％人口已經了解到，絕大多數美國人並不支持全球化、金融自由化，以及當前經濟遊戲規則手冊裡的其他要素。對這些頂層人口來說，這樣的現象隱含令人坐立難安的深刻寓意：如果放手讓民主政治自由發展，如果選民有那麼一丁點兒的理性，他們一定會選擇另一個替代途徑。於是，這些超級富翁在赤裸裸追求個人私利的過程中，系統化的打造三階段策略：「欺騙」、「剝奪選舉權」，以及「消除賦予的權利」（disempowerment），以阻擋選民朝另一個替代途徑前進。[46]

首先是「欺騙」：他們告訴其他人，諸如二〇一七年稅改法案那種實際上讓富者更富的政

* 雖然諸如川普之類的搧動者常被貶稱為「民粹主義者」，但我盡可能避免在本書使用這個詞語。某些民粹主義者其實是誠實的政治人物，他們會積極回應大眾的需求（例如教育或醫療保健需求），並盡可能在經濟許可範圍內加以落實。通常所謂的「民粹主義者」是指批判放鬆管制、自由化以及民營化等菁英主義者信條的人。

策將能幫助一般美國人，或是聲稱對中國的貿易戰將以某種莫名的方式逆轉去工業化進程；其次是「剝奪選舉權」：他們設下困難重重的選舉登記規定，讓可能投票支持改革性政策的人無法順利投票或選擇不去投票。最後是「消除賦予的權利」：他們對政府設下重重約束，即使前兩個策略沒能成功阻止其他候選人順利當選，新政府上任後也無法順利推動有助於改革美國政治與經濟現況的政策；例如因川普操弄大法官人事任命，而愈來愈傾向保守派意識形態的最高法院，就可能成為日後箝制新政府施政的強大力量。

如果我們不改變前進的方向，不難預料結果將是愈來愈失調的經濟、政治與社會。強烈抵制科學及百年來支撐國家進步發展的基礎制度[47]，尤其是針對「講述真理」與「評估真理」機構的攻擊，將導致更加遲緩的經濟成長與更加惡化的不平等的程度。

要繼續戰鬥，還是選擇第三條路？

甘迺迪總統曾說：「不要問國家能為你做什麼，而要問你能為國家做什麼。」[48]但目前整個國家的氛圍已經和當時截然不同。雷根改變整個國家的經濟方向，也將社會價值導向偏物質主義（materialism）而自私的方向。儘管雷根並未能兌現原本承諾的成果，但美國人卻未因此修正前進路線，反而更變本加厲的採用一系列缺陷重重的概念。

在思考要如何矯正美國經濟體系時，我們必須摒棄「美國打贏冷戰，所以美國經濟系統已經勝出」的觀點。美國打贏冷戰的事實，並不盡然證明自由市場資本主義比較優越，[49]充其量只說明共產主義已然失敗罷了。

當年美國為了爭取世界各地的民心而和共產主義較勁之際，美國人必須以實際的證據來證明我們的經濟體系的確為所有人帶來好生活。但在蘇聯解體後，美國看似已打遍天下無敵手，所以，美國經濟體系似乎也失去為每一個人實現美好生活的誘因。

另一方面，對開發中國家與新興市場數十億人口中的民眾來說，中國以其獨樹一格的「中國特色社會主義市場經濟」模式，提供一個活力充沛且不同於美國的另類願景。尤其美國的地位先是受二〇〇八年金融危機所重創，目前又因川普的崛起而遭受更大的打擊。如今全球各地民眾已經意識到，美國式資本主義似乎主要只讓最頂層人口受惠，多數美國人甚至無法獲得充足的醫療。在這樣的情況下，美國更難用文化與經濟影響力來說服其他國家相信，美國式資本主義是比較好的選擇。

相信民主價值的人可能會對這樣的現象深感不安。有關社會、政治與經濟體制的理念之爭正如火如荼展開，而我們應該擔心的是，世界上很多地方正逐漸厭棄美國的經濟體制。幸好一如先前提及的瑞典，美國式資本主義只是眾多民主市場經濟體制中的一種形式，使用其他形式經濟體制的民主國家，不僅實現和美國一樣快速的經濟成長，還為絕大多數的公民帶來更大的安和樂利。

我們必須收起對美國經濟體制的傲慢，因為大家清楚知道它有嚴重的缺陷，尤其是在確保繁榮共享上。值得我們參考的選項其實非常多，在許多不同形式的市場經濟體系中都有其值得學習的長處。

畸形的經濟體系塑造畸形的個人與社會

這一切的一切，意謂著這場利益之戰（表面上是爭奪最佳社會組織方式的概念，但那只是個幌子）不可能迅速終結。因為大型企業及既得利益者將試圖奪取更多利益，即使犧牲所有人也在所不惜。

這場概念之爭不僅是一場只為一比高下的運動競賽。我們之所以應該積極矯正當前經濟體系缺點、設法創造一個更符合我輩價值觀的經濟體系，並不是為了讓美國式經濟與民主再次風行全球，而是為了美國人自己。因為這麼做將使我們及我們的國家獲益。

經濟學的標準課程開宗明義就假設個人與生俱來擁有固定的偏好，它假設每個人都是獨特的個體，各有獨特的好惡。然而，品味和偏好永遠不變的概念，實在是胡扯一通。為人父母的我們總是試圖將子女塑造成我們想要的樣子，雖然我們塑造子女的成果不見得如我們自以為是的那麼好，至少某些時候能達到理想。行銷業試圖引導我們購買他們希望我們買的商品。另外，我們的社會與文化時時刻刻影響著身處其中的我們，而我們也時時刻刻塑造著我們的社會和文化。在這個互相型塑與影響的過程中，我們所採用的經濟結構攸關重大，因為人與人之間的關係和經濟息息相關。行為經濟學研究早就確認這點。銀行從業人員的道德會如此敗壞並非偶然：實驗顯示，銀行從業人員的行為較不誠實且較自私，尤其當外人提醒他們是銀行從業人員時。[50]那是因為他們的言行受到這個行業的影響。經濟學家也一樣；選擇研究經濟學的人可能比其他人更自私，而且研究經濟學的時間愈久，就會變得愈自私。[51]

美國創造出來的市場經濟造就出許多自私自利和物質主義的人，這些人與我們對自己與他人理想形象的期待不同。相較之下，其他形式的經濟組織則能促進成員間更多的合作。誠如亞當斯密所言[52]，所有人都會從事符合私利但也考量他人需要（利他）的行為；而美國經濟與社會體制的本質卻改變私利與利他行為間的平衡。[53]由於有愈來愈多較自私、較物質主義、較短視且較缺乏道德感的人，美國社會也因映照出相同的特質。

就政治層面來說，上述種種的後果可能更加嚴重。「市場贏者通吃」的態度可能會（其實已經）侵入美國的政治組織、摧毀各項規範，並破壞眾人相互妥協與達成共識的能力。如果放任這樣的態度肆虐，最終將摧毀國家的凝聚力。

所幸我們目前還沒沉淪到那個地步。雖然我們對於共同努力的目標在細節上仍有著不同的看法（正如經濟學家強調，人總面臨著各種權衡取捨），但在基本核心原則上已懷抱相當程度的共識。為了實現與過去不同的願景，我們需要採取集體行動。就經濟層面而言，政府必須監理市場，並做市場做不到的事。我們必須揚棄「完全放任市場運行，就能達到自律、效率、穩定與公平」或是「政府介入絕對缺乏效率」之類的陳腔濫調。在某種意義上，我們必須拯救資本主義，否則它會自我毀滅。資本主義加上金錢導向的民主政治，產生一股自我摧毀的動力，這股力量有可能同步摧毀原本看似公平與競爭的市場，以及一個意義非凡的民主國家。目前需要的不只是溫和調整現有體制，我們已誤入歧途太久，溫和調整已不足以扭轉目前困境。我們必須建構一套全新的社會契約（social contract），讓這個富裕國家的所有民眾都能過上合宜的中產階級生活。

本書所要談的，就是這條關於未來的替代道路。

我們確實有可能打造出一個迥然不同的世界，但不是根據市場基本教義派堅持的信念，也不是憑藉導致我們陷入眼前困境的下滲式經濟學，更不是依靠本土主義、民粹主義式的川普經濟學。川普經濟學不承認國際規則，「以一個俱樂部替代全球化」的方法不但無法走出困境，反而會讓未來的美國變得每況愈下。從長遠來看，我相信真理終有勝出的一天，川普的政策終將失敗，到時川普的支持者們（無論是企業高層，或是川普宣稱將因他的政策而獲得更多利益的勞工）會開始認清這一切。

當然，沒有人知道未來將如何發展，一切但憑猜測。如果能有個與未來有關的替代方案，如同本書即將呈現的方法，或許他們會更能明白正確的方向在哪裡。

第二章　邁向更讓人擔憂的經濟

大約從一九八〇年左右開始，美國強大的經濟引擎開始發生變化：經濟成長趨緩，更重要的是所得的成長也趨緩，甚至降低。但這個變化幾乎無人察覺。事實上，即使我們的經濟體系未能為多數人口實現繁榮，積極倡議全新的金融化、全球化及技術升級的時代擁護者，還是不斷吹噓「新經濟」（new economy）的優點，號稱它絕對會帶來愈來愈亮麗的榮景，而他們所謂「愈來愈亮麗的榮景」，似乎是指愈來愈高的GDP水準。美國的某些經濟領袖（包括聯準會前後幾任主席）也老王賣瓜般讚嘆著美國經濟步入「大穩定狀態」（great moderation），他們宣稱美國人終於成功駕馭景氣循環，意思就是，從資本主義開始風行後就沒有停止過的產出及就業起伏，已經成為過去。[1]

然而二〇〇八年金融危機卻告訴我們，美國看似繁榮的經濟表象底下，是一個海市蜃樓般的脆弱結構。更精準來說，美國經濟的繁榮奠基於巨額的債務。隨著一批批新數據顯示經濟狀況愈陷愈深，美國陷入陳痾的事實也愈來愈顯而易見。到最後民眾才發現，長期以來被拿來說嘴的經濟成長，實際上還不如二次世界大戰後那幾十年。更令人不安的是，經濟的成長獨惠社會最頂層的少數人。如果經濟數據是因為貝佐斯的所得增加（但其他所有人的所得停滯）才成長，那就代表經濟的實際表現並不好。可惜美國當前的情況便是如此，而且這樣的情況已經延續四十年之久，在這四十年間，美國社會底層九〇％人口的平均所得幾乎沒有任何變動，而頂層一％人口的所得卻暴增。（請見圖2，底端的線條是社會底層九〇％人口的平均稅前所得，而頂端的線條則是社會頂層一％人口的平均稅前所得）。

圖2：美國歷年平均稅前所得（一九七四～二〇一四年）

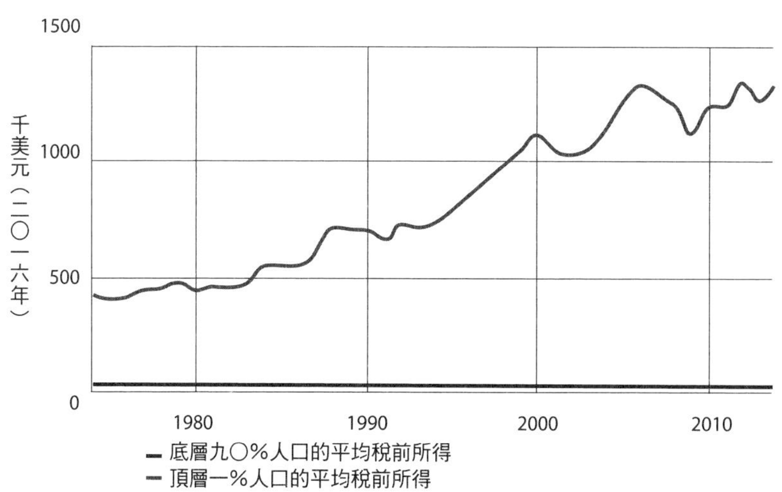

資料來源：世界不平等資料庫（*World Inequality Database*）

某些經濟學家甚至不屑討論不平等。[2]他們聲稱經濟學家的工作是要「把餅做大」，只要把餅做大，所有人都能受益，就像甘迺迪總統所言：水漲船自然高。我多麼希望事情真如他們所言。不過，事實並非如此。事實上，如果水位上升太快，小船有可能（而且是通常）會被沖毀。

就算GDP數字上升，但環境快速惡化、資源持續折耗，那麼經濟表現也稱不上理想。一個吃老本而不投資未來，甚至破壞孩童未來生存環境的國家，是一個只顧這這代人享樂而債留子孫的國家。

美國在上述諸多方面的表現都不甚理想，不管是相較於我們的過去，或是相較於其他國際競爭者而言。很多美國人可能會對我的說法感到不可置信，因為一般美國人總假設，無論從哪個方面來說，美國都是世界上最大、最好且最強盛的國家。這就是美國政治人物無所不用其極灌輸給我們的觀念。不過，除非你堅持活在川普式的想像世界，否則你一定已經從前面引用的一連串數據中看出事情的真相：美國早就不是表現最頂尖的國家，雖然某些數據或許顯示美國距離第一名還不算遙遠，但其他數據可能顯示著美國早已遠遠落後。

為何美國經濟會陷入如此令人抑鬱的狀態？最根本的原因是：我們未能搞懂國家財富的真正來源（如同上一章的討論）。太多美國人一廂情願的認定有利可圖的事物必然是好的，卻沒意識到那些利潤的增長可能來自於剝削，而不是非真正的財富創造。[3]從事房地產投機活動、拉斯維加斯或大西洋城的賭博行為，或是成立剝削學生的營利型學校，都能為少數人賺到巨額財富，但無法成為創造整個社會永續福祉的基礎。過去四十年間，我們沒有投資基礎建設、沒有投資民眾，也沒有投資技術。連國家的投資率都非常低，低到追不上整個國家的產出。[4]

我將在後續幾個章節中，探討從財富創造轉為剝削行為的各種不同表現形式，包括全球化、金融化與賣方獨占化。然而，首先我們應該更深入釐清問題的根源，也要好好想一想：為什麼川普的「讓美國再次偉大」的口號會引起那麼大的共鳴？

經濟成長趨緩

第二次世界大戰後三分之一個世紀（即一九四七年至一九八〇年）美國平均經濟成長率為三．一%；而過去三分之一個世紀（即一九八〇年至二〇一七年）則僅有二．七%。[5]下降的幅度非常大，已接近三〇%。

二〇〇八年金融危機進一步顯示，在這場危機爆發前，經濟的多數成長並不具永續性。那些成長來自莽撞的投資活動，其中，最貼切的例子應該是房市的浮濫建設。

國際生活水準的比較

美國例外論（American exceptionalism）的部分論述是：相較於其他國家，美國有較好的生活水準及較高經濟成長率，因此美國有著卓越的效率及生產力。或者應該說在有心人引導下，我們一直對那樣的論述深信不疑，我們是真心相信這樣的主張。這樣的信念自然會產生一個推論：美國應該比所有國家更成功，換言之，美國向其他國家買進的東西，應該比其他國家向我們買進的東西少。這個推論蘊藏一個寓意：如果我們的商品沒有「橫掃市場無敵手」，勢必代表我們的對手作弊。沒錯，這就是結論。於是，根據這些不言自明的道理，我們提出的對策自然會是「阻止對手作弊」。倘若訴諸國際貿易規則也無法有效阻止對方「作弊」，肯定代表那些規則本身也被動了手腳。美國就是基於上述推理而實施關稅（課徵進口稅）或配額（限制進口商品數量）等貿易壁壘。保護製造商不受外國競爭壓力，這種保護主義的幽靈，顯然依舊健在，而且活力十足。

這類推論的唯一問題是：推論的每一個步驟都有瑕疵。在此，我們將討論最根本的前提瑕疵：「美國是世界上最有生產力且生活水準最高的經濟體」。（至於其他步驟的瑕疵，我們會在第五章討論全球化議題時一併進行探討）。

以「人類發展指數」（Human Development Index，衡量各國生活水準的標準）衡量，美國排名第十三，僅高於英國，這是不爭的現實。一旦將美國的不平等納入考量，它的排名則跌落到第二十四名。[6]

二〇一八年，世界銀行（World Bank）首次發表「人力資本指數」（human capital index），這項指數能展現一個社會對民眾的投資，包括教育、醫療以及求生能力等的投資。[7]美國在各國當中排名第二十四，遠低於新加坡、日本、南韓和香港等亞洲領先國家，也遠低於美國北方的鄰國加拿大（排名第十）及多數歐洲競爭者。若國家當前人力資本投資疲弱，未來的生活水準自然會比較低。

作為先進國家官方智庫的「經濟合作暨發展組織」（Organization of Economic Cooperation and Development，簡稱OECD）每隔幾年都會針對世界各地的學生舉辦一系列標準化的測驗（該組織也在某些開發中國家舉辦這些測驗）。以測驗結果來說，美國學生在數學方面的成績低於平均值（在七十二個參與測驗的國家中排名第四十），而在閱讀和科學方面則稍微好一點（分別為第二十四與二十五）。[8]以這類測驗的成果來看，美國的表現一向是這麼令人擔憂，不僅未達基準成績表現的學生人數高於各國平均值，連成績頂尖的學生人數也低於平均值。另外，以二十五至三十四歲的民眾來說，加拿大、韓國、日本、英國、挪威、盧森堡和澳洲的大學畢業生比率都高於美國，其中加拿大這個年齡層的大學畢業生比率較美國高二五％，南韓更是高了將近五〇％。[9]

人力與有形資本的低投資率，自然而然會轉化為較低的生產力成長率。在比較各國的產出時，必須將工時的差異列入考慮，這一點非常重要。美國的工時比其他先進國家長，每年每名勞工工作一千七百八十個小時，而其他國家則為一千七百五十九個小時，相較於法國（一千五百一十四小時）或德國（一千三百五十六小時）等歐洲國家，差距尤其大。[10]那些國家的年度總工時較短的主要原因並非每週工時較短，而是休假較長。所以，美國較高的人均所得其實是來自較長的工時。事實上，就生產力（每小時的產出）來說，自二〇一〇年至二〇一六年的「大衰退」後，美國的生產力成長率就一直比先進國家平均數字低一半以上。[11]

過去三十年間，美國的成長率比中國遲緩更多，而且若根據上述比較所採用的標準衡量指標，中國不僅已成為世界最大經濟體，[12]它的儲蓄也比美國多，製造量與貿易量也都高於美國。[13]

我經常到中國演講，每次我以那些統計數據來說明多數美國人（而非社會頂層人口）的情況時，多數中國聽眾都露出不可置信的表情。四十年前的中國是一個貧窮的國家，六十年前的中國更可謂一貧如洗，當時中國的人均年所得大約只有一百五十美元[14]，被世界銀行評定為「極度貧窮」的國家。但在短短四十年內，美國多數人的所得陷入停滯（除了社會頂層人口外），而中國人的所得卻增加超過十倍，[15]而且已有超過七億四千萬人脫離貧窮。[16]

不平等程度惡化

美國不僅在經濟方面的表現未能勝出，不平等的情況也比其他國家嚴重，不平等程度更是比其他所有先進國家更巨大，就機會不平等的角度來說，美國更是墊底。不用說也知道，這個現象和美國被視為充滿機會之地，呈現鮮明的對比。[17]

目前美國勞工分得的經濟大餅愈來愈小，更糟的是，國家大餅的成長愈來愈慢，也因如此，美國勞工的所得甚至已趨於停滯。尤其若不包含銀行業人員和企業執行長以及社會頂層一%的勞工（他們因統計目的而被納入「勞工」〔worker〕之列，但其實他們絕非我們一般所說的「勞動者」〔laborer〕），美國一般勞工所得正以前所未見的速度陡降，從一九八〇年的七五％降至二〇一〇年的六〇％，在短短三十年間降低十五個百分點。[18]

相反的，整個經濟的大餅有愈來愈高的比率被相對少數人（即社會頂層一〇％、頂層一％，甚至頂層〇．一％的人口）所侵奪。過去四十年，頂層一％人口分得的比率增加一倍以上；而頂層〇．一％分得的比率更是增加幾乎四倍。[19]

很多有錢人主張財富會向下涓滴，宣稱全民都將受惠於社會頂層人口所累積的財富。不過，實際上他們所謂的「下滲效應」幾乎從未發生，而且自一九八〇年代過後，更是絕不可能會發生，之前我們就已談到，基本上社會底層九〇％人口的所得是停滯的。其他統計數據證實這個意見。美國男性的不滿情緒似乎尤其激烈，這是可以理解的，因為若調整過通貨膨脹，過去四十年間，全職男性勞工所得中位數幾乎陷於停滯。而這些擁有全職工作的人已經堪稱是幸運兒了，因為目前大約有一五％的壯年男性沒有工作[20]。社會最底層人口的情況甚至更糟，經調整通貨膨脹後的領取工資，大約只有六十年前的水準。[21]

然而，這個現象並非整體所得停滯所造成，過去六十年，美國的人均GDP其實成長超過一倍；問題也不是出在勞工生產力停滯：美國的生產力成長率甚至超過GDP，過去六十年間，美國的生產力成長七倍。事實上，問題出在一九七〇年代中期至一九八〇年代中期的某個時間點：在那個時間點以前，美國民眾的薪酬一向亦步亦趨的跟著生產力成長，假設生產力提高一%，工資也會增加一%；不過，那個時間點之後，這兩者的落差逐漸擴大，工資成長速度還不到生產力提升速度的五分之一，這意味著有相當高比率的工資成長落入勞工以外的人手中。[22]

而勞工與勞工之間的工資落差也漸漸擴大，這個現象在各個領域都明顯可見：底層人口的工資停滯或甚至降低，中產階級遭到掏空，而頂層人士的工資則顯著飆升。以企業內部來說，執行長的薪酬增加幅度遠高於一般勞工。不同企業之間的平均工資差異也顯著擴大。工資不平等程度惡化的原因非常多元，而各種原因之間多半盤根錯節，息息相關，我們稍後會討論許多原因，如全球化及技術變遷使得經濟體系對低技能勞工的需求減弱、有助於工資平等化的工會漸漸式微等。此外，市場操縱力的集中度提高，使得不同企業之間的獲利能力差距擴大，少數掌握較大市場操縱力、擁有較佳的獲利能力的企業，才有辦法將部分利潤分享給勞工。[23]

多年來，我不斷警告富人與窮人間存在的「大鴻溝」不可能永久維繫下去。同時也主張「所得的更平均分配」符合所有人的長期利益，包括有錢人。[24]

諸如牛津大學的阿特金森爵士（Sir Anthony Atkinson）、[25]巴黎的皮凱提（Thomas Piketty）、加州大學柏克萊分校的賽斯（Emmanuel Saez）以及哈佛大學的崔提（Raj Chetty）等學者，已提供非常大量的數據，並在著作中翔實記載當前的狀況，這些概念也在很多地區引起迴響。歐巴馬（Barack Obama）總統就曾在一場重要的演說中，描述不平等是美國最刻不容緩的問題。[26]

愈嚴重的不平等以及愈來愈低的社會流動等綜合趨勢，對美國夢、我們的生活方式以及我們在世界上的地位構成根本威脅。我不只是基於道德立場提出這個主張，愈來愈嚴重的不平等以及愈來愈低的社會流動，已產生實實在在的嚴重後果。

然而，對美國的政治圈與經濟圈而言，似乎有個更加刻不容緩的問題：大衰退後的經濟復甦速度不如歐巴馬及經濟團隊預期，而國會中共和黨人繼續堅持桀驁不馴的立場，導致各項法案難產，連政府都幾度差點無法繼續運作。即使歐巴馬體察到不平等問題的重要性，但他在任期內並沒有（或者該說沒有能力）處理不平等的問題。然而，他的表現依舊值得稱許，因為他簽署的「平價醫療法案」（Affordable Care Act，即一般所謂的「歐巴馬健保」），確實有助於減緩最殘酷的不平等現象，使人民終可獲得合宜的醫療照護。

不意外的，不平等的問題並不會自己消失，實際情況變得更糟。

種族、少數民族和性別的不平等

美國境內的深刻鴻溝不只是上述幾種不平等造成，美國也因種族、少數民族和性別的鴻溝而遭到撕裂，這些鴻溝有極大部分來自粗暴的差別待遇。令人感概的是，這樣的現象竟是發生在美國通過「民權法案」（旨在消弭那些差別待遇）的五十多年之後。鑑於過去的歷史，我們一定要填補這些鴻溝，才能讓美國成為一個真正完整的國家。（事實上，從很多方面來說，觀察勞動市場排斥特定種族與性別的狀況，以及為了追求更不排他的勞動市場而採取的回應，是了解美國勞動市場不平等現象的關鍵）。

美國在「民權法案」通過後的數年間，相關情況原已稍有改善。然而導致種族隔離和性別歧視的勢力又策動一次反擊。於是，追求平權的進程就此停擺，某些層面甚至開始走回頭路。

大約五十多年前的一九六八年，美國經歷一場種族暴動，詹森總統成立一個委員會來釐清事件背後所潛藏的根本原因。遺憾的是，當年委員會所做出的結論，至今似乎依然完全適用：「我們的國家正朝兩個社會發展，一個黑人社會，一個白人社會。兩者處於相互隔離且不平等關係之中。」[27]在當時的美國，非裔美國人面臨系統化的差別待遇，未獲得充足的教育與住宅，而且徹底缺乏經濟機會。對這些非裔美國人來說，世界上根本沒有所謂的「美國夢」。依委員會的調查與判斷，這場種族暴亂根源於「美國白人對美國黑人的種族態度與行為。種族偏見已經決定性的型塑我們的過去，現在它將可能威脅我們的未來」。[28]

致力於消除差別待遇長達半個世紀後，美國婦女的工資迄今依舊只有男性工資的八三%，非裔男性的工資僅白人男性的七三%，而西班牙裔男性的工資更只有白人男性的六九%。[29]

美國還有其他很多方面的不平等，包括「健康的不平等」、「財富的不平等」，以及最重要的「機會的不平等」。這些不平等的嚴重程度，都較「所得的不平等」有過之而無不及。

健康的不平等

與其他統計數據相比，健康相關的統計數據更能凸顯美國人目前的處境有多麼危急。美國人的平均餘命比多數先進國家的公民短（比日本人少五歲）[30]，而且死亡年齡愈來愈低，從二〇一四年起，美國疾病管制中心（Centers for Disease Control）預估的平均餘命就年年縮短。[31]更糟的是，這些數據是發生在醫藥進步的大環境下，而世界上多數地區的死亡率正趨向降低、平均餘命趨向延長。[32]此外，有錢美國人和貧窮美國人之間的平均餘命落差非常懸殊，而且差距仍持續劇烈擴大。布魯金斯研究所（Brookings Institution）的伯特列斯（Gary Burtless）說明一九七〇年和一九九〇年五十歲婦女的平均餘命變化：「在那二十年間，收入位居頂層十分之一和底層十分之一者的平均餘命差距，已從三年半擴大到超過十年。」[33]

美國和其他先進國家之間、美國有錢人和窮人之間會存在那麼懸殊的健康落差，其實並不令人感到意外，因為在歐巴馬健保實施前，美國並沒有體察到每個公民都應有獲得醫療的權利，但幾乎其他先進國家早就承認人民的這項權利。凱斯（Anne Case）與迪頓（Angus Deaton，二〇一五年諾貝爾經濟學獎得主）仔細檢視可公開取得的死亡統計數據後，提出震驚全國的分析結果：一九九九年到二〇一三年間，未受過大學教育的中年白人男性死亡率明顯大幅上升（二〇一三年是可取得最新統計數據的年度）。那個族群死亡率降低的趨勢從那段期間開始逆轉，而且這個趨勢和美國多數年齡層與少數民族的趨勢相悖，當然也和多數工業國家的趨勢背道而馳。[34]

更令人感到不安的是致死原因，凱斯和迪頓稱之為「絕望的疾病」（diseases of despair）：酒精、藥物濫用與自殺。基於先前曾說明的中下階層所得停滯問題，加上大衰退期間失業人口大量增加，許多人因而失去安身立命的自有住宅，會出現這些致死原因並不意外。[35]

在近代，會出現平均餘命明顯大幅縮短的情況多半和戰爭或流行病（例如人類免疫缺乏病毒）有關。唯一的例外發生在蘇聯瓦解後，前蘇聯公民面臨經濟與社會崩潰的打擊，當時GDP降低幾乎三分之一。

顯然發生那類絕望情境的國家不會擁有健康的勞動力，因為很多人會因絕望而吸毒或酗酒。要判斷一個社會是否具備創造優質就業機會與健康勞工的能力，較好的一項衡量指標是觀察工作年齡人口當中，有多少比例的人參與勞動力並真正投入工作。美國的這項指標遠低於很多國家。美國勞動力參與率不理想，至少部分和美國低落的健康統計數據直接相關。經濟顧問委員會前主席克魯格（Alan Krueger）最近的一份學術研究發現，幾乎有半數「壯年男性」因某些嚴重的健康狀況問題而無法成為勞動力的一員，而且其中三分之二的人目前正服用某種疼痛處方藥物。[36]

美國人健康狀況不好的現象顯然並非氣候不良所造成，也不是因為一堆有病的人移民到美國。沒有一種流行病能解釋為何美國人的死亡年齡降低，以及為何美國人比歐洲及其他地區的人更不健康。相對的，這當中的因果關係有部分是反過來的：因為美國經濟體系未能創造工資水準合宜的優質就業機會，所以很多人實質上等於放棄就業，而這樣的絕望心理導致他們染上諸如酒精成癮症和藥品依賴症等社會疾病，[37]健康狀況因而變差，死亡年齡也降低。

財富的不平等

美國財富不平等的程度甚至比所得不平等更嚴重，社會頂層一％人口擁有美國四〇％以上的財富，幾乎是這個族群的所得占比的兩倍。[38]（「所得」是指個人在任一年度取得的收入；

「財富」則是指個人的資產所有權，以多數美國人來說，所謂的財富主要是指扣除貸款的自宅和汽車）。財富尤其重要，因為財富是決定一個人能否獲得機會與影響力的關鍵要素。

就全世界而言，社會頂層人口占有巨額財富的狀況更嚴重。每年樂施會（Oxfam）都會發布和不平等的極端狀況有關的統計數據：頂層前幾大富豪的財富，等於世界上底層五〇％人口（大約是三十九億人口）的財富。在此同時，這些頂級富豪的人數卻快速減少：二〇一七年時，光是前二十六名富豪的財富，就和世界上底層五〇％人口的財富一樣多。[39]回顧短短幾年前，那類富豪的人數要派好幾輛大巴士才載得完。這區區二十六名富豪幾乎清一色是男性，他們的經濟實力竟達到中國、印度和非洲所有人口經濟實力的總和，真是令人無法想像。

我們先前說明過，致富有兩個關鍵管道：「創造更多財富」或是「從他人手中搶奪更多財富」。不過，以財富來說，還有第三個管道：「繼承」。

很多社會頂層人士，例如持有全球最大零售商沃爾瑪公司（Walmart）的沃爾頓家族及柯氏兄弟，他們並非藉由努力工作而躋身富豪之列，而是因為幸運繼承到巨額的遺產（至少他們的財富中有相當比例是靠繼承而來）。[40]許多美國人認為當今美國的財富不平等和古代歐洲的情況並不相同，因為當時歐洲的財富不平等導因於舊時貴族統治制度；然而事實上，今日美國儼然成為二十一世紀繼承型富豪的國度。

機會的不平等

所得、健康和財富不平等的統計數據已經夠令人沮喪了，但更令人痛心的是美國的機會不平等。這種不平等特別令人痛心的原因是，我們一向認定美國是個公平的社會，所以機會不平等現象與我們對國家的印象和信念背道而馳。

一個世代的所得和財富會轉化為下一個世代的財富，一如沃爾頓家族和柯氏兄弟的例子所示，經濟的優勢與劣勢會代代相傳。由於美國幾乎有五分之一的孩童在貧窮的環境下長大，所以很容易會形成「貧窮陷阱」（poverty traps）。出生在貧窮家庭的孩童脫貧的機率很低。以美國來說，出生在好家庭及優渥生活環境下成長等條件，已漸漸成為決定一個人一生成就最重要的因素。[41]機會平等的美國夢已經成為一個神話：相較於其他國家的年輕人，一個美國年輕人的未來人生更深深取決於雙親所得和教育水準。我告訴我的學生，對他們來說，人生最關鍵的決策是：選擇正確的父母。萬一選錯父母，前景可能會非常黯淡。

當然，也有少數人力爭上游，順利從社會底層竄升到社會頂層；不過，媒體爭相報導這類人物的事實，強化了我所要表達的觀點：這些人只是例外，不是常態。事實上，美國的「低所得陷阱」（low-income trap）比其他所有國家嚴重非常多。如果一個孩童的父母的所得水準落在所得分布的底層，這個孩童最終的所得也可能落在底層；而所得分布位於頂層的父母的子女，就算在校表現差勁，最終他們的地位還是可能優於較低所得者的子女。典型的龍生龍、鳳生鳳，老鼠的孩子只會打洞。[42]

當「低經濟成長」與「低社會流動」相互結合，將會為我們的下一代帶來破壞力強大的影響。一如哈佛大學的研究專案「機會洞見」（Opportunity Insights）在〈褪色的美國夢〉一文中指出：「子女將來的所得高於父母的可能性……從一九四〇年出生孩子的九〇%，降到當今剛進入勞動市場的孩子的五〇%左右。」[43]而皮尤基金會（Pew Foundation）贊助的「皮尤經濟流動性專案」（Pew Mobility Project）中也有類似發現：以相同人生階段的財富來看，只有一半民眾比其父母當年更富裕。[44]

結論

美國及許多先進國家的經濟運作效率並不理想，尤其若以「多數公民的生活水準提升」來定義「高運作效率」的話。低經濟成長、停滯的所得以及不平等程度日益惡化等現象彼此間息息相關，而且這些現象都是雷根總統以降大約四十年的政策所造成（至少部分原因來自於那些政策），那些政策嚴重誤解構成強勢經濟表現的要素。不意外的，不平等的極端狀況以及導因於缺乏機會的不平等，對經濟表現造成尤其嚴重的影響。缺乏機會，意味著貧窮家庭生養的孩子無法充分發揮潛力。這不僅在道德上是不正確的，同時也表示美國正在浪費它最寶貴的資源：美國年輕人的天分。

新自由主義者高喊「放手讓市場決定一切」之類的口號絕無道理可言，既然市場結構有賴人類打造，那麼勢必無可避免會受到政治的影響。美國的右派人士很聰明的體察到這一點，所以從雷根時代開始，他們就以「服務社會頂層人口」為目的，透過政治力量來打造市場結構。不過這些右派人士犯了以下四個關鍵的錯誤：

(1)他們不了解日益惡化的不平等將帶來深遠的影響；(2)他們不了解長遠思考的重要性；(3)他們不了解集體行動的必要性（這是政府在實現平等與永續成長時必須承擔的重要責任）；(4)最重要的是，他們未能了解知識及基礎研究的重要性（這是美國經濟體系得以持續創新、技術賴以升級的根本基礎）。

他們忽視過去兩百多年以來，促使美國資本主義得以展現傑出成就的根本關鍵要素，於是犯下這些致命的錯誤。造成的結果就如眾人所見，就是我們現在經歷的經濟成長趨緩、所得停滯，以及更嚴重的不平等現象。

我們已經充分了解當前經濟問題的嚴重性，在下一章中，我們將探討造成經濟成長趨緩及不平等現象惡化的兩個關鍵因素：

第一個因素是，我們將個人致富的兩種管道混為一談，分不清楚財富是來自把國家經濟大餅做大的「創造財富行為」，還是透過剝削他人來獲利自身利益的「奪取財富行為」。第二個因素是，我們還沒意識到剝削行為的多元面貌，剝削行為往往是從獲得市場支配力量開始。

令人惋惜的是，在這個國家中被投注在奪取財富行為上的能量太多，真正投注在創造財富行為的能量卻又太少。

第三章　剝削與市場操縱

一般經濟學教科書及政治人物的話語中，總一再提及競爭的重要性。但過去四十年的經濟理論與實證已徹底摧毀「多數市場具有競爭性」之類的主張，我們也不再相信有誰能以某個版本的「競爭模型」來適切描繪當今美國的經濟樣貌。[1]或許在很久很久以前，我們確實可以把美國經濟描述成「無數企業為了以更低的成本提供消費者更好的服務，因而不斷創新及彼此競爭」的景象。然而如今的我們生活在一個迥然不同的經濟環境中，極少數企業獲取大多數的利潤，而且年復一年保有無法挑戰的獨占地位。

新一代的科技領袖，甚至連在口頭上吹捧市場競爭都做不到。身為最偉大矽谷創業家之一的提爾（Peter Thiel，曾短暫擔任川普的顧問）就直截了當說出了他的看法：「輸家才需要競爭。」[2]身為美國最有錢的富豪以及最聰明的投資者，巴菲特（Warren Buffet）也深諳這個道理，他在二〇一一年向金融危機調查委員會（Financial Crisis Inquiry Commission）表示[3]：

在評估企業的價值時，最重要的判斷依據就是企業的訂價能力。如果你擁有提高訂價的能力，而且你的業務不會因為提高訂價而被競爭者搶走，你就擁有一家很棒的企業。如果你的業務量非常大，如果你擁有一家獨占市場的報社或一家電視廣播網，那麼就算你的後代子孫是白癡，也能經營你的事業。[4]

他在較早之前，就曾向投資人解釋，「進入障礙」就像是環繞著城堡的護城河：

我們是以護城河的角度來思考，我們選擇有能力維持厚實的護城河，並使敵人無法越雷池一步的企業。我們告訴經理人，我們希望護城河能一年比一年更厚實。[5]

巴菲特準確又坦率的勾勒出一個非競爭性（noncompetitive）的世界，然而這個現象著實令人憂心。問題就出在阻礙市場競爭的障礙無處不在。誠如我們接下來將解釋，創造、利用與保護市場操縱的方法不斷推陳出新，企業經理人利用這些工具來不斷強化周圍的護城河，從而得以繼續運用市場操縱力來剝削他人，獲取更高利潤。我們不難理解為何企業領袖們不喜歡市場競爭：競爭會導致利潤減少，甚至可能少到報酬僅足夠繼續維持事業投資的水準。考量到事業經營的風險，企業領袖當然期望獲得比競爭市場狀態下更高的利潤，所以他們有必要興建愈來愈巨大的護城河，並持續進行巨大的創新，以便先發制人的阻止市場競爭發生。

目前我們所需要的，是能夠反制那些創新的創新，以恢復市場競爭，並創造一個更平衡的經濟體系。在本章稍後的篇幅中，我們將說明要怎麼達到這個目標。

大局

首先讓我們探討一個簡單的疑問：「美國網路及電信服務的價格有任何理由比其他很多國家貴那麼多，但服務又比其他國家糟那麼多嗎？」[6] 電信業相關的技術創新多數是在美國境內進行，公共資源支持的研究及教育機構為電信業提供良好的知識基礎。目前電信已是一種全球性的技術，需要的勞動力不多，所以也無法用工資太高來解釋。這個疑問的答案很簡單：市場操縱力。市場操縱力的增長，可以相當程度解釋上一章提出的難題[7]：美國看似全球最具創新能力的經濟體，然而經濟成長不僅十分緩慢，而且所得成長幾乎沒有向下涓滴讓大眾普遍受惠。市場操縱力讓企業得以藉由收取不合理高價來剝削消費者，並利用各種方法來占消費者的便宜。較高訂價對勞工的傷害，不亞於較低工資對他們的傷害。若市場操縱力不存在，市場競爭的動力終將促使超額利潤降至零，但誠如我們將見到的，美國愈來愈嚴重的不平等，正是導因於市場操縱力日益增強所帶來的超額利潤。[8]

市場操縱力也讓企業得以藉由支付不合理低薪的方式直接剝削勞工，並利用其他方法占勞工的便宜。市場操縱力更會轉化為政治力量。在美國這個金錢驅動政治的國家，經由市場操縱力取得的巨額利潤，讓大企業有能力獲得政治影響力，並進一步增強勢力，從而壓榨出更多利潤。舉例來說，藉由促使政府施行弱化工會及市場競爭的政策，讓銀行得以盡情剝削一般民眾，並進一步削弱勞工協商力量來打造其全球化結構。

創造財富與奪取財富

國家的致富管道有兩種：一種是效法殖民強權向其他國家奪取財富，另一種是透過創新與學習來創造財富，唯有後者才能真正增加這個世界上的財富。個人也是如此，個人也能藉由奪取財富而致富：在缺乏法律規範的社會，通常是透過蠻橫的武力；在法律規定不公的社會，則可以藉由奴役來剝削他人。在現代美國經濟體系中，還能用更微妙的方式來進行，例如利用市場操縱力或不透明的訂價結構來收取高價（如醫療產業），也可以藉由掠奪性放款、內線交易等各種金融業特別擅長的骯髒手法（將於第五章做更深入的討論）。[9]貪汙也是奪取財富的重要方法，在開發程度較低的國家可能是直接收受金錢；而「美式貪汙」則比前述那種赤裸裸的手法高明許多，例如透過法律的修訂，讓某些人能以過高的價格賣東西給政府（如國防承包商和製藥公司），或者以過低的價格取得屬於公眾的天然資源（如使用公共土地的石油、採礦或伐木業者）等。[10]

另一方面，個人也可藉由創新服務或產品，並在其他模仿者跟進之前繼續創新的方式，獲得高額利潤並進而致富。這種財富創造方式能把整個國家的經濟大餅做大，這才是我們需要的財富創造。

經由剝削來致富的方法稱為「財富重分配」，簡單來說就是把窮人的錢挪到富人的錢包裡。在這個過程中，不但沒有創造財富，甚至常常是在摧毀財富。我們的金融從業人員透過掠奪性放款、不當的信用卡作業、市場操縱和內線交易等方式，將底層人口的財富轉移給頂層人口。在本書後面的章節中，還會看到其他有錢人用來剝削他人財富的方式。

市場操縱力與國家大餅的分配

信奉自由市場的經濟學家喜歡把國民所得大餅的分配，形容成是由非人為的市場動力所決定，就如同人的體重是由物理學上的重力所決定那樣。沒有人會質疑萬有引力定律的存在，如果體重計顯示體重過重時，當事人不會怪罪萬有引力，而會歸咎自己的飲食習慣。然而實際上，經濟學定律與物理學定律不同：市場狀況會受到政策影響，而且多數市場不太具競爭性。尤其是政府的政策對於哪些人能擁有多少市場操縱力，更具有決定性的影響。

自由市場的倡議者喜歡引用亞當斯密的說法：個人和企業在追求私利的過程中，也會促成整體社會利益，就好像受一隻看不見的手引導似的。但那些人忘記亞當斯密的忠告：「當同行聚集在一起，即使是歡樂與消遣的場合，場子裡的話題也總不脫共謀對付大眾的手段，或是某種提高售價的計策。」[11]正因為意識到這種自古以來就存在的危險，美國國會才會在大約一百二十五年前通過反托拉斯法，禁止有意削弱市場或破壞市場競爭的共謀行為。[12]

我們可以將國民所得大餅劃分為勞動所得、資本報酬等等，經濟學家將多數剩餘的所得稱為「經濟租」。地租是最顯而易見的例子，不過，天然資源的報酬、賣方獨占的利潤和智慧財產（專利和著作權）的報酬也被視為「經濟租」。勞動所得和「經濟租」之間的最大差異是：如果勞工做更多工作，國家的大餅會擴大。在完美的市場中，勞工也將因投入更多精力、擴大更多國民所得大餅，進而獲得更多報酬。相反的，土地或其他資產的所有權人則單純只是因為擁有土地和資產而得到收入。土地供給量通常是固定的，透過創新和學習而產生的事物則是非固定。所以，對整個世界來說，創新和學習才是唯一且真正的財富創造來源。

「經濟租」不但無助於增進經濟成長與效率，甚至可能有害，原因在於它們會扭曲經濟體系，會「排擠」真正能創造財富的良性經濟活動。我們將透過取得更多「經濟租」來追求更高所得的行為稱為「尋租行為」，例如透過獨占市場力量、金融詐欺或引誘他人參與賭博等不良活動來獲取暴利。如果社會上有才華的人被利益吸引而投入尋租行為，那麼投入基礎研究、提供大眾所需商品與勞務，及其他增進國家實質財富活動的人才就會減少。此外，如果社會上為了退休生活或後代遺贈而儲蓄的人，將儲蓄投資到房地產之類的收租型資產，那麼對真正具有生產力的新資產（例如有助於提升生產力的廠房和設備）的投資就會減少。

因此，我們應該對尋租行為的增加感到憂慮，尤其是那些有害的收租型活動，因為那代表賣方獨占勢力增強，而一般消費者被剝削更多財富。不幸的是，這就是當前美國經濟現況。

勞動力與資本占比日益降低，「經濟租」占比日益上升

不平等程度日益惡化的明顯現象之一是，勞工的國民所得占比日益降低（前一章已說明）。不過，勞動力的國民所得占比下降幅度更加顯著。

「資本占比」是指國民所得中流向以機械與建築物或智慧財產（有時候被稱為無形資本）

等形式來儲存或累積財富的人的比例。雖然沒有明確的數據可採用，但我們有相當程度的把握可推斷出流向這些人的國民所得金額。舉例來說，我們可以透過國民所得數據來追蹤資本存量的增加金額。一個國家可能每年都投資更多資本，但每年也都會有一些舊資本消耗殆盡。因此，我們可以估算每年的資本增加金額，再從這個淨增加金額算出經濟體系在任何一個時間點的總資本金額。

將總資本金額乘以報酬率，就能估算出總「資本所得」。遺憾的是，我們還是沒有簡易的來源可得知「資本報酬率」是多少。典型的「觀測報酬」（observed returns）數據，混雜了資本（儲蓄和投資）的實際報酬和來自市場操縱力的報酬，而我們此時的目標是試著區隔這兩種報酬。箇中邏輯其實很簡單。我們很容易就能查到安全資產的報酬率（即政府必須就政府債券支付的利率），所以現在的問題是：「風險溢酬」（risk premium，即為補貼風險而必須多得到的額外金額）是多少？由於中國等新興國家的儲蓄使全球資本供應量增加，零風險資本報酬原已明顯降低，而二〇〇八年金融危機的爆發，更讓零風險資本的報酬率顯著降低，當時世界各地的實質利率（經通貨膨脹調整的利率）被擠壓到零或甚至更低的水準。另一方面，整體風險溢酬已因管理風險的能力改善而降低。[13]將安全的報酬率與風險溢酬加在一起，就能算出來自資本的整體報酬率，而由於目前這兩者都比先前幾個期間低，所以整體資本報酬率當然也比以往低。將先前估算出來的資本金額乘以這個資本報酬率，就能算出整體資本所得。

根據這個方法估算出來的資本所得約當國民所得的比率已顯著降低。許多研究確實也證實上述發現，其中有些研究較密切觀察企業部門，有些則是聚焦在製造業或整體經濟體系。[14]如果勞動力所得占比與資本所得占比雙雙降低，那就意味「經濟租」的占比勢必已經上升，而且是顯著上升。以美國來說，雖然土地和智慧財產的「經濟租」略為增加，但增加的主要來源卻是來自企業利潤的增加，這是超出競爭經濟體系合理利潤的利潤。[15]

以不同的方法來看待這個問題，得到的結果也一模一樣。國家財富是一國的資本存量（先前描述過，包括廠房、設備和商用與住宅不動產）、土地、智慧財產等等的總值。已有研究指出，多數先進國家的財富增加金額遠遠超過資本增加金額。事實上，某些國家即使面臨資本所得比率降低的狀況，他們的財富所得比率卻漸漸上升，當中包括美國。[16]財富與資本存量的實質價值之間的關鍵差異，就是收租型資產的價值。如今這類資產的價值已大幅增加，即使相對GDP而言都大幅增加。[17]

檢視各種不同來源的「租富」就會發現，這類財富的增加，主要來自某些實體藉由市場操縱力而取得更多超額利潤。而利潤的資本化價值（capitalized value）的增加，大部分是高科技公司所貢獻。史丹佛大學的克爾茲（Mordecai Kurz）最近就說明，公開掛牌企業的股權價值中，約有八〇%可歸因於「租」，幾乎是總價值增加總金額的四分之一，而其中多數集中在資訊科技（IT）部門。這樣的狀況和三十年前極度不同。[18]

市場操縱力與企業利潤增加的原因

企業利潤增加的現象並不會令人感到意外。事情就像是硬幣的兩面：一方面隨著工會弱化及全球化（我們將在下一章將說明），勞工的力量明顯遭到架空。[19]另一方面，在一個又一個的市場中，有的競爭者數量愈來愈少，有的整體銷售金額流入最頂尖兩三家企業的比重愈來愈高，有的則兩者同時發生。市場集中度不斷提高[20]，一九九七年至二〇一二年間有高達七五%的產業出現集中化的現象[21]，市場操縱力也隨之不斷增強。[22]很多企業早就開始利用這股市場操縱力來提高相對成本而言的價格，就是所謂的「加價幅度」（markups）。[23]而較大的加價幅度進而轉化為高利潤。結果就是：國民所得大餅被大企業奪取的比率愈來愈高，且企業的利潤率屢創新高，在近幾年內已從大約一〇%上升到一六%。[24]根據一項研究指出，二〇一六年，光是標準普爾五〇〇指數（S&P 500）中的十八家企業，就貢獻企業獲利總額的五〇%，這個現象意味目前的市場操縱力比以往更集中。[25]

市場集中度及市場操縱力上升

美國經濟體系的競爭情勢愈來愈不激烈，這類證據隨處可見，我們能選擇的有線電視台、網際網路或電信服務業者都屈指可數。在社群網站領域，區區三家企業就占有八九％的市占率，居家修繕賣場領域的前三大企業則占有八七％的市場，心律調節器製造領域的前三大企業囊括八九％的市場，啤酒市場的前三大企業則掌控七五％的市場。另外，在貓食市場，四家企業占有九七％市占率，果凍市場的前四大企業占有八五％的市占，而七六％的國內航空收入屬於四家企業。[26]此外，在較小型的利基市場中也存在這樣的證據，例如狗食、電池和棺材等。[27]有些產業的市場集中狀況可能不是那麼透明，例如有一家企業掌握了極高比率的藥局市場，只不過，它是利用不同的名稱來經營這些藥局。

如果一個經濟體系只有一家企業，我們稱之為「賣方獨占」；而如果經濟體系沒有任何一家企業擁有決定性的訂價力量，我們稱之為「完全競爭」（perfect competition）。在完全競爭的狀態下，如果一家企業調漲價格，即使是些微調高，它的銷售量都有可能降到零。然而在現實世界中，幾乎不存在符合競爭模型所要求的企業數量，另一方面，企業完全沒有競爭者的狀況也極其少見。換言之，現實世界是介於完全競爭和純粹賣方獨占這兩個極端之間的模糊地帶。即使有幾個競爭者，企業還是可能擁有某種程度的訂價力量，而一旦它們將訂價提高到生產成本以上，就會折損部分銷售量，不過並不會折損太多。換言之，即使這麼做，它們還是保有獲利能力。[28]通常競爭者愈少，市場競爭的情況就愈不激烈，加價幅度就會愈高。[29]從企業維持加價幅度的能力，便可看出其市場操縱力的強弱。

外界經常對科技業巨擘的市場操縱力提出批評，但我們也常聽到以下反駁意見：儘管Google幾乎獨霸線上搜尋市場，它在爭取廣告收入方面還是面臨臉書（Facebook）的競爭；相似的，蘋果公司（Apple）在智慧型手機市場必須和三星（Samsung）競爭。誠如我先前提到的，一個市場上幾乎不可能有任何企業擁有絕對的操縱力，操縱力永遠都會受到局限。然而，只因為市場上存在「某種程度」的競爭，就假裝市場操縱力不存在，也實在是太過荒謬。而只要有市場操縱力存在，就有從事剝削行為和賺取超額利潤的空間。[30]

另外，市場操縱力的表現方式很多，不僅僅是較高的訂價和利潤，還包括企業對待顧客的方式。舉例來說，許多企業逼迫顧客放棄使用美國法律制度來裁決糾紛（這原應為民主社會每一位成員都擁有的權利），取而代之的是，它們逼得顧客只能讓有利於企業的方式所組成的隱密仲裁小組來解決紛爭。[31]事實上，多數人在領取信用卡、開立銀行帳戶、申請網際網路服務或選擇電信業者時，就已經不知不覺放棄自身權利，因為那些企業幾乎都會對我們強加一些類似的規定。競爭市場經濟體系的優點，理當是它讓我們有選擇的機會；但事實上，在許許多多的範疇中，有效率的選擇並不存在。[32]

另外，市場操縱力還會展現在不同層面、以不同深度的方式呈現。在一個競爭市場上，一家企業無法就同一項事物對不同顧客收取不同的訂價。換言之，在競爭市場上，價格取決於邊際生產成本，而非顧客賦予這項商品的價值。然而，那樣的差別取價卻已成為我們這個數位經濟體系的常態，我們會在第六章進一步討論這一點。

反市場競爭的創新

幾乎毫無疑問的，市場操縱力已經比過往提升，但為什麼它會提升呢？我先前曾說明巴菲特的觀點，他認為企業確保永續利潤的方式，就是為公司打造足以構成進入障礙的護城河，防止新進入的企業所帶來的競爭，侵蝕掉原有的利潤。美國近幾年最具獲利能力的「創新」包括：為強化企業創造與增厚這類護城河的能力而發展的創新，以及讓企業利用增強的市場操縱力進一步自肥的創新。

根據標準的經濟模型，打造更優質的產品並無法確保永續利潤，因為其他競爭者的進入會侵蝕原有利潤。最終企業只會獲得正常的資本報酬，也就是補貼企業投資風險的報酬。換言之，超額的報酬應該不會存在。不意外的，企業當然不會滿意這樣的結果。所以，創新企業的必要策略之一，就是打造進入的。唯有如此，原有的業者才不會因為競爭者的進入而變得無利可圖。

諸如微軟公司之類的大企業，深諳如何以新型態的方式進入障礙創新，以及用靈巧的手段來驅逐現有競爭者。微軟堪稱使用這類手段的佼佼者，當然，若非先前幾個反市場競爭巨擘所打下的基礎，二十世紀末的反市場競爭趨勢也不會出現那麼顯著的進展。一九九〇年網路瀏覽器雙雄相爭的冒險故事，更是發人深省！當時網景公司（Netscape）是這個產業部門最大膽的創新者，而微軟公司擔心做為新秀的網景公司，可能侵犯到自己在個人電腦作業系統方面幾近賣方獨占的地位，所以想盡各種辦法企圖將網景逐出這個市場。微軟開發了被很多人視為劣質產品的Internet Explorer。Internet Explorer其實並不具備在這場競爭中勝出的長處，但微軟以它在個人電腦作業系統市場的現成市場占有率，將Internet Explorer內建到美國幾乎每一部個人電腦。

換言之，微軟以免費提供的方式，將瀏覽器和作業系統綁在一起。試問誰有能力能跟零元的瀏覽器競爭？不過，事實證明這個對策的成效還不夠好，所以微軟又創造所謂的ＦＵＤ （fear, uncertainty, and doubt，恐懼、不確定性與懷疑）手法，他們對用戶提出相容性警告，導致用戶擔心安裝網景瀏覽器可能會讓電腦無法穩定運作。[33]總之，透過各種反市場競爭手段，微軟成功的將網景淘汰出局。到二十一世紀初，網景已幾乎徹底遭到停用。即使後來許多國家主管機關開始對微軟的反市場競爭行為設限，但它還是繼續保有支配市場的力量，直到如Google與Firefox等新進入者成功打入瀏覽器市場後，情況才終於改觀。

如今，濫用市場操縱力的企業正是那些新科技業巨擘，其中，歐洲主管市場競爭的機關反覆發現，諸如Google等公司長期從事反市場競爭行為，先是在網路搜尋方面偏袒自家的服務，接著又濫用它在行動電話裝置的市場操縱力，而歐盟（EU）也經由這兩個案件，分別對該公司祭出二十八億美元與五十一億美元的破紀錄罰金。

專利權濫用是削弱市場競爭的另一個管道。專利是一種暫時性的進入障礙，任何人都不可以生產和專利商品一模一樣的產品。談到專利該如何使用才合理時，多數美國人會聯想到的情境可能是：一個不起眼的小投資者為了防止大企業剽竊他的概念而設法爭取法律保護的作為。然而現今的局面並沒有那麼單純，由於現代許多產品的創新，需要使用數百甚至上千個專利，專利已經成為一種有效的進入障礙。當一家企業創造出新產品（例如一種新晶片），隨時有風險在無意間觸犯眾多專利。大型企業才有充分資源去研究現有的專利到底有哪些。此外，大型企業間經常經由生意往來而分享彼此的專利，因為它們知道若不分享專利，有可能陷入無止盡的纏訟深淵。

這個問題對新進企業來說尤其棘手。新進企業不會是專利俱樂部的一員，所以這類企業深知不管做出什麼產品，也不管它們有多創新或有多謹慎，還是隨時會有因侵犯專利而被告的風險，而新進入者沒有足夠的財務資源可以打贏官司。無疑的，光考量到可能導致公司破產的潛在法律訴訟費用，就會讓許多潛在創新者自動打退堂鼓，不敢越雷池一步。[34]專利訴訟的潛在威脅，足以讓一個年輕的創新者毛骨悚然。

事實上，只要簡單搜尋「專利權侵害」一詞，我們就會看到為數眾多的訴訟案件，包括高通（Qualcomm）和蘋果、蘋果和三星等公司之間的訴訟，涉及的金額動輒數億美元。在專利權的戰場上，必然的贏家只有律師；必然的輸家則是消費者及沒有能力參戰的小型企業。這就是二十一世紀美式資本主義的現實。

不過，我們的「創新」企業並不甘於只進行上述反市場競爭行為，它們更開創各種新的契約協議，用更輕鬆的方法達到擴大市場操縱力的目的。以信用卡來說，例如透過契約禁止商店向使用高回饋型信用卡的顧客收取額外費用，這類信用卡提供顧客較高的回饋，並向商店收取較高的手續費，對商店而言成本自然較高。信用卡公司實質上大幅限縮市場的價格競爭功能。[35]由於缺乏市場競爭，所以Visa、MasterCard與美國運通（American Express）等掌握市場支配力量的公司，能向商店收取較實際服務成本高出動輒數倍的手續費。[36]當然，這些成本最終仍會以商品或勞務價格的形式轉嫁給消費者，所以即使有較高的刷卡回饋，實際上信用卡客戶仍拿不到多少好處。另一方面，這也意味使用現金購物的人，已在無形中為使用尊榮級信用卡購物的高所得者提供某種補貼，因為他們付出相同價格，卻沒有獲得信用卡提供的回饋。[37]個別來看，交易成本的一％、二％與三％看來似乎微不足道；但若從高達數兆美元的交易總金額來看，前述幾個百分比就相當於數百億美元，這些都是直接從消費者口袋流向金融機構保險箱的錢。[38]

為了維護市場地位，各產業都展現出令人嘆為觀止的創造力。美國的製藥業阻擋學名藥廠進入市場（這些學名藥的訂價較低，一旦進入市場會導致大型製藥公司的利潤縮減）的做法尤其創新。過去大型製藥公司常以賄賂方式利誘學名藥廠不要進入市場，但這類做法因違反反托拉斯法遭到揭發。[39]後來它們找到新的方法來有效延長專利期限，這個做法稱為「專利長青」（evergreening）。[40]

新科技業巨擘則特別喜歡採用另一個創意手法來維護市場地位，那就是「先占合併」（preemptive merger）。他們會在收購行動引來政府謹慎審查前，先發制人完成對潛在競爭者的收購行動，以避免未來可能出現的競爭威脅。年輕創業者往往樂意拿股票換現金，而不願承擔和Google或臉書等大型企業短兵相接的風險，畢竟透過被收購而取得的財富已遠遠超出當初創業時的預期。[41]

市場操縱力增強更深層的原因

除了美國大企業為了創造與維護市場操縱而不斷創新，還有其他理由導致市場操縱力持續增強，而增強的部分原因與美國經濟體系的演進有關。舉例來說，本地市場操縱力通常來自企業在本地的聲望，因此企業獨占了本地民眾需求的服務，就會使該企業的市場操縱力增強。舉個例子，某個地區可能只有一家福特汽車經銷商，或是只有一家強鹿（John Deere）曳引機代理商。由於顧客只能將汽車或曳引機送回經銷商維護，就等於為強鹿之類的企業提供某種本地的市場操縱力。所以即便整體市場競爭情勢已導致企業製造部門的利潤及價格降低，但這類企業仍能從已掌握的本地市場力量獲取可觀利潤。

所謂「自然獨占」的產業也愈來愈舉足輕重。當一個市場只受單一企業支配而得以節省部分成本時，例如因生產規模擴大而使平均成本降低，就會產生自然獨占現象。[42]無論在什麼地方，身為唯一的電力或自來水供應商都是有利可圖的。幾百年前，諸如鋼鐵與汽車等許多關鍵工業，都只受少數幾家巨獸型企業支配。當時市場競爭很有限，因為新進入者根本無法達到足以降低成本的生產規模。時至今日，全球化已使市場規模更加顯著擴大，生產規模無法達到幾十萬輛汽車的製造商很難有競爭力，但因全球市場非常龐大，所以還是有許多企業達到必要規模。[43]

在「新經濟」領域，由於市場競爭有限，也較容易出現自然獨占現象。大致上來說，在全新的創新經濟體系中，成本主要來自於事前的研究與開發成本，服務新增顧客則幾乎不需要增加任何額外成本。[44]

遊戲規則的更改

市場操縱力的增強，有部分是源自於市場隱含規則（implicit rules）的更改。我們先前已討論過，反托拉斯法是為確保市場維持競爭態勢而設計的重要規則。較低的反托拉斯新標準，已使市場操縱更容易被創造與濫用，[45]更何況美國的反托拉斯法一向跟不上快速變遷的經濟。

現有規則的強制執行力過於鬆散，也是導致市場力量增強的原因之一[46]。在小布希總統執政期間，交付審判的反托拉斯案件創下歷史新低，到歐巴馬總統執政時期則稍微改善。二〇一五年時，併購案（結合不同企業以獲得更大市場力量）的總金額已達四．七兆美元的歷史新高，雖然這些併購案並非全都對市場競爭有害，但其中很多個案確實不利於市場競爭。市場競爭政策的不完備，形同放任Google、臉書和亞馬遜（Amazon）等企業運用所掌握的市場操縱力，來進一步繼續增強和擴大影響範圍，同時讓它更加持久。

經濟成長與市場力量

大家都知道市場操縱力會導致不平等，但市場操縱力也是導致經濟遲緩成長與經濟表現不佳的因素之一。獨占勢力會扭曲市場體系、使市場運作缺乏經濟效率。[47]從倫敦政經學院（LSE）巴卡伊（David Baqaee）以及哈佛大學法爾希（Emmanuel Farhi）最近的一份估計，可以看出放任市場操縱力擴大會讓經濟付出多大的代價：若能消除因缺乏市場競爭而產生的加價成數，美國經濟體系的生產力將提高約四〇％。[48]

「打造進入障礙」是取得市場操縱力的必要作為。相反的，動態競爭經濟體系的特質是企業不斷進入（與退出）市場，新企業的占比通常很高。而以當今美國經濟體系來說，新企業的占比遠比其他國家低，不但大幅落後西班牙、瑞典、德國等「老歐洲」國家及巴西等新興國家，也低於美國過去的歷史水準。這和「在市場競爭減弱的經濟體系，成功的企業得以建構大型進入障礙，以巨大且厚實的護城河來自我保護」的觀點一致。[49]

市場操縱力的顯著增強傷害經濟體系的生產力。不過，這也會對消費者需求造成極大影響。隨著金錢從經濟金字塔底層被轉移到頂層，總消費量就會降低。原因很簡單，因為底層人口幾乎得花光全部所得才能勉強維持生計，而頂層人口將所得用於消費用途的比率則遠低於底層人口。

此外，投資活動也會因市場操縱力增強而轉弱，因為隨著獨占勢力增強，生產更多產出所能帶來的額外報酬會降低。在獨占環境下，當產量增加，價格就必須降低，利潤增長幅度可能遠低於競爭市場，因為在競爭市場上，個別企業的生產水準基本上不會影響價格。這有助於解釋近年來出現的一個反常現象：利潤率雖一直維持在極高檔，投資率（約當GDP的百分比）卻從一九六〇年代至一九七〇年代的一七．二％，降至二〇〇八年至二〇一七年的平均一五．七％。而民間投資的降低對未來的經濟成長相當不利。[50]

先前我們談過市場操縱力增強所帶來的深層影響：我們所追求的「創新」，照理說應該是創造更優異的產品及更高效率的生產方式；然而市場操縱力的增強，卻使企業致力於創造更能鞏固市場操縱力及進一步剝削消費者的技術。美國的金融公司向來精於此道，不過它們一點也不孤單，一如諾貝爾獎得主艾克羅夫（George Akerlof）與席勒（Robert Shiller）在二〇一五年出版的《釣愚：操縱與欺騙的經濟學》（*Phishing for Phools: The Economics of Manipulation and Deception*）一書中所力陳。[51]我們先前也介紹過美國的菸草、製藥及食品公司如何藉由生產會令人上癮，以及非必要且對人體有害的產品來獲利。

我們以前總認為企業獲得的高利潤，標示著美國經濟優異的運作成果，也代表更優質的產品、更優質的服務。不過，我們現在終於知道，高利潤也可能來自於更高明的消費者剝削手法、更高明的差別取價技巧，用以壓榨「消費者剩餘」（consumer surplus，指消費者願意付出最高的價格與實際支付價格間的差額）。那類剝削行為的主要影響是：將消費者的所得重分配給美國的超級富豪及這些富豪所持有與控制的企業。

勞工弱勢

然而，前面談到企業濫用市場操縱的行徑，只是悲慘故事的一半。我們目前還面臨日益高漲的「買方獨占」（monopsony），也就是企業對商品與勞務供給者施展市場操縱的能力。[52]

買方獨占是指一個市場上只有單一買方或單一雇主的情況。只有單一賣方的市場並不多，相同的，只有單一買方的市場也僅是少數。所以我們先前所謂的「賣方獨占」，是指企業掌握強大的市場操縱力，大到足以將售價提高到競爭市場的水準之上，進而獲取更高利潤。本書稍早我們討論到經濟體系變遷已使市場操縱力較過去增長，至少許多重要市場確實是如此。現在我們要接著關注的主題是：市場操縱的增長，導致勞工協商力量甚至工資的減少。

標準的競爭模型所預設的勞動市場，是一種「原子式」（atomistic）的勞動市場，工資取決於勞動力需求與供給間的平衡。在這樣的市場上，沒有人能掌握市場操縱力。一個勞工的離職並不會對企業產生影響，企業也隨時能在勞動市場上以相同工資找到一個一模一樣的勞工；更重要的是，當勞工被解雇，也不會受到影響，因為他也能找到一個工資相同的類似工作。

不過那顯然並不是我們認識的世界。在現實世界裡，企業可以輕易找到一個替代的勞工，或許這名新勞工不像前一個那麼好，但也差不了多少。但另一方面，勞工通常無法輕易快速找到相同的替代就業機會，尤其是在失業率很高的時期。就算有就業機會，也可能是在另一個城市，導致勞工和他的家庭得分隔兩地，對他們而言將是很高的代價。任何人都不會選擇長期失業，畢竟每個人每個月都得負擔房貸、車貸及其他大型支出。簡單的說，現實世界存在極度偏袒雇主的市場操縱力。[53]

一如產品市場（商品與服務市場）的市場操縱力能讓企業得以將價格提高到競爭市場的價格水準之上，甚至遠高於其生產成本；勞動市場上的市場操縱力，則讓企業得以將工資壓低至低於競爭市場工資的水準。

儘管不合法，美國很多領導型企業常聯合維持低工資。而且它們通常是祕密聯合，所以唯有透過訴訟，這些不當行為才會被揭露。賈伯斯（Steve Jobs）領導的蘋果公司和Google、Intel及Adobe達成協議，不「偷獵」彼此的員工。換言之，這些企業同意在聘請員工上不彼此競爭。後來受到這個協議影響的勞工向法院控告這些企業間共謀的反市場競爭協議，最終這項訴訟以四．一五億美元和解。迪士尼（Disney）及多家製片場也被控告從事非法反偷獵共謀行為，並因此支付巨額的和解金。現在連速食連鎖店的協議都納入競業條款，因為這些企業深知市場競爭將促使工資上漲。很多合約限制個人不得接受公司的競爭者提出的工作機會，而這類限制也會產生競爭減弱與工資降低的效果。[54]

亞當斯密深知企業共謀漲價的危險，同樣的，他也對企業聯合壓制工資的行為憂心忡忡：[55]

> 長久以來，雇主們始終保持一致的默契，不讓勞動工資提高到超過實際工資水準……雇主們有時也會為了將勞動工資壓低到實際水準以下，而展開一些特殊的聯合行為。這些聯合行

為一向是在極度無聲且保密的情況下進行。

他似乎早就預見到二十一世紀美國企業領導人會有這樣的行徑，無論是矽谷或好萊塢的企業。

工會力量式微

日常生活中，處處可見雇主具有支配市場操縱力的證據。有的雇主要求勞工零散輪班（早上工作四小時、休息三小時後，下午再工作四小時），或是為了省下勞工的醫療福利支出，讓有志從事全職工作的勞工只能做一些兼差型職務；也有雇主每週修訂勞工的班表，而且採用待命式排班（on-call scheduling），直到前一週結束時，才通知勞工下一週的班表。此外，雇主可以向勞工提出強制加班要求，而且通常沒有支付加班費，這也是雇主市場操縱力的證據。[56]這些雇主的作法對員工的家庭生活造成強大的影響，並使個人產生強烈的無力感。[57]

工會力量的日益弱化[58]、規章、規範和慣例等各式各樣的改變，已導致勞工的協商能力降低。舉例來說，當工會為勞工協商到較好的條件時，無論是否加入公會，同一個工廠的勞工都能同步受惠。於是有些勞工喜歡「搭便車」，享受工會的好處，但又不繳會費。也因如此，工會經常協商所謂「工會制企業」（union shops），要求所有勞工全體繳款支持工會。一旦成為工會制企業，所有勞工都能就工會談判立場或針對勞工最重視的事項等參與投票。

企業當然希望勞工工資愈低愈好，所以企業不喜歡工會。企業希望能隨心所欲的解雇與資遣勞工，以便確保員工順從且易於管理，並迫使勞工承擔因經濟起伏而衍生的風險。企業知道任何一個勞工都無法與公司及經營階層討價還價，但如果讓勞工們團結在一起，他們就可能具備協商的力量。[59]因此雇主自然想盡辦法削弱工會勢力。削弱工會勢力的一個簡單方法，是讓工會變得較難收到會費，例如企業可以鼓勵勞工搭便車，享受工會帶來的好處，但不繳錢支持工會。一旦沒有資源，工會就較難有效爭取勞工想要與需要的勞動條件。因此在很多州，企業敦促州政府依「工作權法」（right-to-work laws，禁止強制勞工加入工會及繳交會費）取締工會制企業，然而這個法案似乎更適合被稱為「搭便車權利法」（right-to-free-ride laws）。[60]

工會力量弱化造成的影響，不僅是使得勞工工資降低[61]，也讓工會不再有能力遏制經營階層在內部的濫權行為，當經營階層為自身爭取過高薪酬，不僅犧牲勞工與股東的權益，還會危及公司的未來。高伯瑞（John K. Galbraith）在二十世紀中葉所描述的勢均力敵經濟體系，如今已演變成大型企業與金融機構支配一切的經濟體系，而企業執行長與其他高階主管在公司內部的勢力甚至更強大。[62]

二十一世紀的新反托拉斯法

十九世紀末期，美國面臨和今日類似的局面：市場操縱力持續增強，不平等的程度愈來愈嚴重。當時的國會為此通過一連串的法律，用以遏止市場操縱力，並防止市場操縱遭到濫用。它在一八九〇年通過「休曼反托拉斯法」（Sherman Antitrust Act）。接下來二十五年，又有其他試圖確保市場競爭的立法行動。重要的是，這些法律是以「經濟勢力集中，必將導致政治力量集中」的信念為出發點。換言之，反托拉斯政策的推動並非基於精密琢磨的經濟分析，而是和美國社會與民主政治的本質有關。[63]

接下來一段時間，反托拉斯法確實發揮了一點功效。大型壟方獨占勢力遭到破壞，有可能演變成新興獨占勢力的合併案件遭到限制。不過，在後續幾十年間，反托拉斯法被一群律師及保守經濟學家「軍團」接管，他們限縮反托拉斯的適用範疇。這個「軍團」絲毫不關心市場操縱力對美國經濟與政治層面造成的廣泛影響，只是一味想解除這些法律對企業及商業利益所造成的箝制。

在學術界，有些經濟學家試圖為這場奪權行動提出知識性的辯護。芝加哥大學以傅利曼（Milton Friedman）為中心的經濟學家主張，完全沒有必要憂心獨占勢力的問題，因為經濟活動本身就帶有競爭的本質。[64]他們主張在創新經濟中，獨占勢力只是暫時的，而企業界為搶奪賣方獨占地位而展開的競爭，將促進創新和消費者福利。[65]他們將一句箴言奉為圭臬：政府是不好的，民間部門才是好的。所以如果政府試圖干預令人讚嘆的市場運作、遏制賣方獨占勢力，都是多此一舉的行為，而且結果可能適得其反。在芝加哥經濟學派引導下，反托拉斯法執行者擔心的不再是反自由競爭行為所帶來的風險，而是如果限制這些行為可能會造成其他風險，因為那些反自由的競爭行為，很可能不過是效率市場複雜運作模式下的正常表現。[66]

芝加哥學派對美國政治圈與法院體系擁有極高的影響力。這股影響力導致反托拉斯風氣弱化，因為法院體系接受「市場是自由競爭且有效率」的假設，所以任何看似反市場競爭的行為，都會被視為在市場複雜性競爭下所做的有效回應。到最後，如果有人試圖聲稱某企業從事反市場競爭行為，他就必須承擔極度沉重的舉證責任。誠如一位前聯邦貿易委員會（Federal Trade Commission，負責確保美國維持競爭市場的政府機關）成員所言：「我們被迫投注所有精力，只為了證明像『水是溼的』般顯而易見的事，以至於無力去處理真正的問題。」

有一種常見的反市場競爭行為叫做「掠奪性訂價」（predatory pricing），財力雄厚且掌握市場操縱力的大型企業能藉由降價等方式，在短時間內將對手淘汰出局。這樣做雖然會造成短期的赤字，但長期而言完全是值回票價。例如有新航空公司進入市場，美國航空公司（American

Airlines）就會大幅增加運能並降低機票價格，通常不用多久，新航空公司就會含淚退出賽局。而一旦對手退出，運量就會降低，價格也會調漲。這就是所謂「掠奪」的聰明行動。

根據「芝加哥學派」的理論，任何有意將價格提高到成本以上的計畫，都會立即面臨新進企業的強烈衝擊（芝加哥學派確實是如此宣稱）。基於這樣的預設，從事掠奪性訂價的企業應該永遠都討不到好處，因為它永遠也無法在事後將價格提高到競爭水準之上，當然也就無法收回初期的損失。法院體系接受芝加哥學派的學說，要求指控某企業從事掠奪行為的人必須承擔舉證責任，而由於舉證責任太過沉重，所以想對掠奪性訂價相關案件提起訴訟，幾乎成為不可能的任務。[67]

目前真正需要做的是改變「市場天生具有競爭性」的錯誤預設，並免除相關舉證負擔。我們應該將反市場競爭行為推定為違法，除非有強烈的證據能證明這些行為：(1)能帶來顯著的效率提升，且效率提升的利益有極顯著比例是流向從事這些行為的企業以外的其他人；以及(2)這些效率提升無法在較不反市場競爭的狀態下取得。[68]以下將討論其他所需的相關改變。

面對市場操縱力的集中化，政府未來不能只是單純限制企業的合併，也不能只是直接禁止特定反市場競爭行為，而是必須積極尋求更廣泛的因應之道。美國政府自從一八九二年解散標準石油（Standard Oil）這類掌控市場操縱力的企業，迄今，已經非常久沒有任何作為，不過，或許現在是檢討臉書是否應該撤回對Instagram與WhatsApp投資的好時機。可能造成重大利益衝突的合併案件應予以禁止（例如：網際網路服務供應商計畫收購生產娛樂內容的企業等案件），而就算這類案例早已取得政府許可，也應該要求相關企業撤資。同樣的，應該禁止所有掌握市場操縱力的企業介入會與既有顧客發生利益衝突的商業活動。[69] 這些新政策即是所謂的結構性改革。

誠如上述，市場操縱力的影響一旦確立，就有可能長期延續，因此在成功恢復市場的競爭性之前，政府必須持續監理那些市場操縱力，以確保它不受濫用。舉例來說，「陶德—法蘭克法案」（Dodd-Frank Act）加強政府對金融業的監理，之後的「杜賓修正案」（Durbin Amendment）賦予聯邦準備理事會（Federal Reserve Board）監理信用卡公司向商店收取簽帳卡手續費的權限，儘管信用卡手續費收費水準比簽帳卡更高，但仍不受監理。[70]

遏制市場操縱力

因此，無論這些過剩的市場操縱力存在於哪個領域，又是如何得以興起，政府都應重新加以限制，以恢復經濟體系的競爭性。無論目前的市場地位是如何取得，凡是濫用市場操縱力者皆應視同違反反托拉斯法。無論是源自於「買方獨占」或「賣方獨占」，所有反市場競爭行為都應列為違法行為，不能有討價還價的空間，絕對不能！

在目前的美國，如果一家企業不是經由反市場競爭作業取得市場操縱力，而是經由合法管道取得這種力量，法律就允許它盡情施展所掌握的市場操縱力，不僅能收取較高的價格，也可以強制顧客接受反市場競爭的契約。相反的，在歐洲即使是以合法管道取得市場操縱力的企業，還是有可能遭指控濫用這種力量。

大型藥品公司威朗製藥（Valeant）是美國食品與藥物管理局（FDA）唯一許可生產非專利藥品希普林（Syprine）的製造商。希普林對罹患威爾森氏症（Wilson's disease，一種罕見遺傳疾病）患者而言，可謂是救命的藥物。正因如此，二〇一五年，維力安公司利用它的市場操縱力大幅提高售價，在許多國家每顆希普林只要一美元，但在美國一年份的藥價卻高達三十萬美元。[71]這只是製藥業濫用市場操縱力的眾多案例之一。[72]

當前一些對於「反托拉斯」理論，通常會聚焦在消費者能獲得的短期利益，以及我們先前提過「市場天生具有競爭性」的預設。因此，當法院體系在檢視掠奪性訂價行為（藉由暫時壓低價格來淘汰競爭者，以鞏固企業能夠任意提高售價的支配地位）時，只關注消費者能夠因降價而獲得的短期利益，卻沒注意到之後將承受的長期危害。

在買方獨占情況下，這種側重消費者短期利益的視角也有著同樣問題。沃爾瑪公司的營業規模，讓它不僅能夠壓低供應商的供貨價，也同時具備設定較低工資及勞動條件的影響力，尤其是在那些高失業率及低就業機會的地區。即使沃爾瑪運用壓低人事成本所獲得的部分利益，以降低售價的方式分享給顧客，這對經濟體系仍是有害的。所以，我們不能單從消費者獲得的短期利益來評估獨占勢力的影響。沃爾瑪正以無情追求利潤的行為扭曲整個經濟體系，因為它獲得的利益（包括分享給顧客的利益）比整個經濟體系折損的利益還少。

檢視企業合併案

不斷演進的美國經濟已嚴重挑戰現有的反托拉斯規範。反托拉斯相關法律本來應該藉由有效鎖定試圖透過併購活動，來創造市場操縱力的行為。然而，即使目前的市場集中度已達到危險水準，還是有一個接一個的合併案獲得許可，最顯而易見的例子是航空業與電信業，這意味相關限制應該要加以緊縮。

當然，企業宣稱正在進行的併購計畫有助於創造經濟規模效益（它們宣稱較大的企業較有生產力），從而嘉惠整個經濟體系。然而無論是水平合併（企業與其他競爭者的合併）或垂直合併（企業與供應商或顧客間的合併），多數企業合併的真正目的都是為了增強市場操縱力。當局應該要求有意合併的企業針對合併計畫的效率提升程度，提出更具說服力的論述。如果合併後商品訂價上漲，就是一個警訊，意味這是基於增強市場操縱力目的而推動的合併。[73]

合併所衍生的利益衝突也需要被更慎重的加以檢視。舉例來說，當一家網際網路服務供應商與線上娛樂業者進行合併，那麼即使它承諾將保持「中立」，一般人還是會預期公司可能利用它在網路領域的市場操縱力，獲取得比其他競爭者更多的利益。若能在事前禁止容易引發固有利益衝突的合併案件，就能擁有一個更有活力且更具競爭性的經濟體系，因為企業號稱能藉由合併獲得的靜態效率提升，遠不及反市場競爭行為所帶來的長期惡性影響。[74]

此外，監理企業合併的法規必須將合併案完成後的市場面貌列入考慮。依當前相關法規，只有會顯著影響現有市場競爭情勢的合併案件才會被禁止；但對一個生氣勃勃的活力產業而言，真正重要的是合併案件對市場未來的可能影響。科技業巨擘深諳相關規定，所以一直以玩弄這個制度為樂。它們常從事我們先前提到的「先發制人的合併」，在被併企業的規模尚未達到反托拉斯相關的審查標準前就搶先出手，從而消除未來邁向霸權之路的可能障礙。例如臉書收購Instagram（二〇一二年，收購金額十億美元）和WhatsApp（二〇一五年，收購金額一百九十億美元，相當於為該平台每名用戶付出四十美元以上）。臉書本來就擁有建立類似平台的技術性專業知識，就算沒有，它大可以聘請工程師來處理這些事務；臉書之所以願意以高價收購這兩家企業，唯一的理由就是為了先下手為強，阻斷未來的競爭。

這類先發制人的合併案件必須加以禁止。任何可預見將導致未來市場競爭減弱的合併案件都應予以禁止。[75]

新技術與新挑戰

即使反托拉斯法律在二十世紀下半葉的發展沒有任何問題，但隨著新技術、新契約，以及企業在創造與擴大市場操縱力等方面的發展，顯然現今的法律已無法解決美國經濟不斷演進所帶來的挑戰。

例如，我們現在已經比較能了解，企業如何透過一系列作為和契約條款來削弱自由競爭。當一家企業在市場占有支配地位，保證它能比照任何一個競爭者開出的價格時，就會阻礙市場進入，因為新進者知道根本沒有勝出的機會。我們稍早也討論危害勞動市場自由競爭的幾項勞動契約條款。[76]仲裁條款導致勞工和顧客無法因剝削行為而獲得充足的賠償。商戶和信用卡公司之間的契約，以及航空公司及電腦訂位系統之間的契約也都會削弱市場競爭，並衍生過高的利潤。這一切的一切都理當被視為反競爭行為，並判定為不合法。

科技業巨擘深諳如何在不同範疇施展它們的勢力。[77]亞馬遜以「提供成千上萬個就業機會」為餌，引誘美國各城市爭相提出諸如較低稅率等誘因（當然，這意味稅賦負擔將轉移給其他人身上），爭取該公司於當地設立第二總部。小型企業做不到這一點，所以，亞馬遜自然就擁有比本地零售商更大的優勢。我們需要建立一個能防範各地方政府訂下這類「逐底競爭」（races to the bottom）行為的法律框架。[78]

智慧財產權與市場競爭

政府甚至支持一種獨占行為：一旦被賦予專利，發明者就能獲得暫時的賣方獨占權。隨著整個世界轉變為知識型經濟體系，智慧財產權的重要性勢必會與日俱增。這種賣方獨占勢力的存在，意味知識沒有獲得有效率的利用，並會使訂價高於沒有獨占勢力存在的狀態。設計精良的智慧財產權體制，能以它帶來的動態利益（這些利益將成為鼓勵創新的誘因）來平衡這些高昂的成本。不過近年來這個平衡遭到破壞，大企業成功藉由遊說促成有利其市場操縱力的變革，由於做得太過頭，很多人甚至質疑美國的智慧財產權體制是在扼殺創新，而非鼓勵創新。[79]最明顯的一個例子是著作權壽命的延長。沒有任何證據可以證明將著作權延長到創作者過世後七十年，真的能帶來任何創新利益。一九九八年，有一項「著作權期間延長法案」（Copyright Term Extension Act）（又被稱為「米老鼠條款」），這項條款受到迪士尼公司的鼎力支持，因為該公司擁有米老鼠的著作權。然而除此之外，這項法案不僅沒有帶來社會利益，就促進知識自由流動而言，還會造成可觀的成本。[80]

事實上，有明顯的證據顯示，美國當前的智慧財產權體制不僅造成高訂價，也扼殺創新。當最高法院判定任何人不能就自然生成的基因申請專利後，產生戲劇性的影響：一項原先已取得專利的乳癌關鍵基因檢測，在短時間內變得更精良，而且價格更便宜。[81]

在過去，反托拉斯主管機關對專利的力量非常敏感，因為專利能創造、增強市場操縱力，並延長市場操縱力的持久性。例如在一九五六年時，主管機關逼迫美國電話電報公司將其專利置入專利池，讓其他人也能使用。而為抑制微軟公司的獨占勢力而提出的一項建議案，則是提議限制該公司的專利壽命。[82] 以上述幾種方式來剝奪智慧財產權，不僅能提高市場競爭態勢，也能促進創新。

擴大反托拉斯法的涵蓋範圍

關於市場集中度所造成的影響，媒體是值得特別探討的產業。[83] 傳統上對媒體產業集中度的衡量，往往只狹隘的聚焦在對廣告市場競爭的影響。事實上，跨媒體（電視台與報紙）的合併，會明顯使一般人取得不同觀點與訊息的機會變少。那麼，這樣的合併為何還能獲得「通行證」呢？原因非常簡單，因為當局認為合併案並不影響廣告「產品」的市場競爭性。這是錯誤的。任何一個領域的競爭都比不上「觀念市場」（marketplace of ideas）的競爭重要。唯有全體公民都能獲得充分的資訊，國家才能維持良善運作的民主政治。[84]如果一個國家的媒體只受少數企業或有錢人控制，整個國家的話語權將會受他們的觀點所支配。

然而，非常高比例的選民是經由電視新聞網等少數來源取得政治資訊，而且在美國各地，非常多社區只能接觸到由極端保守觀點所支配的媒體。[85]市場競爭能讓上述情況變得不同。舉例來說，如果一個城市多一份替代性的報紙，就能形成一股制衡力量，對市議會和掌控市場的主要報紙造成壓制的效果。此外，綜合媒體很容易成為有錢人的囊中物。因此，必須採用比其他產業部門更高的標準，來抑制媒體企業的合併與濫用市場操縱力的行為。[86]

關於市場操縱力，特別令人反感的例子是學術出版業的「寡占」（oligopoly）現象。我在第一章強調知識在提升人類福祉方面所扮演的關鍵角色，而知識的進展有賴觀念的傳播。在美國這個市場經濟體系中，觀念傳播工作多半已託付給市場來進行，而且是透過高度集中且利潤極高的寡占勢力來傳播：大約五家出版商就占有一半的出版市場，尤有甚者，七〇%的社會科學出版品是由這五家出版商所發行。諷刺的是，那些出版商不僅免費取得這些文章（有些人甚至付錢給出版商刊登文章），它們出版的研究報告通常還獲得政府資金贊助。另外，出版商還要求學術界人士免費進行編輯（或是審查）的工作，而教育機構和各地圖書館（多半是政府出資）還得付錢給那些出版商。當然，這些出版商的高訂價與超額利潤，意味這個市場可用於支助研究的資金減少。[87]

結論

「市場是有條不紊安排商品及服務生產活動的利器」，這個概念早已深具影響力，更是資本主義的知識基礎。不過，歷經兩個世紀的研究，我們已經明白為何我們看不見亞當斯密所謂的「看不見的手」，因為那隻手根本就不存在。[88]在企業致力於創造更好產品的背後，真正動機是要創造市場操縱力，而我們也已見識到美國企業多麼精於此道。美國企業利用市場操縱力來剝削它們的消費者、勞工和政治體制，即使像美國這樣的創新型經濟體系，都無可避免的陷入成長率趨緩的窘境。更糟的是，只有少數人能從這趨緩的經濟成長中獲得利益。事實上，美國企業領導人甚至想出剝削自家股東的方法，利用美國公司治理上的缺陷，為他們自己爭取到超額的薪酬。[89]

初次導入反托拉斯法及芝加哥學派觀點的普及，都讓美國經濟體系產生極大的轉變，也影響我們對經濟的理解。時至今日，我們更了解現有法律框架為何失靈。當年希望透過立法來解決的問題如今並沒有消失，甚至變得更令人憂心。反托拉斯法遭到過度限縮，並受到「自由競爭市場」的預設影響。如今，美國的反托拉斯法規與執行都面臨迫切的改革需求，以融入二十一世紀的經濟現實及現代經濟學的洞見。

然而，我們所要遏制的市場操縱力，不只是在經濟層面以提高訂價、降低工資等手段剝削消費者與勞工，誠如我們一再看到的，市場操縱力會轉化為政治力量，使得在當今美國的市場操縱力與財富高度集中的狀況下，實現真正的民主政治，難上加難。[90]市場操縱力與財富的高度集中，還對社會產生一個更普遍的後果：「力量」（power）的反面是「無能為力」（powerlessness）。太多美國人對他們的醫療體系、網際網路服務供應商、電信公司，以及他們所搭乘的航空公司、所往來的銀行，都深深感到無能為力。美國人對這樣的處境感到憤怒，而正因為這股憤怒，無論對個人、對政治，以及對我們社會的許多層面，都產生了深遠的影響。[91]民眾在太多領域沒有其他選擇：正如先前的討論，身為銀行的員工或顧客，一旦碰上與銀行的爭端，由於他們之前已簽名放棄透過法律行動來維護自身權利，以至於不得不接受對企業友善的仲裁者。

在這一章中，我們已經說明了有許多簡單的方法，可以減少市場上的操縱力。我們的討論大多集中在如何讓商品及勞務的市場變得更具競爭性，另外，我們也談到法律框架必須進行重大變革，才能遏制企業壓榨勞工的力量；而最重要的是，這些法律必須有助於勞工採取集體行動，爭取自身利益。同樣的，當企業一如往常剝削消費者時，消費者應擁有更好的管道，透過集體行動來爭取補償，這與當前法院及國會限縮集體訴訟範圍的做法恰恰相反[92]。我們也需要抑制企業領導人的力量，以避免他們為促進自身利益，而犧牲公司未來及其他利害關係者（包括股東、勞工和公司營運所在地的社區）。[93]為了達成這樣的目標，應增進企業運作的透明度，並在決策制定過程中賦予股東及勞工更大的影響力。[94]

就上述所有改革而言，我們並不追求完美，只求抑制二十一世紀美國式資本主義的各種極端行徑。卡特總統、雷根總統以及後來幾任總統改寫資本主義的規則，結果造成較不穩定、較缺乏效率，且較不平等的經濟體系，這是一個市場操縱力無所不在的經濟體系。[95]

重新改寫這些規則的時機已經成熟，但要重新改寫這些規則，卻是一個極大的挑戰，因為這牽涉到政治，偏偏我們的經濟不平等早已轉化為政治不平等。我們將在第二部回頭討論這個問題。接下來，且讓我們先進一步檢視經濟的全球化與金融化如何增進市場操縱的形成與擴張，以及技術的變遷如何導致事態更加惡化。

第四章　全球化的錯誤解讀

全球化是造成美國當今這場經濟危機的核心要素。一方面，批判全球化的人將美國中產階級的苦難歸咎於全球化。根據川普總統的說法，是因為美國的貿易談判人員被其他國家的狡猾談判人員欺騙，簽署不利的貿易協定，最終導致美國的工業就業機會大量流失。[1]這類對全球化的批評引起巨大迴響，尤其是在美國遭遇去工業化困境的地區。

另一方面，倡議全球化不遺餘力的人則宣稱，上述批評根本是一派胡言。他們主張美國受惠於全球化，倘若貿然實施保護主義政策，只會危害現有的貿易利益，到頭來不但無法保護因全球化而失業或工資減少的人，反而會造成美國乃至全世界的經濟狀況都因此而惡化。他們將去工業化歸咎於其他因素，認為技術變遷才是真正的成因，並指稱外界對全球化的指控完全錯誤。

二十多年來，我對全球化的管理方式提出很多批評，但我的角度與上述觀點全然不同。從世界銀行首席經濟學家的制高點，我清楚見到全球貿易的遊戲規則明顯偏袒（而非不利於）美國和其他先進國家，因而犧牲了開發中國家。貿易協定的確不公平，但卻是對美國與歐洲有利，對開發中國家有害。

聲稱美國貿易談判人員被欺騙的說法實在是太可笑了！在二十世紀末的貿易談判中，美國幾乎成功爭取到想要的一切。[2]儘管開發中國家積極反對，但我們依舊獲得強而有力的智慧財產保護（受到保護的是先進國家的智慧財產，而非開發中國家的智慧財產）。我們成功迫使各國對美國金融業開放市場，甚至迫使他們接受高風險的衍生性金融商品及其他金融商品，而這些商品正是促使美國金融崩潰的核心動力。

目前的美國勞工處於相當不利的地位，低技能勞工的工資降幅尤其顯著，這確實有部分是受全球化的影響。但另一部分的原因，是美國談判人員為了獲得想要的結果，使得貿易協定促進大企業的利益，而犧牲已開發國家和開發中國家的勞工。做為一個國家，我們並未善盡職責的採取應有行動，來協助在全球化歷程中受傷害的勞工。我們理當確保全球化為所有人帶來利益，但大企業實在太過貪心，這些贏家並不想將利益分享給輸家。事實上，美國勞工被迫與開發中國家勞工競爭，並因而承受工資降低的壓力，反而讓大企業非常受用，因為這會使企業利潤進一步增加。

乍看上述觀點，或許你會以為，我是川普總統的反全球化陣線盟友，但事實並非如此。差別在於，我相信法治的重要性。一如我們的經濟體系需要法律規範，沒有法律規範，社會就無法發揮正常功能，因此我們也需要一個規則導向（rule-based）的國際貿易體系。[3]

而川普卻剛好相反，他想回歸叢林法則：只要某兩國之間發生貿易爭端，就用「拳頭」來解決，拳頭比較硬的國家勝出。他抱持一個錯誤的觀點：由於美國比世界上其他國家強盛，所以我們將打贏所有貿易戰爭，到時候，我們就能打造一個專為美國利益服務的國際貿易體系。但他忽略了兩個關鍵點：第一、其他國家有什麼理由不與正直且良善的貿易夥伴建立緊密的經貿關係，而自願選擇加入一個被美國占便宜的體系？第二、其他國家也可能會連成一氣，聯合對抗美國；儘管美國的經濟規模和中國及歐洲（雖然中國的經濟規模將在短期內比美國高三〇％以上）相去不遠，但如果這兩者聯合起來對付我們，或者這其中之一與大量第三世界國家連成一氣，那麼我們表面上的「拳頭」優勢，很有可能迅速消失。

川普將美國的困境歸咎給全球化是錯誤的，不公平的貿易規則或美國所不歡迎的移民，都不是造成那些困境的根本原因。另一方面，全球化倡議者全盤否認困境與全球化的關聯，將一切歸咎給技術變遷，同樣是錯誤的觀點。真正該怪的是我們自己！我們的國家未能善加管理全球化及技術升級所帶來的後果。如果我們當初能善加管理全球化與技術升級，這兩者應該都能產生擁護者宣稱的善果。我們需要更完善、更公平的國際規則。不僅如此，美國還需要更完善的管理全球化及技術升級所帶來的變化。我在本書稍後詳列的改革行動計畫，正是因應這些問題的可行替代方案。

接下來，我將簡要說明為何全球化未能實踐它的許諾，以及為何川普總統的所作所為只會使事情變得更糟。我草擬一個替代性的全球化計畫，它將能為富裕國家與貧窮國家帶來更多利益，尤其是對這兩類國家的勞工而言；但它對那些已接管全球化進程的大型跨國企業而言，恐怕就不盡然有利了。

全球化之痛

從低技能勞工的情況，就能明顯看見全球化對就業和工資的影響。當美國等先進國家進口低技術水準的勞動力密集商品，國內對低技能勞工的需求就會降低。原因很簡單，因為那類商品在美國的生產數量減少了。在這個情況下，若希望達到充分就業，低技能勞工的工資就必須降低[4]。若工資降得不夠多，失業率就會上升，道理就是這麼簡單。任何相信供需法則的人都應該了解，為何缺乏政府計畫來緩和影響的全球化會對低技能勞工造成傷害。

一般勞工也面臨相同的狀況。美國進口勞動力密集商品的同時，貿易自由化（藉由降低關稅或減輕其他貿易壁壘，對外國商品開放美國市場）會降低勞動力的整體需求，從而降低實質工資。同樣的，若工資不降低，就業率就會降低。

倡議貿易不遺餘力的人強調，貿易會使美國的GDP增加，因為在貿易活動中，參與者得以各自發揮其「比較優勢」（comparative advantage，來自擁有專業或資源），在這樣的過程中，每個人最終都能神祕的經由某種方式而變得更富裕。這是另一個對下滲式經濟學深信不疑的例子。但事實上，即使整個國家變得更富裕，也只是代表每個人「有可能」變得更富裕。贏家確實可能和輸家分享他們得到的利益，好讓每個人都受益；但那並不代表他們「一定會」分享利益。在這個自私的美式資本主義環境下，他們並不會這樣做。

此外，積極倡議全球化的人也強調，出口能創造就業機會。但他們並沒有提及有多少就業機會因進口而減少。如果貿易大致維持平衡，且進口的勞動力密集商品高於出口，那麼總體來說，貿易會減損就業機會。

如果政府以降低利率的貨幣政策做為因應，較低的利率就能刺激投資或消費，就有可能恢復充分就業狀態。但有時候貨幣政策並不管用，或至少沒有管用到足以實現充分就業的目標。

這有助於解釋為何二〇〇一年中國加入WTO後，美國部分區域的失業率上升且工資降低，因為那些地區生產的商品必須和愈來愈多的中國進口商品競爭。[5]

即使貨幣與財政政策果真發揮效用，最終促使經濟體系回歸充分就業狀態，就業機會也常因全球化而出現短期大幅減少的現象。原因在於：因進口激增而折損的就業機會將比額外出口所創造的就業機會還多，尤其是當銀行不願積極放款給利用新貿易協定所帶來的新機會獲益的企業時，增加的就業機會自然相當有限。[6]

此外，貿易協定和美國的稅法，實質上鼓勵企業將製造活動搬遷到海外，因而減損國內的就業機會。美國企業在海外不僅能享有較低的稅率，還能獲得比國內更好的財產權保障。[7]因為貿易協定通常能讓美國企業免於因監理規定更改而受到傷害，但在美國國內則無法獲得這類保障。根據標準的投資協定，如果監理規定的更改傷害到企業目前或未來的淨利，這家企業便能提起訴訟，而且這類訴訟案件會交由對企業友善的仲裁評判小組審理。[8]在過去，企業之所以選擇設籍在美國，而非工資較低的開發中國家，是因為它們感覺設籍在美國「較有保障」，政府不會因為一時興起而任意搶走企業財產。換言之，財產權保障一向是美國的優勢。然而，上述貿易協定改變這個狀況。將資金投資到墨西哥或其他適用相似條款的國家的美國投資人，在海外受到的保障反而更多，而外國政府不僅不能在未給予補償的情況下搶走他們的財產，甚至無法修改監理規定。相反的，美國政府卻能在不給予任何補償的情況下，逕行修改監理規定。因此，隨著這類貿易協定的簽訂，美國等於放棄了過去因法治及財產權保障而產生的關鍵優勢。

一個國家為何會如此輕易的放棄其「比較優勢」？原因很簡單，因為那些符合大型企業短期利益的條款，本來就是應大型企業要求而設定。這些條款不僅讓大企業得以使用海外較廉價的勞動力，也能連帶壓低國內的工資成本，因為國內勞工的協商力量會隨著企業外移的威脅而降低，而且企業的外移不再只是表面的恫嚇，而是愈來愈可能成真的事實。大型企業若有意削弱勞工的協商力量，最好的選擇莫過於此。[9]

對一般美國人而言，全球化還帶來另一方面的傷害：剝奪美國的稅收。大型企業成功確保它們的利潤不會在營運所在地及美國本土遭到重複課稅。不過，卻沒有任何措施能保證這些大企業至少被課一次稅。全球化提供一條管道，讓大企業得以和各國的稅賦機關大玩貓捉老鼠遊戲。大型企業說服各國政府相信，若不降低企業稅率，它們將搬遷到海外。由於已有部分不願受束縛的企業選擇出走，所以「不降稅會導致企業出走」的論述自然看似言之鑿鑿。[10]當然，大型企業成功敦促一個國家降低企業所得稅後，又會故技重施，轉而以「不降稅，將出走」的說法要求其他國家降稅。不意外的，大型企業非常熱衷於這種逐底競賽。[11]

二〇一七年，共和黨以「美國必須降低企業稅率才能和其他國家競爭」為由，將企業稅率由三五%降至二一%；[12]早在二〇〇一年與二〇〇三年，共和黨就曾以相同理由呼籲降低資本利得稅與股利所得稅。先前的減稅並未產生效果，沒有促使儲蓄、勞動力供給增加，也沒有促使經濟加速成長，[13]所以，沒有理由期待二〇一七年的減稅會帶來他們號稱的效果。事實上我們有很多理由相信，美國人十年後的所得將因目前的減稅而降低。[14]吸引企業投資的真正重要條件，是「高教育水準的勞動力」及「優質的基礎建設」，但這兩項條件都有賴稅金才能實現。而大企業一心指望別人為這些基本公共投資出資，好讓它們坐享搭便車之利。

上述那類逐底競賽已經夠糟了，但還有更糟的。美國的大型企業利用晦澀難解的稅法條款（這些條款通常是在大企業遊說大軍施壓下的產物），讓企業實質繳納的稅率愈來愈低，不但遠低於「正式」稅率，在某些個案甚至已接近於零。美國對跨國性企業課徵的有效稅率（應納稅額占總所得之比率）已大幅降低，到二〇一二年，有效稅率僅略高於最高正式稅率的一半。[15]Google和蘋果公司假裝有多數利潤來自在愛爾蘭工作的少數員工，所以這些利潤只被課了〇．〇〇五%的稅金。[16]這些漏洞實際上很容易解決，而那也正是二〇一七年稅改法案最初的承諾。不過，由於大型企業主導新稅法的制定，所以那個承諾最終並未實現。事實上，情況反而變得更糟。過去有一條名為「最低稅負」（alternative minimum tax）的條款，可以限制大型企業過度欺騙賦稅體系。我們原本真正該做的是加強這個條款，然而相反的，這個條款卻遭到刪除。

儘管稅率這麼低，漏洞那麼大，美國的大型企業與超級富翁還是不滿意。有心人士打造了巴拿馬、英屬維京群島等「避稅天堂」，來協助大型企業和超級富豪逃漏稅。[17]要關閉這些「避稅天堂」並不難，只需要求當地銀行業者遵守與美國金融機構相同的資訊透明度及其他監理規定，否則就直接切斷其與美國金融體系的連結。就經濟層面而言，進行上述改革或其他改革真的非常簡單；誠如我們一所再提及，「困難的是政治」，也就是無所不用其極維護自身「利益」的富人的影響力。美國與歐洲的銀行業者協助創設這些「避稅天堂」的目的，就是要「服務」有錢的客戶及維護自家的利益。[18]

誰是真正的禍首？

如前所述，擁護全球化的人認為，技術變遷是導致勞工工資降低與就業機會減少的罪魁禍首。技術變遷確實可能減少企業對勞工的需求，尤其是較低技能的勞工，而勞工需求的降低可能導致較低的工資與較高的失業率。[19]許多經濟學家試圖分析上升的失業率與下降的工資中，有多少比例應歸咎於全球化。由於兩者間的關係糾纏不清，我認為現實上沒人能給出精確數字來做說明。真正的關鍵在於：即使技術沒有變遷，若政府未能伸出援手，單單是全球化就足以對美國勞工造成浩劫。技術的變遷本身使勞工承受極大壓力，而全球化則讓勞工的處境變得更加悲慘。

然而政府往往沒有協助勞工，尤其是美國政府在許多方面更是反其道而行。全球化削弱勞工的協商力量，但影響工會與勞工權利的立法行動，讓勞工的協商力量進一步弱化。政府只要讓最低工資跟隨經濟成長率逐步提高，就能保護最底層的勞工，然而事實上，最低工資甚至沒有隨通貨膨脹率而增長。[20]換言之，目前的種種問題是政策、技術和全球化三者彼此交互影響所共同造成。工會無力抵擋技術變遷與全球化力量的事實，導致工會變得更加羸弱。想想看，誰會想繳會費給無法阻止實質工資降低的工會？工會的弱化助長失衡的貿易協定，以及停滯不前的最低工資。沒有人出面為勞工而戰，沒有人能抗衡美國大型企業的巨大影響力。各項貿易協定既是經濟勢力愈來愈失衡的結果，也是經濟勢力失衡的原因。而當局管理全球化的方式，無異是在傷口上撒鹽，原本已因去工業化（技術變遷所造成）而受苦的勞工，處境變得更是雪上加霜。

二十一世紀的貿易協定

過去六十年間，關稅已大幅降低。所以如今的貿易談判，通常聚焦在監理規定、「非關稅」貿易壁壘[21]、智慧財產以及投資等其他議題。二〇一六年簽訂的「跨太平洋夥伴協定」（Trans- Pacific Partnership，簡稱ＴＰＰ，涵蓋全球貿易的四四％的貿易量，川普上任第一天就予以廢除）便清楚說明那一點：從這項協定的名稱去除「貿易」一詞，便可見我們傳統觀點中的貿易並非這項協定的核心。[22]根據美國政府本身的估計，若這項協定全面實施，對美國經濟成長的淨影響將是〇．一五％的ＧＤＰ。其他立場較為中立的研究則認為，即使政府預估的數字已經非常微小，仍有誇大之嫌。[23]

如果ＴＰＰ及其他近年來達成的協定並非以貿易為核心，那麼這些協定究竟和什麼有關？答案是，這些協定牽涉到投資、智慧財產、監理規定等林林總總深受企業界關切的議題。各方就這些新議題所展開的角力，和傳統貿易談判中各國常見的關稅衝突截然不同。在過去，較低的關稅會傷害某一國生產商（它們想要得到保護）的利益，並讓另一國的生產商（它們希望能進入新市場）獲益，而消費者則因較低的訂價而成為最大受益者。但近年來的衝突通常不是國與國之間的商業利益衝突，而是兩國消費者和兩國商業利益之間的衝突。一般公民希望政府保護他們，避免因使用不安全、不健康的不環保產品受害；而世界各地的企業則一心追求利潤最大化，其中一些不受道德束縛的企業更要求政府加入它們的陣線，策動著另一場逐底競賽。

追求監理和諧化（regulatory harmonization，只設立共同的監理「標準」）通常意味盡可能將監理標準調和到最低水準。那種監理和諧化帶來的利益非常有限，代價卻可能非常大，尤其是當大型企業爭取到想要的條件而且共同標準偏低時。很多歐洲人對基因改造食品（genetically modified food，簡稱GMO）憂心忡忡，所以希望當局禁止這類食品，或至少做到清楚標示。但美國卻表示，基改食品的標示將促使歐洲人拒絕購買美國產品（這是完全正確的推測），於是美國將「基改食品標示」視為一種貿易壁壘。然而，這是完全錯誤的回應方式，每個國家都有權以它認為合適的方式來保護它的公民、環境以及它的經濟體系，基因改造食品強制標示的立意並非保護主義，這只是回應本國公民的真實疑慮罷了。相似的，過去四分之一世紀以來，美國貿易政策的重大要旨之一，就是逼迫其他國家開放衍生性金融商品市場（也就是引發二〇〇八年金融崩潰的金融商品），以便提升美國金融企業的利潤，完全不將別國所需承受的經濟風險當一回事。很多國家限制衍生性金融商品的理由並非出於保護主義，而是為了保護本國經濟體系免於受到高風險金融商品的傷害。我相信各國政府應有權採取那類保護措施，對於那些試圖抗拒上述種種不合理貿易協定的國家，我也感同身受。

智慧財產

智慧財產是當今最重要的貿易議題之一。大型製藥公司擁有眾多昂貴的品牌藥物（brand medicine），因此一向竭盡所能試圖利用貿易協定裡的智慧財產權條款，來防堵較便宜、不具專利的學名藥物（generic medicines），設法迫使競爭者延遲進入這個領域。

大型跨國企業向來渴望能在智慧財產權方面爭取到強勢的國際協定，而一九九五年時，它們終於如願在「與貿易有關之智慧財產權協定」（Trade-Related Aspects of Intellectual Property Rights，簡稱TRIPS）中獲得部分想要的成果。[24]這項協定的目的並不是要促進創新。在第三章中，我們已看到智慧財產權如何造就獨占勢力並增加利潤，而設計不良的智慧財產權制度更是無法促進創新。TRIPS的實際目的是為了提高大型製藥公司及其他特定產業的企業利潤。[25]換言之，是要確保資金從貧窮的開發中國家與新興市場流向美國。[26]所以不意外的，即使這項協定與智慧財產領域有關，但它同樣不是一個平衡的協定。它並不承認開發中國家的智慧財產，無論是蘊藏於豐富生物多樣性裡的遺傳資源，或是奠基於歷史文化之中的傳統知識。[27]

保護主義無法解決問題

儘管全球化（尤其是管理不善的貿易自由化）助長去工業化、失業與不平等，但川普的保護主義政策也完全無法解決這些問題。事實上，他盲目破壞全球運作規則的做法，反而可能導致部分問題更加惡化。他重新展開貿易協定談判的作法，不但無法降低貿易赤字，更無法促使製造業就業機會回流。原因在於，貿易逆差多半取決於總體經濟因素，而非貿易協定。總體經濟因素決定匯率（匯率其實只是某一國通貨相對另一國通貨的價值），而匯率是決定出口與進口的關鍵要素。當美元的匯率很高，美國的出口就會減少，進口則會增加。[28]

當一個國家（如美國）的儲蓄非常少，少到不夠支應微不足道的投資，那麼這個國家就必須從海外引進資金，以支應本國儲蓄的不足。當資金流入一個國家，它的匯率就會被推升，因為此時外國投資人忙著將他們的通貨轉換為這個國家的本地通貨。換言之，當資金流入美國，美元匯價的相對升值幅度就會高於歐元等通貨。而當美元相對升值幅度較大，美國的商品與勞務對歐洲而言就會變得比較昂貴，導致美國的出口相應降低。這也代表歐洲商品的成本較低，並促使美國增加進口歐洲商品。這就是最令人惱火的問題：當美國增加進口，和那些進口品競爭的產業就業機會便會減少，於是，要求「保護」的聲浪便會開始升高。所謂保護，是藉由限制進口數量或對外國進口品課徵關稅等方式，保護本國產業免於受外國進口的傷害。在高度競爭的市場上，即使是低關稅都足以阻絕外國對本國的銷售攻勢。[29]

由於「整體貿易赤字」正好等於「國內儲蓄」減去「國內投資」的短絀金額，所以，決定貿易赤字高低的政策，也就是決定整體國民儲蓄或國內投資的政策。也因為如此，二〇一七年的稅改法案對貿易赤字的衝擊，將高於任何雙邊貿易協定。相關的推論如下：二〇一七年稅改法案通過後，未來財政赤字將因此巨額增加，同時也使得美國為因應需求，必須從海外進口的資本金額大幅增加。這將導致美元的匯率升值（若沒有那麼大量的資本流入，美元的升值幅度就不會那麼大），最終貿易赤字自然也會增加。這是一個簡單的關係：財政赤字的增加，通常會導致貿易赤字增加。[30] 無論川普的貿易協定談判是否成功，上述狀況依舊會發生。

貿易協定的確非常重要，但貿易協定對貿易型態的重要性，遠比對貿易赤字的重要性更高。貿易型態的改變，儘管大致上不太會影響到多邊貿易逆差（整體貿易逆差，也就是美國出口與進口總值之間的差額），但會對雙邊貿易赤字（任何兩國之間的貿易赤字）造成顯著影響。如果美國對中國課徵二五％的關稅，美國從中國進口的服裝雖然會減少，但對其他國家如馬來西亞進口的服裝則會增加，但由於馬來西亞製服裝比中國製稍微貴一點（如果馬來西亞的服裝不比中國貴，我們老早就從馬來西亞進口多數服裝了），於是美國的服裝採購成本就會上升，美國人的生活水準也會隨之下降。

重要的是，儘管川普成功重新展開貿易協定談判，讓製造業重返美國的可能性仍非常有限。[31]即使製造業真的重返美國，通常會是高度資本密集的工廠，這類工廠雇用的勞工原本就不多。更重要的是，新增的就業機會不會是原本流失的就業機會。所以，保護主義無法解決已失去製造業就業機會勞工的問題。

只要看看美國、加拿大和墨西哥之間的新貿易協定，就能理解上述觀點。這個協定的設計是希望略微降低美國對墨西哥汽車零件的進口量。然而即使達到協定所預期的結果，美國的汽車也會因而變得較昂貴、較難以吸引消費者的青睞。所以，我們或許在汽車零件生產業獲得更多的就業機會，但由於美國製汽車銷售量下降，我們將流失汽車生產業的就業機會。

再舉個例子，讓我們看看美國在二〇一八年對中國太陽能板所課徵的高額關稅。這項關稅不但無法使煤炭產業回春，甚至無助於建立美國本土的太陽能板產業。中國生產太陽能板的生產效率早已達到領導地位，美國很難追上中國的腳步，尤其若考量到美國的高勞動成本，就更是望塵莫及。未來美國使用的太陽能板比較可能還是中國所製造，但關稅會導致太陽能板變得較昂貴、較無法吸引美國消費者與企業。最後將大幅減少安裝太陽能板相關產業的就業機會。這個產業雖還在萌芽階段，卻已欣欣向榮，在大幅調漲太陽能板關稅前，雇用勞工數已是煤礦業的兩倍以上。關稅實施將減少綠能產業就業機會的預測，目前已經獲得證實，這也意味美國的環境友善能源產量已經減少。

我們的就業機會，在全球化進程中確實遭受嚴重打擊，但若採取川普所主張莽撞的去全球化行動，就業機會將再次受到重創。這個世界已經建立起非常有效率的全球供應鏈，明智的國家會知道如何有效的運用它們。如果美國選擇放棄這些供應鏈，勢必將導致企業競爭力的下降。更重要的是，還將耗費龐大的調整成本。適應全球化固然辛苦，美國（尤其是美國勞工）付出了高昂的代價；然而，若我們試圖適應去全球化，我們將會付出另一次高昂的代價。[32]

二十一世紀的全球合作

保護主義對美國沒有幫助，也無法幫助那些飽受去工業化之苦的人；更糟的是，保護主義會為美國的貿易夥伴與全球經濟帶來極大的負面影響。過去七十年間，國際社會已打造了一個規則導向體系來促進商務及合作。美國在這個體系的創建過程中扮演核心的角色。我們之所以願意這麼做，並非基於利他主義，而是因為我們相信那將使美國及整個世界都變得更好。當時的人們相信，貿易及交流將增進國際間的相互了解，有利於世界和平，使前一個世紀造成浩劫的戰爭較不可能發生。那個體系符合優質經濟學原則：規則導向且管理良善的全球化，有助於實現對所有國家有利的結果。總體而言，美國經濟也確實因此而獲益，問題只在於，我們未能確保經濟成長果實的平均分享。

貿易戰與全球合作

如今，這個規則導向的全球貿易體系正遭受攻擊。當川普總統首度暗示將啟動對中國的貿易戰，美國境內與境外的民眾似乎都不相信美中貿易戰真的會發生。畢竟貿易戰似乎會嚴重損害雙方的利益，尤其是大企業的利益，而長久以來，大企業的利益是支配美國國際經濟政策的主要因素。不過，川普的言行向來不是以理性或一致著稱。初期在鋼鐵、鋁、洗衣機和太陽能板領域的小規模貿易衝突，在二〇一八年趨於白熱化，並演變成全面性的貿易戰，美國向超過兩千億美元的中國商品課徵關稅，中國也採取報復措施。

川普自信滿滿的認定美國將打贏這場戰爭，因為他認為美國向中國進口的商品超過美國對中國的出口。不過，那樣的推理是錯誤的。在影響貿易戰的因素中，真正關鍵的是雙方用來傷害及消滅對方的工具、決心和能力，以及本國民心的支持度。由於中國控制經濟體系的力量依舊高於美國，所以中國不僅比美國更能貫徹它的目標，也較有能力為可能受害的產業提供補償性對策。何況中國一向希望能降低對出口的依賴，所以美國目前的作為只是加速這個流程罷了，甚至還增強中國提升本國技術能力的決心。此外，中國出口品的「中國製」成分，實際上遠比美國出口品的「美國製」成分低，所以，中國的出口每減少一美元對中國經濟的影響，遠低於美國出口降低一美元對美國經濟的影響。[33]

再者，在這場貿易戰中，中國人民團結支持本國政府的程度也較高；相較之下，很多（甚至大多數）美國人反對啟動這場貿易戰。[34] 最後一個原因是，中國還能採取其他許多經濟或非經濟行動來反制美國，包括壓制美國企業在中國的營運，乃至更積極對南海採取行動等。

當然，到最後雙方都可能淪為輸家，因為保護主義的負面影響將遠遠超出經濟範疇。除了貿易，美國還需要很多方面的國際合作。例如，在北韓問題上，我們需要南韓和中國的幫助；在俄羅斯議題上，我們需要歐洲的協助。如果美國和各國陷入貿易戰，它們就比較不可能提供那樣的協助。

多元價值觀體系下的全球化

在貿易戰煙硝的背後，潛藏著對全球貿易體系的深層不滿，這些不滿不僅是來自因全球貿易政策而受苦的人。許多全球化倡議者認為，我們可以建立一個跨越全球眾多迥異價值系統的自由貿易體系。但其實不然。價值觀會對我們的經濟與相對優勢產生廣泛且重大的影響。例如像人工智慧（AI）這樣的重要領域，自由度較低的社會反而可能會表現得更好，大數據（Big Data）是人工智慧發展的關鍵，而中國在數據的收集與使用上受到的限制較少。換個角度來看，歐洲人能否抱怨美國因使用囚犯勞動力（囚犯勞動力約占美國工業勞動力的五%，且工資通常遠低於最低工資）而獲得不公平的優勢？或者他們能否抱怨美國未針對碳排放設限，從而享有不公平的優勢？

四分之一個世紀前，美國及西方國家和中國的貿易往來漸漸增加，當時的人們期待這將有助於加速中國民主化進程。誠如先前提到的，西方國家（尤其是美國）將鐵幕的崩潰解讀為美國式經濟與政治體系的勝利。雖然目前還有像北韓之類的少數幾個惡棍國家，但未來終究所有的人都將沐浴在美國式的民主政治與資本主義生活中，一切不過是時間早晚的問題而已。

然而，那已是二〇〇八年金融危機爆發之前的事，這場危機暴露出美國式資本主義的限制；那已是川普當選之前的事，川普的當選暴露出美國式民主政治的限制；那也已是中國國家主席習近平破壞任期限制之前的事，他的行動暗示著中國不但未如我們期待快速脫離威權主義，事實上甚至可能已經走上了回頭路。事實已證明，中國獨特的經濟模式（有些人稱之為

「國家資本主義」，而中國稱之為「中國特色社會主義市場經濟」）非常穩健，而中國也確實比其他國家都更安然度過二〇〇八年的全球危機。即使目前中國的經濟趨緩，它的經濟成長率依舊是歐洲的三倍以上，同時也是美國的兩倍。中國的成功經驗加上它對外國提供的巨額援助計畫，對努力試圖自行選擇合適經濟模型的第三世界國家來說，是難以抗拒的誘惑。

在四十年前，當中國開始轉向市場經濟時，沒人想像得到這個貧困的國家會在不到半個世紀，創造出與美國等量齊觀的GDP。而中國在人工智慧及網路安全等先進領域所獲得的成就，更引起人們對經濟競爭及國家安全的憂慮。商業利益團體也漸漸對中國不再那麼熱衷，過去他們曾將中國視為取之不竭的金礦，但愈來愈嚴格的工資、愈來愈強的環保及其他監理標準，以及來自中國企業愈來愈激烈的競爭，這一切意味著這個市場已不像過去那樣有利可圖，未來的前景甚至更加黯淡。

美國企業抱怨說，中國要求必須成立合資企業（joint ventures，包括智慧財產的分享）才准進入中國市場的做法不公平。中國的回應是，沒有人逼著任何企業進入中國，所有進入中國的企業都是在了解這些條件的情況下選擇進入的。[35]中國是一個開發中國家，不過它是一個巨大的開發中國家，人均GDP大約是美國的五分之一。中國正努力設法拉近和美國及其他先進國家的距離，尤其是知識上的落差，因此在少數重要知識領域甚至已經領先。何況目前沒有任何國際法律或規範禁止以合資企業作為進入市場的條件。[36]

無論如何，中國當今的成就非常廣泛，它的成就不僅是來自和西方企業共同成立的合資企業，也不僅來自竊取智慧財產。以社群媒體及人工智慧等領域來說，中國已經明顯領先。它取得的專利數量正快速增加。[37]在其他很多領域，中國和其他先進國家之間的知識鴻溝也已大幅拉近。川普政府與中國在貿易方面的鬥法簡直就像馬後砲，為時已晚。[38]

當我們揚棄「與中國貿易將快速催生民主化中國」的荒謬想法，自然就能正視一個實實在在的疑問：中國的經濟體系與我們迥異，既然如此，我們怎能期待兩國之間能維持徹底開放的貿易往來？舉例來說，如果一個國家幾乎不把隱私當一回事，卻又積極譴責並封鎖它判定涉及政治不滿的網站，那麼，我們如何和這樣的國家維持「公平的競爭環境」？

長久以來，這個議題被人們爭辯著。新興市場與開發中國家認為，世界各地有數十億貧民依賴農業維持生計，只要美國與歐洲堅持補貼農業，就不可能會有公平的全球貿易體系。美國則聲稱，整個中國充斥隱性補貼。中國則主張所有經濟體都存在那樣的補貼，包括對大型農業補貼、對金融部門的大規模紓困，此外對國防部門的巨額研究支出也有部分被轉化為消費性產品（如波音公司的客機）。歐洲也曾對這類對航空業的隱性補貼表達抗議，一如美國也曾抱怨歐洲對空中巴士公司提供的補貼（但較美國的補貼透明）。

我們面對的現實情況是：不同國家根據各自的價值觀與信仰，以根本上不同的方式打造本國經濟體系。並非每個國家都想擁有那種充斥獨占勢力及不平等的美國式資本主義；當然也並非每個國家都喜歡那種高度侵略性又不尊重隱私的中國式經濟。所以，一個不受任何價值觀束縛的全球化體系並不可行，而由單一個國家指定遊戲規則的全球化體系也不可能行得通。

我們必須找出一個全新的全球化形式，這個新形式必須以和平共存為出發點，它必須體認到，即使各國經濟體系截然不同，還是有非常多領域可以進行對雙方有利的商務往來。我們將需要最低限度的規定，就像是交通安全規則那樣的基礎運作規範。我們不能強迫其他國家採納我們的監理體系，也不該被迫採納別國的監理體系。如果這些規則是全球性、多邊且獲得所有國家認可的，這樣對我們所有人來說都會更好。

修補全球化

保護主義不是解決美國當前問題的答案，也無法解決世界上其他國家眼前的問題。不過，更堅定推行當前的全球化管理方式也無濟於事。換言之，繼續做我們已經做了四分之三個世紀的事，未來幾十年的情況也不會好轉，反而可能只會帶來更多的苦難、更多的政治動亂。

綜上所述，我們現在知道，過去美國用了一系列誤謬的前提來管理全球化，這些前提包括：「每個人都將是贏家」（事實是：若政府沒有出手干預，早已產生更多輸家）；以及「全球化純粹只和良好的經濟學原則有關」（實際上，過去管理全球化的方式促成一個弱化勞工協商力量，與加強企業勢力的內部政治議題，尤其是在特定產業部門）。有心人士以全球化之名，告誡勞工必須接受較低的工資、較差的工作條件以及縮水的政府服務（勞工非常依賴政府服務提供這些服務），並表示這一切都是為了維持國家的競爭力。那樣的政策怎麼能促使勞工生活水準提升？我們現在終於知道，先進工業化國家因全球化而得到的經濟成長利益遭到誇大，但全球化所帶來的破壞性影響則遭到低估。

當然，諸如中國等善加管理全球化的新興市場已享受到巨大的成就。中國成功規避和短期資本流動（可能在一夜之間流進與流出的熱錢）有關的動盪。它鼓勵外國投資人，並設法縮小與先進國家間的知識鴻溝。它也鼓勵出口，維持整體穩定的匯率，並在經濟發展初期階段（儘管不是近幾年）維持略低於合理水準的幣值。最重要的是，雖然中國放任不平等的程度惡化，卻也確保幾乎每個人都受惠於全球化（誠如我們先前提到的，中國讓七億四千萬人口脫離貧窮）。

很多人可能忍不住批評，開發中國家的經濟成長犧牲先進國家的利益，不過，那樣的說法是錯的。「貿易可能對兩個國家雙雙有利」的標準論述大致上是正確的（如果各國政府善加管理風險與機會的話）；但除非政府採取一些抵消風險的對策，否則一個國家內部的許多大型族群有可能變得更加貧窮。以美國來說，由於政府並未採取必要的對策，因此最後的結果也一如我們所料：許多人將變得更貧窮。[39]

全球化的影響遠遠超出經濟的範疇。全球化使醫療知識得以散播到全球各地，對平均餘命的延長貢獻良多；而隨著性別平權的概念散播到全球，各地也漸漸認可性別平等的觀念。然而我們也看到，全球性逃漏稅行動使各國政府折損不少可用於提供基本公共服務的稅收。在此同時，全球化的管理方式也經常對社區造成傷害，有時甚至傷害到整個國家。本地零售商店老闆通常是一個社區的支柱。不過，如今這些商店已逐漸被大型連鎖商店淘汰，因為那些連鎖商店掌握了採購海外廉價商品的優勢。這些連鎖商店的經理人對公司的忠誠度高於對社區的忠誠度，而且，那些經理人通常不會在同一個地點待很久，遑論落地生根。

全球化的規則離完美還太過遙遠。目前的規則保護大型企業的利益，犧牲了勞工、消費者、環境和經濟體系的利益。大型製藥公司為自家的昂貴藥品贏得更多的保護，犧牲世界各地人民的生命。在現行智慧財產權體制下，大型企業掌握遠比小型企業更多的競爭優勢，不僅如此，它們重利潤、輕生命與環境，甚至不惜為了獲得眼前的利潤而犧牲長期經濟成長與創新。隨著我們讓跨國企業變得較能輕易避稅，勞工與小型企業遂不得不承擔更多稅賦負擔。另外，我們透過投資協定為海外投資活動爭取比國內投資活動更有保障的財產權的做法，一樣毫無道理可言。

我有一個輕鬆的改革清單：我們的投資協定應該聚焦在一件事：確保美國企業不會遭受負面的差別待遇。[40]美國各項貿易協定的智慧財產條款也應該聚焦於確保學名藥物的取得，而不是確保大型製藥公司的高利潤。此外，我們應該更關心有心人士利用全球化來逃漏稅的問題。

幾乎可以肯定的是，如果我們透過較公開與民主的流程來制定國際貿易規則，最後出爐的規則應該會比現在好。目前相關的協定是由美國貿易代表署（US Trade Representatives，簡稱USTR）透過閉門（但非完全祕密）談判的方式協商而成。大型企業的代表實質上形同參與這些談判，因為美國貿易代表署會和大型企業代表討論談判的內容，然而，國會議員卻通常被擋在談判大門之外，美國貿易代表署甚至拒絕向國會議員透露他們的談判立場。[41]

儘管如此，最重要的是，不管規則怎麼訂，我們都必須幫助一般公民適應一天天改變的經濟體系，不管這些改變是導因於全球化還是技術的升級。[42]在改造經濟體系的過程中，市場難以憑著自己的力量進行變革。那些願意幫助本國民眾適應變遷的國家（例如北歐的瑞典與挪威），因而擁有較活力充沛的經濟體系，並更願意用開放的態度看待變革的政治組織，而這些國家的公民也擁有較高的生活水準。

要實現這樣的成績，我們需要積極的勞動市場政策，來幫助民眾保住工作與尋找新就業機會。此外，也需要制定產業政策，來確保新就業機會創造速度不亞於舊就業機會被摧毀的速度，而這些產業政策也必須能協助流失大量就業機會的地區找到新的經濟機會。[43] 另外，那樣的成果也有賴優質的社會保障制度來達成，唯有如此，才不會有任何一個人被忽略。

不過令人遺憾的是，目前負責管理全球化與美國經濟體系的人卻以應付全球化世界的競爭為由，在我們最需要上述協助之際要求縮減這些計畫。

改寫全球化的規則並更良善的管理全球化其實很容易，至少從經濟的視角而言確實是如此。我將在本書稍後章節（第九章），解釋該如何更良善管理全球化與技術變遷，若能妥善利用這些管理方法，所有（或至少多數）公民都將因而受惠，鮮少（甚至沒有）人會被遺忘。

第五章　金融危機與國家危機

金融業是造成當今經濟、社會與政治困境的關鍵。折磨美國將近十年的經濟危機、惡化中的不平等、趨於停滯的經濟成長，這些令人深感不滿的事態都與金融業息息相關。讓社會上的資源（包括那些最有天賦的年輕人）流入金融產業，不是真正有助於強化經濟的地方。金融產業本應是我們用以實現目的（用以提高商品與服務的生產效率）的工具，如今這個工具卻儼然成為目的本身。如果沒有運作良善且以服務社會為目的的金融市場，現代經濟體系就不可能有良好的運作，正因如此，改革金融部門是當前的必要課題。因為我們需要的是為社會服務的金融部門，而不是為金融部門服務的社會。

早在美國創建之初，人們就始終憂慮強大的銀行會傷及我們的民主。也因如此，當初才會有那麼多人反對成立第一國家銀行（First National Bank），該行也才會在二十年特許經營到期時，因傑克遜總統（Andrew Jackson）拒絕批准更新特許授權而在一八三六年終結。近年來，那樣的憂慮已被證實完全合情合理，從為預防二〇〇八年危機重演而意圖加強銀行業監理一事便可見一斑。美國有超過四分之三的民眾認同強勢的監理有其必要，然而由於每一名國會議員就有五名遊說者，因此美國十大銀行的影響力，足以和二億五千萬美國人抗衡，甚至有過之而無不及。「陶德—法蘭克法案」花了兩年才通過（到二〇一〇年才終於簽署成法），法案原意是要矯正當初引爆危機的弊端，然而最終內容卻遠遠不敷所需。更糟的是，法案的墨跡都還沒乾，遊說大軍又開始出動，意圖縮減它的規範。他們在二〇一八年大獲全勝，從那時開始，絕大多數的銀行獲得解套，不再受制於這項法案更嚴謹的監督。[1]

事實上，光從二〇〇八年的銀行紓困計畫，就可以看出銀行業者的勢力有多麼驚人。銀行業者是引爆這場危機的始作俑者，但政府非但沒有要求它們承擔應負的責任，甚至慷慨為銀行業者提供巨額援助。看看到銀行業者製造危機規模之大，再看看政府對勞工與屋主（他們是金融業者貪婪戰爭下的連帶受害者）援助之吝嗇，政府對銀行的寬大實在毫無道理可言。翻開當年歐巴馬和他的財政部長蓋特納（Tim Geithner）在擬定復興經濟計畫期間的會面登記簿，便可清楚看到誰是座上賓，誰又被排除在外：大型金融公司是座上賓，而陷入困境的一般屋主則被排除在外。[2]

為了維持信貸的持續流動（類似經濟的活血），解救銀行是必要之惡。不過，當局原本理當只需要解救銀行，而不需要解救銀行業者、銀行股東和銀行債券持有人。當局原本理當依照資本主義的遊戲規則行事：當任何一家企業（包括銀行）無力償債，它的股東與債券持有人必須先百分之百認賠，接下來才能要求納稅人付清剩餘的損失，但我們並未依照這個遊戲規則行事。[3]

此外，當局挹注資金給銀行業者，從而解救銀行債券持有人和股東時，理當可以要求銀行接受某些條件，例如要求銀行業者將資金用來幫助屋主和小型企業，不能把錢拿去發放高額紅利給銀行員工。但我們沒有這樣做。歐巴馬和他的團隊充分信賴銀行業者，問題是這些人在危機爆發前十年間的行徑，讓我們找不到任何理由來信賴他們。政府相信，若挹注足夠資金給銀行、銀行的債券持有人和股東，就能進而藉由某種方式產生「下滲效應」，到時所有人都能從中受益。然而事與願違，在經濟復甦的頭三年間，九一%的經濟成長進了美國社會頂層一%民眾的口袋。正當數百萬人痛失房子與工作時，銀行高層卻喜氣洋洋的迎接數百萬美元紅利入袋。我們得到的並非眾人所期待的民主，而是一個既不公平也無效率，一個總向銀行業者傾斜的政府。

阻止金融部門危害整個社會

截至目前為止，大西洋兩岸推動的金融改革主要是朝「阻止銀行業者危害社會」的方向進行，因為在這之前，銀行經由輕率放款、掠奪性放款、違法信用卡作業以及濫用市場操縱力等，對社會造成嚴重的危害。二〇〇八年危機過後那幾年，我們更發現銀行業行徑之惡劣，遠遠超乎所有人的想像：資產規模排名美國第三大的富國銀行，在未取得當事人同意下擅自開立帳戶；還有多家銀行在外匯與利率市場從事市場操縱行為；甚至連信用評等機關與多數投資銀行也涉及大規模的欺瞞行為。

普遍可見的道德敗壞現象，凸顯未來最重要且最艱鉅的挑戰：改變金融規範與文化。[4] 銀行業者深知，美國司法系統無力應付大規模欺瞞或違約（指銀行拒絕履行它們簽署的合約），[5] 所以它們似乎總是抱著一副「要告盡管來，老子不怕」的態度。銀行業者深知，那些試圖透過司法尋求正義的人，只會發現訴訟流程是如此漫長。在最壞的情況下，它們希望最好能遇上個與銀行業友好的法官，願意採納它們過去慣用似是而非的論述；就算官司打輸了，反正也只要付清原本應付的款項即可。何況誰知道呢？說不定它們會贏呢！被銀行欺瞞的對象不像大型銀行業者有那麼深的口袋，所以很可能會中途放棄，黯然接受遠低於債權金額的賠償金。總之，對銀行業者來說，這是場穩贏不輸的賭局，但對於信任合約保障的人來說，情況就大不相同了：遲來的正義絕對不是正義。

最重要的是，沒有了信任，經濟體系就無法運作。信任對銀行業尤其重要，我們信任銀行會在我們想把錢拿回來時還錢，也信任銀行不會在我們購買複雜的金融產品時欺騙我們。但我們的銀行業者卻一而再、再而三展現出不值得信任它們的事實，從而危害到整個經濟體系的正常運作。銀行業者的短視，導致它們連假裝堅持表面上的「信譽」都做不到。

一如提爾宣稱的，「輸家才需要競爭」，高盛（Goldman Sachs）執行長布蘭克費恩（Lloyd Blankfein）更明白表示，傳統上被視為銀行最重要資產的「誠實」與「可靠」等信譽，早已是過時的古代陳跡。高盛曾打造一種「旨在失敗」的證券，一方面向顧客銷售這項產品，另一方面又針對這項產品進行投機操作（即放空這檔證券）；它們當然沒有讓顧客知道這項產品是為了失敗而設計，顧客更不可能知道高盛正利用它對這項產品的了解而和顧客對作。如果你認為高盛的上述行為不道德，你可能屬於九九%「思想落伍」的人類之一，只適合活在古代世界。布蘭克費恩後來更說，任何信賴銀行從業人員的人都是傻瓜，而他的這一席話也形同終結「銀行從業人員值得信任」的概念。[6]

金融部門的短視（他們的眼光幾乎從未超過未來一季）也削弱經濟體系的實力。[7]銀行的短視導致它們不惜犧牲長期信譽，一味藉由欺騙投資人（如高盛）或一般存款人（如富國銀行）來追求眼前的短期利潤。正是基於這樣的短視（或者應該說他們相信自己能瞞天過海），導致很多投資銀行和信用評等機關從事欺瞞行為。

功能失調的金融部門

金融部門的主要功能是所謂的「金融中介業務」（intermediation），即媒合掌握超額資金的人和需要更多資金的人。這是一個歷史悠久的發展過程：在單純的原始農業經濟體系，有多餘種子的農夫可以開價將種子賣給某個鄰居；而在現代經濟體系，金融中介業務是將有儲蓄的家庭（為應付退休、支付住宅頭期款或支助子女大學學費而儲蓄）的資金導向企業部門，供企業作為投資用途。

隨著銀行業務持續演進，金融中介業務內容也漸漸轉變，不再只是媒合儲蓄者和有意擴張並創造新就業機會的企業。相對的，銀行也扮演儲蓄者和入不敷出的家庭之間的中介者，例如透過信用卡放款。信用卡放款的利潤極為可觀，因為銀行能輕易的利用消費者，向他們收取掠奪性的超高利率、滯納手續費（即使他們並沒有滯納）、透支手續費以及其他林林總總的收費等。隨著放鬆管制政策的進行，當局消除原本對銀行掠奪行為的限制，消費者任銀行宰割的情況時有所聞。銀行業者可以利用其市場操縱力進行剝削，同步對消費者與商戶收取高額的強制性手續費。此外，與對中小企業放款相比，消費性放款是更能輕鬆獲利的管道，因為銀行業者對消費者放款時，更容易行剝削之實。所以很多中小企業漸漸察覺到資金愈來愈難取得，尤其難以從大型銀行取得。事實上，直到金融危機過了許久以後的二〇一六年，美國銀行業對中小企業的放款還比二〇〇八年時低了約十四％（未調整通貨膨脹）；在某些歐洲國家放款縮減幅度甚至更大。[8]

在長期儲蓄者和長期投資者之間，也需要銀行扮演中介者的角色，然而在這項業務上，銀行表現同樣非常差。世界各地有很多長期儲蓄者，例如退休基金、大學與基金會的捐贈基金，以及主權基金（sovereign wealth funds，為未來世代所掌握的國家資金）。很多最重要的投資需求也是長期性的，例如國家的基礎建設，以及翻新世界能源系統以回應氣候變遷等。問題是：處於長期投資者和長期儲蓄者之間的，是一個短視的金融市場。由於銀行業者只想從事能快速產生報酬的短期業務，所以他們根本沒有完成銀行該擔負的金融中介業務，既沒有進行長期資源分配決策，也沒有創造有助於管理長期風險的金融商品。

於是，以長期發展為重的公共跨國性開發銀行，如世界銀行、亞洲基礎建投資銀行（Asian Infrastructure Investment Bank）、新開發銀行（New Development Bank，也稱為金磚銀行〔BRICS Bank〕[9]）及非洲開發銀行（African Development Bank）等，遂介入扛起愈來愈重的責任。然而，由於這些銀行的資本不足，並無法充分彌補民間金融體系功能失調所留下的空隙。

穩賺不賠的賭博作為盛行

銀行業者還轉向獲利能力遠高於金融中介業務的活動，例如從事大規模賭博。拉斯維加斯所謂的「賭博」，到了華爾街被換一個更花俏的名稱：「衍生性金融商品」（其實說穿了就是賭博的一種，例如賭利率、匯率或油價將如何波動）或是「信用違約交換」（credit default swap，賭一家企業或另一家銀行是否會破產或即將破產）。但它們的賭法和吃角子老虎機還是有些不同；吃角子老虎一次只賭幾毛錢，華爾街的賭博動輒百萬美元起跳。這個賭博市場之所以能存在，是因為它實質上受政府部分擔保，當銀行虧損過大時，政府一定會出手對銀行進行紓困。這樣的賭局對銀行業者來說完全是「穩賺不賠」，如果銀行賭贏了，它們會將利潤全收進口袋；如果銀行賭輸了，政府將會出面提供最後擔保。正因為政府將會充當銀行業者的最後擔保人，所以銀行業者的交易對手才會願意和銀行對賭，因為他們知道無論結果如何，合約一定會獲得履行。

「陶德—法蘭克法案」原本試圖阻止政府為這種賭博活動擔保，因為事實證明這類活動的代價非常高昂。這類投機行為曾逼得政府不得不對單一企業（美國國際集團，簡稱AIG）付出高達一千八百億美元的紓困金。單單是這筆「企業福利」支出，就一舉超過美國政府十多年間為所有美國貧窮孩童所提供的總福利金額。[10]

儘管外界意圖遏止銀行業犧牲大眾利益的賭博行為，但銀行業者的回應卻厚顏無恥到令人難以置信。二〇一四年，花旗集團（Citigroup）的遊說大軍草擬恢復銀行「賭博」權利的條款，根據這項條款，政府實質上必須為銀行業者的虧損擔保，並將之納為一項絕對必須通過的法案（為政府提供財源的法案）的修正條款。[11]

令人驚訝的是，銀行業者甚至拒絕承擔和承作不動產抵押貸款有關的風險。在金融危機過後十年，住宅泡沫破滅後十二年，政府依舊不得不為絕大多數的不動產抵押貸款提供擔保。銀行業者想藉由承作不動產抵押貸款來賺手續費，卻不願意承擔起判斷錯誤的責任，還要求政府吸收因不良放款作業而衍生的虧損。諷刺的是，在一個理當以資本主義為重的國家，民間部門卻忝不知恥的表明它們沒有能力做好不動產抵押貸款那麼簡單的業務，而且沒有能力承擔相關的風險。那段期間每個以改革不動產抵押貸款市場為目的的提案，都因銀行業者堅稱它們無力或不願意承擔因承作這類貸款而起的風險，最終難以順利推動。

銀行業另一個獲利豐厚的非金融中介業務是「合併與收購」。銀行業促進企業之間的合併，讓大型企業進一步壯大，從而使已經非常高的市場集中度與市場操縱變得更誇張。單一合併或收購案件就能為銀行賺進數億美元的手續費收入。我們已在第三章討論市場操縱的聚合對經濟與社會的影響，而在這類經濟體系轉型的過程中，銀行業者就算不是策劃者，也是幫兇。

另外，銀行業還有第三種利潤極為豐厚、但對社會尤其沒有效益可言的業務：幫助大型跨國企業與有錢人規避應繳的稅金，將資金從高稅賦的司法管轄區「搬」到低稅賦的司法管轄區，從事玩弄法律甚至違法的行為。[12]在此同時，銀行也不遺餘力的抗拒全球稅賦與金融體系改革，每年的逃稅金額高達數百億美元。

以下是銀行業者助長避稅行為的一個例子。蘋果公司不僅以其別出心裁的設計能力生產出廣受歡迎的產品，經由和金融部門的合作，該公司也以別出心裁的手法達到避稅目的。事情的起頭是蘋果公司的部分股東察覺公司的閒置現金過多，因而要求它即刻將現金發放給股東。根據舊稅法（二〇一七年以前），如果這筆錢留在海外，蘋果公司就無須繳稅；但如果將這些現金匯回美國，它就必須針對那些利潤繳納企業所得稅。為了解決這個問題，蘋果公司訴諸金融市場。它借錢發放股利，從而獲得魚與熊掌兼得的利益：一方面避免將利潤匯回國內，因而無須繳納將利潤匯回美國而產生的稅賦；另一方面公司股東的要求也獲得滿足，順利取得想要的現金。

一如先前描述的避稅案例（蘋果公司將利潤轉移到愛爾蘭），這是完全沒有企業良心的行為。蘋果公司的成長奠基於美國政府開發或資助的技術，但它卻和銀行業者一樣需索無度又不願付出，只忙著塑造出承擔巨大企業責任的假象。我認為，企業最重要的社會責任就是誠實納稅。

進一步去金融中介化

我們的金融部門不僅未能發揮將家計部門的資金轉移到企業部門的傳統金融中介功能（disintermediation），它更是反其道而行，將企業部門的資金轉移到家計部門，讓有錢人得以享受更多的財富。有個相關的做法是（這些做法的稅賦利益非常大[13]）：銀行貸款給企業，從而協助企業從市場上買回自家股票，一如蘋果公司的例子所示。企業買回庫藏股的行為會促使資金流出企業，而企業可用來投資並創造更亮麗未來的資金因而減少，未來將創造的就業機會也減少。另一方面，取得這些資金的人當然是庫藏股的原持有人，而絕大多數股票向來是掌握在極少數超級富豪手中。[14]近幾年的企業庫藏股買回規模都非常巨大，相關案件的金額每每超過非金融企業的投資（企業資本形成〔capital formation〕）；這個情況和第二次世界大戰後那幾年的情況相去甚遠，當年的庫藏股買回金額可說是微不足道。[15]在共和黨版稅改法案於二〇一七年十二月通過後，庫藏股買回金額迅速飆升，而二〇一八年的金額也即將創下歷史新高。[16]

從傳統銀行業務變成功能失調的金融體系

在過去，金融部門的功能並不常像現在那麼失調。不過，隨著金融部門占GDP的比重不斷攀升，從一九四五年的二．五％上升到危機爆發前的八％，經濟表現卻完全沒有比較好。事實上，趨緩的經濟成長讓經濟體系變得更不穩定，這樣的情況在爆發七十五年來最嚴重的危機之際，達到最高點。

在過去四分之一世紀中，金融部門缺乏效率的狀況並非一夕間惡化，而是隨著它在發展過程中一步步偏離傳統銀行業務而逐漸惡化。誠如先前提到，傳統銀行業務是指個人將他們的儲蓄存到銀行，銀行再將這些儲蓄放款給企業，而企業又進而將這些資金用來聘請更多勞工或購買更多機器。換言之，以前個人儲蓄會流向最有能力善加利用資金的人。以往銀行業者並未試圖榨光貸款人的所有資源，因為銀行深知若收取過高的放款利率，最終將導致負責任的貸款人不願意借錢，並鼓勵不節制的風險承擔行為。[17]正由於前銀行和貸款人之間維持長期往來的關係，所以銀行除了與企業共存共榮，也可能幫助企業度過難關。這樣的銀行業務稱為「關係銀行業務」（relationship banking）。

現代銀行業務已經以很多方式改變這樣的狀態。在傳統銀行業務中，銀行從業人員是一群乏味但非常值得敬重的人，他們是社區的支柱，而且希望努力確保別人相信他們的誠實與正直。銀行從業人員努力說服別人相信他們值得信任，因此可以放心把錢交給他們照料。他們十分明白不良放款行為所需承擔的後果：如果銀行從業人員未能善加管理放款，且貸款人無力還款，銀行的資本就會折損。

而在二十一世紀成為銀行業新主力業務的「貸款證券化」（originate-to-distribute）模式，[18]銀行業者一樣承作貸款，但隨即會將這些貸款轉嫁給其他人，於是，不良放款作業的風險變成由「其他人」承擔。銀行業者的利潤不再來自放款與存款利率的利差，而是來自上述流程每一階段所收取的手續費收入。

放款金由受政府擔保

於是，一家銀行可放款量不再受限於它收受的存款量。透過這個方式，銀行業的狀況已和這一章稍早描述的農業時代大不相同。在農業時代，除非某些農民把種子交給「種子銀行」從事出借業務，「種子銀行」不可能有種子交給想種植更多作物的農民。不過在過去幾百年中，銀行漸漸意識到它們可以開設帳戶，也知道不管在什麼時刻，都只有一部分帳戶的資金會被領回。於是，我們的銀行業發展成一種所謂「部分準備制度」（fractional reserve banking）系統，在這個系統下，銀行以準備金形式持有的資金只約當銀行債務的一小部分。如今，這個系統行得通的原因是，我們仰賴政府確保：一、準備金的充足；二、未列為準備金的資金獲得審慎的管理；三、在準備金短缺時介入。

即使放款並不是銀行業務中利潤最豐厚的一種，銀行業者還是能從中取得非常不錯的報酬。這不僅是因為銀行放款利率高於銀行付給存款人的利率，也因為銀行實質上能憑空創造貸款，只要在銀行帳冊中輸入某人有十萬美元的存款（花錢的權利）即可。某種意義來說，銀行等於是欠這名貸款人十萬美元。不過，銀行貸放這筆資金的同時，意味著創造一筆相等金額的資產，也就是貸款人欠銀行10萬美元。這名貸款人當然很珍視這筆存款，因為有了這一筆存款，其他人才願意接受他開立的支票。不過，其他人願意接受支票的真正原因是：銀行受美國政府擔保。實質上來說，銀行是藉由（利用）外界對美國政府的信賴來賺錢。意思是一旦銀行破產，納稅人就得出面買單。由於銀行業的利潤非常可觀，且放款愈多，利潤愈高，銀行業者自然有誘因努力說服政府相信銀行不需要太多準備金。[19]

這是二〇〇八年危機結束後那段時間的最大爭議之一。準備金愈低，銀行的利潤就愈高，但納稅人面臨的風險也就愈高。從社會的角度而言，這不僅僅是銀行業者與銀行將風險轉移給政府的問題。如果法定準備金調高，銀行背負的風險就會上升，在這種情況下，銀行業者在從事放款行為時，將會變得更審慎，放款品質將因此改善，而美國經濟體系的表現也會好轉。

私部門利益與社會利益的失調

當然，銀行業者對經濟的整體表現並不感興趣；他們只在乎自己有沒有賺錢。這個領域的私部門利益與社會利益也不太一致。所以，前聯準會主席葛林斯潘（Alan Greenspan）到國會就這場金融危機的成因作證時，說他原本假設銀行從業人員的風險管理能力沒那麼糟糕。這是他推理的大「缺陷」（flaw），這是導致全球經濟體系付出數兆美元代價的缺陷。[20]他覺得很吃驚，而我對他的吃驚更感到吃驚！任何了解經濟學、銀行及銀行從業人員的行為誘因的人，應該都能輕易理解銀行和銀行從業人員有誘因從事不節制的風險承擔行為。所以，葛林斯潘理當對這一切了然於胸。[21]

金融部門本身其實也是雷根時代風靡一時系列學說的受害者，這些學說主張：企業應努力追求股東利益，而企業在追求股東利益的過程中，將更廣泛的促成所有利害關係者及整體經濟的福祉。[22]其中，股東利益後來漸漸被解讀為短期投機客（只關心當前的股票價格，試圖獲得最大的短期利潤，幾乎不考慮長期的影響）的利益，而非長期投資人（關心公司未來幾年或甚至幾十年命運）的利益。而金融部門所採取的高薪資、高獎酬的誘因結構設定，實際上是在鼓勵從業人員抱持這種短視觀點，換言之，薪酬結構的設定是引爆七十五年來最大規模金融崩潰的關鍵因素。

其他產業有樣學樣

金融部門的弊端本身已經夠令人頭痛了，遺憾的是，有太多其他產業部門又有樣學樣，試圖仿效金融部門的高薪資與獎酬結構；問題是，那種薪酬結構正是造成短視行為的導因，它導致相關從業人員一味關注眼前的股票市場績效，不在乎長期的成長。此外，企業必然對其資金供應者（金融業）的看法非常敏感；而如果企業的資金供應者很短視，企業勢必也會變得短視。因此，金融部門成為散播美式資本主義一大弊端的重要媒介之一，這個弊病是：由於一味聚焦逐季的成果，故無法對人力、技術和工廠進行長期投資。而眼界淺短的經濟體系，只能造就遲緩的成長率。

結論

金融產業在各方面的所作所為，證明美國經濟體系的確已出了差錯。這個部門向來是尋租行為的最佳範例，銀行業者犧牲社會上其他人的利益，為自己創造更多財富，最後的結果顯然就是一場「負和遊戲」（negative sum game），也就是說社會上其他人的損失，遠大於銀行從業人員得到的利益。他們剝削財務能力較差的人，但盜賊之間不講道義，所以銀行之間也彼此剝削。這導致經濟體系在很多方面受到傷害：理當用於財富創造的資源被投注到剝削用途，金融部門則持續壯大，並進而吸引美國最才華洋溢的人加入。不過，這一切的一切只是導致整個國家的經濟成長變得更遲緩、更起伏不定且更不平等罷了。金融部門也以實例展現出自由不受束縛的市場會出現什麼問題：銀行從業人員肆無忌憚追求私利的行為，不僅沒有為整個社會帶來福祉，反而造成七十五年來最大規模的金融危機。

在有錢能使鬼推磨的美國政治文化中，銀行業者利用財富來影響政府的政策走向，讓它們得以藉放鬆管制之便，犧牲他人利益來賺更多錢。而當那些作為造成嚴重失敗後果時，它們又利用影響力，促成人類史上最大的公共紓困案，但在接受紓困的同時，銀行業者卻對先前被它們掠奪的屋主和勞工等置之不理，任由他們自生自滅。

對金錢的熱愛或許不是萬惡的根源，但金融業絕對是各國眾多弊端的源頭。眼中只有錢的銀行從業人員到處傳播短視與道德卑劣的惡質風氣，感染我們的經濟、政治和社會。從許多方面來看，金融業已經改變了我們，它讓太多美國人變得更物質主義、更自私，且更短視。

所有政治立場的美國選民都已受夠了大型銀行和金融部門的不良行為。歐巴馬未能要求銀行業者為自己的罪行負責，甚至以接近一兆美元來紓困銀行業，這樣的做法導致民眾對政府的期待幻滅，並使茶黨運動（Tea Party）乃至川普得以興起。[23]川普「抽乾沼澤」的口號主要理當是指清理華爾街的影響力，但他上任後的內閣人事中，金融富豪的人數卻達到空前新高。

大眾對大型銀行的憤怒是有道理的。銀行業者一向精於利用它們的市場操縱力危害社會，並綁架經濟體系。如果銀行業者的市場操縱與政治力量不是那麼強大，就不可能屢次順利逃脫那些罪行的刑責。在任何一個有效率的競爭市場，以美國主要銀行業者那些方式玷汙自家信譽的企業，根本不可能有機會苟活。然而，這些銀行不僅劫後餘生，目前的利潤還創下歷史新高。[24]而且，我們不僅沒有懲罰犯下諸多惡劣罪行的銀行從業人員，還為他們提供紓困，甚至獎勵其中某些人。諸如金融業機構與個人過去幾十年那種目空一切的魯莽行徑理應受到譴責，但他們並沒有因此付出代價，不過，這一切的後果終究要有人出來承擔。因此我們可以說，目前美國的政治體系正因未能有效處置金融業罪行而付出代價：畢竟先前的情況顯示，兩黨政治人物和銀行業者的關係，遠比和政治與金融體系理當服務的民眾及企業更合拍。

儘管如此，金融業對經濟體系還是十分重要。因為我們需要信用才能開創並擴展事業，也才能創造就業機會。金融業是必要的，但以金融業的固有功能來說，我們並不需要現今如此龐大規模的金融部門。當今的金融部門大而不當，所以不該做的事做了太多，該做的事又做得太少。這個部門並未善加利用它的力量來服務社會，而是利用這股力量搜刮私利。

我們已經掌握許多金融部門傷害我們的方法，儘管幾乎每天都還是會有一些別出心裁的新手法、新道德敗壞案例出現。基於上述的理解，我們可以藉由一系列監理規定來有效降低這個產業對其他人的危害（包括輕率放款與掠奪性放款等行為），而且一般人也都理解這些監理規定的潛在成效。所以，這些監理規定並不是那麼難以推動。[25]我們需要一套全面性的監理規定，它必須能防止銀行變得過大而「大到不能倒」；也必須能防止銀行從事超額風險承擔、市場操縱，以及利用市場操縱以剝削他人等掠奪性不當行為。

然而，銀行業最重大的失靈並不在於它們用各種方式欺騙與剝削他人，也不在於它們承擔過高風險並導致全球經濟遭受重創；它們最重要的失靈在於它們未能做好分內的工作，以合理的條件為想從事有利於經濟成長的投資活動的企業提供融資。很多這類融資專案是長期性的專案，然而銀行的短視導致它們將注意力集中在較能輕鬆快速獲利的來源。過去很多防止銀行業者從事危害行為的作為忽略這個攸關重大的議題：確保金融部門做它真正該做的事。

只要限制金融部門以較高風險且較不當方式獲取利潤的管道，就能鼓勵這個部門作更多它應該做的事。不過，光是這樣並不夠。我們也需要讓金融部門變得更競爭。

世界各國的政府都應該更積極為小型與新創企業、長期投資專案（包括基礎建設）、高風險技術專案，以及未獲得政府足夠關注的社區（即使有反差別待遇的法律，銀行還是會對前述對象差別對待）等提供融資。即使是在美國這樣最資本主義化的國度，政府長期都在融資提供方面扮演積極的角色。政府應該更積極一點，至於要更積極到什麼程度，將取決於我們改革監理規定的成效，以及銀行順利自我改革的成效。透過公部門提供融資（如為不動產抵押貸款提供公共資金），將為民間部門帶來市場競爭。就遏制金融部門剝削行為、促進金融業市場競爭與負責而言，透過公部門的成效將比透過監理規定，來促進更多金融業市場競爭與做出負責行為來得更好。

困難的不在經濟，而在政治。在一個「有錢能使鬼推磨」的政治體系中，身為金錢泉源的金融業，不可避免將掌握巨大的政治勢力。遺憾的是，銀行業者勢必會竭盡全力反抗所有意圖遏制其不當作為、並鼓勵其良善行為的監理規定，所以經濟層面上的改革能輕易完成的，政治上的改革卻不容易。在此同時，銀行業也以上述實例證實美利堅合眾國草創時期的疑慮：巨大的金融部門將掌握過高的政治影響力。此外，這也說明本書最後一部的核心主題：若要實現必要的經濟改革，必須先改革我們的政治。

第六章　新技術的挑戰

矽谷以及與矽谷息息相關的技術進展，已然成為美國創新及創業精神的象徵。賈伯斯、祖克柏（Mark Zuckerberg）等活躍人物，為全世界消費者創造各式各樣的科技產品，這些產品不僅為消費者所珍愛，也增進我們彼此間的緊密連結。而英特爾生產的晶片，則讓許多電子產品「思考」得比世界上最優秀的大腦還要快。如今，人工智慧不僅能在諸如西洋棋等較單純的賽局中擊敗人類，也能在像圍棋等較複雜的賽局裡勝出（圍棋可能走的棋步比宇宙的原子總數更多）。[1]比爾蓋茲似乎是美國精神的最佳體現，他累積一千三百五十億美元的財產後，將大部分資產轉向慈善用途，為打擊世界各地疾病與改善美國教育而不遺餘力。

然而，儘管上述種種技術層面的進展帶來眾多好處，背後卻潛藏著黑暗的另一面。技術的升級引發就業機會流失的合理疑慮。更糟的是，科技相關的新產業容易在很多層面出現濫用的傾向，包括市場操縱力的濫用、隱私權的侵犯以及政治操縱等。

在高科技的世界創造充分就業

就業市場著實令人擔憂。在二十世紀，我們創造出比人類還強大的機械設備；如今則有能力打造比人類更具效率、能完成例行性工作的機器。然而AI對人類的挑戰，比起二十世紀的機械設備更加嚴峻，因為這些比人類更具高效能、能完成程序性任務的機器，甚至比製造它們的人類更具有「學習」能力（至少在特定領域）。

在許多關鍵任務上，機器的表現確實有可能優於人類。對許多人而言，接受更好的教育與職業訓練，意味著有較高的機會獲得一個穩定的工作；然而，如今電腦已有能力且開始逐漸取代人力，例如放射科醫師的影像判讀工作。所以即使一位擁有學歷的醫師，也不見得能免於受到新科技的衝擊。一般預料，若干年後，駕駛人將被自駕車與自駕卡車給取代；若果真如此，這將是值得特別關注的現象，因為目前從事卡車駕駛業的人，多半是高中以下學歷的男性。

更令人憂心的是，這些取代勞動力的機器將使工資降低（尤其是低技能勞工），並導致失業率上升。要解決這個問題，最直接的答案就是提升勞工的技能。然而在許多領域，光是提升勞工技能並不足夠，因為在AI的加持下，機器人甚至比受過高等教育的人更快學會一些複雜的工作，而且工作成果也更好。

有些人認為前述種種憂慮不過是庸人自擾。他們認為：回顧過去，隨著經濟結構的重新調整，市場始終會創造出各種新的就業機會。此外，這些「技術樂觀主義者」還宣稱，世人誇大技術變遷帶來的影響。這點倒是說得沒錯，技術變遷甚至未能反應在總體經濟數據上：近幾年的生產力提升速度遠低於一九九〇年代，也低於第二次世界大戰結束後的那幾十年。西北大學的高登（Robert Gordon）在其暢銷書《美國經濟成長的興衰：南北戰爭以來的美國生活水準》（The Rise and Fall of American Growth: The US Standard of Living Since the Civil War）中主張，創新的速度實際上已經趨緩。[2]的確，美國有臉書和Google，但這些創新的重要性實在比不上電力，甚至比不上讓健康改善與壽命延長的室內廁所與潔淨用水等。

然而，這些歷史經驗可能不是推斷未來狀況的理想指南。早在半個世紀以前，二十世紀中葉重要數學家馮紐曼（John von Neumann）就曾提醒：到了某個時間點，[3]生產機器來取代人類勞工的成本，將低於聘請並訓練人類勞工的成本；而且這些機器勞工是由學會製造這些機器的其他機器勞工所生產。企業採用機器勞工而非人類勞工的決定，不僅是基於生產力提升的考量，更重要的是機器勞工更容易設計、製造與管理，而且其設計、製造與管理成本相對較低。機器不會罷工、不受情緒波動的影響，所以未來採用機器勞工的企業將不再需要成立人力資源部門來撫平勞工的不滿。如今，在許多領域已經證實馮紐曼的預言，誠如之前我們提到，機器在影像判讀上的表現已經優於放射科醫師。以ＡＩ技術在過去短短五年的進展來看，未來可取代人力的工作領域與就業機會可能會快速持續的增加。[4]

不過，ＡＩ的某些進展不但不會導致勞動力被取代，反而還會提高人類的績效。這類ＡＩ有時被稱為智慧輔助型ＩＡ創新（intelligence-assisting innovation，簡稱IA創新）。ＩＡ創新可以增加對勞動力的需求並促使工資上漲，過去許多創新就是以這種形式存在。不過，我對這樣的發展並不抱任何期待。我相信儘管過去的就業問題已經十分嚴重，未來極可能會更加糟糕。技術將可能朝向經濟學文獻所謂的「兩極化」（polarization）方向發展，意思是：新就業機會的確會增加，工資也會上漲，但只限於需要極高技能水準的就業機會；其餘就業機會則屬於極低技能水準的工作，相對也只能獲得極低的工資。[5]

隨著機器取代勞動力並使失業率上升，情況將演變得和一個為人所津津樂道的杜撰故事非常類似，這個故事和福特汽車有關：有一天，福特汽車的一批高階主管和工會主席一同巡視新落成的工廠，現場有很多工作是由機器人來執行。福特汽車的高階主管尖酸刻薄的問：「你們要怎麼讓機器人繳工會的會費？」工會主席則回答：「那你們又要怎麼讓機器人購買你們的車子？」[6]

就業機會的匱乏將導致需求降低，若政府未能強力出手干預，經濟體系可能會陷入所謂的長期停滯狀態。最終極的諷刺是，若這樣的情況真的發生，技術的升級所帶來的是經濟苦難，而不是理當產生的經濟榮景。

有些人主張，美國早在陷入大蕭條前就曾發生這樣的狀況。[7]在大蕭條發生的前幾年，農業的快速創新促使某些原物料商品價格快速下跌。[8]在一九二九年至一九三二年間，淨農業所得（扣除費用的所得）下降超過七〇％。[9]農業所得快速降低與農民財富連帶的縮水（農村土地與住宅價值降低），衍生出幾個嚴重後果：失業的農民無力搬遷到都市，而隨著農民所得降低，他們只好更賣力工作、生產更多農作物，並導致農作物價格進一步降低的惡性循環。此外，農民所得降低後，就無力購買都市生產的商品（如汽車）。[10]因此，都市不久後便連帶感受到農民所受的苦難，相關的後果又反過來造成進一步的衝擊，例如：都市的所得降低意味著農產品需求更低、農產品價格更低，以及農村苦難更多。最後，經濟被困在一個「低水準均衡的陷阱」（low-level equilibrium trap）之中，直到第二次世界大戰爆發，才終於靠著政府的大規模干預來擺脫陷阱（美國的投入戰爭，促使很多人從鄉村地區搬遷到都市，國家也訓練他們從事城市裡的新工作），並開啟戰後世代的榮景。

這個經驗的教誨是，如果我們無法善加管理創新，導致創新帶來的繁榮無法讓所有人都受益，那麼創新也可能衍生反效果。如今，由於經濟學領域的種種進展，我們已經更懂得如何管理一個創新的經濟體系，關鍵就是維持充分就業。當貨幣政策（例如調降利率或提高信用的供給量）成效不彰，我們就可以利用財政政策來達到目的（例如：減稅或增加支出，增加公共投資可能是最能有效提振經濟的方法之一）。貨幣與財政政策能提振整體需求，若提振措施的規模夠大，經濟體系一定能恢復充分就業狀態。[11]

因此，高科技帶來的就業問題本質上是一個政治問題。盲目的意識型態（尤其是和骯髒的政治結合在一起），可能導致當政者在政治層面頻頻遭到掣肘，而無法實施適當且足夠的財政提振措施。[12]大衰退時期的情況便是如此。當時聯準會已將利率降到零，但仍不足以恢復充分就業；儘管如此，共和黨人及其他財政鷹派人士卻拒絕設法提供充足的財政提振措施。政府在當時能以負實質利率（將通貨膨脹納入考慮）的絕佳條件取得財源，所以正是進行公共投資的絕佳時機，尤其美國當時正好也迫切需要公共投資。正因如此，那些鷹派人士拒絕促成充足財政提振措施的態度，特別令人惱怒。

完全依賴貨幣政策還會衍生一個更深層的問題：由於資金的成本非常低，所以企業能經由投資機器勞工得到不錯的回報，而機器勞工的用途是取代勞動力。企業的研究與投資預算本來就有限，要將這些珍貴的資源分配到什麼領域，對企業來說是非常重要的決策，理所當然的，企業會特別聚焦在成本占比較高的要素。由於聯準會長期將利率維持在極低檔，資金相對勞動力的成本相對顯得尤其低廉，在這種情況下，企業的注意力自然會轉移到降低勞動力成本的事務上。於是，原本就不足以支持充分就業的勞動力需求又進一步降低。[13]

工資降低且不平等程度惡化

即使恢復充分就業狀態可能還不夠。當機器勞工取代勞動力，對勞動力的需求就會減少，所以想恢復充分就業狀態，工資就必須下降。這不過是簡單的供需法則應用。也就是說，如果政府不適時出手干預，經濟體系中絕大部分成員都將變得更貧困。[14]

當然，原則上，在技術升級的前提下，理當能讓所有人變得更富裕，就像全球化理當能讓所有人變得更富裕一樣。因為技術的升級會讓國家的大餅變大，有更多資源可以滿足大家，所以每個人分到的餅都會多一些。不過，當機器勞工取代勞動力，就不見得會產生上述狀況，這是因為經濟體系對勞動力的需求減少（尤其是低技能的勞動力），這會促使工資下降，造成即使整體國民所得增加，勞工的所得還是會減少。下滲式經濟學無法解決技術升級帶來的問題，一如它未能在全球化的過程中發生作用。

不過，政府可以想辦法確保每個人（至少多數人）變得更富裕。要達到這個目標，至少必須施行以下四項政策：(1)確保經濟賽局的規則變得更公平，避免讓勞工處於不利地位，並防止大型科技公司利用新技術來增強市場操縱力。強化勞工的協商力量並削弱企業的賣方獨占勢力，便可能打造一個較平等且較有效率的經濟體系。⑵經由智慧財產權的設計，將技術升級的果實更廣泛的分配給所有人，因為這些成果多半奠基於政府出資贊助的基礎研究。⑶累進稅制與支出政策有助於所得的重新分配。

最後，⑷我們需要認清政府在經濟體系由製造業經濟轉型為服務業經濟的過程中所應扮演的角色。這樣的轉變，類似於一個世紀前經濟體系由農業經濟轉為製造業經濟的結構性變遷。在當今的結構轉型過程中，政府必須比以往介入更多，因為許多服務業部門（如醫療與教育）的發展有賴政府的投資。舉例來說：若政府雇用更多勞工來照顧年老、生病與失能的人，讓年輕人接受良好的教育，並給予合宜的工資，[15]就能促使整個經濟體系的工資上漲。如果社會真的重視子女、病患和老人家，自然會願意花更多錢在他們身上。例如我們希望子女受到更好的教育，就願意用高薪資聘請更多更好的教師，而更高的薪資將能吸引更優秀人才加入教職。儘管提高教師薪資需要更多稅賦收入，但整體所得因技術升級而提高，國家經濟大餅變得更大，就能確保即使稅賦提高，資本家和創新者仍然可以變得比現在更為富裕。

總而言之，只要有足夠的政治決心，當前因技術升級而造成的失業、工資下降及勞工生活困苦等問題，都能輕易解決。我們將在第二部回頭討論該如何能有效達成這項任務。

市場操縱力與ＡＩ

先前我曾提過，當前面臨的經濟成長趨緩、不平等愈來愈嚴重等問題，可能都和許多產業部門的市場操縱力增強有關。而這些問題在新科技產業尤其嚴重，其原因在第三章中已做解釋。

當大數據（大企業所能收集的大量個人數據）與ＡＩ結合，就可能進一步增強大企業的市場操縱力。如果一家企業（如Google、臉書或亞馬遜）擁有特定領域的龐大數據，對個人的了解就會比其他企業更透徹，假定它們不和其他企業分享這些數據（當然，它們沒有任何誘因分享），就能獲得獨占性的市場操縱力。大數據擁護者認為，企業透過大數據的運用，可以設計出更能滿足顧客需求的產品，或為顧客量身打造最合適的醫療保健服務。各家搜尋引擎則宣稱利用這些數據能進行更精準的目標式廣告（target advertising），讓用戶更可能收到真正有用的訊息。[16]這些確實都是大數據潛在的正面影響。然而另一方面，大企業也可以透過ＡＩ，以犧牲顧客利益的方式來使用那些數據，從而增強市場操縱力和利潤。

在二十世紀初，市場操縱力遭特定傳統大企業把持，當時諸如史威夫特（Swift）、標準石油（Standard Oil）、美國菸草（American Tobacco）、美國精糖（American Sugar Refining

Company）、美國鋼鐵各自擁有市場操縱力，得以操控食品、鋼鐵、菸草、糖或石油的價格。然而，市場操縱力被新科技業巨擘一手掌握的後果，將會比傳統大企業更具危害性，因為當今科技業的巨擘能操控的，不僅是價格而已。

每當臉書變更演算法（algorithms，也就是決定個人會優先見到什麼資訊的方法）時，就能明顯看到新科技業巨擘所擁有的強大市場操縱力。新演算法可以造成某個媒體快速沒落，也能創造（或終結）全新聯繫廣大觀眾群的方式（例如臉書直播）。

由於這些科技業巨擘掌握強大的市場操縱力，主管市場競爭的機關自然應該全神貫注在這些企業的一舉一動，而「工欲善其事，必先利其器」，主管機關不僅需要部署標準工具來對付這些企業，還必須打造一些新工具，才足以因應科技業巨擘用來擴展與行使市場操縱力的眾多創新方法。誠如先前提到的，就最低程度而言，我們應該考慮將WhatsApp與Instagram從臉書分拆出來。另外，我們也應該給予「利益衝突」更嚴謹的認定，例如因為Google成立網路商店而衍生的利益衝突，因為Google一旦成立網路商店，等於和透過Google平台刊登廣告的廠商競爭。

現在幾乎已經可以肯定的是，未來我們必須做得更多，像是對數據的取得及使用進一步的設限。關於此點，我將在下文提出幾個具體可行的構想。

大數據與鎖定顧客

由於ＡＩ和大數據的出現，使企業能夠評估每個人對不同產品的重視程度，乃至願意支付多少價格來取得這些產品，因此企業獲得差別訂價的能力，由此便可以對產品重視程度較高或選擇性較少的顧客收取較高的價格。[17] 差別訂價不僅不公平，還會損害經濟效率，這與標準經濟理論以零差別訂價為出發點完全不同。[18] 換言之，根據標準經濟理論，每個人都支付相同的價格；但有了ＡＩ和大數據，每一個人支付的價格很可能並不相同。

因此，ＡＩ和大數據讓科技公司得以拿走全體社會創造出大部分的價值，進而導致社會上其他成員（一般消費者）變得更貧困。例如，透過大數據，史泰博公司（Staples）知道居住在特定郵政地區的個人住家附近是否有商店販售類似產品，如果特定消費者住家附近不易買到類似產品，它們就會對那些消費者的網路訂單收取較高的價格。[19] 保險公司也知道顧客住在什麼郵政地區，所以一樣能據此進行差別收費；它們根據的不僅是特定郵政地區的意外風險高低，還取決於保險公司在當地的市場操縱力，並在市場操縱力較大的地區收取較高的費用。事實上，在消費性產品與保險的案例中，被收取較高價格的都是弱勢族群聚居的郵政地區，這些事實證明，ＡＩ和大數據已淪為種族差別待遇的新工具。

二十一世紀的數位經濟，使企業鎖定顧客並設法從中謀利的能力得以強化。[20] 企業可以掌握個別民眾的弱點，並伺機掠奪。舉例來說，ＡＩ可以找出具有成癮性格、容易沉溺於賭局的人，並以誘因刺激他去拉斯維加斯或附近的賭場。誠如社會學家圖菲克西（Zeynep Tufekci）所說，ＡＩ有可能利用我們的每一個弱點，例如想得到新鞋、新包包，或到溫暖海灘渡假等欲望，趁機塞一大堆會導致我們失心瘋的資訊給我們，誘使我們胡亂揮霍得來不易的收入，協助非理性的自我徹底擊潰深思熟慮的理性自我。[21]在諾貝爾獎得主塞勒（Richard Thaler）的研究中，也探討許多人因上述兩種自我間相互衝突而引起的內心交戰。新技術會介入這場戰爭，而且是站在非理性自我那邊。很多人擔心大數據和ＡＩ將讓企業得以清晰洞察消費者的內心動態，並進而調整它們的行動，以達利潤最大化的目標。

大數據在許多研究領域具有極高實用性。舉例來說，基因公司取得的數據愈多，就愈有能力藉此分析一個人的ＤＮＡ是否存在特定基因。因此，追求利潤最大化的企業，當然希望盡可能蒐集更多個人數據，而且不願意與他人分享這些數據。一如接下來的故事所示，在這個追求利潤的過程中，生命的折損只被視為另一種附帶損害。

一九九〇年起，國際社會投注極高心力進行人類基因序列解碼工作，這個被稱為「人類基因組計畫」（Human Genome Project）的跨國研究十分成功，二〇〇三年時便已完成解碼。不過幾家民間企業意識到，如果它們能搶在這項計畫之前先幫自家公司完成解碼的基因取得專利，隨之而來的利潤將源源不絕。例如當時位於猶他州的巨數遺傳遺傳公司（Myriad）取得兩項基因專利（BRCA1與BRCA2），並開發一項檢測方法來測試個人是否帶有這些基因。這是一項彌足珍貴的檢測，因為帶有這些基因的女性比較容易罹患乳癌。於是巨數遺傳遺傳公司開始漫天喊價，全基因組定序（whole genome sequencing）要價達兩千五百美元至四千美元。

當然，如此「高貴」的檢測價格已超出多數人的負擔。巨數遺傳公司的這項檢測不僅要價高昂，也和其他所有檢測一樣有缺陷。在此同時，耶魯大學的科學家開發出另一種據稱更精確的檢測技術，而且他們願意以遠低於巨數遺傳公司的價格提供這項服務。做為基因專利的「所有權人」，巨數遺傳公司拒絕讓耶魯大學提供這項檢測服務，原因不僅在於它的利潤將因此流失，更因為它們要掌握檢測相關數據。幸好這個故事有個圓滿的結局：分子病理學協會（Association for Molecular Pathology）控告巨數遺傳公司，主張自然生成的基因不該允許註冊專利。二〇一三年六月十三日，美國最高法院全體一致同意這個訴求，做出一個堪稱劃時代的判例。從那時起，檢測價格明顯下降，檢測品質卻獲得提升，這正是專利有害創新的貼切證據。[22]

為了完成剝削行為，企業必須掌握我們每個人的大量數據，這意味著隱私權的喪失。有些人認為，只有為非作歹的人才需要擔心隱私權喪失，這是錯誤的說法。任何掌握他人大量數據的人，都有能力揭露當中的部分數據。獨裁者們早就深刻體會資訊的力量，也因如此，從東德時代的史塔西（Stasi）到敘利亞的祕密警察組織，才會將完整保存所有政治相關人物檔案列為第一要務。在當時，想完成這項任務，得要建立極為龐大的間諜網路。不過，如今的大數據和資訊科技，讓企業和各國政府得以輕鬆打造遠遠超乎史塔西想像的完整電子檔案，當然，這些工具也讓任何一個威權政府更有能力進化為極權政府。

有些人感到很慶幸，如果掌握大數據的不是政府，而是Google、臉書或亞馬遜之類的民間部門，就不至於有助長極權的疑慮。但我並不這麼樂觀。談到資訊安全的問題，公共與民間之間的界線並不是那麼涇渭分明。透過史諾登（Edward Snowden）所揭露的真相，我們了解到政府早已收集非常龐大的民眾個人數據，而且不管民間企業擁有什麼數據，美國國家安全局（NSA）都可以輕易掌握。[23]另外，從臉書本身利用數據的方式、臉書授權其他公司（如劍橋分析公司〔Cambridge Analytica〕）使用其數據圖利，以及臉書資安措施不足等事實，在在顯示我們不該對大數據議題過於樂觀。

從歐威爾（George Orwell）的反烏托邦小說《一九八四》，到艾格斯（Dave Eggers）近年發表的《揭密風暴》（*The Circle*），兩本書都說明我們對於受「老大哥」（Big Brother）控制的恐懼。然而時至今日，「老大哥」從大數據中所獲取的控制力量已遠遠超出歐威爾的想像。[24]

總之，我們應該對個人隱私的喪失感到憂慮。個人隱私和市場支配力量息息相關。大數據公司深知這一點，但遭到大企業掠奪的人們卻並不那麼明瞭其中的道理。

由大數據產生的這股市場操縱力，有可能被使用甚至濫用到很多方面。一如我們先前提到的，諸如臉書、亞馬遜和Google等能取得大數據的企業，可利用資訊優勢來強化其市場地位，也可將其力量擴大應用到其他領域，從而獲得更大的利益。它們擁有較多數據的巨大優勢，意味競爭者將愈來愈難進入市場，甚至被排斥在外。而經濟理論和歷史都告訴我們，擁有護城河的賣方獨占企業較缺乏創新的誘因。這種企業將投注較多能量來確保市場操縱力的擴展與強化，而不那麼在乎如何提供更優質的服務。[25]

更令人不安的是，臉書竟將它所掌握的數據用於政治操縱目的，不只有俄羅斯利用臉書的數據在美國搞破壞而已。

監理數據及數據的用途

當大數據掌握在少數企業手中，就會引發市場獨占、個人隱私和資訊安全等多方面嚴重的社會後果，所以不能不戒慎恐懼。該如何因應這種狀況？事實上，政府可以制定不同的策略來因應，例如，政府可以指定數據所有權的歸屬，並就數據的使用加以規範。[26]

歐洲已經採取一些初步的措施。[27]當然，科技業巨擘抱怨歐洲官員，純粹是基於「逢美必反」的心態才會採取這些行動。這是錯誤的推斷。歐洲之所以採取這些行動，是因為法律要求它們必須維持競爭的市場，同時也因為歐洲各國對隱私權相關議題有著合理的憂慮。美國在這方面的腳步一直太過緩慢，至少有部分是受限於幾家科技業巨擘的政治影響力。[28]

要抑制市場操縱力遭科技業巨擘的擴張與濫用，我的建議是將個人數據的所有權還諸於民。這代表任何想要使用這些個人數據的企業都必須付出代價才能取得數據，而民眾則可以禁止任何人以剝削的方式使用他們的數據。這也可能意味這些數據的部分價值應歸屬於民眾，而不是完全歸屬那些科技業公司。目前至少已經有一些人試圖以這種方式，讓個人在某種程度上得以控制自己的數據。例如在歐洲，Google使用數據前必須取得個人的明確授權。而自由市場擁護者所支持的解決方案則是：讓個人自行決定。因此，有些網路公司開出條件，若民眾授權它們使用其個人數據，它們就會在收費上提供一點小小的折扣，而多數顧客也都欣然接受這類條件。一家公司的老闆就得意洋洋的告訴我，他的公司只花非常少的代價，就取得對他們非常有價值的數據，而且還利用這些數據賺了非常多錢。

有些人說：隨它去吧！讓個人自由決定是否要讓別人使用他的數據。但我們早就在很多領域干預個人的決策自由。我們禁止個人從事一些只會傷害自己的行為，像是加入老鼠會或是出售器官等。相同的論述也適用於數據，不過個人數據影響的不只是個人，因為當很多個人數據結合在一起，就可能增強企業剝削所有人的能力。事實上，民眾並不盡然真正理解他們的數據會（或可能會）被用在什麼用途，尤其如果那些數據最終落入有心人士手中。一般人不會知道掌握其個人數據的那些公司是否落實足夠的資安作業。由於美國的法律體系一向偏頗，至少訴諸司法的代價可能很高，所以多數人甚至不知道責任法（liability laws）是什麼，也不知道數據被外洩的後果。從艾可飛公司（Equifax）的醜聞中，清楚展現出美國企業部門慣有的欺詐習性。這家公司蒐集了大量個人數據（通常未經當事人許可），並於二〇一七年發生大規模數據外洩事件，導致一億五千萬名美國人的個人數據遭到竊取。該公司不僅未能保護那些數據的安全，事後更企圖透過數據外洩事件來賺錢，迫使想查明個人數據是否外洩的人簽署一份棄權文件。[29]

針對數據的使用而設置的企業監理規定可能有很多不同的形式。軟性的監理規定可能只要求透明揭露，並概要檢核企業對隱私權及安全政策所做的揭露是否精確。較嚴格的監理規定則必須包含較強制性的監督與禁令，用以禁止企業出售數據，或將數據用於特定用途。例如，我們至少可以確保個人知道企業利用他們的數據做了什麼事，這將有助於讓我們意識到個人數據集中後所可能產生的危險性，例如，隨著企業擁有數據量的增加，對個人隱私的侵犯與剝削也將隨之增加。我們可能都曾被要求就其個人數據的使用提供「知情同意書」（informed consent），但問題在於「知情同意」的內容到底是什麼，以及能否確保個人意願確實受到尊重。很多人對個人臉書數據被廣泛使用感到非常震驚，即使是自以為採用高隱私設定的人也不例外。

政府可以採取進一步的行動，例如制定最低個人數據使用費，要求使用這些數據的企業支付給民眾做為補償，甚至可以禁止企業儲存非目前雙方交易所需的個人數據。[30]

另外，我們可以設置一個檢核流程，要求掌握大量個人數據的所有企業，必須向檢核小組揭露它們使用數據的方式。鑑於某些科技業巨擘過去的記錄極度不誠實，對於企業的任何欺詐行為都必須嚴厲懲罰。

當局還可以更進一步採取其他措施：我們可以針對數據的使用或儲存課稅。善用讓企業得以收集、儲存與使用巨量資料的技術，當然也能讓政府較容易對這些使用行為予以課稅。我們可以規定只能以總合（aggregate）形式儲存匿名數據（anonymizing data），這種形式的數據讓研究人員能從中蒐集與個人行為模式有關的資訊，但無法鎖定特定個人。[31]

另外，我們還可以更進一步將數據視為公共財，要求被儲存的所有數據（不管是經處理或未經處理的形式）都應該對每一個人開放，以限縮當前科技業巨擘利用數據優勢，進一步鞏固賣方獨占勢力的能力。不過，這將會引發和隱私權有關的難題，也就是當少數大型科技業公司因控制大數據而得以不斷增強其市場操縱力，如果我們為了打破這些大型科技公司的市場操縱力，允許其他人也得以取用這些數據，就必須打造一個巨大的共同數據池（pool）。不過，更大的共同數據池意味更嚴重的隱私權喪失，以及更多利用這些數據圖利的機會，進入市場者將競相利用這些資訊榨取更多價值，以上述種種方式利用數據來占消費者的便宜。這樣一來，數據遭濫用的情況反而更容易發生。因此幾乎可以確定的是，解決方案中一定要限制數據的使用與整合。

新技術對民主政治的威脅

新技術除了對美國的經濟體系與隱私權造成潛在威脅，更令人擔憂的是新技術對美國民主政治的潛在威脅。新技術就像雙面刃。擁護新技術的人不斷強調它的優點，例如創造更大的公共空間，讓每個人的聲音都可以被聽見。不過，我們也見到新技術更兇惡的一面，例如俄羅斯反覆利用這些新技術來干預民主選舉，意圖似乎是為了破壞民眾對西方民主政治的信心。新技術有可能被拿來操弄，目的不僅是為了提高利潤，也為了宣揚特定的觀點，並讓人彼此產生猜疑。愈有錢的人，愈有能力輕易藉由新技術達到以上目的，從劍橋分析公司的出資者莫瑟（Robert Mercer）家族意圖藉由祕密顛覆手段操縱二〇一六年選舉的作為，便足以見識到新技術可能帶來的隱憂：新技術開啟一條讓權勢者變得更有權勢的「康莊大道」。

針對這些問題，社會各界已經提出非常多改革方案，但似乎沒有一個方案足以完成這項艱鉅的任務。某些方案要求各個平台必須承擔起更大的責任，例如德國已針對傳播仇恨言論採取強硬的立場，就該國的歷史脈絡而言，這樣的舉措或許不足為奇。以某些個案來說，只要採用延遲的手段（減緩網路速度，降低假資訊的病毒式散播或成為趨勢的機會）就可能產生成效。在此同時，可以啟動事實查核流程（fact- checking processes），將被重複發送的項目標記為已查核或未查核，可能也有幫助。

要求社群媒體如實揭露付費廣告的來源，應該也能有所助益。很多付費廣告是以真實新聞的姿態在社群媒體上傳播，但實際上並非真實的新聞，因此這麼做應該能阻斷以干擾美國選舉為目的、由外國資助的廣告。即使這類規定會導致臉書與推特（Twitter）損失一些利潤，卻是絕對不能偏廢的規定。先前為防止銀行業者成為恐怖主義或洗錢相關的管道，我們已要求銀行業者必須「了解你的顧客」（know your customer）；同樣的，我們也應對臉書、推特等社群媒體平台實施類似的規定。若能適當強制執行，光是這項政策變革，就有可能在相當程度上有效阻止俄羅斯干預美國的選舉及其他國家的選舉。

社群媒體平台其實就像是出版商；它們不僅傳播新聞，也支援廣告刊登。新聞報紙必須為它們的出版內容負責，但如今科技業巨擘卻利用它們的政治影響力來逃避承擔相同的責任。[32]如果這些科技業巨擘也必須承擔類似的責任，它們就會更留意透過其平台傳播的資訊、投資更多資金在篩選作業上，而我們也才能擁有較安全且較誠實的網際網路。[33]

我們也可以試著培養更能識別資訊真偽的消費者。有些國家（如義大利）正推廣公共媒體識讀教育（包括社群媒體相關的教育），讓個人更懂得看穿那些看似言之鑿鑿，卻實為公然捏造的言論。[34]

舉例來說，受到公共資源支持的媒體，也可以主動將某些不法意圖公諸於世，例如俄羅斯干預美國政治的意圖。在過去，或許是因為沒有人察覺到俄羅斯的意圖，它才能一直有效達到干預目的。誠如先前提到的，要確保集體行動的有效性，最重要的莫過於確保集體決策流程的健全與完善，以及確保做為理性集體決策依據的資訊健全性。這是一種公共財，需要公共的支持。很多國家（如瑞典與英國）擁有積極、獨立、公共支持且贏得民眾信賴的媒體；儘管如此，目前很多右派人士卻想裁撤這些媒體。或許是因為他們害怕真相，也可能是因為他們更偏好被富人控制的媒體（例如梅鐸〔Murdoch〕和他的福斯新聞網），因為富人比較可能和右派人士站在同一陣線。這些作為都應該加以阻止；沒有實質獨立且擁有充足財源的公共媒體的國家，都應該研究設置這些機構的可行性。

遺憾的是，那些意圖利用新技術來操縱市場及社會的人，已深深洞悉美國監理框架的局限，並努力利用所有缺口來圖利。這是一場戰爭，然而在這個緊要關頭，打算破壞民主政治的人似乎即將勝出。

危害者之所以可能勝出，相當程度上是肇因於我們為了保護言論自由而作繭自縛。一貫秉持言論自由原則的美國最高法院，在一九一九年的「申克訴美國案」（*Schenck v. United States*）就曾用「不能在擁擠的劇院裡大喊失火」的比喻，來表達言論自由仍需規範。在這場為大眾爭取「知的權利」而發動的戰爭中，為了阻斷有心人利用假新聞削弱美國民主政治，為了避免假新聞所造成的侵蝕性影響，上述幾項對策都只能算小小的妥協。我們必須採取更進一步的行動。

最終來說，市場操縱力和諸如臉書等平台遭濫用的可能性，可能會對社會福祉造成過大的傷害。當年隨著標準石油公司的規模變得過大、過於強勢，美國政府斷然介入，將它分拆成幾家企業。不過，那個個案並未牽涉到顯著的規模經濟，所以，將它拆成幾不同企業的經濟代價有限。然而，臉書可能屬於先前提到的自然賣方獨占企業，[35]所以當局可能難以分拆這家企業，也可能很難落實對它的監理業務。此外，將臉書拆成不同企業，可能會讓監理工作變得更加困難。所以，我認為除了宣布臉書成為公用事業（因此必須接受嚴密的公共監督）以外，已經沒有其他的替代方案。[36]

批評者可能會擔心，這類對策會對創新造成衝擊。不過，我相信我們能在實施強悍監理規定的同時，提供有利於創新的良好誘因。在此同時，我們也需要釐清一個問題：我們真的有必要花那麼多心思關注監理規定及其他對策可能對創新造成的潛在負面影響嗎？誠如我先前提到的，這些創新所代表的整體社會價值，可能遠比美國矽谷創業家對外宣稱的價值低很多。更嚴密的公共監督（或甚至收歸公有）或許能讓我們用較具建設性的方式來改變創新的方向。就企業的立場來說，找出用廣告鎖定消費者或榨取更多的消費者剩餘可能還更為重要，因為那可能是利潤的重要來源之一。不過，這是社會報酬與私部門報酬彼此矛盾的另一個例子。事實上，差別訂價及其他各種消費者剝削行為的社會整體報酬是負數。[37]

我相信，為了防止隱私權喪失、政治操縱與市場剝削行為，美國及其他具備民主政治傳統的國家都必須採取強勢的司法及立法監督行動來馴服社群媒體，並由整個公民社會以公開且透明的方式來參與這個監督行動。這麼做應該能有顯著的成效，即使是那些機構力量較弱且民主政治立場較不堅定的國家（一般擔心這類國家較可能發生相關的濫用情事），應該也能收到成效。此外，我們可以開發一種能繼續維繫重要創新的有效監理機制。[38]這些都是攸關我們的未來、攸關民主政治和社會存亡的重要事項。

AI世代的全球化

世界各國在隱私權和資安觀點上的差異，可能成為未來全球化的最大阻礙。有些人已經暗示我們正邁向一個分裂網（splinternet），中國、美國和歐洲分別朝不同的法律框架前進。[39]如果AI和大數據真的像某些人宣稱的那麼重要，那麼，對隱私權漠不關心的中國極有可能將在相關領域掌握巨大優勢。屆時美國企業將主張，由於中國對隱私權漠不關心，所以中國企業可以得到比美國企業更多的幫助，因此美國企業需要某種形式的保護。但歐洲企業可能也會基於相同的理由，要求當局提供某種防止美國企業對它們造成傷害的保護，因為美國的隱私權和資安法規較歐洲鬆散。

在美國科技業巨擘的影響力作祟之下，美國可能要求每一個國家遵從美國的標準，並要求歐洲撤銷它為保護隱私權而設計的監理規定（事實上在川普執政後，美國就開始提出這個要求）。[40]然而，這是極為偏狹的觀點，歐洲人有充分理由對隱私權憂心忡忡。不管美國的要求是來自美國公民普遍的期待，或是來自大型科技企業對美國金錢政治的影響力，歐洲都沒有理由任由美國政府予取予求。我們（理當）不可能接受未來將朝中國的方向前進，因為我對「老大哥」型的政府戒慎恐懼。因此，加入歐洲的行列，並採行較強勢的隱私權保護，將是比較好的選擇。而且如果必要，應該找方法來抵消其他能自由存取大數據的人所得到的優勢。[41]

結論

在本章中，我們討論到新技術的問世，為何將導致前幾章討論的問題更加惡化，尤其是與就業機會、工資、不平等及市場力量相關的問題，此外，新技術也會引發包括隱私權及資安相關的問題。雖然「解決方案」迄今不明，但我們至少十分清楚：不能放手讓市場自行處理這些問題。

先前幾章討論過市場經濟體系（美國式資本主義體系）正對我們的未來發展產生什麼影響。市場經濟導致很多人變得較自私、較沒有道德。而某些新技術最令人煩惱之處，也在於這些技術正一步步改變個人和社會的本質。

愈來愈多證據顯示，新技術正透過多重方式影響著個人以及人際的互動：當人們的注意力持續時間（Attention spans）愈來愈短，也就較不可能解決困難與複雜的問題；當人際互動愈來愈少，人們會傾向只跟自己較類似的人互動。正因如此，我們的社會將會變得更兩極化，每個人都只活在自己的同溫層。在這樣一個世界，人與人之間將愈來愈難找到共同點，因此也愈來愈難實現社會合作。網路世界讓罷凌的空間變大，暴露出人性最醜惡的一面，而且是發生在沒有社會修正機制（social correction mechanisms）的私下空間。所以，儘管表面上看來，新科技讓我們與其他人的關係更為密切，但實際上社會互動的深度與品質卻急轉直下。

現在連科技圈人士也開始擔憂。沒有人知道這將會帶領我們到達什麼樣的境地。不過，未來的景象其實已經非常清晰：美國將分裂為壁壘分明的交戰陣營，各個陣營各自透過截然不同的視角看待這個世界，甚至會為了一些「另類事實」（alternative facts）的真實性爭辯不休，最終導致政府愈來愈難以建構出政策共識，透過政治來解決紛爭也將愈來愈窒礙難行。[42]

本書的核心主題是：我們可以不用淪落到上述任何一種境地，至少無須淪落到目前的窘境。技術的升級應該是上天賜予的一種祝福，應該更能確保人人都能取得合宜生活的基本所需。不過，除非我們採取堅定的集體行動，否則這些技術升級極有可能導致大多數人陷入悲慘的境地。下一章將詳細說明為何大家應該團結一致採取行動。光靠市場或個人的力量，並無法解決這些問題。

第七章　為何需要政府出面？

人類在很久以前就已經清楚認識到，與他人共同合作所能辦到的事，遠比超過個人獨自行動還多。最早體認到大規模「集體行動」的必要性或許是在遠古時代的農業社會，灌溉系統是農業賴以維繫的基礎，所有人都能受惠於溝渠的興建與維護，這必須透過集體的力量才能完成。此外，由於水資源有限，還須設定公平分配灌溉用水的規定，當然這也端賴集體之力才能完成。在其他地區，防禦需求也是促成早期集體行動的要素，大家團結一致抵禦外侮所形成的保護力，絕對大於個人的力量。

從美國憲法序言便可看見，在這個國家獨立之初，公民就已深知集體行動的必要性：

我們，美利堅合眾國的人民，為了組織一個更完善的聯邦，樹立正義，保障國內的安寧，建立共同的國防，增進全民福利，以及確保我們及後代能安享自由帶來的幸福，乃為美利堅合眾國制定和確立這一部憲法。

這些都是需要共同合作才能完成的事務。聚集眾人之力能帶來彼此共同的利益，然而要實現這個目標，不能只寄望人民彼此自願的合作，還要透過政府及其被賦予的力量。要促進社會福祉，無法像自由主義者夢想的那樣寄望於追求自身利益的農民和商人，還要透過擁有明確但權力有限的強大政府才能實現。

我們對集體行動的需求，有時似乎會牴觸美國人所信奉的個人主義（individualism）。因為這個信念主張：我們（或至少我們當中最有成就的人）是靠自己的力量打拚而成功，而且如果不受政府的拘束，我們甚至會更成功。這樣的信念基本上是毫無事實根據的神話。從字面上看，世界上根本沒有人是「靠自己的力量打拚」，生物過程（biological process）根本不允許這種情況發生。即使是最了不起的天才，都深知自己的成果是建立在眾多他人的貢獻之上。[1]請你試著問問自己：如果出生在巴布亞新幾內亞或剛果的偏遠鄉村，如今會有什麼成就？只要認真面對這個問題，有誰還能不謙卑。美國的每一家企業都受益於法律規定、基礎建設，以及幾個世紀以來陸續開創的技術。如果沒有半世紀以來政府出資的基礎研究成果，如果沒有隨之發展出的眾多技術發明，即使是賈伯斯也不可能打造出 iPhone。

因此，要實現一個功能運作良好的社會，有賴「個人行動」和「集體行動」間達到某種平衡。蘇聯和中國在爆發共產革命後的幾十年間，個人行動和集體行動之間極端失衡。而今我們要憂慮的是，美國正逐漸邁向另一種極端失衡。

在本章中，我想探討集體行動的必要性及局限性。我們在前幾章看見全球化及金融化過程出了什麼錯，導致企業操縱力愈來愈強、勞工力量愈來愈微弱。我們也了解到，這樣的後果已導致經濟成長趨緩、不平等的程度惡化，及大多數人實際生活水準的下降。另外，我們也見到技術的升級如何使情況變得雪上加霜。但我們主張這一切並非不可避免。我們當初應該以不同的方式來管理這些變化，如果及早選擇正確的管理方式，現在的社會上就理當有較多贏家、較少輸家；相反的，若我們放手不管，市場會根據遊戲規則賦予的誘因運作，做遊戲規則允許他們做的任何事。所以，我們需要的是一組不同的遊戲規則，我們需要採取集體行動來改革市場經濟體系。

先前各章中，已分別針對各問題提供具體建議，本章則是要提出一系列原則來將這些建議結合在一起，這些原則應該能引導我們深入理解集體行動的作用。藉此讓我們領悟：在美國這個不斷演進的經濟體系之下，我們愈來愈需要政府發揮功能。

採取集體行動的必要性

過去半個世紀以來，經濟學家已愈來愈了解在哪些情境下，必須採取某種型態的集體行動才能確保達成社會目標；也愈來愈明白在哪些情境下，市場未能創造有效率或公平的結果。[2]舉例來說，本書反覆強調社會報酬與私部門報酬之間普遍失調的現象，在缺乏法規約束的情況下，個人將不考慮他們製造汙染所帶來的成本。所以若放任市場自行運作，完全不去監管，那麼市場將會產出太多的汙染、不平等與失業問題，但目前針對這點的基礎研究仍然太少。

某些事能讓所有民眾受惠，稱為「公共財」，[3]所以必須免費提供給社會大眾。如果我們仰賴民間免費提供某項公共財，一定會發生供給不足的狀況，因為民眾或企業只會考量自身獲取的利益，而非更廣大的社會利益。[4]

公共財的例子還有很多，除了最顯而易見的國防之外，正如同農業社會的整個經濟體系都受惠於優質的灌溉系統，我們每個人也都受惠於高品質的道路、機場、電力、自來水和公共衛生等基礎建設。知識的進展也是公共財。我已經在第一章強調知識的進展將如何帶動生活水準普遍提升。我們都受惠於電晶體及雷射技術之類的創新，如此這類的基礎研究必須由政府出資支持。

而最重要的公共財是有效率且公平的政府，這項公共財能讓所有人普遍受益。[5]要政府實現效率與公平，從事公共利益事務的個人與機構，例如獨立的媒體與智庫，就需要獲得公眾支持。

社會中仍有許多領域的市場未能做好它們該做的事，需要透過集體行動來改善這些領域的福祉。我們之所以需要各式各樣的社會保險計畫（從退休年金、老年醫療照護到失業保險等），是因為退休生活、老年醫療與面臨失業等都屬於重大風險，這種風險有可能對個人福祉造成衝擊；然而在政府出面以前，市場不是沒能對這些風險提供保險，就是針對這些風險的保險業務收取極高的費用，而且相關的交易成本也非常高。[6]

有活力的經濟體系總是在不斷改變，而市場無法靠著自身力量來善加管理這些改變。目前美國正從一個製造型經濟，轉為全球化、都會化的服務及創新導向經濟，在人口統計上也出現極大變化。

要協同一個龐大且複雜的經濟體系自然不是件容易的事。在積極管理總體經濟的政府政策出現以前，各國都不時經歷漫長的失業潮。凱因斯式的政策讓經濟衰退期縮短，擴張期延長。如今每一個大國都設有一家由政府經營的中央銀行，而且多數國家都嚴肅看待「穩定經濟體系是政府的任務」的見解。

即使自由市場運作既有效率又很穩定，但結果往往令社會大眾無法接受，因為太多人處於飢餓邊緣、太多的國家財富流入少數族群手中。政府的根本角色應該是要確保人人有機會，並堅定的維護社會正義。若放任資本市場產生缺陷，那些不幸出生在貧窮家庭的人，光靠自己或家庭擁有的資源，根本不可能充分發揮潛能，這是不公平且沒有效率的。

面對上述狀況，毫無疑問的，政府有必要負起責任。然而，政府如何維持這些活動井然有序，則是更為複雜的問題。在某些領域上，事實證明政府的效率遠高於民間部門，例如透過社會安全制度提供年金，或透過聯邦醫療保險（Medicare）提供醫療保障等。[7]另外，在某些案例中也證明「公私夥伴關係」（public–private partnerships）是提供服務的有效方式。例如在提供公共建設方面，民間部門投入資本在公有土地上興建道路，並經營那條道路一段時間後（例如三十年），最後再移轉給公部門。只可惜，這類夥伴關係經常演變成政府必須承擔下方風險（downside risks），而民間部門賺飽後拍拍屁股走人。當一家企業得標價格過低時，就會直接棄標；而當得標價格高於成本時，就能獲得利潤。總之，這門生意對企業來說穩贏不賠。[8]

從這些例子歸納出的原則是：我們的政府應抱持開放的態度，採納所有能有效安排生產活動與勞務提供的方式，並留意不要被意識型態左右。不管是在美國或任何地方，意識型態都無濟於事，以幾近迷信的態度堅信民間企業做什麼都一定比政府來得好，是個錯誤且極為危險的信念。[9]

訂立監理規定與遊戲規則

在許多領域中，將生產活動留給民間部門是最佳的選擇，但這並不代表該放任民間部門為所欲為，而應該進行適度監理。我們必須了解為何需要監理規定、何時需要監理規定，以及如何有效管理監理流程。另外，我們也必須了解為何在許多領域，目前真正的問題不是過度監理，而是監理不足。

一個相互依存的社會一定要有監理規定。[10]原因很簡單，當一個人的所作所為影響到他人，若沒有監理規定，就沒有人會把對別人的影響當一回事。[11]一家製造汙染的企業會導致每一個呼吸空氣的人變得短命，且使罹患肺疾的風險上升。單一企業的汙染影響範圍確實有限，但當上百萬家企業都這樣做，汙染就變得非常嚴重，後果更不堪設想。顯然，一家缺乏道德意識且以謀利為目標的企業，一定不願意把錢花在降低汙染所需的用途。

摩西「十誡」是為了確保早期社會成員和平共處而設計的監理規定。紅綠燈則是一種讓不同方向的交通工具，依序前進的簡單監理機制。只要造訪任何一個開發中國家的主要城市，看看沒有紅綠燈的交通會變得多麼混亂，就能深刻體會監理規定的好處。

維持現代社會正常運作的監理規定顯然比上述案例複雜很多。銀行深知透過掠奪性放款及輕率放款來占人便宜的方法。大型銀行業者之所以敢從事高風險行為，是因為他們深知自己「大到不能倒」，即使陷入困境也能獲得政府的援助。二〇〇八年的紓困案，正是政府被迫紓困大型銀行的最新案例，未來的類似狀況難保會再次發生，所以我們理所當然應該限制銀行的相關行為。

然而，銀行業者卻要求政府放鬆管制，希望廢除那些禁止利用他人弱點圖利，或是限制過高風險行為的監理法規。在此同時，在銀行業者的強力訴求下，順利促成對它們有利的法律，像是一旦銀行破產，在支付勞工或其他人的欠款前，先清償它們的衍生性金融商品（也就是在二〇〇八年拖垮經濟的高風險商品）。經由這些作為，銀行業者達到真正的目的，那就是讓銀行享有充滿特權的法律與監理規定。在二〇〇八年金融危機與其他危機，銀行也藉由吵鬧的方式爭取到政府的紓困。

銀行不遺餘力推動的放鬆管制，為的是建構一個有利於大型銀行的監理結構。但政府真正應該做的事是思考我們需要採取哪一些監理規定，而不是放鬆管制。世界上沒有任何一個國家，能在沒有法律和監理規定的狀態下維持正常運作。銀行業者只想享受權利，卻不願承擔責任；只想要獲取能自由剝削他人並從事不節制高風險行為的監理規定與政策，卻不願承受自身不當行為所造成的後果。

一個人的「自由」，有可能成為另一個人的「不自由」。一個人「製造汙染」的權利，會和另一個人「不死於汙染」的權利互相牴觸。金融市場自由化僅賦予銀行業者剝削他人的權利，還賦予他們掠奪全民財產的權利，因為金融自由化所造成的危機，迫使各國拿出約一兆美元來為銀行業買單。

每一個社會都曾從痛苦中獲得體悟，體悟到原來有些人不是透過發明更好的產品、對社會做出更多貢獻來致富，而是透過利用市場操縱及市場資訊的不完全，剝削那些脆弱、貧窮或教育程度較低的人來致富。舉一個經典的案例，過去肉品加工業者經常用腐敗肉做成的香腸或罐頭賣給消費者，藉此占消費者便宜，直到辛克萊（Upton Sinclair）在一九〇六年發表的《魔鬼的叢林》（*The Jungle*）揭露這些惡行後，情況才終於改觀。這本書引發眾怒，並要求政府監理肉品加工業，以恢復一般人對肉品的信心。再舉另一個例子，所有人都知道，一個父親或母親為了讓孩子免於飢餓或取得孩子必須服用的藥品，會願意做出任何事，甚至不惜去借高利貸。所以才會有那麼多國家設置禁止高利貸行為的法律，也有那麼多宗教訂下禁止高利貸行為的戒律，而一個具人道精神的富裕社會也會盡其所能預防民眾落入高利貸業者的陷阱。更廣泛來說，當市場上議價能力過度不對稱時，政府就應該加以關注，並做適當處理。

批評監理規定的人辯稱，我們的法律制度就足以嚇阻那類剝削行徑，像馬多夫（Bernie Madoff）被定罪的案例就能以儆效尤。然而事實並非如此，一如馬多夫案告訴我們的，剝削行為所造成的損害可能永遠無法修復。與其為了收拾殘局而疲於奔命，不如防患未然，我們需要透過監理規定從源頭加以制止。同樣的，我們也需要監理規定來防範社會中的掠奪行為，例如：營利型大學利用個人力爭上游的進取心來圖利，卻未提供有價值的教學成果；或者是銀行在金融危機爆發前，在不動產抵押貸款市場上常見的掠奪性放款，以及如今常見的發薪日放款（payday lending）等。

總之，我們需要監理規定來讓市場維持應有的運作方式，讓市場維持公平競爭，交易各方都掌握充分資訊，沒有任何一方試圖利用另一方的弱點進行圖利。如果一般人不相信市場將受到合理的良性監理，市場甚至可能會徹底消失。想想看，如果股票只是騙術，沒有任何價值可言，還有誰會願意買股票？

監理流程

要設計一個優質又有效率的監理體系的確相當困難，但美國在結合專業知識與制衡制度方面的表現卻極為出色。

我們希望盡可能避免監理流程的政治化，所以國會設定監理規定的宗旨與目標後，便將細部規劃交由負責機關獨立進行，這些機關進而公正落實國會的意向（至少理論上如此）。我們甚至另外設置監理規定，以確保各項監理規定公平有效的制定與執行。舉例來說，對於所有重要的監理法規，我們的制度要求應進行成本效益分析，衡量相關規定可能帶來的利益及造成的成本。經過衡量，利益通常是成本的好幾倍。監理規定必須「公告並接受評論」，經由這個公開透明的流程，對這些規定有疑慮的人便能提出反對意見，提供改善與修訂建議。（當然，特殊利益團體的影響力遠高於一般大眾，才會導致我們的監理框架變得較偏袒商業界，偏離原本的理想。）[12] 接著，負責機關必須對外界評論做出回應，最終再發布確定版的監理規定。不滿意確定版監理規定的人，還可以透過法院對這些規定提出質疑，主張與國會所設定的目標不一致、抵觸其他法律或政府規定，或者發布程序有瑕疵等。

總之，我們已針對監理流程實施非常嚴謹的民主防護措施，但這並不代表每一條規定都百分之百完美。通常我們無法完全掌握未來演變的方向，所以這個世界的最終發展多半與我們的期待不盡相同。隨著世界改變，有時原本合理的規定也可能突然變得不再合理。[13]不過，畢竟所有的人類機構都難免有缺陷，美國在建構有效框架方面的表現已經很值得稱許。[14]

重建監理規定與監理原則

持平來說，現今的美國經濟體系需要更多監理規定，至少在許多重要領域確實有此需求。面對經濟型態的快速變遷，監理規定自然也得跟上變遷的腳步。舉例來說，二十年前，我們並不了解碳排放所造成的危害；如今我們已了解相關的危害，所以需要訂定監理規定來避免情況惡化。二十年前，肥胖問題也不像當今那麼嚴重，但如今生活中充斥著為了使人上癮而設計的甜食，所以需要訂定監理規定來保護我們的孩童。二十年前，我們沒有製藥業所導致的鴉片類藥物危機。二十年前，我們並沒有一連串剝削學生的營利型教育機構，也沒有專為這些機構提供的政府貸款。[15]

有關「網路中立性」的衝突就是一個很好的例子，凸顯出監理規定的重要性，以及企業利害關係人為了自身利益而操縱監理體系等問題。

網路中立性主張，網際網路的控制者（美國三大網路服務供應商為Comcast、Charter及AT&T，這實在稱不上是一個競爭市場）必須平等對待所有想要使用網路的人，尤其不應該在網路速度上占顧客便宜。[16]二〇一五年，聯邦通訊委員會（FCC）發布「公開網際網路命令」（Open Internet Order），網路中立性遂成美國國內的法律，這項命令實質上讓網路服務供應商必須接受等同於公共事業的監理，來防止用戶遭受差別待遇（因此才會有「網路中立性」的名稱）。不過，短短兩年後，川普任命的聯邦通訊委員會主席竟在二〇一七年十二月撤銷「公開網際網路命令」。目前網路服務供應商能自由調節對不同網路事業的網路速度，不再受到任何法律限制。[17]

「網路中立性之死」是最近才發生的事，所以很難說最後的結局將是如何。不過，許多將網路視為公共事業的消費者和經濟學家都對一個問題深感憂慮：根據叢林法則，強壯有力者終將勝出。大型企業有能力和網路服務供應商議定較有利的交易條件，而網路服務供應商也會為自家旗下的公司提供這項優勢。這些供應商可以利用目前掌控網路供應產業的市場力量，進一步支配網路內容產業（例如娛樂內容）。

串流影片產業是個很好的例子，說明網路中立性之死將可能傷害市場競爭，即使是看似強大的大企業也很難免受到衝擊。網飛公司（Netflix）是高度數據密集企業，它的魅力在於提供顧客即時且無延遲的影片觀賞體驗，所以必須快速將大量數據傳送到顧客家中。如果有一家網路服務供應商打算跨足串流影片產業競爭，就有可能減縮網飛公司可取用的頻寬，以便圖利自已經營的影片串流服務。在缺乏網路中立性的情況下，這家擁有賣方獨占地位的網路服務供應商有能力吸走企業用戶大部分利潤，例如要求網飛公司支付高額使用費來取得較高傳輸速度。除非網飛公司讓步（乖乖支付「贖金」），否則即使在使頻寬流量充足的情況下，網路服務供應商仍可以隨機降網路服務速度。

貶低網路中立性的人總是宣稱市場會自行找到解決方案，他們主張：如果消費者對觀賞體驗不滿意，自然會轉而選用另一家能提供穩定頻寬的網路服務供應商。不過事實上，美國只有三家大型全國性網路服務供應商，顧客的選擇實在有限；更何況在美國很多地區，消費者的選擇只有一個。[18]就長期而言，或許未來還會有提供可靠網路服務的新進者加入，但誠如凱因斯所言：「長期而言，我們都死了。」網飛公司可能根本等不到那天。現有網路服務供應商掌握的巨大市場力量，阻礙整個產業的創新。最後的結果就是更多的不平等、更少的創新，以及更遲緩的成長。[19]

政府失靈

我們已經說明集體行動的必要性，不過那並不意味我們能夠輕易促成集體行動，也不代表集體行動每次都會成功。集體行動有很多不同的形式，可能發生在不同的社會層面。很多非政府組織與慈善團體都努力提供公共財。例如美國的哈佛與哥倫比亞等非營利大學主要受自願捐款的支持，是美國最成功的組織之一，它們創造知識，並且將知識傳授給我們的後代子孫。然而，就集體行動而言，最重要的機構還是政府。[20]不過難就難在：政府被賦予改善社會福祉的權力，卻有可能被某些團體或個人用來促進自身利益，同時犧牲他人的利益。相對於「市場失靈」的概念，這個現象有時被稱為「政府失靈」（government failure）。批判政府行動的人宣稱，想要透過政府來改善「市場失靈」問題，這樣的作法無異是提油救火，畢竟「政府失靈」本身就是個無處不在的問題。但誠如本書的主張，如果沒有政府參與，我們根本就無計可施。

我們不可能走回頭路，回到叢林時代。所以，我們必須允許政府採取行動。問題只在於：如何做才最能確保政府的行動能確實照顧到社會整體利益。未來最成功的國家是能成功解答這個問題、並擁有強大且高效率政府的國家。舉例來說，東亞國家能在短短幾十年內從貧窮開發中國家大幅轉型為強大新興市場，它們的政府都在經濟發展過程中發揮核心作用。[21]相似的，在美國的歷史上，政府也一向在經濟發展過程中扮演核心的角色。[22]

透過研究過去政府介入市場的成敗經驗，經濟學家已經更了解如何防範政府失靈。政府失靈往往與「俘虜」（capture）現象有關，也就是民間企業和有錢人利用資金和影響力迫使原應扮演監督角色的政府轉而促進其利益。我們必須持續關注這個問題，並建立適當法規與機制來減少問題的發生。

美國的開國元勳們也體察到，具批判性與獨立性的媒體是健全民主政治的必要元素。而成功的民主政治另一個必要的特質是：透明度。

許多批判我在本書提出的諸多觀點的人，抱持著一種不合理的信念，他們完全否定政府功能，並百分之百相信市場的神奇力量。稍早之前我曾提到市場基本教義派（有時也稱為新自由主義〔neoliberalism〕）的觀點：放任市場自行運作且不加以束縛，市場將維持效率且穩定的運作，所以只要政府放手不管，市場就會盡情發揮奇蹟，並促使經濟成長，最終每個人都將受惠（稱為「下滲式經濟學」）。我已在先前幾章點出，光是二〇〇八年的金融危機、偶發性的高失業水準，以及大規模不平等的問題，就足以證明這種觀點具有明顯缺陷。若非有政府大手筆強力干預，上述問題可能會比實際情況嚴重很多。

就最基本的層次來說，市場的結構必須根據法律與監理規則來打造，而這麼做至少能防止有人利用他人的弱點圖利，或將成本轉嫁到他人身上（例如透過汙染）。而這些法律與監理規定必須經由公開、公正與公眾參與的方式來制定。

另外，還有很多事務是單憑市場機制無法完成的，從環境保護，到投資足夠資源到教育、研究或基礎建設，乃至針對重大社會風險提供保險等。

和政府功能有關的長期辯論

二十一世紀美國的現實政治（real politik）是，有意保護美國民眾生活水準以及我在本書闡述價值觀的人，將必須說服其他美國人相信，我們可以選擇一條更符合大家利益與價值觀的替代政策。這個替代政策比美國目前所採行的路線更好，優於川普的本土主義與保護主義，或雷根四十年前用以帶領美國前進的「市場基本主義」。遺憾的是，不時被有心人士刻意炒作的墮胎與同性戀議題，經常阻礙我們解決基本的經濟問題，讓我們無法聚焦討論：如何在平等的前提下獲致經濟成長？[23]

阻礙民眾接受我提出的想法的主要阻力之一是：民眾普遍對政府缺乏信任。即使集體行動符合期待，但在右派人士鼓動下，人民普遍無法信任政府。

但是唯有當人們相信美國的政治制度是公平的，並相信政治領袖並非一味貪求私利之人，民眾才有可能真的信任政府。政治領袖的偽善與言行不一，無疑是摧毀民眾對政府信任最大的力量。早在川普之前，我們的菁英份子與政治領袖（包括兩黨政治領袖）就已奠定不信任的基礎，因為他們推行的政策似乎都只對他們自己有利。以一九八〇年代至一九九〇年代推行的政策來說，真正的贏家顯然是社會上的菁英份子，即使他們號稱全民都將受益於這些政策，但誰都知道那是胡扯，這些政策都是以追求私利為目的。

二〇〇八年大衰退期間實施的政策也一樣，同一群菁英份子又靠著這類政策拯救自己。就在數百萬人失去家園，數千萬人失業之際，銀行從業人員卻保住他們的紅利與就業機會。[24]這當中出了嚴重差錯，明顯是人謀不臧的問題。儘管如此，即使幾乎每天都有銀行與銀行從業人員的新罪行遭到揭露，卻沒有一個人被要求負責。即使過去這些行為不算非法，我們也理當應該把它們納為非法行為，以防止在未來再次發生。但政府只挑選少數幾個「示範」個案來開刀，像是在美國設點的一家小型中國銀行，或是在某銀行工作的中階銀行從業人員等。但銀行的實際領導者，也就是那些幫銀行成功賺進數十億或數百億美元而獲得優渥薪酬的人，似乎絲毫不受影響。他們宣稱銀行業的利潤應歸功於他們，但不接受外界將銀行業的失敗算到他們頭上。[25]

我們打造所得、財富與權力不平等的體系，現在連司法看起來都同樣的不平等，難怪美國人會如此憤怒，更加難以信任政府。不過，這股怒氣不必然要以那樣的形式來表達。原本這股怒氣應該發在導致中產階級陷入困境的人身上，也就是那些倡議自由放任的全球化與金融化、反對實施累進稅制（progressive taxes）與移轉計畫（transfer programs），並反對協助在全球化或金融化中受創勞工的人。[26]

只是為何那一股怒氣會以當時的形式呈現，轉而攻擊和民眾利益較一致（儘管不是完全一致）的人？這個疑問勢必將成為未來幾年爭論不休的問題。答案或許是因為「柯林頓」、「歐巴馬」之類的民主黨人看起來最偽善，至少共和黨人不會假裝他們關懷一般勞工。答案也可能只是運氣不好使然：一位精於蠱惑人心煽動者降臨世間，捏造一個「開明」菁英份子背叛美國民眾的故事，並借此策動對共和黨的惡意併購。然而實際上，這也稱不上是惡意併購，因為絕大多數的共和黨人為了達到為有錢人與大型企業減稅，以及放鬆管制的目的，都認同川普偏執狂、厭女症、本土主義及保護主義的立場，甚至一反常態的願意在承平時期接受空前高水位的非衰退型預算赤字。在這些共和黨人和魔鬼討價還價的過程中，他們的價值觀與優先考量不言可喻。

一個想法是如何廣泛的傳播，又是如何在特定時空背景下成為主流，長久以來始終是個謎。在特定的先決條件下，的確會有較高的機會出現相應的結果，但沒有什麼結果是必然會發生的。德國並非必然得經歷希特勒時代的惡夢，在許多時間點，商業菁英確實有機會站出來反對他。我們無法斷言，如果當年商業菁英真的挺身而出，會讓事情有什麼變化？但至少仍有機會改變歷史的軌跡。不知道半個世紀後，是否也會有某個人就當今美國商業界的冷漠無為，寫出和我相同的評論？

我們愈來愈迫切需要政府

我們所身處的二十一世紀經濟體系，已經明顯與二十世紀不同，當然與亞當斯密筆下那個尚在萌芽階段的美國更不同。這些變化，使得當前政府更迫切需要承擔起遠比過去政府更重大的責任。接下來，我將說明經濟體系已發生的六種變化，每一種變化都需要更多的集體行動來因應。

一、**創新經濟體系：**知識的生產與鋼鐵或其他一般商品不同，市場本身並不會充分投資基礎研究。然而，基礎研究是所有進展的泉源，因此政府必須承擔支持基礎研究的核心責任，至少在提供財源方面。

二、**都會經濟體系：**隨著美國從工業化進入後工業世代，我們已經邁入都會化的生活。大型都會為我們帶來顯著好處，但在管理上更加困難。由於人與人之間的距離非常近，每個人的所作所為都可能對他人產生很大的影響。若沒有交通規則，就會發生壅塞與數不清的交通事故；若沒有環境與醫療監理法規，都市就不再是令人愉悅的居住地，壽命縮短、流行疾病猖獗，噪音汙染也會讓生活變得更不快樂。新興市場「非計畫性形成」的都市，讓我們看見缺乏分區規劃的都市有多麼令人無法忍受。

三、**受地球極限所束縛的經濟體系：**在亞當斯密的時代，鮮少人知道環境脆弱性的問題。但如今，我們正一步步超出人類生物圈的極限。若放任不管，市場本身已顯示它們能使都市變得無法居住；看看倫敦猶如豌豆濃湯的大霧，或者是洛杉磯的大霧便可見一斑。市場並沒有自行清理這些都市，直到政府實施監理法規，才終於迫使人類改變行為，使環境漸漸趨於好轉。只要政府只花微薄的平均每人與每家公司成本，就能為所有人帶來巨大利益。

四、**錯綜複雜的經濟體系：**管理亞當斯密那個只有農田和大頭釘工廠的世界經濟體系，和管理後工業全球化與金融化創新經濟體系截然不同。在當時，經濟狀況的起伏多半和氣候有關。然而，後續兩百年間發生幾次造成巨大社會成本的大型商業起伏。二〇〇八年的金融危機並非出於上帝之手；那是一場人類自作自受的危機，是我們的體系加諸自身的危機。我們的體系導致我們失敗，而從很多方面來說，目前我們還深受那場危機的經濟與政治後果所害。事實證明，在當前這個存在更多交互關係且更加錯綜複雜的經濟體系，由於每一個市場參與者都試圖從每一元的收入壓榨出最多利潤，所以它已經變成更脆弱的經濟體系。[27]

五、不斷變遷的經濟體系：我們的經濟體系一向不斷變遷，從過去農業經濟體系轉變為製造業經濟體系，乃至服務部門經濟體系。現在的經濟體系已經全球化且金融化，接下來，我們必須學會在生存的地球範疇內，管理一個錯綜複雜且人口快速老化的都會型經濟體系，而人口老化使得代際所得與福祉分配的全新挑戰浮上檯面。誠如我先前提到的，市場無法憑藉自身的力量善加管理種種變遷，部分原因是，處於沒落產業部門或地區的人，沒有資源可以從事進入未來潛力產業部門所需的投資。

底特律、密西根和我的家鄉印第安那的蓋瑞市就是活生生的例子。這些地區的現況證明，放手讓市場自行運作的結果並不好。積極設法幫助處於壓力下的一般公民與地區適應日益變遷的經濟體系的國家，才能擁有較有活力的經濟體系，以及更開放接受各種改變的政治組織，例如瑞典。

六、相互依存的全球化經濟體系：我們的相互依存度愈來愈高，面臨愈來愈多風險，一國境內發生的事經常取決於國境以外的狀況，而且大多數人通常無法獨自這些風險。因此我們有必要採取全球性的集體行動來管理這種相互依存的情況與風險；不過，經濟全球化的速度明顯超過政治全球化的速度，理應管理經濟全球化的機構的發展速度，也遠遠追不上經濟全球化的推進速度。所以，管理經濟全球化的責任，最後還是必須落在各國家的肩上，不過正當國家的負擔加重之際，它回應這些負擔的能力卻日益衰減，尤其是在保守派人士主張國家不應採取任何回應的情況下。全球化本身也是導致國家回應能力降低的因素，全球化提供逃漏稅的新機會，而且某些人還（錯誤的）主張為了在一個全球化的世界裡和其他國家競爭，稅賦和政府方案都必須裁減。

結論

我們在這一章中說明了集體行動的必要性。團結一致採取行動的成效，可能遠比孤軍奮鬥好很多。民眾本來就會以各式各樣的方式團結合作，例如為了進行生產活動而組成合夥企業和股份有限公司，為了社會化的歷程而組成俱樂部與社會組織，為了各種堅定理想共同組成自願式協會與非營利機構（NGO）等。民眾會為了集體協商之便而組成工會，另外，民眾也能進行集體訴訟，例如一群因某大型企業而受到傷害的人共同採取的合作行為，因為他們知道，任何一個人獨自採取行動都無法得到賠償。[28]大型企業與右派人士為了保護現有的不均衡勢力慣用的一項策略是，設法讓集體行動變得滯礙難行，例如讓勞工更難組成工會、讓個人更難以和其他人共同提起集體訴訟，或難以求助於公共法庭等。

政府是民眾團結合作最重要的一種形式。政府和上述其他各種形式的合作之間的差異是強制力，政府能逼迫民眾和機構不做某件事（例如可能導致鄰居死亡或持槍等行為）或做某件事（例如繳稅以建立軍隊捍衛我們的安全）。在這個現代社會中，由於我們有很多方式可以彼此幫助或彼此傷害，所以，勢必需要一個大且複雜的政府。然而，很多人希望可以受惠於政府提供的軍隊、警察與消防服務、政府實驗室所開發的基礎知識，乃至環境的保護等，卻不願意負擔相應的成本，正因為民眾的「搭便車問題」，所以政府必須透過強制性的徵收稅捐，要求民眾對社會付出貢獻。因此政府應該與不應該做哪些事，應如何實踐那些事，以及誰應該為這些事買單等決策，必須透過某種政治流程來制定。

一如市場機構，政治機構也是錯綜複雜。這些機構掌握「做好事」的權力，但也掌握足以造成傷害的權力，例如有可能被用來作為財富重分配的工具，將窮人與中產階級的財富重分配給有錢人；強制執行、保護現有的權力關係，並使權力關係不平衡更形惡化。換言之，政治機構可能不僅無法舒緩社會不公平的問題，反而成為一種剝削工具，而非防止剝削的工具。

如何打造公共機構，並使政府成為積極「做好事」的強大力量，是各民主國家建國後都會面臨的挑戰。美國目前正面臨這個嚴峻的挑戰。下一章我將說明必須推動哪些攸關重大的改革，來確保美國民主政治是為絕大多數公民（而非少數社會頂層人士）而良善運作。而後續幾章內容也將探討，我們如何利用這個改革後的民主政治，再造我們的經濟體系，使經濟體系變得更具競爭性、更有活力且更平等，讓多數美國人再次有機會獲得理想中的中產階級生活。

第二部

未來之路

政治與經濟改革方案

第八章　恢復監督與制衡的民主政治

我們的先賢將美國打造為一個代議制民主國家，而其中最攸關重大的作為是在美國憲法中，納入權力制衡制度及權利法案（Bill of Rights），以確保少數人的權利能受到多數人保護。然而今日的美國已經變成一個少數人比多數人更有權力的國家。本世紀進駐白宮的三名美國總統中，有兩名是以明顯未過半數的選票當選，這是導源自美國的總統選舉制度使然。此外，以反映民意為己任的眾議院，則因有心人士基於私利運作不公不義的選區重劃而失去其代表性。由於選區遭到不公平重劃，儘管民主黨在二〇一二年的選舉比共和黨多一百四十萬張選票，仍無法在眾議院掌握多數席次。另外，原本為了因應人口集中化的影響、並讓每一州獲得同等發聲分量而刻意設計的參議院席次分配，竟導致少數政黨掌握控制權的問題更為嚴重。

美國原本在建構現代民主國家和民主政治機構方面的進展領先全世界，但現在反而好像漸漸落後其他國家。如果前述幾位總統和立法機構的行事風格稍微正派一點，能適度反省他們並未獲得過半數美國人支持的事實，美國目前的情況應當會有所不同；令人遺憾的，他們不僅沒有反省，反而開啟全新的「贏者通吃」式極端政治。

多數人受少數人支配的現象當然不民主，而且會讓人民變得非常沮喪，還使美國政府在國內外的正當性逐漸減弱。如今政府仍遲遲未能解決已獲得絕大多數美國人支持的議題，諸如加強槍枝管制、調漲最低工資，以及更嚴謹的金融監理規定等。本書一開始曾簡略討論二〇一七年的稅改法案，通常減稅政策會獲得壓倒性的支持，但這一次卻不然，因為選民了解這是一個以犧牲中產階級與後代子孫利益來為富人減稅的法案，所以多數民眾認為法案對他們相當不利，而且是有史以來最不利的減稅案。[1]

共和黨盼望由少數人永久統治多數人的意圖已愈來愈顯而易見。在他們眼中，這是當前刻不容緩的目標，因為他們一向倡議的政策對絕大多數選民而言如同詛咒，這些政策包括：累退稅制（regressive taxation，富人的稅率低於其他人）、縮減社會安全與聯邦醫療保險支出，並更進一步廣泛縮減政府支出。因此，共和黨人必須設法確保多數人無法掌權，否則他們將難以繼續實施上述政策。另外，共和黨人還必須設法確保就算多數人真的取得政府控制權，也無法推動新政府的政策與有助於促進多數人利益的政策。誠如杜克大學歷史教授馬克林恩（Nancy MacLean）所言，[2]共和黨人為達目的，必須為「民主銬上枷鎖」。

審慎檢視共和黨的如意算盤已經取得多少進展，就能清楚看出當今的美國需要什麼樣的政治改革，而政治改革是我透過本書呼籲永續經濟改革的先決要件。本章將聚焦在以下三個關鍵領域：確保選舉的公平性、維護政府內部的有效制衡制度，以及降低金錢在政治圈的影響力。

改革選舉與政治流程

原本為了保護少數族群權利而設計的制度已遭到扭曲。在一個公平的民主國家，保護少數族群的權利固然非常重要，但保護多數人的權利也一樣重要。

為了讓少數人的政治意志凌駕在多數人的意願之上，第一步就是要「控制選舉」。[3]在美國這個分裂的國家，以搶奪選票（即有選舉權的人）及代表席次為目的的政治鬥爭早已司空見慣，當年在草擬憲法時，南方各州代表為了強化自身的代表權，曾要求將奴隸視為五分之三個自由人，即使奴隸本身壓根不能投票。[4]不過，隨著近年來政黨偏見愈來愈嚴重，這場代表權爭奪戰再次趨於白熱化，只是醜惡的一方變成另一個黨。如今共和黨人費盡心機，設法剝奪他們所認為非共和黨支持者的選舉權。事實上，長久以來剝奪選舉權的情事在美國時有所見，最活生生的一個例子，就是許多州不允許重刑犯投票。美國的大規模監禁現象背後可能存在很多不同的動機，[5]但顯然會造成選舉權遭到大規模的剝奪。這類阻止公民投票的州法律，導致大約有七·四%的非裔美國人（總人數達兩百二十萬人）無法在二〇一六年的選舉中投票。[6]

共和黨掌控的某些州[7]也意圖藉由一些手段來控制選舉，例如讓有工作的人較難完成選民登記或難以準時到達投票所等。共和黨固然無法像南北分裂時的南方那樣，以人頭稅（poll tax）來限制人民的選舉權，卻能設法讓進行選民登記與投票成本增加，而這類手段很可能產生有效遏止投票行為的效果。政府非但沒有簡化選民登記以利公民行使基本權利（例如接受以駕駛執照進行登記），反而想盡各種辦法在公民辦理選民登記時處處刁難。舉例來說，他們可能要求公民必須在辦理選民登記時，提供難以取得的身分證明文件。

在歷史上，每一個政黨都曾試圖剝奪公民的選舉權，誠如我們先前提到的，民主黨控制南方時，就曾試圖阻止非裔美國人與窮人投票。不過，目前各方之間的鴻溝就是，對剝奪選舉權的看法高度分歧。遺憾的是，在當今的剝奪選舉權之戰中，多半只有某一個政黨掌握贏面。[8]

另外，選舉制度中的投票方式也讓一般上班族較難投票，有些地區的投票時間甚至比其他地方短（例如印第安納州在晚上六點就關閉投票所[9]）。也有些情況是質疑選民的登記資格，還有一些地區的投票所較少，而且設置在交通較不便的地方。此外，美國也是少數不選在週日休假時舉行投票的國家之一。還有其他方法可以用來操弄選舉制度，舉例來說，透過不公平重劃選區，導致某些選區的選票變得比其他選區更重要。[10]

關於美國當前選舉的種種弊病，我認為下列六項改革可能有所幫助：一、改在週日投票（或採郵寄投票，或是將投票日訂為國定假日）。二、支付公民往返投票所的費用（或是採用另一種方式，對不去投票的人罰款，如澳洲的強制投票政策）。三、簡化選民登記作業。四、不再剝奪囚犯的投票權利。五、不再為了圖謀私利而不公平的重劃選區。六、確保在美國長大且認同美國是家鄉的「追夢人」（Dreamers，譯注：孩童時期非法抵達美國的移民）取得公民資格的途徑。

這些改革建議都是基於一個簡單的原則：每個美國公民都應該投票，每一票也都應該平等計算。美國的公民投票率低得令人無言，[11]但上述改革將有助於改變現況。這些改革也能在某種程度上限縮金錢的力量，因為競選活動最花錢的一個環節，就是找出哪些公民可能支持自己陣營的候選人，並確保他們真的會去投票。有更高的投票率，就有機會促成更具代表性的政府。投票是公民的美德。我們都知道投票要花時間，而一般勞工最能深刻感受到時間成本對他們的影響。在一個獎勵性薪酬（incentive payments）已成為常態的社會，付錢激勵個人（而非反向設置一堆壓抑選民投票意願的障礙）去行使他們的民主權利，似乎是個相當划算的選項。

「無代表，不納稅」（No taxation without representation）是當年引爆美國革命的名句，但如今我們卻讓許多人被課了稅仍無法擁有代表權。這些人包括前面討論的囚犯及暫時性移民，更不用說住在哥倫比亞特區或波多黎各的美國公民了。

開車經過加州中央谷地，就能看見許多彎著腰在農田工作的移民，他們住在雙拼式活動房屋，飲用被汙染的水，因極高的疾病率而受苦，而且在政治上毫無影響力可言。[12]其中很多人是世世代代來回穿梭美國邊境的勞工，他們沒有任何管道可以取得政治權利，就某種程度來說，那個畫面令人不禁聯想到南北戰爭前的南方棉花田。更糟的是，美國政治與經濟體系的共同作用，使這類極端不公不義的狀況得以繼續下去。

大規模監禁除了能提供廉價的罪犯勞工，還能確保大量可能把票投給民主黨的民眾被拒於投票大門之外。暫時性移民勞工沒有管道可取得公民資格，因而無法透過政治流程表達他們的不滿，至少無法靠他們自身的力量表達不滿。即使他們可能年復一年不斷回到美國，即使美國是他們唯一的生計來源，他們仍然是永遠的暫時性移民，因為美國不允許他們成為永久居民，理由很簡單：永久居民可能成為公民，並因而得以發聲。雇主也很滿意這樣的安排，因為這個安排不僅為雇主提供廉價且馴服的勞動力，這類勞工的低薪也有助於壓抑其他勞工的工資。

維護美國制衡制度，防止政治力量濫用

長期的民主經驗顯現出制衡制度的重要性。[13]民主政治是要確保沒有任何一個人或一個族群擁有過大的權力，而美國權利法案的設計，就是要確保即使是多數人都無法剝奪少數族群的自由。權利法案如此設定，是因為過大的權力容易被濫用（誠如阿克頓勳爵〔Lord Acton〕的名言：「權力使人腐化，而絕對的權力使人絕對的腐化。」）而且所有個人和機構都難免會犯錯。制衡制度是防止權力聚合與濫用的關鍵。看到川普總統如此傷害美國的制度和專業文官體系，令人不得不憂心忡忡，因為制度和文官體系是防止公共流程過度政治化的關鍵。舉例來說，川普計畫提高總統解雇政府員工的裁決權，一旦他得逞，過去一個多世紀來我們為了政府去政治化（depoliticize）而投注的所有努力都將被推翻。

政策（包括治理美國的規章與監理規定）是透過政治流程而設定，但政策的執行應該公平且客觀，並透過非政治性的文官體系來進行管理。美國的優勢之一在於，我們擁有一個稱職且正直的文官體系，而川普正試圖破壞這個優勢。[14]右派人士長期以來批評政府不稱職，或許他們這些「改革」的真正目的是為了讓「政府不稱職」成為一個自我應驗預言。他們計畫性逐步破壞民眾對政府的信任，而這些計畫將導致政府變得愈來愈羸弱，也愈來愈政治化。

我們提出的政治行動計畫毋庸置疑就是要對抗這些意圖弱化民主制度的作為。事實上，共和黨上述行徑帶給我們的教誨是，我們必須強化美國的制衡制度、強化美國專業公務單位及獨立機關的角色。我們需要進一步深思如何維護民主課責（democratic accountability）、防止政府流於政治化，同時強化政府的專業、效能以及效力（efficacy）。[15]其他國家的案例告訴我們，這並非無法達成的目標。

法院系統

川普對法院系統的攻擊尤其猛烈。當一個接一個法院判定他對穆斯林國家實施的旅遊禁令是在濫用權力並侵害基本人權，一如其他不服法院特定判決的總統，他選擇提起上訴。不過川普更是變本加厲，他效法各地的獨裁者：攻擊法院、傷害民眾對法院體系及法院體系作為公平仲裁者的信心。[16]

然而，最高法院並不是從川普擔任總統後才開始失去它作為公平與明智仲裁者的地位。事實上，最高法院的地位早已因共和黨長期以來的一項策略而逐漸沉淪，這個策略是：任命可能根據共和黨人意識型態及其建制派（establishment）菁英份子的利益來進行判決的人擔任最高法院的法官。共和黨這項策略似乎成效卓著：過去二十年，最高法院確實做出了一連串強烈偏袒特定政黨的判決。歷任總統當然都期待一個能支持自身立場的最高法院，但過去每位總統都能理解最高法院必須被視為公平、平衡且明智的仲裁者的重要性。就這點而言，老布希總統或許應該要負起最大的責任，因為他就是對最高法院體系發動攻擊的第一人，他任命極度不適格的湯瑪斯（Clarence Thomas）擔任最高法院法官。

共和黨人忝不知恥的計畫，讓各地法院充斥偏袒該黨的法官，而這樣的作為已經製造另一個問題，這個問題導因於他們的獨特聯盟（這個聯盟結合自由意志論者、川普的保護主義者以及企業機構）所秉持的一系列不完善的「原則」。[17]從最高法院對政治與政治遊戲規則等議題的判決，更能明顯呈現出問題，例如最高法院正式判定小布希當選總統一案便是如此，即使小布希獲得的普選票數明顯未占多數，在正常的情況下，共和黨人堅定認同各州應保有各自的權利；但在「布希訴高爾案」（*Bush v. Gore*）中，若允許各州依其法院判決來進行重新計票，當選總統的應該是高爾。所以，共和黨籍的最高法院法官罔顧平日的價值觀，一意孤行達成他們想要的政治結果。[18]相似的，最高法院以「聯合公民訴聯邦選舉委員會案」（*Citizens United v. Federal Election Commission*）意見，允許不受限制的競選捐款行為，從而加深金錢對美國政治體系的影響，以及政治體系的經濟不平等。然而，最高法院竟暗示金錢並未（尚未）腐化美國政治。

「保守派」（死忠共和黨人）最高法院法官所面臨的挑戰是：如何做出忠於黨派立場，但又看似符合原則且條理清晰的判決。隨著共和黨變得愈來愈沒有原則，這件工作已變得愈來愈困難。[19]這一切的一切已導致很多人將最高法院視為黨派鬥爭的另一項工具，換言之，在民眾的眼中，最高法院不再是利用智慧促進國家團結的聖賢機構（Solomonic institution）；相反的，現在的最高法院反而深化美國經濟與種族鴻溝，並加深原本就已經很嚴重的政治鴻溝。[20]

有些人可能至今仍對美國擁有一個徹底超越政治影響力的最高法院深信不疑，但這樣的想法實在太過天真，不過至少我們還是可能擁有一個較不偏頗的最高法院，一旦如此，玩弄司法的風氣就不會像時下這麼猖狂。

美國只要推動一場簡單的機構改革，取消最高法院法官終生任期制，改採二十年之類的有限任期，就能朝較好的方向前進。幾十年來，這個提案多次被提出，但最近它的急迫性愈來愈高，也獲得愈來愈多人的支持，因為最高法院內部的對立比過往任何時刻來得更加嚴重。[21]平均來說，可將最高法院法官任期改為任何一個總統任期（四年）內大約都會有兩名法官的任期結束之類的設計。[22]這項改革或許也能改善歐巴馬政府所面臨的那種極端黨派偏見，當時國會甚至拒絕考慮歐巴馬提名的理想人選賈蘭德（Merrick Garland）。[23]

美國憲法並未具體規定最高法院的法官人數。由於共和黨人在許多層面違反傳統的規範

（尤其是它連賈蘭德的提名案都拒絕審查），所以很多言論均主張民主黨人應該強力反擊，若贏得總統和參、眾兩院選舉，民主黨應該擴大最高法院的編制，至少增加兩名法官。儘管這個主張非常誘人，卻可能導致美國的民主政治機構進一步弱化，因為各黨都可能趁有能力時不斷設法增加最高法院法官人數，以確保對最高法院的控制權，直到敵對政黨重新掌權。很多人認為目前的最高法院已經大到足以成為另一種黨派之爭的武器；而若政黨繼續恣意擴編最高法院法官人數，將讓人對這樣的直覺更深信不疑。

儘管如此，少數人厚顏無恥利用上述所有手法，將自己送上權力舞台，並趁著掌權時將自己的人馬安插到最高法院，以確保有朝一日下台後，繼續透過他們任命意識型態掛帥型的法官來維護自己的利益與意識型態，這樣的行徑絕不可取！改革最高法院法官的任期規定，可能是解決這個難題的最佳方法。下一任的民主黨政府應該正式提出一個修正案，而在修正案通過且徹底生效前，應該採用擴編最高法院法官人數的暫時性對策。

金錢的力量

金錢力量的持續增強或許堪稱美國政治體系最大的失敗，以至於用「一元一票」形容當前美國政治體系，可能比「一人一票」來得更貼切。我們都知道金錢與政治之間惡性循環的關係是由這些要素組成：遊說者、競選捐款、旋轉門，以及被有錢人控制的媒體。有錢的個人或企業可以透過財務優勢，用「假新聞」來換取政治力量來傳播思想，例如福斯新聞已成為假新聞的象徵，而且它的影響力也已得到充分證明。[24]

有錢人可以利用金錢的力量，透過政治體系來為自身謀取更多財富。石油公司藉此以低價取得蘊藏石油及其他礦產的公有土地，取用土地的價格只有那些地下資源價值的一小部分。實質上來說，這些大型企業的行徑無異是在竊取一般美國人的財富，但這是一種祕密的盜竊手法，所以鮮少有人知道自己口袋裡的錢已被偷走。柯林頓政府一度試圖逼迫這些企業支付全額費用，但大型企業發動一場成功的選戰，保住以低價取用國家資源的能力。

政府不僅以偏低的價格將公共資產賣給大型企業，它對特定民間部門的採購價格往往也過高。製藥業成功在聯邦醫療保險架構下與老年人藥品供應的相關法律規定裡加入一項小條款：美國政府（全世界最大的藥品採購者）不准議價。這類條款都是應製藥業的要求而設定，目的是要讓大型製藥公司從藥價中獲取更多利潤。這項條款果然奏效！聯邦醫療保險的藥品成本遠高於其他政府計畫，例如專為窮人或專為退伍軍人設置的醫療補助計畫（Medicaid）。以相同品牌藥品來說，聯邦醫療保險的採購價格較其他計畫高出七三％以上，這導致納稅人每年多支付數百億美元給製藥公司。[25]

如果我們的總統以及最大咖的政治獻金捐助者（尤其是共和黨的金主）的財富，是來自賭場經營，而這些賭場向來因洗錢及其他不法勾當而惡名昭彰，同時對賭博成癮者極盡剝削之能事，這說明我們的政治體系發生什麼問題？[26]他們深知自己的財富取決於公家機關的睜一隻眼、閉一隻眼，如果政府積極管制洗錢行為，他們的命運就會慘遭逆轉。房地產開發商也深知，只要在稅改法案中加入一個小條款，就能讓他們享有優惠待遇而得到更多財富，例如二〇一七年年底通過的法案，實質上允許房地產投資信託享有和小型企業相同的低稅率（二〇％）。[27]他們也深知監理規定的微幅修訂，例如強制揭露豪華住宅的實際買方，將使利用房地產買賣洗錢[28]的行為變得難以進行，可能徹底摧毀他們的商業模式。

上述所提出的幾個例子，堪稱尋租行為中最扭曲、最令人唾棄的幾種。不過，不意外的，一個由尋租者治理的政府，絕對會是一個事事維護尋租者的政府。而這樣的政府勢必難以創造經濟成長，也難以維護社會正義。

最高法院助長金錢的政治影響力

在美國這樣重視新聞與言論自由的民主氛圍下，想要和金錢勢力相抗衡，自然不是件容易的事。但反觀國外，許多跟我們一樣信守民主政治與言論自由的國家，卻表現得比我們好很多。

某種程度上可以說美國是自作自受，問題是我們自己造成的。更精確來說，是美國最高法院造成的：我們經由幾項一票之差（五比四）的判決，便可看出最高法院的立場有時非常極端。「聯合公民訴聯邦選舉委員會案」便是其中一例。[29]在這個案件中，最高法院判定企業、非營利機構和工會對政治行動委員（political action commitees，以下簡稱PACs）的捐款不受任何最高金額的限制，僅對競選活動的直接捐款設限。最高法院的論述是：不應對大型企業的支出設限，否則企業的「權利」就會受到剝奪。這樣的論述實在很蠢，企業不是民眾；民眾的確擁有權利，但企業是根據政府的法規所設立，可以被賦予各種不同的屬性。所以，當我們對企業捐款設限，並不會造成任何人的權利被剝奪，事實上可能反而保障很多人的權利。例如我根據某大企業的發展前景而決定購買它的股票，然而當企業執行長拿公司資金去進行政治運作，無論我是否贊同他的政治立場，我的經濟收益勢必會受到影響。股東對大型企業的所作所為並沒有太多置喙餘地，這是不容否認的事實，而大企業執行長將公司資金用於政治行為，和將公司資金中飽私囊其實沒什麼不同，股東同樣會受到傷害。[30]

最高法院判定，由於對政治行動委員的政治獻金並非直接交給候選人，所以只要捐助人和候選人之間沒有涉及直接協調行為，這類支出就「不會引起貪腐行為或貪腐表徵」。但後面那個說辭顯然錯誤，即使是「貪腐的感覺」都足以破壞我們對民主政治機構的信心。目前已經有非常多美國人相信政治體系遭到操縱，因為民眾相信美國政治體系已完全受金錢驅動，而這樣的信念正確無誤。[31]毋庸置疑的，多數美國人將眼前種種現象視為貪腐。如果一家菸草公司公開披露它打算花錢支持反香菸監理法規的候選人，它勢必會取得一股不成比例的影響力[32]，例如將促使眾多候選人挺身而出，反對香菸相關監理規定。這就是當前的貪腐形式之一，它看起來沒那麼粗糙，但和以往的貪腐方法一樣有效。判決「聯合公民訴聯邦選舉委員會案」的五位法官，似乎與其他美國人活在不同世界，若非如此，他們應該不會竭盡所能想出各種能維護共和黨金錢利益的論述。[33]

更糟糕的是一個牽涉到亞利桑納州的案件判決。亞利桑納州為了打造較公平對待所有候選人的戰場，原本有意規定在政治獻金或選舉支出超過特定金額時，由州政府出面「扯平」各候選人的競選資金（這麼一來，如果某個有錢的候選人花一億美元在他的競選活動，遠超過競爭對手的可能募款金額，州政府就會用公款為那個競爭對手添補競選資金）。[34]但最高法院判定個人有權透過貨幣捐獻的方式，打造一個不平等的戰場，並判定亞利桑納州的做法實質上等於否定人民的這項權利。[35]

削減金錢政治的行動計畫

有一個行動計畫可以削減金錢在政治圈的影響力量，包括：促進更公開透明的政治環境、必須降低私下集資的需要，並抑制政治獻金及其他來源的金錢影響力。

建立資訊揭露法制

俗話說：「陽光是最強大的防腐劑。」建立資訊揭露法規及制度將有助於抑制金錢的力量。如果我們知道哪些國會議員收受了菸草業的巨額款項，那麼這些議員或許會不好意思繼續投票反對香菸監理規定。不過事實證明透明度的效果並不如我們所期待，原因有二：首先，政治人物和所效勞的利益團體比任何人想像的更加寡廉鮮恥。由於金錢的影響是如此普遍，所以就算一、兩個例子的資訊遭到揭露，也很容易被人忽略，所以他們會以「反正大家都這麼做」來為自己開脫。第二個原因是，我們的透明揭露系統存在太多人為漏洞，尤其是可以透過惡名昭彰的祕密性政治行動委員來規避，所以無法達到預期的成效。

促進政治環境的公開與透明化，是朝正確方向前進的第一步。即使我們無法實現完全透明的要求，但就算只是讓明天變得比今天更透明，也將有所幫助。我們實在沒有理由不充分揭露政治行動委員的捐助者和相關活動。

約束競選支出

光是資訊揭露並不足夠，我們還必須約束競選支出。然而每當談到約束競選支出，就會引發言論自由和公平選舉原則間的緊張。調和這兩項原則的最佳方法，就是降低競選資金的需求、降低競選捐款帶來的優勢，並讓有錢有權的人更難以捐助獻金，尤其是透過祕密性的政治行動委員捐獻無限金額的政治獻金。後者尤其重要，因為在美國，財富和權力的分配已嚴重失衡。

由公家為競選活動贊助資金，並要求公共廣播電視台（這些廣播電視台都使用公共的電波以及公家授予有線電視的通行權〔rights-of-way〕）為候選人提供足夠的播送時間，將能大幅降低競選資金的需求。本章稍早討論到的強制投票政策，也有助於降低資金的需求，因為很多競選支出其實是花在設法促使支持者「出門投票」的用途上。

由政府出面「扯平」競選支出，為缺乏財務資源的人提供部分公共競選補助，藉此彌補候選人在競選支出上的懸殊落差，也能削減金錢的勢力。這將需要修改最高法院的判決，而修改那個判決只需一票之差的改變。

誠如我先前主張的，企業是國家的產物，企業只擁有國家所賦予它們的特定權利。因此對企業捐助政治獻金的權利設限，並不牴觸憲法所保障的個人的權利。擁有企業的個人可以捐助政治獻金，但前提是必須遵守國會設定的限制。這類捐款限制合情合理，因為這是抑制金錢力量的合理作為。相較之下，不針對企業與祕密性政治行動委員設定更嚴謹的規範，就一點也說不通。

總而言之，我們必須推翻最高法院「聯合公民訴聯邦選舉委員會案」判決，反對允許政治競選活動可花費無限量的支出。[36]不過，即使無法逆轉判決，還是有其他作為可以改變現狀。例如，企業除非獲得股東絕對多數（如三分之二）的支持，否則不准提供政治獻金，這樣能讓執行長以外的聲音被聽見。如果股東想個人出資，那就是另一回事了，目前針對個人政治獻金的相關規定即可進行良好監理。

限制「旋轉門」行為

衍生最不良影響的一個管道是「旋轉門」。所謂旋轉門是指政治人物未來（而非目前）離開公職後，以民間部門的好差事等形式獲得好處。[37]旋轉門衍生的問題非常普遍且極度腐化。美國財政部及其他政府部門的很多公職人員離開公職後，幾乎都能無縫接軌迅速接下華爾街職務，這樣的現象令人不得不懷疑，他們是否從頭到尾都只是在為華爾街做事。不過，美國政府處處可見旋轉門，甚至軍方也不例外，很多將軍及其他高階軍官退休後，似乎都能無縫接軌的迅速任職於國防承包商。

美國許多總統在執政期間都曾努力遏制公職人員進出旋轉門，但成效都相當有限。部分問題在於，不管怎麼設置規定，個人總能找到迴避規定的辦法。法令可能限制退休公職人員不准「直接」和他們曾服務過的機關打交道。不過，他們還是能指點公司的同事，告訴同事該找哪些人、說哪些話，以各種不同方式來施展他們的影響力。

這是最需要建立健全規範與道德標準的範疇，問題是，以「貪婪是好的」為道德標準的二十一世紀美國式資本主義有害健全規範的建立。曾任公職人員的人（尤其是懷抱政治野心、想向上發展的公職人員）應該深思自己只是發表一場簡短演說，就收到高盛巨額報酬會不會顯得不恰當，尤其是那些曾經擔任財政部長、國務卿或總統等政治人物。任何公職人員都不該輕易收受可能因任職期間的任何行動而受益的金融機構的金錢。謹慎盡職的公職人員應該對貪腐格外戒慎恐懼，即使只是一絲絲貪腐跡象，尤其是在民眾對政府抱持高度懷疑態度的這個時代。不過，在二十一世紀美國式資本主義的籠罩下，拒絕這些高薪機會的前政府官員都會被當成傻瓜。

新社會運動的必要性

深思過美國當前政治與經濟困境的人，一定會感受到深深的絕望與無助。我們的問題錯綜複雜、盤根錯節，所以乍看之下可能難以釐清該從何下手。不過，我們終究必須跨出第一步，不能只是採取在特定領域試水溫的行動，應該同時針對所有層面採取全方位行動。而要跨出全方位行動的第一步，需要一個與目前截然不同的全新政治生態。美國選舉與代表制體系的功能已經失調，導致美國政治體系運作也嚴重失調。

美國政治體系理當將民眾的觀點、信念以及意見反映在政策上。我們投票選出的公職人員，理當採行符合民眾信念的法律和監理規定。美國的政黨是這個流程的核心要素。然而，如今美國民眾對政黨的期待普遍已然幻滅，在民眾眼中，我們的政黨毫不掩飾的公然從事貪腐行為，民眾認為就算這些政黨外表看起來不貪腐，也難脫投機之嫌。此外，近幾年共和黨的極端份子如茶黨（Tea Party）在初選階段非常活躍，他們就像一股離心力，將整個國家搞得分崩離析。[38]

對政黨的覺醒已促使某些人建議不要再仰賴政黨治理國家；他們認為二十一世紀的美國不需要政黨。儘管這樣的觀點是錯誤的，我們還是必須改造政黨，才能確保各個政黨永遠秉持美國最崇高的價值觀，並事事以這些價值觀為優先。[39]

如今所能刺激民眾（尤其是年輕人）參與公眾事務的，是致力於各種不同宗旨的社會運動。某些社會運動可能和性別權利有關，某些則和經濟機會有關，還有些和住宅、環境或槍枝管制有關。雖然這些社會運動訴求重點各有不同，卻同樣懷抱一個思想：當前社會安排不公平，導致某些族群被遺忘，而忽略某些面向的重要福祉。如果這些社會運動能共同團結合作，組成一個共同的聯盟，應該能發揮更大的影響力，而民主黨必須自我改造為那一個聯盟的喉舌。

社會運動很重要，因為社會運動能增強民眾的意識，並進而吸引更廣泛的支持。不過，若社會運動想大獲全勝，通常需要政治行動的配合，那麼就需要至少一黨的支持。任何社會運動都不可能憑藉著自身的力量成功達到目的。雖然很多議題理想上應該取得兩黨的共同支持，的確也有少數運動成功獲得支持，但從實務上看，美國兩大政黨間的關係亦形同「大鴻溝」的體現。某些方面來說，兩黨之間的分歧比大鴻溝更嚴重，如我先前提到，共和黨是由堅定右派人士、不滿的藍領勞工以及超級富翁組成的黨政聯盟，這些成員之間的關係非常尷尬：他們的利害關係彼此衝突，不滿的藍領勞工想要更高的工資，但大企業和超級富翁則希望工資降低；大企業相對其勞工的協商力量，隨著開放的市場與愈來愈高的失業率而增強，而這個現象和為不滿的勞工謀福利的理想背道而馳。由二〇一七年的稅改法案便可窺見這種衝突關係：億萬富翁和大企業獲得巨額的所得稅減免，中產階級則遭到加稅。

相較之下，各項改革運動之間並不存在這樣的緊張關係。這些社會運動都秉持讓社會更美好的共同願景，並希望為每個人爭取更公平與更多的福祉。就算不同社會運動之間偶有分歧，也是優先考量和執行策略上的分歧罷了。降低有毒廢棄物與槍枝的可取得性，都是延長平均壽命的方法。如果我們的環境能獲得改善，所有孩童都能妥善受到醫療照護並獲得更好的教育機會，美國人民的生活品質一定能提升。

儘管如此，不同的改革運動似乎也難免彼此衝突。舉例來說，某些人主張聚焦於經濟賦權（empowerment）與經濟權利的社會運動，會使人忽略種族和性別賦權與權利。不過金恩（Martin Luther King Jr.）深知經濟正義與種族正義密不可分的道理，他將一九六三年八月於美國首都發起的著名示威活動命名為「為工作與自由向華盛頓進軍」（March on Washington for Jobs and Freedom）。不同種族在所得上長久以來的分歧，是美國經濟鴻溝愈來愈大的原因之一。

在危害環境的前提下取得經濟成長，不可能達成長期永續的目標。在各種造成環境危害的因素之中，以有毒廢棄物及顏料中的鉛對窮人的影響最深。因此環境正義運動和社會、種族與經濟正義運動之間存在清晰的互補關係。總而言之，各個不同的改革運動要彼此互補，更必須共同合作。

在過去，全國性政黨自認是促成五十州民眾團結一致的力量，因為各個州的觀點各有差異，某些地區比其他地區更自由開明一些。不過畢竟各州情況不同，甚至某些州相較於其他州更自由且開明。如今處在二十一世紀的美國，就算是同一州，也存在截然不同的政治認同與觀點，就某個角度來看，美國各都會區居民彼此間的相似性，還可能比同一州、城市、鄉間居民間的相似性更高。生活在都市區、郊區與農村地區的居民們，各自面臨著不同的問題。當然，政治仍將是本土的，我們需要順著二十一世紀所自然形成的政治認同，重新構想全國性政黨的概念。新一代的全國性政黨將遠遠偏離本土導向，關注於當前大型全國性與國際性議題。

抑制金錢對民主政治的影響

我相信無論是哪個國家，只要是經濟鴻溝過大，民主政治體系的問題就無法有效修補。這一章所說明的改革雖至為迫切，但當財富與所得鴻溝過大，有錢人最終一定會透過某種方式勝出。即使美國有公共廣播電台與電視，即使我們對報紙進行公共補貼，但諸如梅鐸（Rupert Murdoch）之類的有錢人還是可能利用自己的錢，或至少運用操縱市場上的某個利基區隔，製造出一群盲目崇拜其扭曲觀點的追隨者。

由於美國的公民教育程度較高，所以事實查核（fact-checking）系統可能非常有效率。川普的非死忠追隨者（大約是六五%至七〇%的民眾）並不會在未經事實查核前太過認真看待川普的言論，因為依照過去經驗，他說過的很多話都是謊言，而謊言以外的很多言論也都半真半假。[40]不過，川普和福斯新聞網卻還是有能耐打造出一群看似對真理免疫的狂熱信徒；起碼這些信徒像被接種了對真理免疫的強效疫苗。除此之外，如果川普和福斯新聞網的目標是要破壞民眾對美國各機構的信心，只要能讓民眾的心中對消息來源產生懷疑就還有救。有趣的是，民眾可能並不相信川普所言，但在川普看來，相不相信他並不重要，只要民眾對批評他的人有所猜疑，他就成功了。一如對菸草公司而言，當吸菸者對「吸菸有害健康」的科學證明產生猜疑，它們就可能成功獲利；川普、梅鐸和其他人有意摧毀美國各機構的人也認為，只要能引起民眾對這些機構的猜疑，他們就是贏家。

梅鐸公然以各種不同方式從事有錢人慣有的作為，利用金錢的影響力來形塑這個社會。[41]不可避免的，當財富落差非常懸殊，少數有錢人一定會掌握極不成比例的巨大影響力。即使社會上有公家出資的競選融資系統，但有能力對共和黨提供某種必要物質支援的人，絕對還是能爭取到對他們唯命是從的政治人物。

當然，任何一個社會中必然會有某些公民的口才比較便給、某些公民比較明智，也有某些公民比較懂得要做些什麼，所以，社會上永遠不可能有所謂完全公平的戰場。不過，極度懸殊的財富落差不僅讓某些人得以享受比他人更輕鬆順心的生活，更讓有錢人得以用不正當的手段影響社會與政治發展的方向。從某些方面來看，這一切都源自於政府的墮落。政府原本理當幫助無法自助的人、保護較弱小的人，將有錢人的所得重新分配給窮人，並設置至少能公平對待所有人的規章。不過，在財富落差過大的社會，政府可能是在從事完全相反的作為。在二〇〇八年金融危機的餘殃中，一般公民深刻感受到政府的這種「墮落」。然而，茶黨運動訴求「剝奪政府權力」則是完全錯誤的反應：如果沒有政府，有錢人會更肆無忌憚的剝削窮人；如果改採叢林法則，勝利的必將是有錢人與掌權者。

因此，若想避免陷入這種反烏托邦狀態，我們就必須設法打造一個更均等的社會，以避免陷入權力集中的危險。不過，活在像美國這樣極端不平等的社會，我們早已陷入民主政治的根本困境。當經濟不平等造成政治不平等，政治不平等又回頭維持與增強經濟不平等，面對這樣的惡性循環，我們又該如何打破現有的均衡？

這個惡性循環還是有可能破除，但唯有出現一股強大的抗衡力量，才可能打破這個惡性循環。這股力量又可以被稱為「人民的力量」，當有更多人民真心投入上述幾種社會運動，而且各種社會運動之間彼此和諧的與某個政黨合作，就有可能產生比金錢更巨大的力量。事實上，財力雄厚的共和黨候選人羅姆尼（Mitt Romney）（在二〇一二年的大選）以及傑布布希（Jeb Bush）（在二〇一六年的共和黨初選）的敗北提醒我們，「金錢在政治圈並非萬靈丹」，這是再鮮明不過的提示了！不過，最重要的是，我們更不能讓金錢成為扭曲美國經濟體系與社會的萬靈丹。

正因如此，我們在此討論的兩套改革都是必要且互補的：我們需要更努力抑制金錢的影響力，但也同時需要降低財富的懸殊落差，否則永遠也無法適當抑制金錢在政治圈的影響力。

第九章　重建機會均等的活力經濟

在第一部中，我聚焦在美國與其他先進國家當前遭遇的困境，包括經濟成長趨緩、機會匱乏、焦慮感上升以及社會對立等現象。我們的社會分歧是如此之深，以至於在這個應該團結一致、決心擺脫困境泥沼的時刻，政治卻陷入癱瘓。這樣的困境並非無法解決，我在前幾章已說明如何正確因應金融化、全球化與新科技所帶來的挑戰，從而增強市場競爭及就業機會，實現更高程度的共享與繁榮。然而，正如前一章所提到，如果不改革政治，就無法成功推動必要的經濟變革。

在本章及下一章，我將提出一套經濟行動計畫，這套行動計畫是以先前強調過的原則為基礎，有助於重建經濟成長與社會正義，同時讓多數公民擁有其渴望獲得的中產階級生活。為了實踐這個目標，需要各方採取更多行動，尤其是政府更須承擔起更大權責。若正確定位政府的角色，更大權責的政府非但不會對社會造成束縛，反而能讓社會上每個人都盡情發揮自己的潛能，從而讓整個社會乃至每個人都獲得解放。更進一步來說，當政府限制某些人傷害他人的力量，就能讓原本被迫時時保持防衛心態、刻刻採取自保對策的人們重獲真正的自由。

著手管理市場，讓市場為我們的經濟創造效益，是有助於美國回到正軌的方法之一。市場能夠創造奇蹟，但二十一世紀在美國興起的畸形資本主義卻無法為創造奇蹟。我們稍早已解釋過要如何讓市場恢復應有的功能，[1]例如：真正落實市場競爭法律、更良善管理全球化與美國金融產業部門等。這些都是重要的工作，但光是這些改革並不夠。這些改革只是改革性經濟行動計畫中的一環，它還包含很多要素。

本章首先要討論的，是如何在不縮減監理規定（防止社會上某些人剝削其他人的監理規定）的情況下恢復經濟成長，並藉由重建第一章提到真正財富的基礎來恢復經濟成長。接著，我們會繼續討論如何解決當前的挑戰：如何維護所有公民的就業與機會、為公民提供更多社會保障、善加照料老、病及殘疾公民，以及為全體公民提供更好的醫療、教育、住宅及金融保障，並讓經濟體系由二十世紀的工業化經濟，順利轉型為二十一世紀的服務、創新及綠色經濟。

促進更有活力的綠色經濟以及促進社會正義（更包容與更有保障）的各項行動計畫密不可分。前一章提到金恩相信，經濟正義與種族正義密不可分，就業及種族差別待遇的問題必須同時解決。在此要進一步引申他的觀點，我們主張在創造更有活力、更創新的經濟體系及保護環境的同時，絕對不能偏廢經濟保障、社會保障以及社會正義。經濟學家太常從「取與捨」的角度來思考：如果一個人想要得到某些事物，就必須放棄其他事物。但從目前社會高度不平等、嚴重的種族差別待遇、普遍的缺乏保障，以及大規模的環境破壞等情況來看，我們所列舉的目標其實彼此互補，而且可以同時並存。

經濟成長與生產力

在第二章中，我們已經說明為何在過去四十年中，經濟成長會持續趨於緩慢。經濟成長仰賴兩個要素：「勞動力規模的成長」以及「生產力的增加」。當其中任何一個要素上升，經濟的產出也會增加。當然，全國產出數字成長固然重要，一般美國人的生活水準實質提升更是攸關重大。[2]而要提升生活水準，不僅需要提高生產力，還要讓所有公民都能公平享受到生產力提升所帶來的果實。美國近幾十年的問題，就在於勞動力參與率或生產力都不是很理想，更糟的是，勞動力參與率及生產力提升所衍生的利益，全都進到社會頂層人口的口袋。

勞動力成長與勞動參與率

勞動力成長和人口結構有關，由於嬰兒潮世代日益年老且生育率降低，所以政府在這方面無法有太多發揮空間。[3]不過，政府仍然可以從移民及勞動力參與率這兩個方面著手，降低人口結構造成的衝擊。問題是，川普一方面打算減少移民（因此將導致經濟成長率降低），另一方面又不打算提升勞動力參與率，即使已有許多現成好政策可供選用。我們可以透過更多家庭友善政策（更彈性的工時、更有利的家庭假、更多的孩童照護對策等），吸引更多婦女加入勞動力。我們還可以透過積極的勞動市場政策，讓更多在就業市場上陷入技能錯配（mismatch）困境的人得以更適才適所。

我們從未善待年老的公民，隨著他們漸漸年老，社會不再需要他們的技能，我們只是簡單感謝他們多年來的付出，接著便打發他們退休回家。但對社會來說，還有能力及意願工作的人「被迫」退休，其實是一種人力資源的浪費。如果年滿五十歲以上的人只占勞動力的一小部分，被迫退休的人口對整體經濟體系所造成的代價是可以控制的。然而未來的情況並非如此：除非我們有所作為，否則當前創新的速度將使提早退休人口快速增加。隨著美國人口的老化，提早退休人口激增將讓我們的社會付出更高代價。一如我們應該改變工作環境來接納需要照顧小孩的工作者（尤其是針對婦女而言），我們也應該改變工作環境來接納高齡工作者，基於增加彈性而採行的某些作為（例如更彈性的工時、更多元的兼職工作，以及更多在家工作的機會。在當今的網路世界，在家工作變得更加容易）。遺憾的是，市場不可能自動進行這些改革。企業在勞動市場的議價能力遠高於勞工，所以企業根本不需要做這些事，何況企業根本不關心這些作為能為社會帶來更大的福祉。因此，在推動上述變革的過程中，政府必須要承擔起更積極的角色。

如果美國的人口更健康，我們的勞動力參與率也會上升。目前美國人民的健康與壽命比其他先進國家差，自然較缺乏積極參與職場的能力與意願。問題不是出在氣候，也不是出在我們呼吸的空氣或飲用的水。我們需要更好的監理法規，以保護人民免於食品業的傷害，因為食品業長期以來竭盡所能賣給我們更多會上癮又不健康的食品。我們還需要更好的醫療保健系統（將在下一章中進一步討論）。總結來說，擺脫三分之一個世紀以來錯誤經濟政策所造成的絕望處境，我們將擁有更健康的勞動力。[4]即便我們完全不關心別人所承受的苦難，純粹從能提升經濟成長的角度來看，我們仍應積極推動這些改革。

生產力

生產力一樣會受到許多變數的影響。健康快樂的勞動力，就是有生產力的勞動力。所以我們有充分理由相信，所得低於平均水準的人可能既不快樂也不健康。美國勞動市場處處可見的差別待遇，不僅讓受差別對待遇的人感到沮喪與不公，這也意味著勞動力與職缺無法有效率的媒合。

稍早的章節曾強調，市場操縱不但扭曲我們的經濟體系，還會損害經濟成長與效率。賣方獨占事業較沒有創新的誘因，而它們打造的進入障礙更扼殺了創新。因此「抑制市場操縱」的相關行動，不僅有助於降低市場操縱所帶來的不平等衝擊，同時也有助於促進經濟成長與就業。

近年來另一個重要缺失是基礎建設投資的不足。儘管我們的社會對基礎建設的重要性似乎已有共識，然而這只是表象。共和黨人以行動告訴我們，他們的優先事項是為富裕的大企業減稅。就在共和黨稅改法案（一個慷慨賞賜有錢人數兆美元的法案）[5]在二〇一七年年底通過後幾個星期，川普政府一名高級官員表示：基礎建設依舊是我們的優先考量，不過我們沒有錢。[6]他們早該想到這個問題。的確，稅改法案讓支出水準偏高的幾個州難以提高稅收，[7]而這極可能導致公共基礎建設支出被迫縮減。不難預料，因二〇一七年稅改法案而衍生的巨額聯邦財政赤字，將會使未來的聯邦基礎建設支出進一步降低。

打造學習社會

本書開宗明義便強調，一國財富（乃至生產力與生活水準的提升）的真正來源是知識、學習與科技的進展。這些進展讓當今的生活水準比兩百年前要高得多：不僅增加物質產品的進步、延長人民壽命，也改善我們一生的健康狀況。

研究是我們知識與創新經濟的核心。基礎研究能創造知識，而知識是一種容易取得且所有人都能受惠的「公共財」。經濟學家告訴我們：單靠市場的力量，公共財供給必然不足。當知識是由私人企業所生產時，私人企業會試圖保密，因而限制社會經由這項知識所得到的利益，同時導致市場操縱力擴大的風險。這就是為何政府必須投入大量公共資金在研究（尤其是基礎研究）及教育系統（支持知識傳遞與持續進展）的原因。

然而川普政府不僅沒有體認到這一點，甚至對這些機構充滿敵意。一如對基礎建設的態度，川普政府寧可撒數千億美元幫億萬富翁與大型企業減稅，卻提議大幅縮減研究支出。

在川普的稅改法案中，選擇對美國最具領導地位的研究型大學課稅，同時對房地產投機客提供稅賦優惠。就我所知，世界上沒有任何一個國家對研究型大學課稅。相對的，其他國家都體認到大學對經濟成長的重要影響力，因而對大學提供公共支持。雖然川普對各大學課徵的稅賦很低，但那卻是一種意義重大且危險的價值觀傳達。儘管房地產投機行為可能讓少數個人迅速致富，但卻不可能成為國家邁向經濟繁榮的基礎。事實證明，共和黨的稅改法案未能體認到國家財富與個人財富的差異，因而造成鼓勵投機並阻礙研究與教育的惡果。

此外，我們還必須了解隱藏在二〇一七年稅改法案背後的另一個關鍵錯誤。共和黨打的如意算盤是，即使大幅縮減對研究活動及基礎建設的公共投資，但較低的稅賦將鼓勵民間企業展開更積極的投資活動，填補上述兩個缺口。美國過去曾兩度試行這個實驗，當時執政者也都期待較低的稅賦能提振經濟成長、儲蓄和投資活動，但兩次實驗都以失敗收場。雷根施行減稅政策後，經濟成長表現不僅遠低於原先的承諾，[8]甚至不如之前的幾十年。布希施行減稅政策後，個人儲蓄率降到幾近於零；儘管投資活動回升，主要卻是歸功於房地產投資活動，這不但沒有達到原先理想的結果，甚至衍生出新的問題。[9]川普這次減稅的展望甚至更為黯淡，由於聯準會相信美國已接近充分就業狀態，所以它將加快升息速度，而這將壓抑民間投資意願。*

為了擴展我們的知識基礎，我們也必須維持一個開放的社會，開放來自其他地方的概念

* 當然，如果川普貿易戰所造成的全球不確定性加速全球經濟趨緩，聯準會可能不會提高利率，或甚至可能降息。如果因減稅而衍生的「食糖後亢奮」（sugar high）迅速衰竭，且減稅的不利影響（不正常的財政赤字的巨幅增加）開始浮現，聯準會尤其可能降息。

與人才。某些方面來說，知識的跨境流動是全球化最重要的面向。美國沒有辦法獨占知識的創造，如果我們對外關起大門，美國和其他國家都將遭受苦難。[10]隨著美國民間與公共投資縮減，投資配置遭到扭曲，加上川普對海外最優秀且最聰明的人才關上國家大門，所以，我們很難看出他的政策如何能提高生產力與經濟成長。

若我們想提高國家生產力，那麼應該由以下事項開始進行：透過稅法及政府投資，為美國高等教育機構提供更多支援，以鼓勵更多研究；同時保持國家門戶開放，開放來自海外的概念與人才。此外，我們不僅需要推翻稅改法案，還必須對未在美國進行投資並創造就業機會的大企業增稅，並將其中的部分稅收用來擴大基礎建設及技術與科學投資。

促進後工業化轉型

如同大多數歐洲國家，美國一直在努力去適應工業化、全球化以及其他重大的經濟與社會變遷。這是市場需要政府伸出援手的另一個領域，如果我們等到問題發生後才開始促進轉型，將面臨極度高昂的成本及困難處境。我們本該採取更多對策來幫助因全球化與技術升級而失去工作的人，但共和黨人的意識型態卻主張應該任由那些人設法照顧自己。政府有必要預見未來諸多結構性變遷的廣泛衝擊，並先發制人的採取適當因應措施。協助美國經濟與社會適應氣候變遷與人口統計結構變化，是未來幾年我們將面臨眾多「轉型」挑戰中的兩個，而第六章討論的新技術（包括機器人化與人工智慧）則是更深層的挑戰。

過去所經歷的結構性變遷，幫我們上了非常重要的一課：光靠市場的力量無法完成這個任務。箇中的理由非常簡單：受到最大影響的人（如失業者）是最沒有能力自我保護的人，這些變遷通常會導致他們原有的技能貶值。他們可能必須搬遷到有新就業機會的地方，但美國經濟成長地區的房價通常會高很多。即使經過訓練就能有更好的就業前景，但他們沒有資源接受再訓練，而且金融市場通常也只會以近乎高利貸的利率借錢給這些勞工。金融市場只對擁有良好工作、良好信用記錄、良好房屋資產的人提供正常的貸款利率。換言之，金融市場只想借錢給不缺錢的人。

因此，政府必須透過所謂的積極勞動市場政策，扮演促進工業化轉型歷程中的關鍵角色。積極的勞動市場政策有助於為個人提供再訓練的機會，讓他們得以順利找到新雇主、勝任新工作。政府可用的另一項工具稱為「產業政策」，可以用來調整產業結構以符合未來經濟發展方向，並協助企業成立與擴張，尤其是新產業部門的中小型企業。[11] 一些國家（如北歐國家）的經驗告訴我們，設計良善的積極勞動市場政策及產業政策，有助於快速創造新的就業機會，讓因結構轉型而失業者得以順利轉職。當然，過去也曾有部分國家的失敗案例，但那是因為當局並未投注足夠的心力，所以相關政策才未能成功達到原訂目標。[12]

地方本位型政策

政府在推動勞動市場政策與產業政策時，必須審慎處理企業設置地點選擇的問題。經濟學家經常忽略每個地方都有固有的社會資本及其他資本，因此當就業機會轉移到其他地方時，經濟學家有時會建議民眾應該跟著搬遷。但是對於許多和家人朋友有著緊密連結的美國人來說，搬遷並不是一個輕而易舉的決定。尤其是孩童照護成本高昂，很多人必須靠父母親請幫忙照顧小孩才有辦法外出上班。近幾年的研究凸顯社區的社會連結（social bonds）對個人福祉的重要性。[13]

一般而言，政府介入企業設置地點的選擇，這樣的決策通常是缺乏效率的。由於太多人可能想擠進大型都會中心，那些地點的交通可能因此壅塞，當地的基礎建設也會承受顯著壓力。[14]工廠搬遷到美國中西部和南部等地區，常見的理由往往包括：當地的工資較低、公共教育確保當地勞工具備足夠技能及生產力，同時我們擁有足夠的基礎建設，能夠輕易將原物料運送到工廠所在地，並將成品運出。不過，某些促成低工資的動力目前也開始成為去工業化相關問題的部分導因。低工資的原因之一是缺乏社會流動，若社會流動的情況非常完美，每個地方的工資（調整技能水準差異後）理當相同。不過，這種缺乏社會流動的情況正是了解為何去工業化那麼令人感到痛苦的關鍵。

總而言之，我們需要的是聚焦在特定「地點」（都市或目前承受壓力的地區）的政策來協助重建與復興社區，也就是所謂「地方本位型政策」（place-based policies）。有些國家在管理這類政策方面成效異常卓越：在英國政府的協助下，英格蘭的曼徹斯特（Manchester）已從十九世紀的世界紡織首都，自我改造成一個現代教育與文化中心。雖然拿曼徹斯特的繁榮程度或許仍比不上當年全盛時期，但與美國政府放手任其破產的底特律相比，確實相當具有啟發性。

當年在經濟體系由農業轉型為製造業導向的過程中，美國政府發揮核心的作用；如今在邁向二十一世紀新經濟體系的轉型過程中，它需要政府再次扮演類似的關鍵角色。[15]

社會保障

不安全感不僅會嚴重損害個人福祉，也可能會影響到經濟成長與生產力：當一個人擔心自己隨時有可能被趕出家園，或者失去工作與唯一的所得來源，就無法全神貫注做好職場上的任務。相較之下，較具安全感的人較可能挑戰風險更高的活動，往往能獲得更高的回報。

在這個錯綜複雜的社會，我們面臨著各式各樣的風險。即使新技術能創造一些新的就業機會，卻可能導致原本的就業機會消失。氣候變遷本身就代表難以估量的新風險，從我們近年來陸續遭遇嚴重的颶風與火災等便可見一斑。當然，像這類的大型風險以及和失業、健康與退休有關的大型風險，都是市場並未能善加處理的風險。[16]在某些風險項目中（如失業和老年醫療），市場根本就不提供保險服務；而在其他風險項目中（如退休生活），市場則只提供成本高到令人卻步的年金，而且即使這些年金的成本高昂，竟還不包含必要的條款（例如通貨膨脹調整）。

這就是為什麼幾乎所有先進國家都會提供社會保險服務，藉此對上述許多風險提供最低程度的保障。美國社會安全體系的交易成本更遠低於民間類似保險。然而，我們必須體認到，美國社會保險體系還是存在幾個巨大缺口，很多重要的風險目前既沒有受到市場保障，也不受政府保障。

失業保險

美國社會保障制度的最大缺口之一，是我們的失業保險計畫只保障相對小的風險（失業二十六週），但對長期失業等較嚴重的風險則未加以因應。有個較為簡單的改革方案，就是強化失業保險，讓失業人士領取較長期的失業給付，並擴大失業保障的範圍。還有一個較複雜的改革方案，是提供「所得連動貸款」（income-contingent loans），這種貸款的還款金額取決於個人未來的所得。一小段時間的失業，只會造成個人終身所得發生微小的變化；然而失業者卻無法預先借用未來所得以維持當前的家庭生活水準，這才叫真正的「市場失靈」，而我們可以透過政府來彌補這個市場失靈。[17]

當然，我們都希望失業勞工能迅速過渡到新的工作崗位，就這個目的而言，前述的積極勞動市場政策可能很有幫助。可以透過政府補貼，來鼓勵失業者接受一個工資較過去稍低一點的新工作。個人通常對自己應該獲得的工資水準懷抱不切實際的期待，低估有工作的價值（工作可以帶來的不僅僅是所得，還包括幸福感與社會關係），也低估失業對未來就業能力可能造成的代價。[18]

在考量到失業保險計畫的設計時，一定要記得這類計畫具備更深層的總體經濟利益。這類計畫能發揮自動穩定器的作用：當經濟表現疲弱且經濟體系創造就業機會的速度不夠快，失業保險計畫就會自動發揮效用，所提供的所得能幫助經濟體系維持平穩狀態。[19]政府絕對有必要事前制定可因應深度經濟衰退（一如美國在二〇〇八年危機後所經歷的狀況）的適當計畫。這類保護措施儘管在勞動市場供需緊絀時需要花費些微成本，但將在經濟衰退時期為我們免去高昂的代價，若沒有這類措施，經濟趨緩或萎縮程度將會嚴重很多。在二〇〇八年大衰退期間，美國的情況遠比德國及北歐國家嚴重（儘管其中某些國家初期受到的打擊其實比美國更大）的原因之一，便是美國的社會安全網相對較為薄弱。

全民基本收入

有些人（尤其是高科技界）提出一個奇特的建議，也就是建議採用「全民基本收入」（universal basic income，ＵＢＩ）來補強現有的社會安全網，甚至可以取代現有的無數社會支援計畫。從根本上來說，全民基本收入是一種對所有公民發放的定期財務津貼。每個人都能定期收到政府的支票，例如在每個月的第一天。當然，擁有理想工作的人繳給政府的稅金將遠高於他們收到的津貼。全民基本收入能夠保障每個人，而且不像失業保險或食物券等目標型計畫會產生管理成本。[20]支持者還特別強調，它能減輕高度自動化生產所帶來的負面影響，即使傳統就業機會減少，經濟體系還是能快速創造財富。

全民基本收入具備一些獨特的優點，包括：能使社會分配變得更平等，為找步到工作的人提供最基本的支持。另外，有了全民基本收入，民眾就無須為了取得多元社會安全網與社會保障計畫（如食物券和醫療補助）而不得不忍受繁冗的行政流程。[21]

但我並不認為單純提供收入是正確的對策：對多數民眾來說，工作是人生重要的一環。不過那並不代表民眾必須一週工作四十小時；想當年，每週工時從六十小時縮短到四十小時，勞動力不僅沒有減損，甚至表現得更為蓬勃，所以若工時進一步縮短到二十五小時之類的，我們應該還是可以過得很好。較短的工時實際上能促使生產力提高，許多人也知道如何運用閒暇的時光，不過也有許多人可能並未能做到這一點。

目前還是有很多工作需要人類才能完成，而且在近期內都無法由機器來取代。我們的都市需要美化，我們的老弱婦孺需要得到照顧，我們的年輕人需要接受更好的教育。有許多民眾想要一份工作，但同時也有許多工作找不到人來做，現有的市場無法順利媒合兩者，所以政府有責任採取行動。

很多年輕一代的人告訴我，以工作為生活重心是過時的二十世紀思維，所以若能發放最低全民基本收入，他們將得以在不正式就業的情況下，好好追求精神生活，或是實現幫助他人的生活。我們不該貶抑這樣的概念，但我還是不相信全民基本收入能解決固有的經濟問題，以及普遍失業所造成的尊嚴受損。就業機會依舊是健全經濟體系的支柱，而我們需要一套行動計畫來支持強大的勞動市場。

不過，在說明這個行動計畫之前，我們必須提醒讀者留意全民基本收入的另一個缺陷：鑑於美國財政政策一向不足，所以任何型態的全民基本收入制度，都不可能提供足以讓人能維持基本生計的慷慨津貼。因為若要發放那麼優渥的津貼，政府必須大幅增稅才有能力支應相關的成本。

具備優質工作條件的理想就業機會

無論在美國與西歐國家，人們所焦慮的核心（也是重建活力經濟體系的關鍵）總是「工作」及「理想的工作」。那些有工作的人擔心移民會搶走他們的飯碗並使工資降低，他們也擔心全球化將使就業機會轉移到海外。儘管經濟學家總說「當原本的就業機會遭到摧毀，就會有更好的新就業機會產生」，但一般人認為那根本是天方夜譚。所謂的「創造性破壞」（creative destruction）能讓某些人受益，但顯然多數人並未因此獲得好處。

多數人都在努力維持工作和生活間的平衡。女性想要在職涯上獲得升遷，但也想要擁有一個幸福的家庭。男性希望能負起所有應負的責任，而常面臨工作發展與正常生活（最重要的還是多花點時間陪家人）間取捨抉擇的煩惱。而且很多男性和女性並不樂於為破壞環境的公司工作，或是單純因為無法發揮所長而感到鬱悶。

市場本身無法確保充分就業，市場更無力確保合理薪資的就業機會。另外，在解決上述工作與生活平衡的問題上，市場的表現更是糟糕透頂。

如果我們的經濟體系因全球化或技術的升級而變得更富裕，那麼我們理應利用經濟成長的果實，讓絕大多數的人變得更富裕，這是顯而易見的道理。當近年經濟成長中絕大多數果實流進頂層一%民眾口袋，這樣的狀況並非不可避免，也不是必須，更不是好事。可以肯定的是，在一個重視「家庭價值」的國度中，當然不能用傷害眾多家庭的方式來運行我們的經濟體系。我將解釋政府能採取哪些作為來打造我們應該擁有的經濟體系。

確保充分就業

要追求平等、成長與效率，最重要的政策莫過於維持充分就業。要擁有中產階級的生活，最重要的條件就是擁有一個理想的工作。因此，政府必須打造一個能確保充分就業的總體經濟框架，才能提供就業機會與理想的工作。儘管許多保守派經濟學家相信市場永遠都會保持效率運作，但長久以來，市場確實未能靠著它的力量實現充分就業的目標，這是顯而易見的事實。大規模失業是資源的一大浪費。許多經濟學家相信，貨幣政策（降低利率）是政府所該仰賴的主要工具。姑且不論那樣的論述是否正確，有時（例如過去十年）光靠貨幣政策確實不足以讓美國恢復充分就業的狀態，這也是顯而易見的事實。[22]此時，政府就必須採行強勢的財政政策（提高政府支出或減稅），而且即使這麼做會造成財政赤字，也必須為之。

不過，在大衰退展開後十年，美國整整花了十年的時間，才終於回到接近充分就業的狀態。（二〇一八年九月，只有三．七％的勞動力沒有工作。）但這些統計數據所傳達的景象有點華而不實；實際上美國只有七〇％的工作年齡人口有工作，遠低於其他國家（例如瑞士和冰島，這兩國的這項比率分別是八〇％和八六％。[23]而且，許多美國人（大約三％）因為找不到全職的工作而只能非自願從事兼職工作。要不是因為有那麼多的人被監禁，美國的失業率可能會更高（美國有將近一％的工作年齡人口在監獄之中，這個比率遠高於其他國家）。[24]勞動市場疲弱也反映在實質工資的成長緩慢，即使是在大衰退（大衰退期間工資是停滯的）過後多年的二〇一七年，十六歲以上的全職勞工工資僅成長一．二％，而且還低於二〇〇六年的水準。[25]

財政政策

即使貨幣政策失靈，財政政策也可以提振經濟。增加高乘數活動（high- multiplier activities，例如花更多錢聘請更優質的師資）的支出，減少低乘數活動（例如花錢向外國承包商購買武器）的支出[26]，就能在需求短缺階段（例如二〇〇八年金融危機後那幾年）帶來顯著的經濟提振。將窮人與中產階級的納稅負擔轉移給較有能力繳稅的人，也能達到提振經濟的效果，因為底層人口將所得用於各項消費的比率遠高於頂層的人口。當然，這個潛在對策和二〇一七年十二月頒布的稅改法案內容完全背道而馳。美國的累退稅制（社會頂層人口繳稅金額約當其所得的百分比，遠低於較不富裕的人）以及富翁的逃漏稅行徑，不僅導致不平等情況惡化，也扭曲並弱化整個經濟體系。

事實證明，某些稅賦對經濟體系是有利的，某些甚至能達到提振經濟的效果。例如若徵收碳排放稅，將鼓勵企業進行減碳技術的投資，同時企業也會調整生產方式以減少碳排放。碳稅的徵收，等同於結束企業長久以來所獲得的大量碳補貼[27]，整個經濟體系將因此獲得三重利益：更優質的環境、碳稅收入可用來解決美國的某些長期需求，以及在提高需求下從而促進更多就業機會與更高的經濟成長。[28]

即使目前財政赤字與國債問題相關的疑慮使得美國財政相當吃緊，我們還是能利用設計適當的財政政策來提振經濟。「平衡預算原則」(balanced budget principle) 主張宜在增稅的同時，增加提振經濟相關的支出。若能慎選要課徵什麼稅賦、花費什麼支出，對經濟體系乃至就業市場的提振效果有可能非常大。[29]

基礎建設投資是最能彰顯財政政策效益的領域之一。多年來，美國基礎建設投資不足的問題一直存在，這意味基礎建設的需求非常龐大，且進一步投資的報酬將相當可觀。基礎建設的改善能提高民間投資，因為企業將因基礎建設投資而得到更容易進入市場的管道，並因此受益。所以，公共投資將鼓勵民間支出。另一個效益是資源的節省，因為機場與道路壅塞導致巨額的民間資源遭到無謂浪費。

設計良好的基礎建設投資還可能衍生更深層的利益。個人必須能夠有辦法到達有就業機會的地方，但美國的公共運輸系統經常不足或甚至付之闕如，無法為個人提供便利的運輸服務。在設計新基礎建設計畫時，必須將能連結民眾與就業機會的優質公共運輸系統列為這個計畫的一環。

另一個能讓情勢大為改觀的目標鎖定型財政政策，是政府對研究的投資。民間部門一向受益於公共資金支持的科學及技術升級，並因這些科學及技術升級而蓬勃發展。事實上，過去四分之三個世紀，絕大部分的關鍵技術升級都來自公共資金的支持，包括網際網路、瀏覽器、電腦到雷達等，不勝枚舉。[30]

上述對策能在需求不足時提高總需求乃至經濟成長，而由於這些對策能提高經濟體系的潛在產出，所以，這些也同時是供給面對策。因此，這些對策將能發揮真正的效用，不像最終功虧一簣的雷根式供給面提振方法（單純只是降稅、放鬆管制）。

其他國家（特別是歐洲）發現，設立一家全國性基礎建設投資銀行來協助提供各式各樣投資案所需的財源，是相當有幫助的做法。舉例來說，歐洲投資銀行（European Investment Bank）一年投資超過九百四十億美元在各項專案，包括連接各大都市的快速火車、可靠的輸電網路以及優質的公路網等，這些專案對歐洲經濟成長已帶來不少貢獻，也提高當地民眾的生活水準。[31]未來美國也必須花費大量資金來滿足日益成長的經濟體系所需的基礎建設，所以，若能成立類似的銀行，將有助於供應這些基礎建設所需的必要財務資源。[32]

為有意願工作的人提供保證就業機會

在多數情況下，我們到目前為止所說明的對策都有可能促使經濟體系達到充分就業狀態。儘管如此，這些對策能否在美國即將面臨的經濟環境中奏效，則難以論定。「市場意識型態」對我們的思維影響極為深遠，所以，多數經濟學家相信，只要政府執行財政與貨幣政策的方法正確，那麼，幾乎只要仰賴民間部門的力量就可實現充分就業的目標。但如果實際上的狀況和這些經濟學家的想法不同，靠民間的力量無法實現充分就業，又該怎麼辦？

有一個替代方案可採用：由政府雇用勞工。二十一世紀的美國應該承認一項新權利，也就是「每個有能力且願意工作的人都應該擁有就業機會」的權利。如果市場失靈，且如果財政與貨幣政策失靈，政府就需要介入填補這個空隙。民眾關心的是經濟保障，而因這項終極保障而多獲得的安全感，對民眾的價值難以估計。除此之外，社會上本來就有很多工作需要做。美國的很多學校都非常破落，亟需修補或至少需要粉刷。我們的都市需要清潔與美化。[33]誠如我們先前討論的，明明有那麼多工作需要做，民眾也想要做那些工作，但我們的經濟與金融體系卻讓我們的社會與個人雙雙變得愈來愈衰敝，這實在是堪稱國恥。

印度已對願意從事無須技能的手工勞動工作的鄉村公民提供那樣一個保證就業機會（一百個工作天），而且，一年已有大約五千萬個印度公民利用這個計畫賺取收入。如果諸如印度那樣的貧窮國家都有能力負擔這樣一個計畫，美國一定也有能力。另外，這種計畫還有一個額外的好處，它已促使農村工資上漲，赤貧人口因而減少；所以，類似的計畫也有可能促使美國社會底層民眾的工資上升，有助於進一步改善不平等狀況。[34]

創造更優質的就業機會

從第二次世界大戰以來，工作的世界和家庭的本質皆已改變：在當時，一個家庭普遍只有一名工資所得者（男性），一個人則負責持家（幾乎都是女性）；但如今，非常多家庭的兩名成人雙雙投入勞動力，雙薪家庭成為常態。那代表現代家庭需要過去所不需要的各種彈性。舉例來說，現代人有家庭假政策的需要，而企業則必須允許更彈性的工時。另外，政府也必須在孩童照護方面提供協助。[35]最重要的是，我們必須阻止市場操縱在待命制與零散輪班制排班（第三章曾說明）等方面的濫用。

能單純藉由哄騙雇主的方式來達到上述所有目的固然非常好。不過，在過去，哄騙的成效並不好，未來也不可能有效。上述力求重新平衡勞工與雇主勢力的相關變革是必要的，而較吃緊的勞動市場也可能有助於勞資勢力的再平衡。不過這些作為不可能足夠。我們需要監理規定以及誘因、獎勵與罰則來達到上述目的。這些變革不僅會對家庭帶來經濟利益，也會為整個經濟體系帶來利益，而且，這些變革對社會的利益也不僅止於GDP的增加：這些作為將促進社會包容，並降低長久以來不同性別之間的工資與所得落差。

重建機會與社會正義

即使是最熱情的市場派倡議者都了解，單靠市場本身的力量絕對無法確保社會正義與機會，尤其是在諸如美國這種向來以差別待遇著稱、且有五分之一孩童在貧窮環境下長大的社會。在自由競爭的勞動市場（但我強調過，勞動市場顯少是自由競爭的），工資由供需決定。各項市場動力的交互作用，可能導致低技術勞工的工資低到無法餬口，遑論過有意義的生活。而政府的重要角色之一就是促進社會正義，確保每個人都能獲得足以維持生計的所得；另外，政府也必須確保年輕人（無論他們的父母所得、教育程度、社會地位或其他環境條件如何）擁有蓬勃發展所需的技能，並能獲得與其技能相稱的就業機會；政府也應確保某些個人或企業不會使用他們的市場操縱力，輕易侵奪不成比例的多數國家大餅。[36]

隨著我們逐步邁向一個更有活力的經濟體系，我們還必須設法實現機會均等與社會正義等更廣泛的社會目標。首先，我們必須讓市場所得的分配更加平等（這有時稱為「預分配」）。不過即使我們竭盡所能，所得不平等的情況往往仍然相當嚴重。這時，我們就必須使用更累進的稅賦、移轉性支出，以及公共支出計畫，來進一步促進生活水準的均等化。[37]無論如何，如果我們能成功促使市場所得分配變得更平等，就能減輕「重分配」的負擔。這種著重「預分配」的做法很重要，它凸顯出一個事實：若想實現所得的更公平分配，不能只想靠「重分配」（即向有錢人課稅，並將這些稅金交付給較貧窮的人）。

不平等的問題是在所得的創造過程中發生，在這個過程中，企業藉由施展賣方獨占與買方獨占勢力、藉由剝削他人（誠如前幾章所描述的方式）或是差別對待較脆弱或特定種族與少數族群等方式來獲取大量所得，從而造成不平等。當企業執行長利用公司治理的缺陷自肥，領取過高薪酬，導致可用於勞工工資及公司投資活動的資源減少，也會衍生不平等的問題。要實現更公平的所得分配，必須禁止上述種種作為、改革公司治理法律、通過更優質的勞動法律，強化並強制施行差別待遇與競爭法律等，這些都是（在政治端）簡單的措施。姑且不考慮政治，誠如我們先前提到過的，市場並非與世隔絕；我們必須透過規章、監理規定和政策，重新打造市場結構。某些國家在打造市場結構方面的表現較好，所以那些國家的效率也較高，市場所得分配也較平等。

不平等不僅是影響個人所得的規定所造成，[38]也導因於管理或監理企業剝削行為的規定。美國金融體系的設計純粹是為了擴大不平等：社會底層人口的借款利率較高，但存款利率卻較低。金融產業先前的「改革」（例如取消貸款利率上限）只是讓情況變得雪上加霜罷了。這個產業的市場競爭已愈來愈有限，僅存的競爭也多半是以如何剝削行事輕率的人為目的。[39]

很多改革能促進更高程度的平等。舉例來說，其他幫助社會底層人口的政策還包括：提高最低工資、提高工資補貼和薪資所得扣抵稅額，並敦促民間部門發放足以維持生計的工資等。[40]

優勢與劣勢代際相傳

即使有錢人較高的所得不是因剝削較底層人口而來，若他們的優勢不是來自自身的努力，而是來自繼承，那麼，我們還是可能判斷他們掌握不公平的優勢。談到這裡，就觸及和優勢與劣勢代際相傳有關的重要議題。當然，所得較高、財富較多與教育程度較高的人，不可避免會在能力所及的範圍內做一些對其子女有利的事；一個世代的所得、財富及教育程度的不平等程度愈大，下一個世代的不平等勢必也會較大。也因如此，改善當前的不平等是確保未來機會更加平等的根本要件。[41]

出生在貧窮家庭的孩子注定在無法發揮潛力的環境中成長，是十分不合理的現象。任何一個人道社會都不能因為一個孩子不幸在貧窮家庭誕生而對他宣判死刑。在一個有高達五分之一孩童在貧窮環境下長大的國家，這已經不是一個理論性的疑問，而是具實務攸關性且刻不容緩的事務。也因如此，童年營養與健康計畫以及促進教育機會的計畫（從學齡前教育到大學教育）極度重要。

優質免費公共教育可能成為凝聚社會的重大動力之一。五十年前，差別待遇導致女性被很多機會拒於門外，因此當時教育相關的就業機會，能以較低的工資吸引到很有才華的女性。隨著性別差別待遇的某些層面改善，如今的女性得以進入其他產業部門，於是，可用相對較低工資聘請到的優質女性教師遂相對減少。為了在這個全新的勞動動態下維持相同的教育品質，我們需要大幅提高教育工作者的薪資（乃至教育支出）。

而由於美國民眾之間在經濟上愈來愈隔離，貧窮孩童與其他貧窮孩童生活在同一鄰里的情況已是常態，而我們採用的本地化教育體系，也是造成教育程度落差愈來愈懸殊的另一個因素。[42]住在富裕社區的孩童因此比貧窮社區孩童更能接受到更好的教育。而隨著學費上漲速度高於中產階級與社會底層人口的所得成長率，教育落差懸殊的型態遂一路延續到大學階段。較貧窮家庭的孩子接受大學教育的唯一管道，通常就是舉借負擔沉重的學貸；這些孩子必須面對一個令人不悅的選擇：放棄接受大學教育，一生屈就於低工資的生活；或者接受大學教育，但舉借需要一輩子才還得完的債務。

因此，為所有人提供優質公共教育，是追求平等與機會均等的行動計畫的核心要素。而優質的公共教育需要提高國家支出。如果教師的薪資遠遠低於銀行業與社會上其他領域人士的薪資，我們怎能期待教育體系吸引到優質教師？另外，如果各個地方社區的資源落差那麼大，我們又怎能期待每一個地方都能擁有優等的教育品質？但透過績效給付之類的獎勵來激勵教師，並無法達到提高教育品質的目的，因為教師就算因學生表現改善而獲得調高薪資或領到幾千美元獎金，他們跟其他行業（例如銀行從業人員等）之間的薪資落差還是非常大。何況，教師是專業人士，上述獎勵性給付對他們的專業而言是一種侮辱。

如果有人對一名心臟外科醫師說：「如果手術成功，我將付更多錢給你作為獎勵。」那名醫師絕對會氣得火冒三丈。外科醫師每次開刀一定都竭盡全力，我們的多數教師也一樣。如果我們能向教師表達更高的敬意（而不是像過去那樣一味打擊教師及教師工會，畢竟目前工會已成為特定教育改革派的常用工具），並以更高的薪資（終結長期以來禍害這個專業領域的性別差別待遇陋習）聘僱更優質的教師，同時提供更優質的工作條件，包括縮小班級規模，即小班制，教師的績效應該會好很多。[43]

差別待遇

美國社會真正的惡性腫瘤是種族、少數民族和性別差別待遇。直到最近，我們才開始體察到差別待遇的狀況有多麼普遍和根深柢固，由近幾年警察暴力相關的圖文證據，乃至大規模監禁的統計數字等便可見一斑。差別待遇是個道德議題，不過，它也會產生經濟後果。一如所有惡性腫瘤，它會危害我們的生命力。因差別待遇而受害的人通常永遠無法充分發揮其潛力，而這造成美國公民這個國家最重要經濟資源的浪費。

一如第二章提到的，過去半個世紀，美國在降低種族差別待遇方面的進展非常緩慢，甚至已開始停滯。有幾年，公民權立法行動及種族隔離的狀況確實改善，但各級法院妨礙進一步的進展，到二〇一三年，最高法院甚至裁定一九六五年投票權法案（Voting Rights Act）的某些關鍵條款無效。[44]第二章的內容以文本翔實記錄美國夢如何已成為所得金字塔底層家庭出生的人眼中的一個神話，尤其是弱勢族群的成員。種族、少數民族和性別差別待遇是導致經濟不平等、缺乏機會，以及經濟與社會隔離（social segregation）的重要元素。

差別待遇的眾多形式

美國的差別待遇有很多不同的形式。財務、住宅和就業的差別待遇通常只是隱隱約約，不是那麼明顯。不過，美國警察強制執行與審判體系方面的差別待遇則極端顯而易見。

不管是美國或其他國家都認為，美國人對法律規章及正義的承諾是這個國家最重要的獨特堅持。美國孩童每天到學校上課的第一件事，就是宣讀效忠宣誓（Pledge of Allegiance），這份宣誓包含「……每個人都享有自由與正義」等鏗鏘有力的文字。不過，一如美國夢，這段宣誓也是神話一則。較精確的描述應該是「……所有有財力的人都享有正義」，而且應該納入一條但書「……尤其是有財力的白人」。

美國囚犯人數比其他任何國家多（相對其總人口）的事實已舉世皆知。真正令人不敢置信的是，美國的囚犯人數竟達到全世界囚犯人數的二五％，相較之下，美國的人口僅占世界人口的五％，而且美國的囚犯不成比例地以非裔美國人為主。[45]

目前世人已開始體察到這個大規模監禁體系[46]的真正意義，而這個現象不僅極端不公平與差別待遇，更是非常缺乏效率。[47]

我們該做些什麼？

諸如種族與差別待遇這種長期遺毒不可能自行消失。我們必須了解促使種族主義及其他形式的差別待遇變得那麼根深柢固的機構基礎，並設法予以根除。[48]這代表除非我們在經濟體系的所有面向更強力強制執行美國的反差別待遇法律，否則不可能實現種族、少數民族和性別平等。不過，這樣還不夠，我們還需要展開立法行動，設置新一代的公民權法規。

我們需要採取堅定的行動與經濟計劃來促進機會的平等。美國存在多重的貧窮陷阱，例如居住在特定地區（例如阿帕拉契〔Appalachia〕）或具備特定背景（如美國原住民及非裔美國人）的個別族群，他們都需要旁人的協助才能找到力爭上游的管道。[49]我們已經了解到優勢與劣勢可能世代相傳的機制。所以，我們必須應用這些教訓，打破在所有地方發生與基於所有原因而發生的貧窮陷阱。

教育機會、營養和醫療的取得是打破這類陷阱的必要元素（但還不夠）。由於我們漸漸體察到，美國由地方提供財源且本地化的教育體系已成為促使經濟不平等永久化的機制，所以，我們需要大幅增加聯邦資金。由於體察到貧窮孩童在就學以前就已經處於劣勢地位，所以我們也需要國家層級的學前教育計劃。

種族正義與經濟正義彼此環環相扣，密不可分。如果我們改善整體不平等的程度，如果我們確保社會底層的家庭能讓他們的孩子擁有和社會頂層家庭孩童相同的機會，就能大幅強化種族、經濟與社會正義，並因而得以打造一個更有活力的經濟體系。

重建各個世代的正義

政治人物經常把「後代子孫的福祉」掛在嘴邊，好像非常重視這個面向的公平性似的，但那都僅止於口惠。二〇一七年稅改法案將製造巨大的政府赤字，使政府債務上升。諷刺的是，國會的共和黨人過去一向反對過高的債務，宣稱高債務將成為後代子孫的負擔，但等到他們逮到機會為大型企業與億萬富翁謀取利益，便將那個論述拋諸腦後。長久以來，代際正義的三個面向遭到漠視，唯有採行某種改革行動計畫，才能加以導正。

第一個面向是，真正導致後代子孫負擔加重的是缺乏投資，包括公共投資與民間投資。根據最精準的估計，美國的資本存量甚至跟不上所得的成長。如果我們不為美國的年輕人提供充足的教育，他們將無法充分發揮其潛力。而如果我們不投資基礎建設和技術，我們接棒給他們的世界將無法維持我們曾享受的那類生活水準。

第二，我們的地球無可取代。如果地球上的情況不樂觀，人類並沒有其他地方可去。儘管如此，我們卻不斷掠奪這個世界，其中最危險的後果是氣候的變遷。我們已經可以預見，未來的情況將一年比一年危險。另外，即使是政府思考環保的方式以及制定環保決策的方式，都對我們的孩子不公平。

我們曾在第七章說明，美國政府在考慮實施一項監理規定前，都必須進行成本效益分析。其中某些成本效益分析是比較今日的某一項環保監理規定的成本和它當今及未來將獲得的效益。舉例來說，如果我們對骯髒的燃煤電廠設限，今日的成本可能會上升，但健康狀況改善與氣候變遷速度減緩的利益，卻要延續到未來很多年才會漸漸顯現。所以在進行這些成本效益分析時，有一個極為關鍵的議題：我們如何比較一美元的未來利益和當今的一美元成本？

根據川普政府的程序，五十年後（也就是我們的孩子達到壯年期時）的（「實質」）一美元，只價值當前的三美分。事實上，那樣的評斷等於是「揩未來的油」。這造成的結果是：除非一項環保監理規定對孩子們的利益比今天的成本高三十倍以上，否則政府就認為不該採納。由於當前的政府採用這種漠視下一代算計方式，難怪它沒有興趣為氣候變遷採取適當作為。[50]

第三個面向是，基於各式各樣的原因，大部分年輕人並沒有類似我們年輕時那樣的機會。目前有數百萬的年輕人被沉重的學貸壓得喘不過氣來，而這項負擔妨礙那些年輕人自由選擇職涯、成家乃至購屋的能力，因為他們隨時得惦記著應付的學貸。在此同時，房價相對所得的比率因寬鬆貨幣、設計不良的稅法以及金融放鬆管制等緣故而飆升。我們這一代坐享資本利得，但下一代想盡辦法也難以找到負擔起的住宅。跨世代福祉的鴻溝是最令人頭痛的鴻溝之一。經由房地產賺到巨額財富的父母或許會和子女分享這些財富，而子女可能又進而將這些財富傳給下一代。不過，未持有任何房地產的父母親幾乎沒有任何財富可以傳給子女和孫子女，而他們的後代子孫因而無法享受安逸的生活。這一代的不平等可能因此在下一代變得更不平等。關於這個難題，這一章稍後將說明的稅改政策改革及下一章說明的房貸與學貸計畫改革，或許能提供解決之道。

稅賦改革

累進、公平且有效率的稅賦體系是活力與正義的社會不可或缺的重要環節之一。我們已說明政府必須採行的各種重要活動，包括公共教育、醫療、研究和基礎建設；維持優質的法院系統；以及提供少量的社會保障等。但這一切活動都需要資源，也就是稅金。讓較有能力繳稅的人（他們從經濟體系獲得的利益通常也較多）多繳一點稅才是公平的。不過，誠如第二章提到的，社會頂層人口的實際稅率低於較低所得者。基於上述及其他理由，過去三十年間的情況只有惡化，沒有改善。其中，二〇一七年的稅改法案堪稱歷來最糟糕的稅賦法律，因為它對絕大多數中間所得者增稅，以支應對大企業及億萬富翁減稅所需的財源。

只要要求大企業與有錢人公平繳納應繳的稅金（這必須溫和改變美國現行的累退稅制），十年內就能徵收到數兆美元的稅金。[51]不過，要達成這個目的，不僅牽涉到提高大企業與有錢人的稅率，也牽涉到消除各特殊利益團體遊說人員不斷努力在美國稅法中刻意創造的漏洞。[52]我們應改變對房地產實施優惠稅率（一如二〇一七年稅改法案）的做法，取而代之的，應恢復針對土地報酬課徵較高稅率。當勞工遭到課稅，他們可能會不願意那麼努力工作；當資本被課稅，資金可能會流向其他地方，或可能導致民眾不那麼積極儲蓄；[53]但土地則不然，無論有沒有被課稅，土地都跑不了。事實上，十九世紀的偉大經濟學家亨利喬治（Henry George）就主張，政府對土地的報酬（也就是「地租」）應該課徵一〇〇%的稅。[54]對「地租」課稅可能促使經濟體系變得更有生產力。如今，大部分的儲蓄流向土地，而不是流向生產性資產（研發、廠房與設備投資）。所以，對土地資本利得與「地租」課稅，將鼓勵更多儲蓄流向生產性資本。[55]

還有其他稅賦能同時提高經濟績效並增加收入。舉例來說，碳排放稅能提醒家庭和企業留意減低碳排放的必要性。[56]如果沒有課徵那類稅賦，個人就不會把自身的碳排放行為所造成的社會成本當一回事。那類稅賦也能激勵各方進行降低碳排放的投資與創新，從而可能在實現巴黎（二〇一五年）與哥本哈根（二〇〇九年）等限制全球暖化的國際會議所設定的重大目標方面，扮演核心的推手。[57]若沒有那類稅賦，這些目標將難以達成，而且不達成這些目標的代價實在太大。二〇一七年，全世界已因幾次氣候相關的天然災難而蒙受創紀錄的損失，包括哈維、艾瑪和瑪麗亞等颶風所造成的兩千四百五十億美元損失，這些災難呼應全球暖化將導致氣候愈來愈多變的預測。[58]海平面的上升也將對沿岸各州造成巨大的成本；佛羅里達州與路易斯安那州的多數地區將變成水鄉澤國，或遭受更頻繁的潮水氾濫所苦。華爾街也將被淹沒，儘管某些人可能認為那是好事一樁。

當一項經濟活動的私部門報酬（private return）超過社會報酬（social return），對這項經濟活動課稅，將有助於提高福利，這堪稱一個通則。另一個需要課稅的例子是：短期金融交易，它多半對社會沒有效益。通常從事這類交易的人希望透過掌握較充分的資訊優勢來占另一個人便宜。這兩個交易者甚至可能雙雙相信自己貪到了便宜。從很多方面來說，股票市場只是有錢人的賭場。儘管賭博能帶來短暫的愉悅感，但這項活動只是把某人口袋裡的錢轉移到另一個人的口袋罷了。賭博與短期交易無法讓這個國家變得較富裕或較有生產力，而且通常最終會有一方遭遇極端不堪的下場。不節制的交易活動，尤其是和高頻交易（high- frequency trade，譯注：頻繁買進又賣出的交易行為）有關的交易活動，更是完全沒有社會功能可言。[59]所以，妥善設計的金融交易稅不僅能籌措資金，也能改善經濟體系的效率與穩定性。

當然，特殊利益團體將群起反對上述所有稅賦。我不想像鴕鳥般假裝政治圈能輕易推動這些稅賦。不過，姑且不考慮政治，課徵這些稅賦後，美國的資金應該不會再短缺，因而將不再是一個充斥窮人的富裕國家。換言之，所有美國人都能（也應該能）得到中產階級的生活。

結論

本章及前面各章所討論的各項改革計畫，是實現一個更有活力、更快速成長、更為民眾服務（而非受民眾效勞）經濟體系的必要手段。其中很多政策都稱不上新穎，在很多國家已實施過相似政策，而且成效良好。然而真正困難的不是經濟面，而是政治面。

即使我們設法克服政治面的阻力並成功實現上述改革，可能還是難以實現中產階級生活：

即使是擁有合理就業機會的家庭，都可能無法擁有充足的退休金，或無力負擔子女的大學教育費。一如農民之間會互相幫忙興建新穀倉的傳統，也一如家庭成員會在艱困時期團結一致，我們的社會也只有在所有人都戮力合作的情況下，才能達到最好的運作成效。為所有人恢復成長的積極行動計畫，只是實現另一個雄心壯志的手段之一，那個雄心壯志是：所有人都能獲得中產階級生活。下一章將解釋如何實現這個雄心壯志。

第十章　確保人人享有理想生活

結合市場、公民社會、政府法規及政策（如免費公共教育），美國在上個世紀創造出中產階級的生活與工作型態，使勞工獲得前所未有的良好生活水準。然而在過去四十年中，我們似乎太把美國的中產階級生活視為理所當然，並漸漸變得自滿。如今，許多公民只能勉強維持原有的中產階級生活水準，對更多人來說一切已是遙不可及的夢想。半個世紀以來，儘管美國是世界上最繁榮的大國，多數人的工資卻陷入停滯甚至倒退，其中肯定出了什麼問題。先前幾章討論的改革計畫，雖然有助於確保每位勞工都能獲得滿足當前生活所需的收入，並有助於恢復經濟成長，但仍不足以讓多數美國人重返中產階級生活。

過去幾十年，市場並未達到確保人人享有理想生活的基本要求。其中一些市場失靈已廣為人知：例如市場只為健康的人提供保險，所以投注巨大資源來分辨哪些人健康、哪些人不健康。但一個只有健康民眾才能投保的社會，不會是一個有生產力的健康社會；又如市場在為有錢人家的子女提供教育機會方面確實可圈可點，但一個只有富裕孩童才能接受好教育的社會，既不公平也沒有效率。

保守派人士表示，想要修正市場失靈並克服市場局限固然是好事，但這一切都需要錢。所以他們宣稱那是我們當前負擔不起的夢想，因為美國目前的公共債務已經非常龐大。但這樣的說法毫無道理可言。世界上有很多遠比美國貧窮的國家，卻能提供全體國民比美國更好的醫療與教育服務，也比美國更積極營造有助於公民實現理想生活的先決條件。[1]

事實上在大約在六十年前，當時的美國表現得比它們更好。第二次世界大戰結束時，我們的負債比現在高，整個國家也比現在窮，當年的人均所得只有今天的四分之一。[2]然而，二次世界大戰後那幾年，我們卻有能力根據「退伍軍人權利法案」（GI Bill），為曾經投入戰爭的人免費提供最優質的學校教育，這意味所有年輕男性及許多女性都能免費受高等教育（非裔美國人例外，他們被排除在「退伍軍人權利法案」的很多福利之外）。[3]在艾森豪總統主政時期，當時我們擴建全國道路網，並頒布了「國防教育法案」（National Defense Education Act），展開一個促進科學及技術的大型計畫。到詹森總統主政時期，我們頒布「聯邦醫療保險計畫」（Medicare Program），而在尼克森總統主政時期，則是擴大辦理「社會安全制度」。如果當年我們負擔得起那些政策，現在一定也負擔得起。這只是道簡單的選擇題，然而過去一段時間，我們一直做出錯誤的選擇。

以下幾個提案的核心概念都是「公共選項」（public option）。[4]政府已經證明它在許多領域比民間部門更有效率：政府退休計畫的管理成本遠低於民間部門的退休計畫；設有公共醫療體系國家的相關成本低於美國營利型醫療體系的成本，而且成果更好。儘管如此，美國人還是比較偏好自己做選擇。所以透過公共選項的設置，政府能建立一個替代性的基本計畫，提供醫療保險、退休年金或房貸等產品。隨之而來的是公部門與民間部門的市場競爭，這樣就能減弱市場獨占的影響。這股來自公部門的競爭力量，不但能讓公民有更多選擇，還能減輕當今民眾因選擇有限而經常被民間部門不當對待所產生的無力感。[5]這股競爭力量的出現，能讓公民過得更好，也讓他們感覺更有能力掌控自己的生活。

長期下來，市場上可能出現公共與民間計畫並存的狀況（一如目前和提供退休收入有關的領域）。在一些領域中，民間部門可能有能力針對特定個人的需要，量身訂作較合適的計畫，但我認為除了鎖定超級富豪的特定利基型計畫，民間部門的計畫將逐漸式微，事實將證明民間部門不具競爭力。不過在另一些領域中，絕大多數的公民將訴諸民間部門。總體上來看，公共選項的存在勢必會形成一種競爭關係。民間與公部門之間的競爭，不僅會讓選擇變得更加豐富，而且將促使民間部門變得更有效率與競爭力，提供更低價格與更優質的服務，並且能迅速回應市場的需求。遺憾的是，過去一段時間，美國走錯了方向。歐巴馬總統原本在「平價醫療法案」框架下提出一個公共選項。然而，不希望迎接市場競爭的民間部門卻成功阻擋這個計畫。[6]

美國一向以「美國例外論」（American exceptionalism）而自豪，認為美國因自身獨特的歷史而比其他國家更特別且更卓越。近年來，美國例外論已隱含另一種險惡的寓意：相較於所得水準相近的其他國家，美國的不平等程度愈來愈嚴重、機會更加不平等、擁有更多囚犯，以及更低的平均壽命（而且愈來愈低）。美國民間醫療保險體系的成本遠比歐洲的公共醫療保險計畫高，但成果卻相對差很多。

這一切的一切，意味我們應該更留意其他國家的成功經驗。美國應該改變孤芳自賞的態度，不要再認為其他國家沒有什麼值得學習的。那些國家一向非常留意美國所採行的政策，當它們發現我們的某些政策施行後成效良好，而且適合它們，就會仿效並因地制宜的調整成適合它們的做法。美國也應該採取類似的行動。

醫療保障

「平價醫療法案」（歐巴馬健保）是確保所有美國人都能獲得醫療服務的重要起步。當然，這個計畫顯然還有改進空間，尤其是在某些州拒絕參與「擴大醫療補助計畫」（對窮人提供免費醫療服務）的情況下。不過情況變得愈來愈糟糕，尤其是二〇一七年稅改法案通過後，原有的強制納保規定遭到廢除。強制納保的廢除，加上禁止差別對待投保前已存在的健康狀態（preexisting condition）等規定，製造保險體系的死亡螺旋：健康的人會先退保，等到有需要時再加保，但由於只有生病或即將需要醫療保險的人才會投保，保費因而被迫提高；保費的提高又誘使更多相對健康的人退保，進而促使保費又進一步增加。[7]

如果我們希望擁有一個人人皆受保障的保險體系，那麼就應該依照歐洲的單一支付者模式（single payer system）路線，由公家提供保險，否則必須根據歐巴馬健保路線：下一道命令，要求每一個人透過民間管道投保；再不然就必須對保險公司提供巨額公共補貼。[8]在一個缺乏社會團結的社會中主張「由健康的人補貼不健康的人」固然是件令人反感的事，但我們無法否認每個人終究會有變得「不健康」的一天，這是一個不爭的事實。除非是無預警突然身故，不然即使是非常健康且從未使用醫療體系的人，身體狀況也會隨著生命的日薄西山而漸漸惡化。

川普和共和黨人並未撤銷歐巴馬健保，也沒有提出替代方案來取代歐巴馬健保，理由很簡單：根本沒有其他解決方案。歐巴馬和民主黨人努力打造一個讓已有保險的人能繼續保險，並確保其他人也都獲得保障的體系。雖然這不是一個完美的體系，卻是可以慢慢改良的框架。

無法通過國會的關卡，其原因出自一個被遺漏的關鍵環節，那就是公共選項。這個選項能讓所有想要聯邦醫療保險的人都能付費使用。這意味著，即使所有民間保險公司都決定不對某些地區提供保險，也不會有人被排除在醫療保障之外。公共選項能限制民間保險業濫用市場力量的程度，因為在許多地區只有少數保險業者提供服務，容易衍生市場操縱力被濫用的情況。

廢除強制納保規定的川普和共和黨人，有可能成功破壞已經非常普及的歐巴馬健保計畫。如果他們真的得逞，美國將有數百萬人落入沒有醫療保險保障的窘境，尤其是投保前已存在特定健康問題的人。另外，將有數百萬人將面臨保費增加的困境，這對漸漸年老且健康狀況較不佳的人而言尤其痛苦，因為他們會在最需要保險的時刻卻無力負擔保費。目前只有兩個方向可行：第一個方向是恢復強制納保與公共補貼，但這次是以公共選項進行；另一個方向是採單一支付者模式，由政府（即「單一支付者」）為每一個人提供基本的醫療保險。正如英國保險體系所示，單一保險人保險和補強式保險同時並存，有助於打造一個更健全的民間保險市場。

退休津貼

經過一生的努力，勞工應當享有理想的退休生活。在漸漸衰老的歲月中，他們不用擔心是否有足夠的錢可維持生計，不用擔心是否有一天需要靠慈善機構或子女的資助，更不用去麥當勞從事最低工資的兼職工作。當然，誠如我們在上一章主張，政府應該設法確保有能力且有意願工作的高齡者找到有意義的工作，好好發揮他們長期累積起來的知識和技能。

右派人士積極設法刪減社會安全支出，問題是社會安全給付是多數美國人重要的退休財源。右派人士以「應享權益」（entitlement）等詞彙詆毀社會安全體系，試圖將這個計畫抹黑為一種政府的贈禮，而不是讓民眾靠自己的努力而獲得權益。事實上那也並非是免費贈禮，民眾在職涯過程中必須持續支付社會安全稅，就像是購買退休年金一樣。不過兩者之間仍有明顯的不同：民間部門試圖從年金業務賺取大量利潤，因此效率較低且交易成本較高，在風險保障上也比較不完整；不過民間年金的提撥金額和領取金額間的關聯性較高。

小布希總統曾試圖將社會安全體系民營化，任由個人受民間市場剝削，一旦他得逞，民眾的福祉將端視股票市場的榮枯而定。問題是，股票市場受經濟波動影響，而非個人所能控制，一旦發生股票市場崩盤，就足以導致個人退休儲蓄化為烏有。如今，從大衰退的歷史來思考這個問題會格外讓人感到痛苦，我們眼看著大型銀行造成金融危機，但在神話故事中這些金融機構應該要可靠的為一般人提供退休保障。對那些幸運從危機中逃過一劫、一生積蓄沒有化為烏有的人而言，他們面臨一個新的問題，這次問題的根源是聯準會。那場危機爆發後，共和黨人在國會堅持拒絕在經濟體系迫切需要之際通過財政提振政策，於是聯準會不得不挺身而出，試圖復興經濟運作。隨著聯準會將利率降到接近零的水準，原本基於風險較低而將資金投入政府公債的人，只能眼睜睜看著自己的退休所得消失。這個新問題所造成的損害，並不亞於嚴重通貨膨脹或市場崩盤。

在其他國家，即使是在大衰退前，原本被迫依賴民間退休帳戶的人就察覺到退休津貼已縮水，原因是企業收取過高的退休帳戶管理費用，部分個案退休津貼縮水幅度甚至高達三〇%至四〇%。[9]當然，民間部門爭取管理這些退休帳戶的目的，就是為了收取手續費。社會安全體系民營化的真正意義，就是將退休老人口袋裡的錢，轉移到銀行業者的口袋，就是這麼簡單。沒有證據可以證明那些銀行業者能創造更高或更安全的報酬，而且事實正好相反。

更糟的是，很多美國人早已成為金融掠奪者爪下的羔羊，掠奪者們無時不刻在尋找可占便宜的對象。當然，同樣是透過過高的隱性手續費來達到這個目的。[10]

上述經驗告訴我們：政府不能要求美國人把退休後的生活託付給市場，因為市場價值及市場創造的收入起伏過大，銀行從業人員又過於貪婪。美國人需要一個替代方案，不是右派人士要求的刪減社會安全計畫，而是要復興整個社會安全體系，鞏固財務基礎，並提供公共選項。提供公共退休選項的最簡單方法，是允許個人投入額外資金到他的社會安全帳戶，並獲得相應的退休津貼。

公共選項將對民間部門帶來有效的競爭，並有機會誘使銀行與保險公司，以較低成本與費用提供更好的金融商品。事實上，公共選項能有效促進良性行為，效果可能比政府法規更為顯著。當然，金融部門一定堅決反對公共選項，他們總是誇口說自己相信市場競爭，但等到真正要應付市場競爭時，卻回頭要求採取對他們有利的安排。

復興社會安全體系的對策，還要包括擴大社會安全信託基金（Social Security Trust Fund）可用來投資的工具，它們的投資標的不能只限制在低收益的美國政府公債。一個可行的方案，是允許將資金投資到廣泛分散的股票型基金，或是先前提到的新基礎建設投資銀行（即美國版的歐洲投資銀行）所發行的債券。基礎建設投資能帶來豐厚的報酬，而將這些報酬以適當比率（如五％）回饋給債券持有人，也能同步讓社會安全信託基金獲得更穩固的基礎。

住宅所有權

二〇〇八年金融危機凸顯出美國退休體系的缺陷，同樣也讓美國住宅融資系統的缺陷一覽無遺。數百萬美國人失去自己的房子，大部分原因來自美國金融體系的掠奪性與欺詐性行為。美國的不動產抵押貸款體系[11]迄今仍不完善，絕大多數的不動產抵押貸款仍是由聯邦政府負責擔保。[12]我們理應推動改革，要求金融機構為其放款風險負責，但美國的金融機構擺明不接受任何型態的改革。實質上，這些金融機構形同宣告它們無法為自己創造的金融商品負責！危機已過了十年，各方似乎仍未能對將來的做法達成共識。但這個問題其實有個簡單的答案：我們應該意識到，由於現代技術與資訊系統的變遷，政府有能力打造一個全新的二十一世紀不動產抵押貸款體系。

對於任何不動產抵押貸款融資體系而言，所面臨的核心問題都是「貸款審查作業」（screening，確認某一個家庭是否適合購買某一間房子，以及住宅的住宅權益是否充足等）以及「不動產抵押貸款條款的強制執行」（尤其是收款）。以「貸款審查作業」來說，關鍵資料是家庭所得的歷史記錄，而相關資料早已廣泛存在於社會安全局（Social Security Administration）及國稅局（Internal Revenue Service）等公部門，所以目前將這些資訊列印在紙上，傳遞、核實並重新輸入企業資料庫，實在非常沒有效率。以「不動產抵押貸款條款的強制執行」而言，關鍵資料是住宅交易相關記錄，放款機構靠交易記錄來評估擔保品價值。與前述相同的，由於所有銷售案件都在公家機關登記有案，所以早就有完整的資料庫。只要以現有的政府資料庫為基礎，就能精確估計任何一宗房地產的現值。[13]

當然，承作不動產抵押貸款還牽涉到其他重要的資料，例如這一間房子是否為買方的自用住宅，或者這個買方打算將這間房子租出去等。這類資料多數會反映在報稅資料上，如果是自用住宅就能在報稅時申報利息扣抵，而如果是出租的房地產就必須申報出租房地產所得。在二〇〇八年金融危機爆發前，證券化（不動產抵押貸款被組合在一起成為「證券」，並販售給投資人）過程中發生大規模欺詐（說謊）行為，[14]但如果這類資訊是向國稅局提報，將有助於減少欺詐行為，因為若被國稅局揭穿將面臨較嚴重的後果。上述這些因素顯示：以國稅局作為不動產抵押貸款付款工具是可行的方案，而且這麼做能節省很多成本。[15]

上述資訊和交易成本的節省，將使承作與管理不動產抵押貸款的成本大幅降低。以三十年期且頭期款為二〇%的不動產抵押貸款來說，就算利率僅略高於三十年期政府公債的利率（也就是政府向市場借錢的利率），政府還是有利可圖。[16]此外，基於協助家庭管理其住宅所有權的風險的目標，可以創造一些新的不動產抵押貸款產品，例如允許貸款人在家庭所得大幅降低時降低付款金額，並相對延長貸款存續期間。這樣一來，不僅能降低個人房產遭到查封的機會，也能減輕個人面臨重大意外衝擊（例如失業或罹患重病）時的焦慮感。

不可否認的，美國民間市場在協助客戶管理風險方面的表現一向很不理想。我們的銀行業者一心忙著盡可能剝削個人，並努力設法提高手續費。而為達到這個目的，他們創造了有毒的不動產抵押貸款，這類貸款大幅增加個人所承擔的風險。因此，數百萬美國人失去家園，其中還包括許多早取得完整住宅所有權的人，銀行從業人員說服他們趁著房價大漲，經由住宅權益貸款（home equity loans）換取現金。銀行從業人員告訴那些屋主，這麼做不可能發生損失（他們確實這麼說），所以何必等到臨死前才開始享受房市榮景所帶來的禮物？當然，那些屋主最後損失慘重，失去長年賴以居住的家園。

當前美國的不動產抵押貸款體系是一個以政府為首的官民合夥關係，民間企業以高手續費的形式獲利，而公眾則承擔虧損。這絕對不是教科書上或自由主義者口中所描繪的那種高效率資本主義，而是隨著實務逐漸發展而成的美國式假資本主義。這並不是我們應該嚮往的那種市場經濟，也不是能促使生活水準提高的那種市場經濟。總而言之，我們需要建立一個擁有上述創新公共選項的不動產抵押貸款市場。這樣的市場不僅能讓更多美國人住者有其屋，也能讓更多美國人守住他們的房子，那可能是他們一生中最重要的資產。

教育

所有人都希望子女能充分發揮潛力，而要做到那一點，就必須為孩子提供最符合他們天賦、需求和願望的優質教育。遺憾的是，美國的教育體系並未與時俱進。在十九世紀到二十世紀初的農業經濟體系以及全職家庭主婦的年代，每年九個月的課程和較少的上課時數可能相當合適，但這樣的規劃已不適用於當前的世界。我們的教育結構也跟不上技術的進展，技術的進展讓個人得以及時取得大量資訊，所能提供的資訊量甚至勝過不久前最頂尖的圖書館。

最重要的是，我們的教育體系已成為美國不平等程度惡化的重要一環：「父母教育程度和所得」與「子女的教育程度」高度相關，而「教育程度」則和「未來的所得」高度相關。[17]美國教育體系的缺陷導致優勢代際相傳的情況惡化。然而在過去很長一段時間中，公共教育曾是促成美國社會平等最重要的動力。

要達到教育機會均等，需要仰賴一套無所不包的行動計畫，從人人可接受學齡前教育，到人人都可上大學，而且無須背負令人頭痛的學貸。現在我們知道，孩童之間的落差在剛入學時就已顯而易見，而學齡前教育計畫有助於改善狀況。[18]

有很多方法能確保人人都能接受較高等教育，例如降低學費，以及由公家提供「所得連動貸款」（這種貸款的還款金額取決於個人未來所得）。我們可以透過適當調整與安排，讓學貸不再是那麼令人畏懼的威脅。在澳洲這個體系的運作成效優異，所以在美國一定也行得通。[19]在此，我的重點並不是評估這些替代方案的優點，只是要主張我們絕對有能力確保人人都能有接受高等教育的機會，而且我們也承擔不起不進行這些投資的代價。而確保人人都能在財力負擔得起的狀態下接受高等教育，是確保所有美國人都有理想生活的行動計畫的核心環節。

美國存在一個遺毒：我們放任數百萬年輕人承擔超過還款能力的學貸（大約是一．五兆美元）。這些債務破壞他們的生活，迫使他們延後結婚、延後買房，甚至延後接受自己真正喜歡的工作，只因為不得不把所有精力投注在賺錢償還巨額學貸上。而這些學生債務也正在傷害美國經濟。

更糟糕的是，金融業利用它的遊說力量，讓那些年輕人幾乎不可能以宣告破產的方式來擺脫這些債務。這樣的情況必須徹底改變，有什麼理由要讓一個借錢投資自己的人，遭受遠比借錢購買豪華遊艇的人更惡質的對待？

此外，必須設置一個公共選項，即由公家提供的學生貸款。對已背負沉重學生貸款的人來說，必須有一個能將民間貸款轉為公共貸款的管道。[20]政府貸款則應進而全數轉型為所得連動貸款，且利率必須只比政府借款利率高一點點。對於積極力爭上游的年輕人，我們不應該抱著從他們身上賺錢的打算。

此外，美國現行由幼稚園到十二年級（K－12）的教育體系高度仰賴地方稅支持，這意味貧窮社區的教育將比富裕的社區差，遺憾的是這個問題已繼續日益惡化。不過，這是我們有能力解決的問題。[21]聯邦政府應該提供誘因給各州，鼓勵各州公平的提供財源給富裕及貧窮社區，而且聯邦政府本身也應該提供更多資金促進各州的機會平等化。另外，由於社會底層人口需要幫忙才有能力急起直追，所以，聯邦政府更應該對大量窮人居住的地區提供特殊援助。

結論

理想生活的幾個核心要件是：能擁有合理薪酬的工作、在退休前與退休後都能獲得一定程度的保障，不用為子女的教育操心、擁有自己的房子，以及能使用優質醫療保健服務。美國式資本主義還無法在以上所有領域為大部分民眾創造福祉。我們可以做得更好。上述計畫只是一個起步，它無法徹底解決某些從雷根時代起就不斷惡化且根深柢固的問題。我們應該採取行動協助失業者及讓他們學習必要技能，但我們並未這麼做；我們應該打造更優質的醫療保健及教育體系，但我們並未這麼做。我們應該協助因去工業化與社區漸漸消失而受創的那些都市，但我們並未這麼做。所以，現在的美國正因上述種種失職而自食惡果。歷史無法重來，我們也不該妄想回到過去，而是必須竭盡所能，接受並積極處理自己種下的惡果。

本章我詳列的行動計畫，能在美國當前的財務限制下推動，為美國的家庭帶來更好的生活，並讓經濟體系變得更加強健。很多人說我們做不到，但我要對那些人說：作為一個富裕的國家，若美國的多數公民無法輕易爭取到這樣的中產階級生活，最後衍生的代價將高到我們無法承擔。

我們確實有可能打造一個不一樣的世界，而這個改革行動計畫能幫助我們實現那個目標。

第十一章　打造全新的資本主義社會

「把你那疲累窮困的人民交給我吧！
把你那擁擠於彼岸、蜷曲而渴望自由呼吸的人民，交給我吧！
把你那歷盡狂風暴浪、無家可歸的人民，都交給我吧！
我就站在這金色大門旁，高舉明燈，迎接你們的到來。」

——自由女神像底座的銘文〈新巨人〉（The New Colossus），拉薩陸斯（Emma Eazarus）的十四行詩

美國的政治現況已墮落至此，以至於現在我們不得不轉向最基本的議題，從根本處治癒她惱人的諸多病灶。如果只是微幅調整現有的各種現況，勢必難以達成我們的目標。

首先，捫心自問，身為美國人的我們懷抱什麼信念？我堅信：儘管我們目前的處境艱

難，在世界上的形象也有許多爭議，但我們仍然是一個認同公平、機會平等，以及如自由女神像底座那史詩般銘文中象徵意義的國家，我們也仍然是一個關懷鄰居和弱勢群體的國家。不僅如此，我們還關心真理、知識以及我們的社區，我們絕不只是在西部荒野獨自漂泊的強悍個人主義者。

為了重建美國的政治與經濟，我們首先必須檢討自己的價值觀，承認政治階層並未將那些價值觀表現在政策之中，而這樣的情況將導致非常危險的後果。

價值觀與社會現實間的懸殊落差

什麼是「美國價值」？如果你向任何一個美國政治人物提出這個疑問，他「口中說出的價值」和他「所作所為所展現出來的價值」絕對相去甚遠。這個疑問看似不痛不癢，卻是解決長期以來國家所面臨諸多問題的關鍵。虔誠右派人士所謂的「價值」是指在個人選擇以及家庭生活中所體現出的價值觀；而我所謂的「價值」與右派人士並不相同，我認為價值是可以引導我們制定公共政策、計畫與產生經濟觀點的價值觀。[1]

經濟學領域的一個矛盾，是往往將人的行為過度簡化，彷彿所有人都是自私自利的物質主義者。然而只要稍加反思，就會知道我們絕非僅止於此。

即使我們每天都在努力賺錢，仍會認為過度貪婪與追求物質享受並不值得稱許，我們也無法認同那些用不道德手段獲取財富的人。社會上有些人會努力爭取他人的注意，有些人則寧可隱身於社會中沒沒無聞；儘管如此，很少人會認為經由一貫以來的自以為是與自戀而爭取到外界關注的川普值得讚揚。

我們欣賞那些願意為他人付出及奉獻的人。我猜我們多數人也都希望自己的子女能成為關懷他人且樂於付出的人，而不是成為一個自私自利的人。簡單來說，我們遠比經濟學家所說的「經濟人」（homo economicus，預設人皆自私自利且以自我滿足為優先考量）更複雜且不同。然而，如果我們不願意承認自己內心存在著較值得稱許的動機，並將這些值得稱許的動機融入我們的政策之中，那麼較不崇高的動機（貪婪與不關心其他人幸福的心態）就會趁虛而入，取代那些值得稱許的動機。到時候，美國這艘大船就會駛向黑暗水域，在那個黑暗水域，脆弱者只能自生自滅，違反規定者卻能獲得酬賞；監理者被監理對象給「俘虜」，任憑他們予取予求；富人繼續經由剝削行為（而非財富創造行為）囊括多數經濟利益；而諸如真理、事實、自由、同理心與權利等概念，更成為只有在圖謀政治利益時才會用到的修辭手段。

環顧整個國家，川普時代的美國顯然正朝黑暗水域加速前進。儘管如此，也有很多跡象顯示我們還有機會改變方向。美國民眾對政商領袖的厭惡感就是一個好兆頭，這表示社會中的個人還沒有被自私與貪婪的經濟體系給同化。然而，如果我們不加以制止，放任國家朝現行方向前進，上述一切將成現實。

神話讓我們看不見自己的失敗

一個社會總是會創造一些反映自身價值觀的神話、故事和敘事，而這些神話、故事與敘事將反過來形塑這個社會的文化，尤其是年輕一代的文化。在理想的情況下，神話可以強化彼此共同的價值觀與動機。美國的神話是吃苦耐勞的個人主義、白手起家的男性、身為就業機會創造者的創業家以及美國夢。其中，美國夢神話是讓「美國是機會之土」的概念得以深植人心的重要因素，它讓我們顯得和其他國家非常不同，也和很久很久以前眾多美國人為尋找機會而遠離的那個「老歐洲」不同。

「貧窮但努力工作，最後終於成功飛黃騰達的美國人」是這個國家所信奉的榜樣。[2]而這個榜樣傳達出的價值觀是：我們會告訴自己，只要夠努力，任何人都有成功的一天。但誠如本書所討論，統計數據已壓倒性證明事實情況正好相反。許多努力工作的人終究沒有成功，而許多成功人士並不是透過努力工作得到成就，是透過見不得光的商業操作或是因為天生擁有一對好父母而成功。

我們是如此鍾愛這神話般的自我形象，以致即使實際情況正好相反，我們依舊堅信不移。舉例來說，很多人迄今仍相信「機會」是美國永遠不變的特質，即使統計數據顯示情況正好相反，多數人卻依舊堅信不移。諷刺的是，我們對那神話般自我形象的迷戀，導致我們採納實際上會破壞美國價值的政策，讓美國夢變得愈來愈遙不可及、愈來愈難以成為現實。如果每個人都能藉由努力工作而達到自力更生的目標，我們就不需要為窮人提供財務援助，因為窮人一定能一路順暢的念到大學，並莫名透過某種方式找到工作；當然我們也不會需要任何防止種族與性別差別待遇的「積極行動計畫」（affirmative action programs），來為世世代代面臨差別待遇的人打造公平戰場，因為只要有毅力和決心，他們絕對能克服那些困難，將自己塑造成更強大的人。

可惜我們已經從統計數據發現上述種種根本不可能發生。貧窮家庭以及遭差別待遇族群出身的孩子，即使獲得援助（不可否認，這些援助相當有限）也較難成功。[3]實際狀況和自我神話間的強烈對比，令人不得不相信美國夢根本是捏造而來。任何一個來自中上所得白人家庭的成功人士，如果願意沉澱片刻並誠實反思，應該也會懷疑如果自己不是來自白人家庭，是否還能獲得如今的成就。

儘管如此，媒體報導內容常繞著這個神話打轉：當我們的媒體發掘某人從社會底層一路奮鬥、最終成為社會頂層人士，就會透過電視或平面媒體鋪天蓋地報導他的故事，而那樣的媒體轟炸又進而強化我們對自己先入為主的想法。心理學家稱這種現象為「確認偏誤」（confirmatory bias），意思是指我們比較重視和個人原有信念一致的證據（歷久不衰的美國神話），並貶低顯而易見的相反證據（例如社會頂層菁英份子永保頂層地位，而社會底層人口總是面臨貧窮與不平等困境）。

另外，以「刻苦耐勞的個人主義」神話為例。企業界早已明瞭刻苦耐勞的個人主義鮮少行得通，唯有透過團隊合作，企業才有成功的一天。企業通常會建構內部團隊，用以強化團結、凝聚力和合作。企業有時甚至會試圖鼓勵公司內部團隊之間的良性對立，利用員工的競爭精神獲取利益。有時為了鼓勵競爭，企業會根據團隊的績效來決定員工薪酬。

然而，上述企業策略和傳統經濟理論背道而馳。傳統經濟理論主張，團隊合作不會成功，因為團隊成員一定會試圖搭其他成員的便車。多數人都知道事實恰好相反，我們都想得到同儕的認同，而當我們被視為搭便車者，將無法獲得團體的認同。這不過是標準經濟學在探討人類行為與人性時犯的眾多錯誤之一，然而卻在無形中型塑美國人的價值與行為，製造一個不符合較高價值標準的經濟體系。[4]

我們真的欣然接受變革？

美國的另一個神話是：「美國是能欣然接受變化的國家」。的確，有些人似乎是為了變化而追求變化。不過當我們仔細觀察，就會發現美國某些人、某些地區表現出另一種極端的特質，也就是根深柢固的保守主義。[5]這些人總是不斷回顧過去，認為過去的一切遠比未來的一切美好。

在社會與經濟政策的問題上，回顧過去並非可行選項，而就算真的能回到過去，那也不會是我們真正想要的。我們會想要較短的壽命嗎？我們會想要較差的健康狀況嗎？我們會想要遠低於目前的人均所得嗎？如果川普真的成功引導國家走上他期待的回頭路（例如重建美國以製造業為主的經濟體系，回到二十世紀中葉製造業全盛時期）後果應該是不言自明：回到過去勢必要付出代價，即使煤礦工人的就業機會恢復，絕大多數人的生活水準卻會降低。

就國際層面來說，回顧過去的風險更大。我們不能假裝美國還和四分之三個世紀前一樣強大。不容否認的，如今的美國已不再擁有二次世界大戰結束後那樣的支配地位。若妄想重新取得支配地位，勢必得面臨更慘痛的失敗結局，我們無論是在全球經濟體系的地位或在全球政治體系的影響力，都將進一步邁向衰落。

過去四十年經濟變化所衍生的問題（這個問題也是本書的核心主題）是：整個國家變得比以前富裕很多（若以諸如GDP等傳統指標來衡量），但許多民眾卻未能共享到這繁榮的果實。有些人的前途不僅僅是相對黯淡，還是絕對性的黯淡。很多人都已感覺到，中產階級的生活已漸漸從他們的指縫間溜走。

妥善回應變化的方式是先評估每一個可能的變化，進而敞開心胸接受真正無法改變的事物，並盡可能設計出因應的政策，好讓這些變化能呼應出我們的價值觀，並防止個人（尤其是較弱勢的人）因這些變化而受傷害。

從一九八〇年代開始，美國就無法做到那樣的平衡回應。舉例來說，有些人告訴我們應無條件接受全球化的發展，他們主張，無論我們是否接受，全球化都已經是現在進行式；而另外一有些人則緊緊抓著想像中的過去不放，企圖抵制一切新事物與不同的事物，不僅希望重振美國製造業與汽車工業榮景，還期盼能逆轉全球性商品及人員流動趨勢。第四章已說明，這兩者都不是我們今後該走的道路。

美國不僅有能力接受經濟變遷，當然也有能力管理經濟變遷。在歷史上，美國已多次接受並成功管理各種經濟變遷。二十一世界的經濟體系與社會和四分之三個世紀前（遑論十八世紀末）的經濟體系與社會早已截然不同。諸如種族主義、奴隸和性別差別待遇等社會建構產物，如今已不再為絕大多數美國人所接受。或者應該說，我衷心相信及盼望我們能夠如此。

美國憲法起草時，我們還是一個農業社會，有超過七〇％的人口直接或間接仰賴農業生活。到一九五〇年代，美國成了一個製造與工業社會。而如今的美國已經是一個後工業社會，製造業勞動力占美國總勞動力的比率還不到一〇％。

不斷改變的經濟環境也迫使政府有必要改變它的角色。不僅是政府的所作所為必須改變，做事的方法也要改變。監理規定與公共支出增加的原因並非政治人物掌握更多權力，而是因為在二十一世紀新科技與都會化的後工業時代衝擊下，我們必須這樣做才可能擁有一個活躍且功能運作順暢的經濟體系。

我們在管理這些議題方面獲得可觀的成就，而且每一項成就都不是來自每一個人的各行其是，所有成就都牽涉到合作。隨著時間的流逝，我們從農業社會村民合力興建穀倉的那種合作，擴大到更系統化的合作方式，包括民眾普遍接受必要的法律、監理規定，以及在維繫共同生活的前提下適度限縮個人自由。儘管如此，進入二十一世紀後，我們還需要更多的創新、更深入甚至是前所未見的合作方式。儘管許多人仍眷戀於十八世紀末美國憲法起草時的那個時代，但目前我們所需要的集體行動強度已和那個年代不可同日而語。

我們的價值觀

先前幾個段落說明很多神話扭曲我們對國家的認同，以及後續我們應有的作為。儘管美國近幾年充斥色彩鮮明的內部鴻溝，但我們還是懷抱許多共同的價值觀。我們（或至少多數美國人）認同平等，雖非徹底的平等，但我們所認同的平等還是遠比當今經濟體系特有的狀況平等很多。我們尤其認同機會的平等、正義的平等以及民主的平等。我們所期待的表決方式，不是目前導致我們沉淪的「一元一票」，而是學校教導我們的「一人一票」。我們相信科學、技術以及科學方法，因為這是了解宇宙以及提高美國生活水準的關鍵。

我們也相信我們能秉持理性和慎思，釐清如何能更妥善安排社會上諸多事務，並打造更優質的社會與經濟機構，好讓這些機構進而促進我們的物質福祉，建構一個能促使多元個體更團結合作的社會，最終實現團結力量大的美好成果。即使我們不是全然理性，但謝天謝地，幸好我們也不是全然自私。亞當斯密強調「道德情操」（moral sentiments）的重要性[6]，而這些道德價值觀正是當今美國人的重要特質之一。

美國憲法就是這種推理與立論下的產物。我們的開國元勳根據這樣的推理，意識到人類天生容易犯錯，所有由人類組成的機構亦然，想避免這些問題可以透過良好的制度設計來改善。

美國憲法反映這個觀點，納入憲法修正機制、權力分立的制衡制度，甚至預設了罷免總統的條款，以確保沒有任何人能凌駕於法治之上。

我們也同意必須以法治等基礎規則，運用在所有市場經濟活動中。所以多數人都認為，法律規定應特別留意如何確保位高權重者無法侵害一般人的權利。

儘管許多人可能不熟悉我對「國家財富」與「個人財富」的區分，但多數人深入了解之後都會認同：我們應該獎勵運用個人創造力和辛勤工作而把國家的餅做得更大的人；不該讚賞那些藉由剝削他人、公開或暗中搬走他人財富而致富的人（也就是當今處處可見的尋租者）。多數人（除了尋租者本身之外）都會認同我們必須改變目前經濟運作方式，朝向鼓勵財富創造並抑制尋租行為的方向前進。

我們的開國元勳深知「少數服從多數原則」有其局限，並根據這個理解歸納出政府所應扮演的角色。美國憲法的制定者了解，政府必須保障個人的自由，同時也要兼顧個人自由與集體利益間的平衡。舉例來說，政府可以基於公共目的徵收個人財產，但前提是必須給予個人適當補償。

兩個多世紀以來，基於上述共同價值與信念，美國政府大致上都能維持良好運作。[7]然而，當這個體系中部分環節未能善加發揮其應有作用，整個體系還是可能陷入功能失調狀態，而一旦出現普遍且滲透性的分歧意見，整個體系更常陷入僵局，一如目前的情況。也因如此，儘管這個國家是根據許多崇高理想而建立，但多年來，它卻經常需要透過曠日廢時的過程，才好不容易做出看似最低限度的道德選擇。如今，我們再次面臨現有體系似乎正導致我們走向失敗的關鍵時刻。

今日的憂慮

當今美國民主政治規範與機構的脆弱令人憂心忡忡，而這並非無病呻吟。當我們的經濟與政治體系未能履行對大部分人的承諾，勢必會有很多人訴諸其他管道；這些民眾很輕易誤信善於蠱惑民心的政客承諾，並因此受到二度傷害。這些善於蠱惑民心的政客總是將社會上的艱難情境歸咎於他人，而且他們絕對會在無法兌現其承諾時，將責任推給這些外部人。

當今的問題遠比「僵局」以及「政治圈未能與時俱進」等問題嚴重很多。這個體系本來是為了保護大多數人免於受少數族群傷害而設計，如今已被徹底顛覆。目前大多數人反而得擔心要如何自保，才能免於被少數掌握權力且積極利用那股力量永保控制權的人傷害。

令人憂心的是，目前遊戲規則的編寫權掌握在一群少數人的手中（先前提過這個特殊聯盟包括超級富翁、保守派新教徒，以及對現況極度不滿的勞工家庭）。其中，經濟相關的計畫多半是唯利是圖的菁英份子所設定，因此即使這些計畫會傷害所有人的利益，他們也在所不惜。某種意義來說，比起整個國家只被頂層一％人口管理且只照顧那一％人口利益，這個萌芽中的聯盟對美國的傷害更大。原因是，菁英份子為了凝聚這個聯盟的向心力，必須不實對盟友們施放一些好處，有時採行危險的貿易保護主義立場，有時則是採行讓窮人更難以進行流產手術等的規定等。

儘管上述情境已經夠糟糕了，但未來發展可能會更加嚴峻，而川普正引領我們朝那個令人擔憂的方向前進。本書並未花很多篇幅批評他正積極推動的特定政策，因為即使那些政策頒布，也還稱不上真正的危險，畢竟政策可以被逆轉。我真正憂心的是那些無法逆轉的發展：他無情攻擊美國社會中的重要機構、破壞我們對優質社會組成要素的共同理解；所得、財富乃至信仰上日益深化的鴻溝，以及社會的信任感逐漸式微，摧毀促進多元社會正常功能運作的必要元素。

損害公共機構的威信

川普效法傑克遜總統（Andrew Jackson），企圖損害美國監理體系以及專業文官體制。目前政治圈「贏者通吃」的氛圍持續擴大，例如他要擴張總統解雇政府官員的權力，以便延攬他的親朋好友，或是酬庸支持他並幫他進行遊說的大企業家。

某種意義來說，他只是將共和黨長期攻擊公務人員的行徑發揮到淋漓盡致罷了。實際上，多數政府員工有效且公平管理著我們喜愛且需要的事務，包括：發放社會安全津貼支票、確保我們能透過聯邦醫療保險與醫療補助計畫獲得補助、保護我們免於遭受來自國外的威脅（軍隊）以及國內的動盪（聯邦調查局〔ＦＢＩ〕）所傷，並維護我們的自然遺產與管理國家公園（國家公園管理局〔National Park Service〕）等。

我們一向仰賴政府維持社會安全體系，例如社會安全計畫、失業保險、聯邦醫療保險等。我們享有它們，是因為我們需要它們。市場無法提供這些保護，所以必須由政府出面填補這個缺口。[8]

川普和他之前的共和黨人一樣，指控這些政府員工沒有效率。雖然每個人多少都遭遇過政府效率不彰的無奈經驗，但民間部門的效率其實也是半斤八兩，我輕易就能想到無數個例子，像是跟航空公司、電信公司、網際網路供應商及保險公司等櫃臺人員交手的經驗。我們先前提到，社會安全計畫相關的交易成本遠低於民間部門年金業者的交易成本。放眼全世界，美國的民間醫療體系收費遠高於其他國家，但美國民眾的健康狀況卻比其他國家差。整體來說，政府雇用的員工人數大約只和半個世紀前相等，但服務的民眾人數卻比當年增加超過一億人，而且公務人員必須履行的法定職責範圍也比以往大幅增加。[9]

每當論及社會安全與聯邦醫療保險以外的公共支出時，標準保守派人士總強烈主張那些公共支出壓根兒是浪費。但這樣的見解忽略美國人經由政府教育與基礎建設支出所獲得的巨大利益。這類投資的報酬實際上遠大於多數民間投資活動，而這個事實也讓一個廣泛共識變得更具說服力：我們的公共投資太過匱乏。

政府在研究與發展方面的報酬甚至比公共工程更高。本書主張，美國生活水準提高的最重要來源就是研究發展方面的進展。想像一下，若政府未贊助各項研究，我們的社會與經濟、甚至我們的生活將會是什麼模樣？我們的平均壽命將會更短，我們不會有網際網路、智慧手機、瀏覽器，更不會有社群媒體。

川普將反監理規定與反文官的聲浪推向新高點，他形容美國的監理流程是由一群不負責任官員在管理。誠如我們所見，他的說法徹底錯誤，說穿了只是另一個謊言，因為美國的監理規定和監理流程本身也受到嚴密的監理。美國的制衡系統非常健全，也具備廣泛的課責機制，而這兩者是透過國會及法院系統來執行。幸虧如此：我們針對監理流程所設置的這些制衡機制，意味監理規定本身無法輕易且任意遭到破壞，否則，川普和他的團隊就能設法讓整個民主政治流程錯亂並因而停擺，再藉機朝偏袒大企業的方向修訂各項規章，導致一般公民、美國的環境以及美國經濟體系失去保護，最終因他們一時的興致和莽撞追逐利潤的行為而受害。

想像一下，如果每一次購買金融商品都得擔心銀行會欺騙我們、每一次購買玩具都得擔心塗料有毒或配件脫落造成孩子窒息、每一回搭車都得擔心是不是能安全回到家，我們的生活將會是什麼模樣？[10]我們早已淡忘五十年前的情景：當時美國的空氣不適合呼吸，水也無法飲用。看看當今新德里和北京的情況就知道，如果我們當初沒有強力執行各項環保監理規定，如今的美國將會是什麼模樣？

對美國治理系統與知識機構的攻擊

我在本書指出，過去兩百五十年間，美國生活水準的提升是以兩大支柱為基礎：第一支柱是我們更了解如何維持井然有序的社會（也就是制衡制度與法治精神）；第二支柱則是我們更了解大自然（也就是科學與技術的進步）。我們已經看到，川普和他的團隊正試圖破壞這兩大支柱，至少在某些情境下展開更無聲且更極端的共和黨式攻擊。

我們的政治圈已嚴重沉淪，曾幾何時，我們認為理所當然的所有事物（例如制衡制度與法治精神），如今幾乎天天都面臨新的挑戰。[11]

舉例來說，我們先前描述川普及其黨羽對法院系統與媒體的攻擊。雖然我們的制衡制度大致上都還能維持良好運作，但某些關鍵的監理規定卻已遭到修訂。[12]儘管如此，他們卻還是不滿足，認定美國制衡系統對他們造成限制，讓他們難以進一步推動經濟與社會結構重組計畫，以幫尋租大戶謀取更多利益。也因如此，他們加強對這些機構的攻擊火力。事實已經擺在眼前，我們唯有時時保持警戒，才有可能保衛美國各個民主政治機構。

為了鞏固自身勢力而操縱選民劣根性的政治領袖不僅不自我約束，對自己的所作所為毫無內疚，更有意蠻橫破壞民眾對真理與科學的信任。誠如我先前強調的，長期來說，川普政府最危險的面向或許是他們對認識論的攻擊，也就是意圖顛覆我們對真理的信念以及確認真理的方法。

未來最艱鉅的挑戰，將是如何治癒我們政治上的深刻鴻溝。日益擴大的經濟鴻溝已導致其他鴻溝進一步深化。我們已解釋過，唯有擁有一個維持美國社會順暢運作所需採行的社會制衡機制，才能有效的讓節制財富與所得不平等得以落實。然而，當今所面臨的極端不平等，不僅導致經濟上不平等，也造成了政治力量不平等。如今市場操縱力過度集中現象已遍及各個產業，其中媒體產業的問題尤其讓人深感憂慮。已有非常多證據顯示，媒體操縱行為確實能夠影響政治結果。

總之，美國各個經濟與政治機構已受到顯著的危害。這些危害不可能在一夜之間消除，相關遺毒在川普下台後仍會延續很久。

黑暗中的一線希望

在川普的導引之下，長期以來有關「政府應扮演什麼角色」的辯論愈來愈白熱化，甚至流於極端。但這也促使人們重新體認到政府與良善治理的重要性，體認到我們需要一個具有強大制衡與課責機制的政府。

在歐洲，某些領袖開始談論到川普所帶來的一線希望：他促使歐洲人更緊密團結。歐洲人已更清楚體察到他們該支持什麼（以及反對什麼），也更加了解極右派偏執訴求可能帶來的威脅。舉例來說，歐洲政治領袖支持一套以國際規則為基礎的體系（一如他們支持國內的法律規定）。國際法律規定（即使形式受限）對國際經濟體系與政治組織正常運作的重要性，不亞於國內法律規定對國內經濟體系與政治組織運作的重要性。川普否定前幾任總統簽署的協議，等於是破壞國際協議和法律。由於這些歐洲領袖體察到善意（good faith）不再可靠，所以他們未來將更留意防範協議簽署人離職後的可能變化。

更黑暗的日子即將到來

如今這個黑暗時刻和三十年前是多麼顯著的對比，當時民主政治與市場經濟似乎隨著鐵幕的倒塌而勝出，一般人相信自由的全球市場將扮演知識的火炬，一步步將民主政治的理想散播到全球各個角落。

如今有些人可能早已淡忘一九三〇年代的法西斯主義，而有些人則可能盲目樂觀相信人類和這個世界基本上是良善的，但我要提醒這些人：川普和普丁的行徑告訴我們，這個世界上還是存在一些大惡人；善與惡之間的鬥爭並未完全落幕，而且遺憾的是惡人偶爾也會勝出，尤其是短期而言。即使經驗總是警告我們少數惡劣領袖可能對社會造成極大危害，不過還好至少到目前為止，正派的多數人總能獲得最後勝利。而我們當前的任務，就是確保正派再次戰勝邪惡。

美國一向以軟實力和我們在世界各地的良性影響力而自豪。當然，我們從來都不像我們自以為是的那麼好，特別是冷戰期間發生很多暗黑事件，但整體而言，美國確實促進民主政治、人權和經濟層面的發展。不過，如今我們卻朝另一個方向發展：川普正成為全世界人類的負面榜樣，成為種族主義、厭女症、破壞法治的等惡劣行徑的代言人。我們美國人至少還擁有（到目前為止）能夠保護我們的機構，但在某些快速興起但不自由的民主國家，人民權利可能不會受到保護，像是匈牙利與菲律賓。

由於這一代諸多寡廉鮮恥的領袖人物帶頭質疑真理典範，整個世界和美國因而面臨更嚴重崩解的危險，一旦走到那樣的地步，恐怕連像我現在這樣透過本書和緩提出呼籲與改革建議的行為，都有可能招來橫禍。光是想到屆時經濟將萎縮到什麼程度、將發生什麼樣的戰爭或安全危機，就令人不寒而慄，因為那些情境將導致我們陷入萬劫不復的深淵。

川普的食糖後亢奮感

有些人認為川普當選後這幾年，美國經濟的成功以及股票市場的上漲證明川普的政策是明智的。但到目前為止，我應該已相當清楚表明，我相信川普的經濟行動計畫終將失敗（其他推行與川普類似的本土主義和民粹主義計畫的國家同也一樣）。隨著財政赤字巨幅增加（因減稅與支出增加而起）產生的食糖後亢奮感將是短暫的，而且即使美國還處於食糖後亢奮階段，它的表現也只比先進國家的平均值稍微好一點。[13] 股票市場熱潮本身就是短暫的，這股熱潮在川普就任後第二年就漸漸退燒。美國經濟體系更深沉的問題迄今仍未解決或甚至惡化，包括萎靡不振的實質工資、愈來愈嚴重的不平等、每況愈下的國民健康、日益縮短的平均壽命、疲弱的長期投資等。川普的經濟政策（包括二〇一七稅改法案）將導致不平等的情況惡化，並促使醫療保健的保障降低，尤其是當這些政策全面實施後。

這項稅改法案將促使美國進一步遠離以創新知識為基礎的活力經濟體系，但那樣的活力經濟體系卻是實現永續經濟成長的唯一途徑。這項法案也使共和黨和商業權勢集團表面上一向堅持的「財政負責原則」顯得像是笑話一則，這凸顯出他們看似堅定的信念實際上不過是一種手段。舉例來說，在反對為窮人或中產階級美國人增加援助時，便堂而皇之的拿財政負責當擋箭牌，可是一旦談到為富人與企業減稅時，他們隨即可將所謂的財政負責信念拋諸腦後。在這樣的環境下，美國人竟然還沒有變得更憤世嫉俗，實在也堪稱奇蹟。

放任經濟、種族和少數民族的鴻溝持續擴大，不僅明顯對社會與民主政治不利，對經濟體系也是百害而無一利。鴻溝的擴大將扭曲勞動市場，導致大部分人口無法發揮潛力。而反移民政策意味我們無法善加利用世界上某些最有才幹的人，美國勞動市場上的某些重要缺口也因而無法獲得填補。

一個功能運作良好的社會與經濟體系需要互信與穩定；但川普一手埋下不信任的種子，而他善變的政策（包括一場沒有明確策略且沒有清晰可達成目標的貿易戰）已造成極大的不確定性。二〇一七年稅改法案倉促通過的過程（這個法案未經過委員會聽證，在參議院表決的最初版本包含許多令人難以理解的修訂內容，而那是為了讓參議員搞不懂自己表決的是個什麼樣的法案）不僅是對民主程序的嘲弄，更代表這個法案充斥錯誤、矛盾及漏洞（各種特殊利益團體趁著沒有人監督之際刻意加進這些漏洞）。

在缺乏廣泛大眾支持且民主黨人全數投下反對票的情況下，幾乎可以確定的是，一旦政治風向轉變，這項法案的多數內容勢必會被推翻。無論是稅改法案對大企業的慷慨餽贈，或是川普的貿易保護主義政策，照理說都能促進投資意願。但實際上大企業並未配合演出，因為投資的前提是穩定性，而川普政府的多項政策已導致不確定性升高。

不過，我們必須清楚體認到：即使這一波食糖後亢奮感的續航力夠強，強到足以讓川普順利連任，可能為美國經濟與社會帶來更長遠的傷害。我們已說明川普如何攻擊美國文化的幾個支柱，而那些支柱正是讓美國得以偉大的要素，也是美國人生活水準大幅進步的基礎。

我們怎麼會淪落到如今的危急關頭

我們怎麼會走到這個危急關頭的故事早已眾所周知：全球化、金融化以及新技術的發展導致很多勞工被淘汰，更糟糕的是，這三者的發展方式多半是受經濟政策所影響。[14]即使是在二〇一八年景氣好轉的狀態下，經濟體系仍然未能改善多數人福祉，也無法讓人們回到十年前（即金融危機爆發前）的生活水準。目前財富的不平等遠比二〇〇八年大衰退前（當時已經很不平等）嚴重，而二〇一七年的稅法以及當前執政者瘋狂放鬆管制的行動，很可能導致情況變得更極端，令人感到更痛苦。

諸如共和黨的老布希以及民主黨的柯林頓等人，都曾向民眾保證自由化與全球化等新自由（neoliberal）政策將為所有人帶來繁榮。但如今，在眾人眼中，這些承諾不過是基於私利而發表的陳腔濫調（或謊言）。事實的確也是如此，難怪民眾對菁英份子及他們的「體系」會愈來愈感到幻滅。

將民眾的失望和行銷學與行為經濟學方面的發展（以及俄羅斯某種程度的介入）結合在一起，就不難理解為何美國有接近一半的人會誤信川普這樣的江湖郎中。[15]當我們社會中的菁英讓所有人陷入痛苦困境，就是他們盡情操弄並獲取個人利益的大好時機。

我們並非一夕之間就落入這麼危急的處境。在這之前，早已有人警告美國在許多方面情況並不理想，若不積極著手處理這些問題，這樣的處境容易招來蠱惑民心的政客。[16]當時我們還無法確切知道挑戰將會以什麼的樣貌呈現，但風險確實已然存在。但我們選擇漠視這些警告，所以可以說，當前的困境其實是我們自己一手造成：我們犯了經濟上、政治上以及價值觀上的錯誤。

我們犯了經濟上的錯誤。我們誤以為自由不受束縛的市場（包括降稅與放鬆管制）是解決所有經濟問題的答案。我們誤以為放任金融化和全球化與技術升級自行發展，將為所有人帶來繁榮。我們誤以為市場本身自能維持競爭狀態（所以我們也不了解市場操縱的危險）。我們誤以為盲目追求利潤的行為將促成社會福祉。

我們犯了政治上的錯誤。太多人誤以為選舉是實現民主政治的唯一手段。我們不了解金錢在政治上的危險影響力（金錢的勢力）。我們不了解集中的金錢會玷汙民主政治，也不了解菁英份子如何利用金錢來影響經濟與政治體系，以便謀取更集中的經濟與政治支配力量。我們不了解我們有多麼輕易的淪落為「一元一票」（這是最好的形容方式）的系統，也不了解美國民主政治有多麼容易讓人產生幻滅感（大部分人相信這個體系已被不正當手段操縱）。

我們犯了價值觀上的錯誤。我們忘記經濟體系應該是要為公民服務，而不是公民為經濟體系服務。我們錯把手段當成目的，全球化理當創造一個更強勁且更能為美國公民效勞的經濟體系，但我們卻告訴人民，由於我們創造的全球化，他們必須接受縮水的工資和公共計畫。金融業本身也被錯當成目的，結果造成一個更不穩定的經濟體系：一個成長速率放緩、不平等愈來愈嚴重，並掠奪一般公民的經濟體系。總之，金融業追求利潤的行為並未使全民的生活改善。

在愈來愈扭曲的價值觀支持下，我們的經濟體系與政治圈也變得扭曲。我們變成一個較自私的社會，人們變得跟經濟模型所假設的一樣自私，但那不符合我們所期許的自己。我們任由錯誤的人性模型驅使我們成為模型所定義的人，換言之，我們變得崇尚物質主義、較不關心他人、較不利他。最初，我們只是變得比較沒有道德意識，認為只有宗教領袖或做禮拜時才需要講究所謂的道德；但漸漸的，我們變得不道德，堪稱金融業正字標記的各種道德卑劣行為在各個產業接二連三出現；到最後，我們甚至選出一個堪稱反道德典範的人來當美國總統。

我們並不了解我們的福祉（生活水準的提升與最高理想的實現）是建立在科學、理性思辨與平等對話的基礎之上。美國社會引以為傲的民主程序及法治精神都是源自於這樣的基礎。

過去來自國際主義（internationalism）與新自由主義關於自由市場的不實承諾，已被未開化的保護主義及本土主義取代，但保護主義與本土主義信誓旦旦「重建美國繁榮」的承諾則是更加難以實現。對一個經濟學家來說，攻擊自雷根總統以來主導支配力量的市場基本教義派及新自由主義很容易，因為它的基礎是建立在一系列可被駁倒（且已被駁倒）的假說之上。不過，至少新自由主義還有理性討論空間，我們至少能釐清它的某些論述與假設是否為真。相較之下，我們根本無法理性討論川普的論述，因為他的基本概念（如果那可以稱之為「基本概念」的話）非常不成熟。儘管他在國內推崇市場經濟，甚至是那種充斥尋租行為的美國式市場經濟；但在國際貿易政策上他採取完全相反的立場：他不認同不受束縛的國際競爭市場，主張採取由力量決定一切的管理貿易（managed trade）架構，這形同回歸聲名狼藉的重商主義。

以正確的歷史視角看待今日的絕望

回顧美國與世界史上幾個危險情境，或許能給我們一點繼續走下去的希望和勇氣。川普並不是第一個濫用職權的總統，我們也不是第一次面臨如此嚴重的不平等，經濟體系也不是第一次被不節制的市場操縱力所扭曲。但是在歷史上的每一個十字路口，我們都成功控制各種陋習，並順利修正我們的路線。

據說傑克遜總統曾對令他個人極度不滿的一項最高法院判決表達以下意見：「馬歇爾

（John Marshall）做的決定，就讓他自己去執行吧！」[17]他明知根據美國政治體制，應該執行法律的人是總統，因為總統控制所有行政機關，而法院並沒有被賦予執行權力。傑克遜是在另一個嚴重對立的時期擔任總統，當時美利堅合眾國才剛建國不久。

自美利堅合眾國建國後，我們就不斷思考制度的改善，並採取實際行動加以修正。經歷傑克遜那類「分贓」制度的災難經驗，最終促使我們打造專業的公務機關體系。

這也不是政治人物頭一次試圖利用較基本的本能來獲取政治利益。在南北戰爭後的重建時期（Reconstruction）與隨後的「吉姆克勞法」（Jim Crow laws）實施那幾十年，曾發生更多漫長的危機與不公義。在我們看來，對當時的民眾來說，那些情況應該也非常棘手，甚至可以說根本沒有改善的希望，尤其是對種族主義受害者而言。當時的問題不僅是歧視，還包括持續不斷剝削弱者的經濟體系。[18]當前美國的局勢（川普煽動偏執心態，並引導白人勞動階級選民將怒火指向移民）和前述的早期局勢幾乎可說是「相互輝映」。[19]

上述種種爭取種族正義的鬥爭和爭取經濟正義的行動曾多次產生交互作用。在十九世紀末的「鍍金時代」，不平等與市場操縱及政治力量的聚合達到新高點。但接下來的改革性立法行動，建立以確保市場競爭為目的的法律，引領我們遠離危險邊緣。另外，就在經濟不平等於一九二〇年代再度創下新高之際，「新政」的社會與經濟立法行動開啟一個全新世代，美國人從此受惠於社會安全計畫所提供的保障以及失業保險，同時，當局也透過立法行動抑制金融部門且賦予勞工運動新生命，從而讓經濟勢力重新取得平衡。[20]

增進全民福利

我已經在本書提出一個替代行動計畫，你也可以稱之為改革行動計畫。這個計畫的核心，正是美國憲法序言所提到的「增進全民福利」（General Welfare）。「全民福利」代表的不是一％人口的福利，而是所有民眾的福利。我相信這個行動計畫可以作為嶄新民主黨共識的基礎，透過這樣的計畫，民主黨可以向世人表明：我們的凝聚與團結並不僅僅是為反對川普，更是為促進全民福利的實現。這個願景關於我們身在何處、我們該往哪去，以及我們該如何達成共同願景；並以一個二十一世紀全新的社會契約來承諾與確保它得以實現。這個願景是基於我們的歷史使命感，也是基於我們能夠深刻理解經濟體系與各種社會力量間緊密交織且互為因果的關係。雖然這個願景是以專業的學術語彙來表達，但它呼應的是我們最崇高的道德期許，而我也樂意以道德與價值觀的語言來呈現這個願景。

我們必須以明確的目標為出發點，不要一味反覆重申我們重視哪些價值，而是要體認到這些價值就是我們要追求的目標，而經濟不過是追求這個目標的手段。於是我們就能清楚了解：經濟的成功並不僅取決於GDP數字的增長，更重要的是民眾實際福祉的增進。用柯林頓總統的話來說：我們把人民擺在第一位。

這個全新的社會契約，應該要許諾後代子孫保護環境，[21]以及恢復一般民眾的經濟與政治力量。我們的行動計畫致力於確保全民平等且安全的共享進步果實，確保每一個人都有機會擁有中產階級生活，而不會遭受差別待遇、歧視與孤立。「唯有當我們能夠共享繁榮，我們才可能擁有繁榮的國家」這不僅是個經濟現實，更是我們所堅信的價值。

這個全新的社會契約，應該要許諾讓每個人都有機會充分發揮潛力，讓每個人的聲音都能在民主政治中被聽見。因此，這個新社會契約必須將「為所有人民，無論貧富、無論膚色，提供正義和機會，讓美國夢終得以成真」列為重要條款。

一個以促進改革為重心的行動計畫，必須奠基在對國家財富來源的深刻理解；這個行動計畫也必須致力於確保技術升級與全球化的規劃及管理方式能嘉惠所有人，避免因技術升級與全球化而造成社會各方陷入無謂的對立。本書已試著說明這一場改革的基本原則，以及有助於實現這項改革的政策。

在個改革計畫中，政府將扮演核心角色，除了確保市場維持應有的運作，也要促進單靠個人或市場力量所無法實現的全民福利。如果我們希望這個計畫被接受，我們必須根除「政府永遠且處處沒有效率」的概念，並且對「政府和所有人類機構（包括市場）同樣都有缺陷，但也同樣有改進的可能」的見解達成共識。同時，也要明白「政府是問題而非解決方案」的觀點是錯誤的，因為事實恰好相反，美國很多（甚至多數）社會問題（從過度汙染、金融不穩定到經濟不平等）都是市場與民間部門製造出來的。總之，光靠市場無法解決我們的問題。唯有政府才能保護環境、確保社會與經濟正義，並透過投資基礎研究與技術（這是持續進步的基礎）促進一個活力學習的社會。

在右派份子聯盟中，自由主義者認為政府干預他們的自由；大企業則認為政府實施的監理規定與稅法剝奪它們的利潤；社會頂層一％的人則擔心強勢的政府會以公權力強取他們的財富並重新分配給貧困的人。這些人都有明顯誘因將政府描繪成缺乏效率且加重美國弊病的組織，因此這些假設有著根本上的缺陷。目前社會頂層一％人口繳納的稅金低於他們應付的水準，換言之，他們的所得被用來支持公共福祉（包括國防）的百分比較低。在此同時，他們卻占奪不成正比的國家所得與財富（多半是以「經濟租」的形式）。

此外本書已說明，這些社會頂層一％的人已經成功運用對他們有利但犧牲多數人的方式來塑造遊戲規則，這導致多數人所得近乎停滯。不過，促使社會頂層一％人口所得遽增的力量並非來自「自然的」經濟動力，換言之，這些不自然的結果並非自然法則所致，而是人為的法則所造成。

市場的結構必須依照適當計畫加以安排，這是不爭的事實，而過去四十年間，我們重新建造市場結構的方式已經造成經濟成長減緩與不平等程度惡化等惡果。市場經濟體系有很多種不同的形式，但美國偏偏卻「選擇」未能善待多數人口的那種。如今我們必須再次改寫相關規則，讓我們的經濟體系更能妥善為全體社會效勞。舉例來說，我們必須藉由確保市場競爭並壓制大而不當的市場操縱，敦促市場再次表現出它們該有的樣子。

美國在各個不同領域的機構也比「市場教義派人士」所承認的更豐富。我們不僅擁有高效能且有效率的多元政府機構，也擁有一系列強大且活力充沛的非政府機構和基金會。美國各地的大學是促進美國多數發展的中流砥柱，而美國的主要大學不是公共機構，就是非營利機構。我們有合作共有的企業，例如在二〇〇八年的金融危機中，信用合作社部門是美國金融體系中少數未出現道德敗壞證據的環節；信用合作社就是由會員共有的合作銀行，它們通常和特定企業與產業關係極為密切。[22]合作社型組織在美國很多地區的不同部門扮演著非常重要的角色。[23]在這場危機爆發時，表現較好的是採取合作型態的組織，以及那些員工決策權與所有權參與程度較高的企業。

美國有能力強化這個由眾多不同類機構所組成的豐富生態。每一家機構都各有利基且彼此互補。舉例來說，民間部門因政府提供的基礎建設及美國大學與研究機構（通常獲得公共資源的支持）創造的知識而蓬勃發展。事實上，儘管美國民間部門成就斐然，但它並非所有知識的泉源，也不是美國社會諸多問題的所有解決方案來源。民間部門的利益一向部分來自於政府與美國非營利型研究大學與研究中心所打下的基礎。

因此，這一份二十一世紀行動計畫的核心綱領之一，要求打造一個更均衡的美國社會與經濟體系，讓美國社會、政府、民間與公民社會各個不同環節之間變得更加均衡。而要重建社會與經濟的均衡，還必須做到以下幾個要點：一、遏止近幾十年間顯而易見的極端物質主義與道德敗壞情事；二、讓個人與集體倡議有發揮的空間，從而促進個人與集體福祉；[24]以及三、鼓勵個人及整體社會從事能呼應美國所認同的崇高價值觀及抱負的行為。我們認同的價值觀包括：尊重知識與真理，尊重民主政治與法律規章，以及尊重民主政治機構與知識機構等。唯有達到以上要求，我們才有可能延續過去兩百五十年的進步。

真的還有希望嗎？

美國的歷史讓我們懷抱希望。但任何熟知其他國家獨裁主義與法西斯主義黑暗歷史的人都能了解，以上描述的那種光明未來並非必然會實現。[25]

誠如我們先前提到的，過去美國曾在經歷「鍍金時代」與「咆哮二〇」年代後，及時從極端不平等的局面中懸崖勒馬。然而當今的挑戰可能更甚於當年，因為如今的不平等程度可能比那兩次更嚴重，而由最高法院近期的判決，便可察覺金錢在政治圈的勢力已經比過往變得更加猖獗。更糟糕的是，透過ＡＩ及大數據等新興科技能更有效將金錢的不平等轉化為政治力量的不平等。

最終來說，如今唯一能與金錢勢力對抗的力量是人民的力量，也就是選票的力量。不過，財富與所得不平等程度愈高，這一股反制力量就愈難有效行使。也因如此，實現更高程度的平等不僅關乎個人道德或經濟發展，更攸關美國民主政治的存亡。

若能以我提議的行動計畫為本，所有美國人就能獲得他們所嚮往的生活，而且是經由符合我們最重視的價值觀、個人責任和自由等方式獲得那樣的生活。這是一個目標遠大但必要的行動計畫，儘管當今的情勢非常惡劣，但在即將陸續實現的技術升級推波助瀾下，如果我們繼續延續當前的路線，情勢很有可能會進一步惡化。到最後，我們的社會可能會變得遠比目前更不平等、鴻溝更深，民眾也會更不滿。雖然就整體策略來說，漸進主義式政策（這裡多提供一點點教育，那裡多提供一點點支持與幫助）依舊不可或缺，但那樣的政策並不足以因應美國當今面臨的挑戰。我們需要根據本書所提出的改革行動計畫，大幅度調整我們的方向。

我們已經啟動一個不健康的進程。若繼續放任不管，未來的結局只會更讓人不寒而慄。我深信我們有能力創造一個截然不同的世界，我正是懷抱著這樣的希望和信心而寫下本書。在今天的美國社會中，依然有許多人相信，只要團結一致就能徹底改變目前危機的發展方向。懷抱這個信念的人包括許多尚未失去理想的年輕人、迄今依舊堅持機會平等與繁榮共享的老一輩民眾，以及那些尚未淡忘眾多先賢團結一心為人權奮鬥（因此見到一點進步），卻因為目前國家再次被更黑暗的烏雲籠罩而感痛心的人。上述的「理想世界」不是根據想像中的過去重建而成，而是利用我們的經濟與政治知識（包括我們透過近幾十年的失敗經驗所學到的教誨）打造而成的務實未來藍圖。一個妥善設計且受到良性監理的市場、政府以及廣泛的公民社會機構彼此間密切合作，是我們今後唯一可行的道路。

這個未來願景就是我描述的二十一世紀新社會契約，這個願景和目前川普政府與共和黨（通常在商業界大力支持下）為美國打造的願景大不相同。過去的失敗只是長久未來的序幕，一切可能正朝著經濟愈來愈不平等、政治愈來愈分裂的方向前進。除非能夠更善加管理新技術對民主政治的影響、除非能夠改變目前國家發展的方向，否則整個美國的個人與社會很可能會偏離我們的理想愈來愈遠。

挽救資本主義免於自我毀滅，現在開始行動還為時不晚！

謝詞

誠如我在前言提到的，本書是以我先前幾本拙作裡的獨特見解為基礎，因此本書也融合先前書中的想法。包括**四本有關全球化議題的書**：*Globalization and Its Discontents*(2002)、與查爾頓（Andrew Charlton）合著的*Fair Trade for All*(2005)、*Making Globalization Work*(2006)、*Globalization and Its Discontents Revisited: Anti-Globalization in the Era of Trump*(2017)。**三本有關不平等議題的書**：*The Price of Inequality: How Today's Divided Society Endangers Our Future*(2012)、*The Great Divide*(2015)，以及與阿伯納西（Nell Abernathy）、賀西（Adam Hersh）、荷姆伯格（Susan Holmberg）、康克札爾（Mike Konczal）合著的*Rewriting the Rules of the American Economy: An Agenda for Growth and Shared Prosperity*(2011)。**一本探討經濟成長真正來源的研究**：與格林華德（Bruce C. Greenwald）合著的*Creating a Learning Society*(2014、2015)。以及**兩本有關經濟與金融問題的書**：*The Roaring Nineties: A New History of the World's*

Most Prosperous Decade(2003)與*Freefall: America, Free Markets, and the Sinking of the World Economy*(2010)。這幾本書奠基於大量的學術研究報告，也因如此，多年來我欠了非常多人情，其中，我尤其要感謝幾位合著作者和眾多同僚，包括哥倫比亞大學、羅斯福研究所（Roosevelt Institute）、新經濟思維研究所（Institute for New Economic Thinking，INET）、世界銀行以及柯林頓政府時期的同僚。

許多學者長期關注本書所探論的議題，他們提出的想法與主張使我獲益良多。我已經在書中提及他們的名字，但在此還是要再次感謝以下幾位人士對我的幫助：

目前研究不平等的學者愈來愈多，而我也引用他們的非常多數據和真知灼見，這些學者包括布吉尼翁（Francois Bourguignon）、迪頓（Angus Deaton）、坎伯爾（Ravi Kanbur）、米蘭諾維奇（Branko Milonovic）、皮凱提（Thomas Piketty）、賽斯（Emmanuel Saez）、崔提（Raj Chetty）、祖克曼（Gabriel Zucman）、高伯瑞（James Galbraith），以及我已故的摯友兼合著作者阿特金森（Tony Atkinson）。我也要感謝經濟政策研究所（Economic Policy Institute）的米謝爾（Lawrence Mishel）、國際樂施會（Oxfam International）的畢安妮伊瑪（Winnie Byanyima），以及盧森堡所得研究中心（Luxembourg Income Study，是一個聚焦不平等議題的跨國數據中心）前主任高爾尼克（Janet Gornick）。

多年前，我就在*The Price of Inequality*中詳細解釋「市場操縱」與「尋租行為」是今天眾多不平等現象的主要源頭，如今這個觀點已成為主流。市場操縱力及其濫用方式相關研究持續蓬勃發展，這些研究成果及與作者間的交流對話給我很大的幫助，這些作者包括：薩洛普（Steven Salop）、卡茲（Michael Katz）、夏皮羅（Carl Shapiro）、康扎爾（Mike Konczal）、吳修銘（Tim Wu）、福克斯（Eleanor Fox）以及法希（Emmanuel Farhi）。我參與過多場反托拉斯訴訟，試圖保護美國經濟體系的市場競爭，而勒夫（Keith Leffler）、克拉格（Michael Cragg）、哈欽斯（David Hutchings）以及阿貝爾（Andrew Abere）的獨到見解對我而言彌足珍貴。斯泰爾茲納（Mark Stelzner）與克魯格（Alan Krueger）的見識讓我更加理解這些市場缺陷對勞動市場所造成的深遠影響。

有關新技術的討論，則受我的合著作者柯瑞尼克（Anton Korinek）影響甚深。書中有關ＡＩ的討論，則要感謝DeepMind公司的布林優夫森（Erik Brynjolfsson）、列格（Shane Legg），以及Soul Machines公司的賽格（Mark Sagar），那時我赴英國皇家學會（Royal Society）針對工作機會與ＡＩ發表一場演說，演說後的晚宴中與他們的交流讓我受益。至於我對假資訊所引發的特殊議題的理解，則要感謝班克勒（Yochai Benkler）、安格溫（Julia Angwin）以及圖菲克西（Zeynep Tufekci）提供的意見。

有關全球化議題，我要特別感謝羅德里克（Dani Rodrik）以及丹尼奎（Danny Quah）、梅德霍拉（Rohinton Medhora）與馮慧蘭（Mari Pangestu）；另外，有關全球化對避稅行為所產生的影響，則要感謝「國際企業稅務改革獨立委員會」（Independent Commission for Reform of International Corporate Taxation）的皮斯（Mark Pieth），該委員會的主席是奧坎波（Jose Antonio Ocampo），而我也是那個委員會的成員之一。

關於文化、社會與經濟體系對個人言行的影響，以及其他行為經濟學相關議題，我的想法受卡尼曼（Daniel Kahneman）、塞勒（Richard Thaler）以及霍夫（Karla Hoff）的影響。

我不斷深思我該該如何回應全球化、金融化與新技術的挑戰，而眾多好友的意見對我助益良多，其中我特別要向以下幾位好友表達我的謝意：諾曼（Akbar Noman）、多西（Giovanni Dosi）、林毅夫（Justin Yifu Lin）以及齊莫利（Mario Cimoli）提供很多和產業政策有關的獨到見解。並要感謝莫內（Karl Ove Moene）、帕格羅斯基（Leif Pagrotsky）、奧蒂斯（Isabel Ortiz）以及其他參與「政策對話倡議」（Initiative for Policy Dialogue，ＩＰＤ）重返福利國專案的成員，他們在福利國議題及北歐經驗為我提供許多真知灼見。

我對氣候變遷的觀點受斯特恩（Nicholas Stern）與魯姆（John Roome）影響甚深；而歐爾森（Julia Olson）與葛雷格（Philip Gregory）則影響我對「剝奪孩童權利」的法律寓意的理解。

和阿坦納修（John Attanasio）的談話對我在第八章討論的美國政治體系改革議題助益甚大，尤其是和減緩美國金錢政治有關的法律層面挑戰。

另外，我還要感謝沃夫（Martin Wolff）、佛洛哈爾（Rana Foroohar）、菲爾普斯（Edmund Phelps）、索羅斯（George Soros）、艾克羅夫（George Akerlof）、葉倫（Janet Yellen）、透納（Adair Turner）、史賓塞（Michael Spence）、謝恩（Andrew Sheng）、巴蘇（Kaushik Basu）、畢安妮伊瑪以及波芬奇（Peter Bofinge）等。（後六人以及強森〔Rob Johnson〕、羅德里克、丹尼奎、梅德霍拉、馮慧蘭，都是新經濟思維研究所贊助的「全球經濟轉型委員會」委員，而我和史賓塞是該委員會的聯席主席。）

在思考如何回應二〇〇八年全球金融危機時，我和幾位專家組成陣容堅強的知識份子小組，這些成員包括華倫（Elizabeth Warren）與席爾佛斯（Damon Silvers，他是「不良資產救助計畫」〔Troubled Asset Relief Program〕國會監督小組成員），以及「聯合國國際貨幣與金融制度改革專家委員會」（Commission of Experts of the President of the United Nations General Assembly on Reforms of the International Monetary and Financial System）的幾位成員，這些委員是我在二〇〇九年擔任該委員會主席時所聘任。

我與費托西（Jean- Paul Fitoussi）及沈恩（Amartya Sen）共同擔任主席的「經濟表現

與社會進步衡量委員會」（ommission on the Measurement of Economic Performance and Social Progress）以及銜接這個委員會的「高級專家小組」（High- Level Expert Group，由我和杜蘭〔Martine Durand〕共同擔任主席）影響我對本書很多主題的觀點。我因這些同僚而得以增廣見識，並對福祉的組成要素產生更開闊的想法。我希望對這個委員會所有成員的貢獻表達謝意。

打從二十年前福爾曼（Jason Furman）首度和我在歐巴馬總統的「經濟顧問委員會」共事迄今，就是我不可多得的好同僚。他對各項改革懷抱獨到見地，而他的改革方案有助於打造一個對所有人都有利的經濟體系。

幾近二十年來，我幾乎每年夏天都會花一個星期參加帕潘德里歐（George Papandreou）創立的「席米座談會」（Symi Symposium），和一群社會菁英聚在一起共同討論社會民主政治的未來。毋庸置疑的，各小組成員在會中交換的許多概念，對本書所提見解產生潛移默化的影響。我想感謝帕潘德里歐和這個座談會的其他成員，包括德維斯（Kemal Dervis）、格蘭尼（Misha Glenny）、瓦魯法克斯（Yanis Varoufakis）以及卡爾松（Matts Carlsson）。

我必須再次感謝哥倫比亞大學，近二十年來它提供一個讓我得以盡情揮灑的堅強知識堡壘；以及我在哥倫比亞的老同事兼合著作者格林華德帶給我的影響。

還要深深感謝洛克斐勒基金會「貝拉吉奧中心」（Bellagio Center），提供優美而寧靜的環境讓我撰寫本書初稿，我在那裡所經歷的友善對待與熱情互動，促使我得以順利完成這個充滿雄心的書寫計畫。

羅斯福研究所是為「發展進步的概念與果敢的領導精神，努力恢復美國為所有人提供機會的許諾，從而延續羅斯福總統與愛蓮娜夫人的典範與價值」而成立的智庫，我在該研究所擔任首席經濟學家，透過這個積極辯論與交流的場域，逐漸形成我在本書所描述的改革行動計畫。我要感謝所長費莉西亞（Felicia Wong）以及研究暨政策副所長阿伯納西。他們的改寫規則專案對我尤其重要。這個專案的成就引來「歐洲改革研究基金會」（Foundation for European Progressive Studies，簡稱FEPS，是歐洲社會民主政治相關智庫的聯盟）的效法與借鏡；我還要感謝FEPS的祕書長斯泰特（Ernst Stetter）、指導「改寫歐洲規則」（*Rewriting the Rules of Europe*）專案至該案完成的道格提（Carter Dougherty），以及歐洲各地投入這個主題研究的學者團隊。首爾市市長朴元淳也在韓國領導一個類似的專案。

我在本書討論的不僅是經濟議題，更擴及政治議題，因為基於此時此刻我們所面臨的處境，實在很難迴避討論政治議題。我很久以前就主張，決定經濟體系成敗的核心要素在於經濟體系的各項規章，而規章是由政治圈設定。隨著我愈來愈深入挖掘這個領域，愛德華（Edward

Stiglitz）也提供非常多獨到的見解，所以在此表達我對他的感謝。

庫特納（Robert Kuttner）、麥德瑞克（Jeff Madrick）、費莉西亞、強森、古茲曼（Martin Guzman）以及帕格羅斯基（Leif Pagrotsky）協助檢閱這本書的草稿，並提供寶貴的評論。

我的博士後研究班學生及負責博士後研究計畫的資深研究員古茲曼，針對本書討論的各項議題提供很多獨到的見解；恰特薇蒂（Mayuri Chaturvedi）與岡薩雷斯（Ignacio Gonzales）提供與市場操縱、尋租行為、不平等現象及經濟成長有關的獨特看法；蒙特奇諾（Juan Montecino）提供和全球化特定層面有關的見解；波宜克（Michael Poyker）提供和監獄勞動力（convict labor）與大規模監禁有關的觀點；而阿提諾格魯（Levent Altinoglu）則貢獻與金融市場有關的見解。我要特別感謝古茲曼，我經常就上述所有議題和他交換意見，他是一位不可多得的同僚。

我的研究助理蒂喬特（Matthieu Teachout）、馬汀（Haaris Mateen）、加爾格（Naman Garg）以及布里亞（Anastasia Burya）也做了許多遠遠超出其職責範圍的工作；我辦公室的編輯群葛旭（Debarati Ghosh）與古維特（Andrea Gurwitt）也一樣，我在他們的協助下完成本書草稿。

我也必須感謝其他辦公室成員的寶貴協助，我不僅要感謝他們對這個專案的協助，也要感謝他們讓我有時間投注在諸如此類的專案，他們是普朗（Gabriela Plump）、奧德姆（Caleb Oldham）、馬蒂諾（Susanna De Martino）以及湯瑪斯（Sarah Thomas）。

一如既往，我的英國出版商企鵝出版集團（Penguin/Alan Lane）的普羅費特（Stuart Proffitt）提供極具洞察力的詳細評論。諾頓出版公司（Norton）的麥克菲力（Drake McFeely）是與我長期合作的編輯，在與他討論的過程中，催生這本書的想法，更難能可貴的是他的實用編輯方法，那簡直就像一種藝術，可惜似乎已經漸漸失傳。柯瑞（Brendan Curry）就我初期的一份草稿提供寶貴的建議，而丹尼特（Nathaniel Dennett）則一路負責這份手稿到完成為止。感謝凱爾塞納（Charlotte Kelchner）的巧手編輯，讓整份手稿增色不少，而門格斯（Lynne Cannon Menges）精明的校對能力以及專案編輯賽德爾（Dassi Zeidel）與生產經理阿貝特（Lauren Abbate）的協助，也為整個過程增添寶貴的助力。

---

* 謝詞備注：我在一九六五年參加英格蘭劍橋大學的「傅爾布萊特計畫」（Fulbright scholar），並在諸如米德（James Meade）、羅賓森（Joan Robinson）、卡爾多（Nicholas Kaldor）、哈恩（Frank Hahn）以及錢波諾恩（David Champernowne）等偉大師資的帶領下從事學術研究，他們都致力於研究不平等以及資本主義體系的本質等議題。在那裡，我結識許多一生的摯友，包括我的第一批學生阿特金森（Anthony Atkinson），以及當年還只是年輕講師與研究人員的莫理斯（James Mirrlees）。

我還要特別感謝長期和我配合的內部編輯柯奇艾倫（Eamon Kircher-Allen），若不是他全心投入這個專案的早期作業，還有在整個過程中的默契搭檔，這本書就不會有發表的一天。

最後，我還是要不免俗地感謝我太太安雅（Anya）。她在我寫第一本暢銷書《全球化的許諾與失落》的過程中指導我如何寫作。而她對本書的影響更加巨大。她不僅提供編輯方面的協助，還不斷給我鼓勵和靈感。我誠心希望每一位讀者都能透過本書的字裡行間，感受到我們追根究柢探討當前各項弊病及其解決方案的熱情，並認同我倆對「知識之重要性」與「維護健全且重視真理之機構」等理念的堅持。

注釋

前言

1. 我在二〇〇三年的The Roaring Nineties: A New History of the World's Most Prosperous Decade（New York: W.W. Norton, 2003）中，記錄那年所經歷的多次交戰歷程。
2. 隨著不平等的程度惡化，我回頭檢視當年引領我進入經濟學領域的主題。我在*The Price of Inequality: How Today's Divided Society Endangers Our Future*（New York: W. W. Norton, 2012）與*The Great Divide: Unequal Societies and What We Can Do about Them*（New York: W. W. Norton, 2015）中，對已成為美國經濟體系特色的嚴重不平等現象提出警告。我強調，若未能有效阻止美國不平等程度的惡化，將帶來極為深遠的影響，而且這些影響未必會反映在經濟指標上。人與人之間的懸殊差距終將導致社會失去互信，並腐蝕美國的民主政治。對每個人來說，這將是非常糟糕的情況，即使是頂層一％的人口也不例外。我在和Nell Abernathy、Adam Hersh、Susan Holmberg及Mike Konczal合著的*Rewriting the Rules of the American Economy: An Agenda for Growth and Shared Prosperity*（New York: W. W. Norton, 2011）一書中，解釋美國經濟基本規則的修改（尤其是在雷根政府期間與之後）如何導致經濟成長趨緩及不平等程度惡化，也說明若我們再次修改規則，如何扭轉目前的負面趨勢。
3. 這是我在二〇一一年五月於《浮華世界》（*Vanity Fair*）雜誌發表的文章標題，文中重新改述林肯總統在《蓋茲堡演說》（*Gettysburg Address*）的名言（這篇文章收錄於*The Great Divide*）。
4. 一旦這項稅改法案徹底實施，家戶所得處於第二、第三及第四分位的絕大多數美國民眾將必須繳更多稅。
5. 他也曾擔任尼克森政府的勞工部部長。
6. 私募基金公司通常是將所管理資金投資到非公開掛牌交易的企業（這類基金本身通常也沒有公開掛牌），例如收購某企業並予以重組，然後再將它售出以獲取利潤。私募基金經理人和其他企業經理人的工作內容並無太大差異，但其他企業經理人卻必須就收入繳納一般所得稅。私募基金經理人所擁有的優惠稅賦待遇絲毫沒有正當性可言，只顯示他們能掌握極大政治力量。更糟糕的是，他們在重組被收購企業時的做法向來飽受外界批判，那些做法常導致大量就業機會流失，並使重組後的企業背負沉重債務，往往在被轉售後不久就落入破產窘境。

所謂「附帶收益漏洞」（carried-interest loophole）是讓私募基金得以適用較低稅率的原因，川普原本在競選期間強力批判這個漏洞，但他上任後，隨著稅改法案一路在國會過關斬將並送交總統簽署成法為止，他不僅未曾堅持廢除這個漏洞，甚至隻字未提。面對失信問題，他的顧問群直接將責任推給國會。請見Louis Jacobson, "Despite Repeated Pledges to Get Rid of Carried Interest Tax Break, It Remains on the Books," *Politifact*, Dec. 20, 2017。

7. 在二〇一八年至二〇二八年的十年期間，光是減稅（含利息）就預期將使赤字增加一．九兆美元。如果暫時的減稅變成永久性減稅，那麼赤字將增加三．二兆美元。

8. 請見"Transcript of the Press Conference on the Release of the October 2017 World Economic Outlook" (Washington, DC: International Monetary Fund, Oct. 13, 2017); 以 及Christine Lagarde, "2018 Article IV Consultation for the United States Opening Remarks" (Washington, DC: International Monetary Fund, June 14, 2018).

9. 這是諾貝爾經濟學獎得主顧志耐（Simon Kuznets）的核心見解之一，而過去所得分配的發展趨勢，似乎也一向和他在二十世紀中葉所提出的觀點一致，這使得他的說法被稱為「顧志耐法則」（Kuznets's Law）。

10. 在本書中，我以先前在全球化、金融化、不平等及創新等領域的研究成果為基礎，並將這幾個脈絡相互交織，呈現彼此交互關聯的完整樣貌。我期待這個樣貌能具有說服力的讓我們看清一路上遇到的陷阱，並引領我們找到改革的源頭。在這幾個相關議題上，主要奠基在以下成果而讓本書立論得以精進。

關於全球化議題上，最初期的評論是在我離開世界銀行後撰寫。因為這個職務讓我深刻體察到，若從開發中國家與世界各地勞工的視角來看，全球化管理其實非常糟糕，請見*Globalization and Its Discontents*（New York: W. W. Norton, 2002）。在與查爾頓（Andrew Charlton）合著的*Fair Trade for All*（New York: Oxford University Press, 2005）中，我聚焦在全球貿易體系如何使窮人屈居劣勢。在*Making Globalization Work*（New York: W. W. Norton, 2006）中，我提出一系列改革全球化的建言，我相信那樣做能讓全球化運作得比現在更好。在*Globalization and Its Discontents Revisited: Anti-Globalization in the Era of Trump*

（New York: W. W. Norton, 2017）中，我介紹川普上任前世界各地在全球化改革上的進展，並說明川普上任後又是如何使整個情勢走上無法挽回的回頭路。

我聚焦在金融化議題的書有兩本，第一本是*The Great Divide*，那是我離開柯林頓執政團隊後所寫，我在書中主張柯林頓與前後任總統所採取的各項放鬆管制政策，正逐漸醞釀一場金融危機。接下來幾年間，隨著美國金融體系愈來愈失衡，爆發重大金融與經濟災難的風險愈來愈高，我也不斷藉由演說與撰稿的方式，警告危機即將來臨。遺憾的是，後續發展被我完全命中：全球金融危機快速席捲了世界經濟。我在二〇一〇年發表*Freefall: America, Free Markets, and the Sinking of the World Economy*（New York: W. W. Norton），分析大衰退的發展，說明如何防止長期經濟表現不佳，並就金融改革提出建議，以防範金融泡沫及泡沫破滅情事再次發生。

第一章　緒論

1. 福山在一九九二年發表出版*The End of History and the Last Man*（New York: Free Press）。但川普當選後，福山調整其觀點：「二十五年前，我完全不認為民主政治有倒退的可能，也沒有任何理論可以證明民主政治有倒退的可能。但如今，我認為民主政治顯然有可能倒退。」Ishaan Tharoor, "The Man Who Declared the 'End of History' Fears for Democracy's Future," *Washington Post*, Feb. 9, 2017。
2. 這是哥倫比亞大學的圖澤（Adam Tooze）在*Crashed: How a Decade of Financial Crises Changed the World*（New York: Viking, 2018）提出的論點。
3. New York: *Harper*, 2016.
4. New York: *The New Press*, 2016.
5. 也可見Jennifer Sherman, *Those Who Work, Those Who Don't: Poverty, Morality, and Family in Rural America* (Minneapolis: University of Minnesota Press, 2009); Joan C. Williams, *White Working Class: Overcoming Class Cluelessness in America* (Boston:

Harvard Business Review Press, 2007); Katherine J. Cramer, *The Politics of Resentment: Rural Consciousness in Wisconsin and the Rise of Scott Walker* (Chicago: University of Chicago Press, 2016); Amy Goldstein, *Janesville: An American Story* (New York: Simon and Schuster, 2017); and Michele Lamont, *The Dignity of Working Men: Morality and the Boundaries of Race, Class, and Immigration* (Cambridge, MA: Harvard University Press, 2000). 在我對這些領域的研究中，也得到和上述研究一致的觀點。

6. 這和我擔任世界銀行首席經濟學家時進行的學術研究相互呼應。他們在"*The Voices of the Poor*"研究報告中表達以下疑慮：民眾對於和自己切身的政策並沒有太多發聲的餘地。 Deepa Narayan with Raj Patel, Kai Schafft, Anne Rademacher, and Sarah Koch-Schulte, *Voices of the Poor: Can Anyone Hear Us?* (New York: Oxford University Press, 2000)。這是以「窮人的聲音」為題的一系列研究報告中的第一卷（共三卷）；每一卷的編輯群不同。

7. 請見我在*Freefall*中對這些議題的相關討論。

8. 我在《浮華世界》雜誌發表的「一％所有、一％所治、一％所享（Of the 1％, by the 1％, and for the 1％）」（二〇一一年五月）中之所以聚焦在頂層「一％」高所得的人，是為了凸顯過去「少數的上層階級、龐大的中產階級，以及中等規模的貧窮族群」的典型劃分方式已不再具有意義。

9. 在Bankrate公司二〇一七年的年度「財務安全指數」（Financial Security Index）調查中發現，六一％的美國人沒有能力在不舉債情況下，應付需要花費一千美元的緊急事件。Taylor Tepper. "Most Americans Don't Have Enough Savings to Cover a $1K Emergency," *Bankrate.com*, Jan. 18, 2018, https://www.bankrate.com/banking/savings/financial-security-0118/。

聯準會在'Report on the Economic Well- Being of U.S. Households in 2017'中提及，在第五次「年度家庭經濟與決策調查」（Survey of Household Economics and Decisionmaking）中，發現「十個成年人當中，有四個人較沒能力或沒能力在不出售某種東西或借錢的情況下，支付四百美元的意外費用……較二〇一三年改善，那一年有一半成人未能做好因應那類費用的準備。」研究也發現「超過五分之一的成人沒有能力付清他們一整個月的帳單。」而且「二〇一七年，四分之一以上的成年人因為沒有能力負擔而省略必要的醫療保健行為。」另一份調查報告也得到一致的結果：十五％的美國人沒有儲蓄，五八％的美國人的儲蓄少於一千美元。請見Board of Governors of the Federal Reserve System, "Report on the Economic Well-Being of U.S. Households in 2017," Federal Reserve Board, May 2018, https://www.federalreserve.gov/publications/files/2017-report-economic-well-being-us-households-201805.pdf；以及Cameron Huddleston, "More than Half of Americans Have Less than $1,000 in Savings in 2017," GOBankingRates, Sept. 12, 2017.

10. Oxfam, *Reward Work, Not Wealth*, Oxfam Briefing Paper, Jan. 2018.

11. 巴菲特引用史坦（Ben Stein）的說法，"In Class Warfare, Guess Which Class Is Winning," *New York Times*, November 26, 2006.

12. 一脈相承自英國的某些法律原則對美國政府構成進一步的限制，這些法律原則由來已久，例如公共信託（Public Trust）原則，它主張政府（「主權國家」）只是代替後代子孫保管特定天然資源的受託人，因此政府不能將天然資源徹底民營化，也不能允許天然資源遭到掠奪與破壞。

13. 《紐約時報》報導，五九．二%的選票是投給民主黨籍參議員。選舉結果請見"U.S. Senate Election Results 2018," Jan. 28, 2019，可由以下連結取得：https://www.nytimes.com/interactive/2018/11/06/us/elections/results-senate-elections.html?action=click&module=Spotlight&pgtype=Homepage/。

14. 可能有人會質疑實際上的因果關係是否相反：個人的自私和短視是促使經濟體系出現那些特徵的導因。不過，雖然某種程度來說，自私與短視是所有人類都具備的特質，支配經濟體系及其運作方式的規則，才是決定那些特質是否壓過諸如利他主義、同理心和關懷社會等特質的關鍵因素。

15. 他採用的經典範例是大頭針工廠。顯然當時促使他思考那些議題的經濟體系，已和現代的創新經濟體系相去甚遠。

16. 請　見Kenneth. J. Arrow, "Economic Welfare and the Allocation of Resources to Invention," in *The Rate and Direction of Inventive Activity: Economic and Social Factors*, ed. Universities- National Bureau Committee for Economic Research and the Committee on Economic Growth of the Social Science Research Council (Princeton: Princeton University Press, 1962), 467–92; Kenneth J. Arrow, "The Economic Implications of Learning by Doing," *The Review of Economic Studies* 29, no. 3 (June 1962): 155–73; 以及Joseph E. Stiglitz and Bruce Greenwald, "*Creating a Learning Society, A New Approach to Growth, Development and Social Progress*"（New York: Columbia University Press, 2014; reader's edition published 2015）.

17. 勞工的工資在黑死病發生期間出現小幅上漲，那是因為瘟疫導致勞動力變得物以稀為貴（這個例子某種程度反映經濟學上的供需法則），不久後工資即回復至先前水準。請見Stephen Broadberry, Bruce Campbell, Alexander Klein, Mark Overton, 與Bas

van Leeuwen, *British Economic Growth, 1270–1870* (Cambridge: Cambridge University Press, 2015).

18. 科學方法的關鍵是必須對研究成果進行反覆驗證，以釐清過去各項研究成果的精準度與確定性。因此，科學本身是一個社會企業（social enterprise）：由於成千上萬的人（每個人都根據科學方法所提供的紀律來操作）集體努力成果，我們才得以了解並相信我們的所做的一切。

19. 上述每個概念都十分複雜而隱晦，因此這些詞彙經常受到濫用。中古時期的地主可能宣稱他們是依法律來濫用為他們工作的農奴；美國南方的奴隸主人也是如此，他們可以利用當時的法律逼迫脫逃的奴隸回來。（請見Eric Foner, *Gateway to Freedom: The Hidden History of the Underground Railroad* [Oxford: Oxford University Press, 2015]）美國的司法體系聲稱它為「所有人提供正義」，但所謂「所有人」必須得是有錢人的白人。從美國大規模監禁的司法政策，到大衰退時期發生的「自動簽名醜聞」（robosigning scandal，當時銀行未經正常程序及浮濫執行法拍作業，導致未欠銀行一毛錢的屋主也難逃住宅被查封的命運（請見我在*Freefall*中的說明）便可見一斑。我也將在本書中更清晰呈現我心中的想法。在後續章節中，我將詳盡闡述這些概念，例如「若一個人的自由損害到其他人的自由，那麼他的自由就應該受到限制」。

20. 科學家強調，我們對任何事都難以百分之百確定，只能達到某種程度的確定性。在某些情境中，我們很難判斷怎樣才是正確的決策，因為不同的觀點總是莫衷一是；然而我們至少可以知道決策過程是否公平，以及是否每個人的聲音都被聽見。任何一個人做判斷時都難免可能犯錯，正如莎士比亞所言「凡人多舛誤」；但當我們集體做判斷，就能降低犯錯機率。因此，美國刑事司法體系採「無罪推定原則」，因為即使審判過程非常公平，且十二位陪審團員無異議認定某人有罪，也不能保證他們的裁決絕對正確無誤。雖然集體判斷確實可能讓裁決變得比較正確，或者至少我們認為這樣比較正確，但進一步的研究發現每個人普遍都有隱含偏誤（implicit biases，個人所潛藏的歧視與偏見）的傾向。隨著時間的推衍，組織設計出現更多進展，並了解如何在專案選擇的過程中將人類的易謬性（fallibility）納入考慮，從而減少好方案被否絕、而壞方案被採納的風險。請見Raaj Sah and Joseph E. Stiglitz,"Human Fallibility and Economic Organization," *American Economic Review* 75, no. 2 (1985): 292–96; Raaj Sah and Joseph E. Stiglitz,"The Architecture of Economic Systems: Hierarchies and Polyarchies," *American Economic Review* 76, no. 4 (1986): 716–27.

21. 美國的教育機構是非常重要的相關機構，因為教育機構訓練美國民眾如何發現與評估真理。

22. 麻省理工學院的梭羅（Robert Solow）指出，生活水準的提升有絕大部分是拜「技術升級」與「科學進展」所賜，相關研究成果為他贏得一九八七年諾貝爾經濟學獎。他的兩篇經典研究論文為：“A Contribution to the Theory of Economic Growth,” *Quarterly Journal of Economics* 70, no. 1 (1956): 65–94，以及“Technical Change and the Aggregate Production Function,” *Review of Economics and Statistics* 39, no. 3 (1957): 312–20. 他的成果激發大量研究，開始有許多研究者試圖釐清技術變遷所帶來的影響。生產力的提升主要是受惠於「對廠房與設備的投資」，其他影響因素還包括「工時縮短」、「教育程度提升」與「資源分配改善」等。早在一九四三年，熊彼得就在 *Capitalism, Socialism and Democracy* 書中強調「創新」的重要，他認為創新的重要性遠高於經濟學家一向極為重視的許多事物。不過，他並沒有像梭羅那樣試著量化創新所帶來的影響。（關於熊彼得的研究成果及對現代經濟成長與創新理論的討論，請見我為勞特里奇（Routledge）出版公司於二〇一〇年出版的 *Capitalism, Socialism and Democracy* 書中導言。）

23. 一如我與格林華德在 *Creating a Learning Society* 開宗明義所言：「從羅馬時代出現史上第一批統計人均產出的數據後，一直到西元一八〇〇年，人類平均生活水準的提升幅度微小到幾乎難以察覺⋯⋯絕大多數人類的消費幾乎都是以食物為主，而食物的消費也多半局限在維持基本溫飽的主食⋯⋯住宅僅限於類似穀倉那樣簡陋的居住地方，完全無隱私可言⋯⋯衣著以實用為主，大致上都是穿著單件式服裝，鮮少例外，只有在季節變換時增添外套。醫療則幾乎付之闕如⋯⋯生活娛樂也都是一些原始的自得其樂型活動。只有極少數貴族能享受現代人眼中的合宜生活水準⋯⋯西元一八〇〇年起，原本專屬貴族的生活水準，開始在歐洲、北美與澳洲等地逐漸普及，而十九世紀中後期的進展速度更是顯著加快。」

24. 我和格林華德合著的 *Creating a Learning Society*，已詳述我在此提出的觀點。而西北大學傑出的經濟史學家莫基爾（Joel Mokyr）在 *A Culture of Growth: The Origins of the Modern Economy* (Princeton: Princeton University Press, 2016) 書中，也以歷史學家視角發展出相同的結論。我們在後面主張：「當今經濟成長的障礙，有相當程度是源自於『經濟租』（因獨占地位而獲取的利潤）的成長」，這個觀點就與莫基爾的歷史研究結論一致。此外，我們與莫基爾也都主張：「啟蒙機構」是促使生活水準提高的關鍵因素，包括教育與研究機構（大專院校尤其扮演重要角色）以及先前提到的政治與經濟機構（如法治）。不久前，平克（Steven Pinker）也在 *Enlightenment Now: The Case for Reason, Science, Humanism and Progress* (New York: Penguin, 2018) 中，也認為當前生活水準的提高，最早可追溯到啟蒙運動的影響。

當然，經濟力量也具有相當程度的影響。即使是在工業革命以前，英格蘭就已經成為一個高工資／低能源成本的經濟體系，而這促使世人更積極利用工業革命的各項發明來節省人力與改變能源的使用方式。在黑死病的餘殃中，工資還是相對維持高檔，但工資並非是啟動幾個世紀後進展的導因。啟蒙運動創造高工資／低能源價格的背景，最終促成工業革命。詳見亞倫（Robert C. Allen）的 *The British Industrial Revolution in Global Perspective* (Cambridge: Cambridge University Press, 2009)，書中提出一個最早可回溯到一九六〇年代的「誘發式」創新理論，如今這已經是個相當成熟的理論。當然，那段時間還發生顯著的學習進展與技術升級。某些歷史學家相信，第一次工業革命始於西元一一〇〇年代在佛蘭德斯（Flanders）發明的水車。十八世紀各項進展中最與眾不同的部分，包括市場範圍的擴大（亞倫所強調）以及科學的發展，因為科學讓生活水準得以永續提升。

25. 凱因斯在知名論文‘Economic Possibilities for Our Grandchildren’中（請見*Essays in Persuasion* [London: MacMillan, 1931], 321–2）探討生產力大幅提升的寓意。也請見我在*Revisiting Keynes: Economic Possibilities for Our Grandchildren*, eds. Lorenzo Pecchi and Gustavo Piga (Cambridge, MA: MIT Press, 1987), 41–87中發表的“Toward a General Theory of Consumerism: Reflections on Keynes’s Economic Possibilities for Our Grandchildren,”

26. 誠如我們稍後會詳盡解釋，由於各項排他性的勞動市場慣例與差別待遇（尤其是針對女性與有色人種），社會上有相當龐大的族群未能分享到進步的果實。

27. Thomas Hobbes, *Leviathan*, 1651.

28. 歐洲各國也採取類似的因應政策，有些個案比美國更早，有些則比較晚。例如一八八九年德國在俾斯麥總理的領導下，成為世界上第一個採納公共退休保險的國家。

29. 《華盛頓郵報》（*The Washington Post*）統計過川普說謊的次數，發現他就任後兩年間共發表八千一百五十八個「捏造或具誤導性的聲明」。請見Glenn Kessler, Salvador Rizzo, and Meg Kelly, “President Trump Made 8,158 False or Misleading Claims in His First Two Years,” *Washington Post*, Jan. 21, 2019.

30. 請見Patt Morrison, “Patt Morrison Asks: Robert O. Paxton Talks Fascism and Donald Trump,” *Los Angeles Times*, Mar. 9, 2016. 帕克斯頓的 *The Anatomy of Fascism* (New York: Knopf, 2004)是這個主題的絕佳著作之一。這本書最值得讚譽的是，即使它在十五年

前就已出版，卻彷彿專為針砭當前時事而寫。

31. Adam Bluestein, "The Most Entrepreneurial Group in America Wasn't Born in America," *Inc.*, Feb. 2015.

32. Rose Leadem, "The Immigrant Entrepreneurs behind Major American Companies (Infographic)," *Entrepreneur*, Feb. 4, 2017. 特斯拉（Tesla）與SpaceX創辦人馬斯克（Elon Musk）在加拿大的皇后大學念了兩年書，後來轉學到賓州大學，並取得賓州大學物理與經濟學學士學位。另外，裘巴尼優格公司（Chobani）創辦人烏魯卡亞（Hamdi Ulukaya）為了到艾德菲大學攻讀英語而移民美國。

33. 幸好國會不太理會他的想法，二〇一八年預算中的科學支出反而增加十二%，和川普所要求的降低十七%呈現鮮明的對比。

34. 美國媒體經常因假平衡報導而備受批判，而這樣的批判並非無的放矢。例如即使九九．九%的科學家都相信氣候變遷，但某些媒體卻試圖給剩下〇．一%的反氣候變遷科學家等量齊觀的音量，以便賦予否定氣候變遷論的人足夠的正當性。

35. 某些歷史學家認為最初使用這個用語的是希特勒本人，而非他的宣傳部部長。希特勒在《我的奮鬥》（*Mein Kampf*）中寫道：「扯得愈大的謊言，正是可以取信於人的一個因素……相較於扯一些小謊，扯得愈大的謊言更容易使民眾信服。群眾本身也經常會因為一些小事而撒一點小謊，不過他們又因為羞恥心而不至於捏造太誇張的謊言，因此，他們也不相信別人會厚顏無恥的扯謊扯到扭曲真理。即使有人起而指謫有人厚顏無恥的扯謊，他們還是會對竟然有人敢如此無法無天、顛倒是非感到不可置信，甚至還認定扯謊的大騙子說不定是有其他苦衷。然而，因為極度厚顏無恥的謊言總是會留下烙印，即使謊言被人戳破，它的影響力依舊深遠，這是世界上所有說謊專家以及共謀說謊藝術的人都深知的事實。」(*Mein Kampf*, trans. James Murphy, London: Hurst and Blackett, 1939.)不過，相較於希特勒利用扯謊來指控猶太人，戈培爾（Joseph Goebbels）則是將扯謊當成一種政策性工具，儘管如此，他還是將這種行為歸咎給英國人：「英國人遵循『不說謊則已，要說就說大謊，而且要堅守這個謊言』的原則。即使有淪為笑柄的風險，他們還是會堅守這個謊言。」Joseph Goebbels, Jan. 12, 1941 ("Aus Churchills Lugenfabrik," *Die Zeit ohne Beispiel*. Munich: Zentralverlag der NSDAP, 1941, 364–69; 可由以下連結取得英文譯文：the German Propaganda Archive, Calvin College, accessed July 17, 2018, http://research.calvin.edu/german-propaganda-archive/goeb29.htm/)。

36. 儘管美國只有極少數有錢人能住在這類門禁森嚴的社區，但他們還是面臨強大不安全感的威脅。我在*Freefall*書中描述了這場超級富豪雲集的晚宴，在場數度談及的主題是「莫忘斷頭臺」，這是為了互相提醒彼此約束肆無忌憚的貪婪之心。

37. 這是我早前為《浮華世界》撰寫的〈1%所有、1%所治、1%所享〉以及我在 *The Price of Inequality: How Today's Divided Society Endangers Our Future* 書中的核心論述之一。也請見上述文章與書籍所引用的資料以及以下的討論。

38. 二〇一七年十月，川普政府禁止接受環境保護署（EPA）補助的科學家擔任EPA科學顧問小組成員，理由是川普憂心那會衍生「利益衝突」。但川普政府卻未對受EPA監理的產業（例如石油與天然氣產業）所補助的小組成員表達類似的疑慮。請見 Warren Cornwall, "Trump's EPA Has Blocked Agency Grantees from Serving on Science Advisory Panels. Here Is What It Means," *Science*, Oct. 31, 2017.

39. 當然，也有些學者成為這些意識型態的僕人，表現得宛如全球化與放鬆管制金融等政策的啦啦隊隊長。我在第四章解釋，根據權威的經濟分析，美國與開發中國家及新興市場的貿易整合，會導致美國對低技能勞動力的需求降低，而這意味即使我們成功守住充分就業狀態、即使GDP成長，低技能勞工的實質工資勢必仍會降低。即使是在我擔任柯林頓政府經濟顧問期間，在這樣一個看似憂心藍領勞工困境的政府中，都很難找到一個擔心全球化會衝擊到低技能勞工實質工資的經濟學家（勞工部長李奇〔Robert Reich〕是顯著的例外）。這樣看來，即使是優秀的經濟學家也傾向相信在沒有實施補償性政策的情況下，全球化依然能夠讓所有人雨露均霑。總之，即使是當時，下滲經濟學都已深植人心。

40. 可能是基於上則注釋所提到那種對下滲經濟學的錯誤信念；也可能是因為雖他們有察覺到勞工經濟情正在惡化，但誤以為那只是暫時性的現象。

41. 支持累退稅制（這種措施明顯有利於富人）的常見理由是：累退稅制能讓創造就業機會的有錢人獲利，於是他們就能創造出更多就業機會，最終使所有人都受益。不過這個理論是基於三個誤謬的假設：一是有能力成為企業家的人是少數中的少數；二是他們完全受物質誘因驅動，而不是基於打造新事業的成就感或提供社會所需服務的滿足感；三是他們的成功完全取決於低稅賦與寬鬆的監理規定。事實上，新的就業機會並非是由美國企業家所「創造」，而單純是由「需求」所致。當總體需求上升，就業機會自然也會隨之增加。企業家精神確實是必要的，但只要市場需求存在且能獲得資金奧援，有能力且有意願成為企業家的人多的是。因此政府所該扮演的角色，是要確保社會上有適當而足夠的需求和資金。

42. 我必須強調，當經濟體系未達充分就業狀態，政府應該容忍赤字，換言之，政府的支出應該超過稅收。德國總理梅克爾（Angela Merkel）認為經濟體系應像以節儉聞名的「施瓦本家庭主婦」（Swabian housewife）般力求家庭帳冊收支平衡，但這是個錯誤的比喻。總體經濟體和施瓦本家庭主婦之間的關鍵差異在於：當失業率過高時，國家多花一些錢來增加就業機會及國民所得，就能使總體需求上升，進而形成一個良性循環，創造更多就業機會。

43. 原因在於，當社會頂層人口的稅率較低，將為「尋租」行為提供更高的誘因，這將誘使經營者專注在那些能增加企業收入，但無助於增加國家大餅的行為。請見Thomas Piketty, Emmanuel Saez, and Stefanie Stantcheva, "Optimal Taxation of Top Labor Incomes: A Tale of Three Elasticities," *American Economic Journal: Economic Policy* 6, no. 1 (2014): 230–71.

44. 荷頓（Emily Horton）在The Legacy of the 2001 and 2003 'Bush' Tax Cuts," Center on Budget and Policy Priorities, Oct. 23, 2017列舉布希減稅政策的失敗。我與柯瑞涅克（Anton Korinek）則說明有些人推斷布希減稅有可能導致投資活動進一步趨緩。"Dividend Taxation and Intertemporal Tax Arbitrage," *Journal of Public Economics* 93 (2009), 142–59. 另外，請見William G. Gale, "Five Myths about the Bush Tax Cuts," *Washington Post*, Aug. 1, 2010的有趣評論。更詳盡的分析請參閱William G. Gale與Peter R. Orszag的一系列文章"Tax Policy in the Bush Administration" in *Tax Notes* in 2004: "Introduction and Background," 104, no. 12: 1291–1300; "Distributional Effects," 104, no. 14: 1559–66; "Revenue and Budget Effects," 105, no. 1, 105–18; "Effects on Long-Term Growth," 105, no. 3, 415–23; "Short-term Stimulus," 105, no. 6, 747–56; "Down Payment on Tax Reform?," 105, no. 7, 879–84; and "Starving the Beast?," 105, no. 8, 999–1002.

另外，有關減稅對企業投資與員工薪酬沒有影響的證據，請見Danny Yagan, "Capital Tax Reform and the Real Economy: The Effects of the 2003 Dividend Tax Cut," *American Economic Review* 105, no. 12 (2015): 3531–63。一如該文所說明的，減稅不會影響投資和工資，只會使股東財富增加，因為股東將獲得更高的股利。也請見Raj Chetty and Emmanuel Saez, "Dividend Taxes and Corporate Behavior: Evidence from the 2003 Dividend Tax Cut," *The Quarterly Journal of Economics* 120, no. 3 (2005): 791–833。

根據實際研究及理論上的推斷，我們可以預期較低的企業稅率並無助於增進投資。美國在雷根總統時期已將企業稅率從四六％降至三四％。此後，有效企業所得稅率下降更多，因為大企業成功在稅改法案中置入一些漏洞，且越來越知道如何利用這些漏洞圖利。所以在川普進一步降稅之前，有效稅率早已降至一八％。然而，先前承諾的「投資增加」並未實現。由於利息可抵稅，且由於多數投資是藉由邊際借款（borrowing at the margin）而來的資金來支應，所以，稅率對投資報酬率與資金成本產生一模一樣的影響，因此，可以預見降低稅率對投資的影響非常小。請見Joseph E. Stiglitz, "Taxation, Corporate

Financial Policy and the Cost of Capital,"*Journal of Public Economics*, no. 2 (Feb. 1973), 1–34。川普稅改法案的經驗證實上述論點，我將在本書稍後篇幅詳細說明。

45. 值得一提的是，瑞典的稅率遠高於美國，但其家庭儲蓄率卻幾乎是美國的兩倍。美國的勞動力參與率（已有工作或正在找工作的國民占全部工作年齡人口的比率）也遠低於其他很多稅率遠高於美國的國家。

46. 杜克大學卓越的歷史學家麥克林（Nancy MacLean）在她的 *Democracy in Chains: The Deep History of the Radical Right's Stealth Plan for America* (New York: Penguin, 2017) 一書中，以歷史脈絡清楚呈現了相關發展歷程。

47. 包括規則導向的市場經濟、奠基在制衡機制的民主政治，以及後文將介紹的其他基礎制度。

48. 一九六一年一月二十日就職演說。

49. 例如我們先前提過福山所謂的「歷史之終結」，認為整個世界終將邁向這樣的經濟與政治體系。

50. Alain Cohn, Ernst Fehr, and Michel Andre Marechal, "Business Culture and Dishonesty in the Banking Industry," *Nature* 516, no. 7592 (2014): 86–89.

51. Yoram Bauman and Elaina Rose, "Selection or Indoctrination: Why Do Economics Students Donate Less than the Rest?," *Journal of Economic Behavior and Organization* 79, no. 3 (2011): 318–27. 請見當中的參考文獻。

52. 尤其是他於 *Theory of Moral Sentiments*（1759）開篇寫下的這段名言：「不管一個人被認為是多麼的自私，在他的本性中顯然存在著某些原則，使他關心著他人的命運，將他人的幸福視為必要。眼見他人幸福，他也由衷感到快樂，儘管他並不會從中得到任何好處。」

53. 請見 Karla Hoff 與 Joseph E. Stiglitz, "Striving for Balance in Economics: Towards a Theory of the Social Determination of Behavior,"*Journal of Economic Behavior and Organization* 126 (2016): 25–57。

第二章　邁向更讓人擔憂的經濟

1. 諾貝爾獎得主盧卡斯（Robert Lucas）在就任美國經濟學會主席的演說中（就在2008金融危機爆發前不久），宣稱未來經濟將不會再出現嚴重起伏。他說：「總體經濟學……已獲得成功：就實用目的而言，總體經濟學的核心問題，也就是防止經濟蕭條已獲得解決，而且事實上早在幾十年前就已解決。」這篇演說的文字版請見Robert E. Lucas Jr., "Macroeconomic Priorities," *American Economic Review* 93, no. 1(2003): 1–14; the quote appears on p.1。

2. 盧卡斯曾說過：「有害經濟學健全的研究傾向中，最誘人和……有害的一種，就是聚焦在財富分配問題上。」"The Industrial Revolution: Past and Future," Annual Report, Federal Reserve Bank of Minneapolis, May 2004.

3. 有時候這兩者混雜在一起，例如當發明者利用專利取得獨占地位，就能透過各種方式（後文中將會說明其中幾種）擴大並延續其市場操縱力，於是往後多數利潤都將來自市場力量的剝削。

   當然，美國有相當程度是建立在一種特殊的剝削行為上，那就是奴隸制度。奴隸制度在美國南方的發展過程中扮演著核心的角色，當時的人買賣奴隸，並非基於市場機制，而是依靠高壓統治。南北戰爭時期，在南方所擁有的財富中，奴隸的市場價值占了很大一部分。而且，即使是在奴隸制度終結後，「吉姆克勞法」（Jim Crow laws）仍繼續壓制著非裔美國人，因此雇主能以較低工資獲取更高利潤。

4. 二〇一八年的初步數據顯示，在大規模財政提振措施（赤字大幅增加）的帶動下，經濟表現稍微好轉。可以想見，那麼大規模的提振措施自然能暫時提升成長率，但也只是暫時而已。進行如此規模的提振措施，經濟提升幅度卻低於原先期望，部分可歸咎於稅改法案設計不良所致。二〇一〇年至二〇一六年間，美國投資毛額占GDP比重較所有OECD國家（經濟合作暨發展組織，是先進國家「俱樂部」）的平均值低了將近九%，且比加拿大等表現較優異國家低二〇%以上。（「投資毛額」是指一國產出投資到廠房、設備及住宅的部分，這部分資產被視為經濟體系的生產性資產。投資毛額不包括存貨累積，也未計入折舊（即生產性資產因使用或時間而折損的價值）。投資毛額也不包括土地的購買。）以國家帳的系統來說，官方將投資毛額數字稱為「固定資本形成毛額」（Gross Fixed Capital Formation）。

5. 出現明顯的經濟成長趨緩，部分原因（只有部分）導因於人口成長率趨緩（人均所得成長率從二・三%降至一・七%）。同時可能還來自於其他因素（例如經濟結構由製造業導向轉為服務產業型的經濟體系轉變，服務部門的生產力較難以維持過去的成長）。也可能純粹導因於運氣不好（例如當今有助於提升生產力的重要發展確實比幾十年前少）。然而，我相信上述結構性變化或運氣問題都不過是部分原因。

本章數據多取自以下標準資料來源：聯準會經濟資料庫（ＦＲＥＤ）、美國人口普查局（US Census）、國際貨幣基金組織的年度世界經濟展望報告（World Economic Outlook Report，簡稱ＷＥＯ）、ＯＥＣＤ，以及全球財富與所得資料庫（World Income Database）。美國的ＧＤＰ衡量指標擷取自ＦＲＥＤ。實質工資中位數（median）的數據則擷取自美國人口普查局。而在比較ＯＥＣＤ各國的差異時，則採用ＯＥＣＤ的數據。平均所得和所得分配中各個不同族群的占比（頂層一％、頂層〇．一％、底層五〇％），則擷取自全球財富與所得資料庫。關於以上所有資料來源都是採用本書付梓時最新的版本與資料。

6. 取自聯合國二〇一七年的數據。根據國際貨幣基金組織與世界銀行的數據，美國在人均所得方面排名第七。這些機構在比較所得時，是採用市場匯率計算。若採用購買力平價（purchasing power parity，簡稱ＰＰＰ）計算，則美國的排名滑落至第十一名。

7. 世界銀行「人力資本指數」可由以下連結取得：https://www.worldbank.org/en/data/interactive/2018/10/18/human-capital-index-and-components-2018/。

8. 取自「國際學生能力評量計畫」（Program for International Student Assessment，簡稱ＰＩＳＡ）二〇一五年測驗結果。各國表現差異相當大，某些表現最優秀的十年級學生（中國上海），學力已相當於美國麻州表現最優秀的十二年級學生。

9. 取自ＯＥＣＤ二〇一六年數據。

10. "Hours Worked," ＯＥＣＤ, 2017，可由以下連結取得：https://data.oecd.org/emp/hours-worked.htm/。

11. 美國這個時期的生產力總成長率是二．三％，而ＯＥＣＤ的平均值是四．九％。資料來源為ＯＥＣＤ，可由以下連結取得：https://data.oecd.org/lprdty/gdp-per-hour-worked.htm#indicator-chart/。

12. 此處是就購買力平價（該指標已將不同國家商品價格差異列入考慮）而言，若根據購買力評價來衡量，中國的ＧＤＰ已於二〇一五年超越美國。也經常有人根據當期匯率（該指標較容易有短期大幅波動）來進行比較，若根據當期匯率來衡量，則中國的ＧＤＰ依舊低於美國的ＧＤＰ。然而，若就標準衡量指標而言，中國依舊是開發中國家，人均所得大約只有美國的五分之一。

13. 這樣的情況並不令人感到意外，開發中國家必須努力追趕先進國家，所以它們的成長率通常較高。以最新的數據來看，在二〇一六年，美國為第一百三十九名。

14. 這項數據以及下面提到的脫離貧窮人數，皆取自世界銀行。

15. 世界不平等資料庫（World Inequality Database）：https://wid.world/。當然，中國亮麗的經濟成長並未平均分享給所有民眾，中層與底層人口所得占總所得的比重正日益降低。然而，這樣巨幅的轉變依舊令人印象深刻。

16. 歷任總統都試圖誇大其政策對提升經濟成長的重要性。川普將當選後把美國經濟大幅成長全歸功於自己的政策，彷彿以為他有能力操控美國經濟發展軌跡。事實上，即使川普對美國二〇一七年（上任後第一年間）的經濟表現讚不絕口，卻沒有提到那年美國經濟成長率其實低於先進國家的平均值。即使美國二〇一六年和二〇一七年的經濟成長率差異為〇．七六個百分比，也僅略高於OECD的平均值（〇．六四個百分比），更遠低於北方鄰國加拿大（一．五五個百分比）。事實上，二〇一六年時加拿大和美國的經濟成整率幾乎沒有差異。所以，真正有資格吹噓的理當是加拿大總理杜魯道（Justin Trudeau），而非川普。二〇一八年，在財政赤字巨幅增加的情況下，美國經歷一段「食糖後興奮期」，實質GDP因此成長大約三%。但那樣的突發性成長不可能永續；預期二〇一九年的經濟成長將顯著降低。

17. 自美國創建以來，許多領導者都曾考慮對抗不平等，以期打造一個繁榮的民主國家。維倫茲（Sean Wilentz）就寫了一本有關美國的不平等與政治發展歷史的權威之作，請見*The Politicians and the Egalitarians: The Hidden History of American Politics* (New York: W. W. Norton, 2017)。

18. 請　見Olivier Giovannoni, "What Do We Know about the Labor Share and the Profit Share? Part III: Measures and Structural Factors"(working paper 805, Levy Economics Institute, 2014)。

19. 衡量區間為一九七七年至二〇一七年，最新數據更新至二〇一七年。Thomas Piketty and Emmanuel Saez,"Income Inequality in the United States, 1913–1998," *Quarterly Journal of Economics* 118, no. 1 (2003): 1–39。表格和數字更新到二〇一七年，可在賽斯（Emmanuel Saez）的網站取得：https://eml.berkeley.edu/~saez/。

20. 美國人口普查局〈Income and Poverty Report〉的表A-4，可由以下連結取得：https://www.census.gov/content/dam/Census/

library/publications/2017/demo/P60-259.pdf。

21. FRED經濟數據。過去多數人認為最低工資的調漲不可避免會造成失業率顯著上升。但自從David Card與Alan B. Krueger的劃時代研究報告“Minimum Wages and Employment: A Case Study of the Fast- Food Industry in New Jersey and Pennsylvania,” *American Economic Review* 84, no. 4 [1994]: 772–93）發表後，愈來愈多人認同實際上並不是那麼一回事，部分原因在於市場力量在勞動市場上無所不在（在第四章討論）。請見“The Effects of a Minimum-Wage Increase on Employment and Family Income” [CBO, Feb. 18, 2014]）。事實上，提高最低工資甚至可能產生正面的就業效應。

22. 精確來說，此處所謂的「薪酬」包含額外津貼。經濟政策研究所（Economic Policy Institute）根據對美國勞動統計局與經濟分析局數據（二〇一八年七月十七日取得）所進行的分析，可由以下連結取得：https://www.epi.org/productivity-pay-gap/。

23. 近來工資落差懸殊問題已獲得廣泛關注。例如，宋（Jae Song）和他同事運用龐大數據分析，說明「企業內部薪酬差距擴大」確實是導致工資愈來愈不平等的重要因素，不過還不及「企業間薪酬差距擴大」所造成的影響；他們認為企業間工資差距，主要與企業技能組成結構（skill composition）的變化有關。其他研究則強調，儘管數據顯示企業間工資差異似乎與企業獲利能力的差異有關，但在大多數情況下，無法區分出哪些企業的獲利能力來自生產力提升，哪些企業的獲利能力是來自市場操縱力擴大。在本書其他篇幅中引用市場集中度愈來愈高的證據，這些證據凸顯出市場力量對企業間工資落差的影響愈來愈大，掌握市場力量與未掌握市場力量的企業之間呈現明顯對比。因此企業間存在顯著的生產力差異，而且往往是持久性的差異。格林華德和我在“*Creating a Learning Society*”闡述這個觀點。我們對標準經濟學的批判，部分和這些懸殊落差的存在有關，因為標準經濟學假設知識會快速且毫無成本的傳播到整個經濟體系。學習與學習技術的升級的確能有效降低這些懸殊落差，不過，還是可能存在一些會產生反向作用的力量（例如特定領域的創新速度加快）。請見Jae Song, David J. Price, Fatih Guvenen, Nicholas Bloom, 與 Till Von Wachter, “Firming Up Inequality,” *Quarterly Journal of Economics* 134, no.1 (2018): 1–50; David Card, Ana Rute Cardoso, Jorg Heining, and Patrick Kline, “Firms and Labor Market Inequality: Evidence and Some Theory,” *Journal of Labor Economics* 36, no.S1 (2018): S13–S70; Jason Furman與 Peter R. Orszag, “A Firm- Level Perspective on the Role of Rents in the Rise in Inequality” in *Toward a Just Society: Joseph Stiglitz and Twenty- first Century Economics*, ed. Martin Guzman (New York: Columbia University Press, 2018), 10–47; Hernan Winkler, “Inequality among Firms Drives Wage Inequality in Europe,”

Brookings, Mar. 21, 2017, https://www.brookings.edu/blog/future-development/2017/03/21/inequality-among-firms-drives-wage-inequality-in-europe/; Giuseppe Berlingieri, Patrick Blanchenay, and Chiara Criscuolo, "The Great Divergence(s)," (OECD Science, Technology and Industry Policy Papers no. 39,2017); and Julian Messina, Oskar Nordstrom Skans, and Mikael Carlsson, "Firms' Productivity and Workers' Wages: Swedish Evidence" (Vox CEPR Policy Portal, Oct. 23, 2016)。

24. 我有兩本著作是關於這個主題的書，闡明為何不平等不僅會弱化美國經濟，還傷害民主政治，更將分化社會。這兩本書是*The Price of Inequality: How Today's Divided Society Endangers Our Future*以及*Freefall*）。然而大多數美國人似乎仍對此渾然不覺，沒有意識到不平等程度的惡化及其嚴重後果。為了導正這個情況，我在二〇一三年至二〇一四年間為《紐約時報》策劃一系列文章，作者包括Judith Warner、Jacob Soll、Andrea Levere、David L. Kirp、Corey Robin、Alice Goffman、Robert Balfanz、Maria Konnikova以及Barbara Dafoe Whitehead。我也盡可能就這些議題發表文章，從*Vanity Fair*、*Nation*到*Politico*，以及每個月為Project Syndicate撰寫的專欄，這些文章被廣泛刊登在世界各地的報紙上。

25. 他是之前與我合著探討「財富重分配稅收政策」相關研究的作者之一。

26. 歐巴馬在「美國進步中心」（Center for American Progress，二〇一三年十二月，華盛頓特區）的一場演講中所言。在更早之前，二〇一一年十二月六日，他在堪薩斯州奧薩瓦托密高中（Osawatomie High School）的演說中表示：「當中產階級家庭不再有能力購買企業所販售的商品與服務，當民眾漸漸不再能達到中產階級的所得與生活水準，整個經濟體系將會被拖垮，從上到下都將無一倖免。美國是建立在追求普遍繁榮、強大消費者遍布全國的理念之上。因此諸如亨利福特（Henry Ford）那樣的企業家，才會將『給予公司員工足夠工資，讓他們有能力購買自己所製造的汽車』當成使命。另外，這也是為何近期一份研究顯示，不平等程度較低的國家將擁有更強勁且更穩定的長期經濟成長。」當然，這也和我在*The Price of Inequality*一書提出的核心論點不謀而合。

27. *The Kerner Report: The 1968 Report of the National Advisory Commission on Civil Disorders* (New York: Pantheon, 1988).

28. *The Kerner Report*。有人要求我評估那篇報告發表後半個世紀的情勢變化。我將那令人擔憂的研究結果寫成"Economic Justice in America: Fifty Years after the Kerner Report,"收入*Healing Our Divided Society: Investing in America Fifty Years after the Kerner Report*, eds. Fred Harris and Alan Curtis (Philadelphia: Temple University Press, 2018)。其中最令人擔憂的莫過於卓越學者克拉克

博士（Kenneth B. Clark）向克納委員會（Kerner Commission）作出的證詞，他寫道：「我讀了那份……關於芝加哥一九一九年的暴動報告，感覺自己彷彿是在讀一九三五年哈林暴動（Harlem riot of '35）調查委員會的報告、一九四三年哈林暴動（Harlem riot of '43）調查委員會的報告、麥肯委員會（McCone Commission）對一九六五年瓦茲暴動（Watts riot）所作的報告。我必須再次向諸位委員坦承，這情景就好像愛麗斯夢遊仙境中相同畫面反覆不斷閃現眼前，兩份報告有著相同的分析、相同的建議，以及相同的無所作為」。

29. Eileen Patten, "Racial, Gender Wage Gaps Persist in U.S. Despite Some Progress" (Pew Research Center, July 2016)。透過更精密的統計數據，讓我們得以釐清教育程度、工作經驗與差別待遇等各類差異所產生的相對作用。

30. 比美國好的國家包括日本、挪威、瑞典、澳洲、冰島、加拿大、紐西蘭、荷蘭、奧地利以及丹麥。二〇一五年（可取得的最新數據）的平均餘命都遠高於八十歲，日本最長壽，達八十三．九歲；美國僅七十八．八歲，介於智利和捷克共和國之間。

31. 出版時的最新數據為二〇一七年。

32. 死亡率只是某個特定年齡層（例如五十歲至五十五歲）在某一年或在某個五年期間身故的比率。較低的死亡率和較長的平均餘命可謂一體兩面。

33. "The Growing Life- Expectancy Gap between Rich and Poor," Brookings Institution, Feb. 22, 2016, accessed Nov. 24, 2018，可由以下連結取得：https://www.brookings.edu/opinions/the-growing-life-expectancy-gap-between-rich-and-poor/.

34. Anne Case and Angus Deaton,"Rising Morbidity and Mortality in Midlife among White Non- Hispanic Americans in the 21st Century," *Proceedings of the National Academy of Sciences* 112, no. 49 (2015): 15,078–83，並請見Anne Case and Angus Deaton,"Mortality and Morbidity in the 21st Century," *Brookings Papers on Economic Activity*, (Spring 2017): 397-476. 近年美國所有年齡層白人的死亡率都在上升，這和世界其他國家的情況恰恰相反。在此同時，特別值得一提的是非裔美國人的死亡率依舊比白人高。無論哪個種族為何，不利的經濟狀況都有害健康。

35. 我先前就已提及這些令人憂心的趨勢，尤其是在二〇一三年的*The Price of Inequality*，平裝版中有關非大學畢業女性的統計數據，同樣令人感到不安。先前提到Jennifer Sherman, Joan Williams, Katherine J. Cramer, Michele Lamont, Arlie Hochschild, J. D. Vance, 與Amy Goldstein等人的研究，在在說明社會變遷如何助長了「絕望之疾」的蔓延。

36. 他也說明這群人的「幸福感較低」，同時「較無法從日常生活中獲得意義感」，可見工作對人的重要性。請見Alan B. Krueger,"Where Have All the Workers Gone? An Inquiry into the Decline of the U.S. Labor Force Participation Rate," *Brookings Papers on Economic Activity* 48, no. 2 (2017): 1–87

37. 企業力量的濫用（下一章的主題）是導致類鴉片藥物氾濫的核心要素：這些藥物是普渡製藥公司（Purdue Pharma）力推的藥物。請見Beth Macy, *Dopesick: Dealers, Doctors, and the Drug Company that Addicted America* (Boston: Little, Brown, 2018)。企業力量的濫用也是造成時下肥胖症盛行的重要原因之一。美國疾病管制與預防中心（The Centers for Disease Control and Prevention）指出，將近四〇％的美國人屬於肥胖一族。拉丁裔與非拉丁裔黑人的肥胖症比率甚至更高（大約四七％）；擁有大學學歷的男性與女性普遍較不肥胖；美國南部與中西部的肥胖比率則高於其他所有地區。最令人不安的，是孩童與青春期少年的肥胖症比率已接近五分之一，是一九七〇年代的三倍以上。肥胖主要受飲食影響。可口可樂等汽水公司力推的含糖飲料，以及為了誘人上癮而設計的甜食與鹹食，都是大企業利用不審慎的民眾圖利的例子。可參考David A. Kessler, M.D., *The End of Overeating: Taking Control of the Insatiable American Appetite* (New York: Rodale Books, 2009). Kessler於一九九〇年至一九九七年擔任食品與藥物管理局（FDA）局長。（有關美國肥胖症的數據，請見https://www.cdc.gov/obesity/index.html/。有關飲食對肥胖的影響，請見https://www.hsph.harvard.edu/obesity-prevention-source/obesity-causes/diet-and-weight/。含糖飲料與體重關聯性的學術研究，可參考Lenny R. Vartanian, Marlene B. Schwartz, and Kelly D. Brownell, "Effects of Soft Drink Consumption on Nutrition and Health: A Systematic Review and Meta- Analysis," *American Journal of Public Health* 97 [2007]: 667–75。）

38. inequality.org或許是取得不平等相關數據的最佳網站。
關於財富不平等的成因及未來演變，各界看法莫衷一是，時有爭議。例如皮凱提在二〇一四年發表的*Capital in the 21st Century*（Cambridge, MA: The Belknap Press of Harvard University Press）（這本書名符其實的獲得非常高的評價）中主張，上一代遺贈給下一代的遺產，會造成愈來愈嚴重的不平等。他寫道：這個歷久彌堅的進程因二次世界大戰帶來的強烈社會團結感而暫時中斷，但近年來不平等情勢又急遽惡化，而這個急遽惡化的趨勢只是反映原有進程中斷後的強烈反彈罷了。我的觀點（早在一九六〇年代就已撰文提出）雖稍有不同，但亦非全然與他相左。我主張雖然「優勢代際相傳」對不平等的影響很重要，但各種彼此抵消的離心力與向心力也很重要，前者分化經濟體系，後者則團結經濟體系，一般來說，長期下來這些作用力會彼此相互抵消。但一九七〇年代中期迄今發生種種事件對這個平衡造成擾亂，在這段期間，離心力增強而向心力則減弱。我們正目睹經濟體系朝一個新均衡移動，而新均衡的不平等情勢比舊均衡更加嚴重。（請見Joseph E. Stiglitz,"Distribution of Income and Wealth Among Individuals," *Econometrica* 37, no. 3 [1969]: 382–97; and "New Theoretical Perspectives on the Distribution of Income and Wealth Among Individuals: Parts I- IV" [NBER Working Papers 21, 21189–21192, 2015]。）

39. 就在短短一年前，這些富豪的人數是四十三人；若再往前回溯一年，則是六十一人。自二〇一〇年起，億萬富翁的財富每年平均增加一三%；二〇一七年全球各地創造的財富有八二%流向頂層一%人口的口袋，而流向底層五〇%人口的比例幾近於零。請見*Private Wealth or Public Good*, Oxfam, Jan. 2019, and *Reward Work, Not Wealth*, Oxfam, Jan. 2018。

40. 這兩個家族擁有巨額的財富（據報導，二〇一八年，沃爾頓家族的財富將近一千七百五十億美元，柯氏兄弟則約一千兩百億美元），以二〇一六年來說（這是能取得最新可靠比較資料的年度），單單這兩個家族的財富就和美國底層五〇%人口的總財富一樣多。財富分配的數據是取自聯準會二〇一六年消費者融資調查（Survey of Consumer Finances），但移除消費性耐久財。沃爾頓與柯氏家族的財富數據是採用《富比世》（*Forbes*）雜誌的資料。梅爾（Jane Mayer）的暢銷書《美國金權》（*Dark Money: The Hidden History of the Billionaires behind the Rise of the Radical Right*，New York: Doubleday, 2016）翔實記載柯氏兄弟對美國政治圈的巨大影響力。

41. 請　見Raj Chetty, Nathaniel Hendren, Patrick Kline, and Emmanuel Saez,"Where Is the Land of Opportunity? The Geography of Intergenerational Mobility in the United States," *Quarterly Journal of Economics* 129, no. 4 (2014): 1553–623; Chetty, Hendren, and Lawrence F. Katz, "The Long-Term Effects of Exposure to Better Neighborhoods: New Evidence from the Moving to Opportunity Experiment" (working paper, Harvard University, 2015); and Chetty and Hendren, "The Impacts of Neighborhoods on Intergenerational Mobility Childhood Exposure Effects and County-Level Estimates" (working paper, Harvard University, Apr. 2015)。美國人生活在一個經濟隔離日益嚴重的社會，所以「鄰里效應」（neighborhood effects）是造成優勢代際相傳的重要因素。請見Kendra Bischoff與 Sean F. Reardon, "Residential Segregation by Income, 1970–2009," in *Diversity and Disparities: America Enters a New Century*, ed. John Logan (New York: Russell Sage, 2014): 208–33。

42. 相關數據令人震驚。一如「皮尤經濟流動性專案」提到：「在底層四分之一經濟條件下被養育成人的美國人中，四三%成年後繼續被困在底層」而「在頂層四分之一經濟條件下被養育成人的美國人中，四〇%成年後繼續保有頂層經濟條件。」以財富來衡量，情況更加糟糕，在財富階梯底層環境下被養育成人的美國人，將近有三分之二的人成年後繼續被困在最底下兩層；而在財富階梯頂層條件下被養育成人的美國人，也大約三分之二的人繼續保有最頂端兩層的條件。至於黑人的情況則更糟糕：「在家庭所得處於階梯底層的家庭被養育成人的黑人，有超過一半（五三%）的人成年後繼續被困在底層。」這些數據凸顯教育對於向上流動的關鍵作用，教育程度較低的人較可能被困在底層。Pursuing the American Dream: Economic Mobility Across Generations," Pew Mobility Project, July 2012.
43. The Equality of Opportunity Project, accessed July 18, 2018, 可由以下網站取得：http://www.equality-of-opportunity.org/。
44. "Pursuing the American Dream," Pew Mobility Project.

第三章　剝削與市場操縱

1. 我們也比以前更了解「競爭均衡模型」（competitive equilibrium model）的極限。這個模型並不可靠，各項假設的輕微變化（小額的固定沉入成本、搜尋成本或資訊成本，加上小幅度的資訊不完全），就會導致結果產生很大的變化，例如龐大市場操縱力的持久存在。即使是微小的市場操縱力，一旦兩相結合，就可能產生極大影響。資訊經濟學、賽局理論以及行為經濟學等，都對我們思考經濟的方式產生深遠的影響。

   諷刺的是，正當外界對標準競爭模型的批評愈來愈不遺餘力之際，這個模型的影響力卻在卡特、雷根及後續幾位總統在位期間持續擴大。這樣的情況，顯示知識落後（lags in knowledge）問題的重要性，當然也顯示出意識型態與利害關係的重要性。
2. Peter Thiel,"Competition Is for Losers," *Wall Street Journal*, Sept. 14, 2014.
3. 美國國會成立的一個委員會，負責調查二〇〇八年金融危機的原因。
4. 出自與金融危機調查委員會（Financial Crisis Inquiry Commission）的會談，二〇一〇年五月二十六日。巴菲特是穆迪公司

（Moody's，國際三大信用評等機構之一）的主要股東。David Dayen報導，"America's Favorite Monopolist: The Shameful Truth behind Warren Buffett's Billions," *The Nation*, Mar. 12, 2018, p. 16。在這場金融危機中，信用評等機構扮演關鍵角色，誠如該委員會在最終報告中所言：「是導致金融崩潰發生的關鍵力量。」

5. 在波克夏海瑟威公司（Berkshire Hathaway，巴菲特的主要投資工具）二〇〇〇年股東大會中的演說，請見Dayen, "America's Favorite Monopolist."（但巴菲特早在幾十年前就已使用過「護城河」的比喻。）

6. 舉例來說，根據國際電信聯盟（International Telecommunication Union，聯合國專責資訊與通訊科技的機關）的"Measuring the Information Society 2015,"報告，美國的電信價格（預付、寬頻、行動，500mb）比印度高二十倍以上，且幾乎是愛沙尼亞的二十倍。哈佛大學法律教授暨電信專家克勞佛德（Susan Crawford）指出，康卡斯特（Comcast）與時代華納控制六六%的寬頻網路，而且這兩家公司通常不在相同的市場上競爭。請見Susan Crawford, *Captive America: The Telecom Industry and Monopoly Power in the New Gilded Age* (New Haven: Yale University Press, 2013)。

7. 問題不僅是大企業與經營大企業的執行長擴大市場操縱力，也在於勞工缺乏市場操縱力。一如以下討論及後續章節將闡明的，導致市場操縱力如此失衡的因素非常多，而市場操縱力也不是導致不平等情況惡化的唯一因素。舉例來說，技術的變遷（第六章將討論）使高技能勞動力的需求相對高於低技能的勞動力。不過，這些變遷的表現形式，有部分原因是管理決策的結果（花掉珍貴的研究經費的方法），另外部分原因則是掌握市場操縱力的人（即經理人）決定以這樣的方式來能降低勞工（尤其是低技能勞工）協商能力。

8. 我要緊接著補充，誠如接下來的討論將清楚闡明的，那並非不平等的唯一來源。而且不僅是大企業對付消費者的市場操縱，還包括大企業對付勞工的市場操縱。

9. 企業也可能利用其他人的弱點來掠奪他人的財富。舉例來說，引誘別人賭博並耗盡家產，或是說服別人以高利貸的利率借錢。即使是利用他人弱點賺錢（例如賭博或酒精）都需要用到市場操縱，因為在我們這個沒有道德意識的社會，有非常多人有能力且有意願利用他人的弱點圖利，而若缺乏市場力量，即使是無法無天的惡劣活動，利潤都有可能被壓低到零。

10. 雖然傳統上貪汙行為集中在政府部門，但事實上，民間部門原本就存在廣泛的腐化現象，例如一個員工（甚至執行長）利用個人職務自肥，或一家企業為了自家利益而不惜犧牲他人，從事不誠實的行為等。

11. Adam Smith, *An Inquiry into the Causes of the Wealth of Nations*, 1776.

12. 反托拉斯法的通過不只是對賣方獨占化的回應，還是對十九世紀末在石油、鐵道、肉品包裝與菸草等諸多領域所實際興起市場操縱的回應。

13. 當然，市場要求的風險溢酬一向起伏不定，它取決於一般人對經濟體系風險水準的判斷。

14. 若要進一步觀察大企業部門的狀況，請見Simcha Barkai, "Declining Labor and Capital Shares" (working paper, 2017).。Barkai已清楚解析資本所得占國民所得的比率，並說明資本所得的降低無法以無形資本來解釋。採用企業面數據的研究，請見Jan De Loecker與Jan Eeckhout, "The Rise of Market Power and Macroeconomic Implications" (NBER Working Paper No. 23687, 2017)。

15. 例如，請見Jacob A. Robbins, "Capital Gains and the Distribution of Income in the United States," Brown University, Dec. 2018。

16. 請見Joseph E. Stiglitz,"New Theoretical Perspectives on the Distribution of Income and Wealth among Individuals."有關住宅的影響，請見Matthew Rognlie, "Deciphering the Fall and Rise in the Net Capital Share: Accumulation or Scarcity?,"*Brookings Papers on Economic Activity* 46, no. 1 (Spring 2015): 1–69。也請見Thomas Piketty, *Capital in the Twenty- First Century*。

17. 年復一年取得特定「經濟租」權利本身，就具備某種市場價值，而這項價值稱為「經濟租」的資本化價值（capitalized value）。因此，擁有賣方獨占權的人每年都會獲得這項利潤。這個所有權人可以銷售那一系列利潤。而那一系列利潤今天的價值，就稱為「資本化經濟租」（capitalized rents）。

18. 請　見Mordecai Kurz, "On the Formation of Capital and Wealth: IT, Monopoly Power and Rising Inequality" (Stanford Institute for Economic Policy Research Working Paper 17- 016, 2017。

19. 在二十世紀中葉的資本主義社會，掌握市場操縱的大企業會和工會勞工分享賣方的獨占經濟租。但到二十一世紀的資本主義社會，平均來說，大企業的市場操縱力不僅提升，也更少共享它們取得的「經濟租」。企業股東（尤其是企業經理人）將這些報酬占為己有，導致不平等的程度惡化。不過，這些變遷也對生產力造成影響，因為短視的經理人不再受工會箝制，因而減少對自家勞工的投資，或甚至減少有利於企業未來發展的投資。（當在上位者貪婪地為自身利益奪取更多「經濟租」，很可能對下屬士氣產生不利影響。為了避免這個情況發生，企業可能進行「垂直解構」〔vertically disintegrate〕，例如將清潔工或其他低工資的服務外包。高工資勞工愈來愈可能到高工資企業任職，並和其他高工資勞工一同工作，低工資勞工則相反。

請見Song et al., "Firming Up Inequality," Card et al., "Firms and Labor Market Inequality," 以及 Furman and Orszag, "A Firm- Level Perspective on the Role of Rents in the Rise in Inequality."）

20. 請見"Benefits of Competition and Indicators of Market Power" (Council of Economic Advisers Issue Brief, Apr. 2016)。這篇報告表明：「幾個指標顯示，很多經濟部門的市場競爭可能正在減弱，這些指標包括幾十年來新企業形成（new business formation）減少，以及特定產業的集中度指標上升等。近來的數據也顯示，獲利能力最高的企業報酬可能已上升。倘若利潤率超過企業的資金成本，那些利潤就可能反映了經濟租，而經濟租是指生產要素的報酬超過維持生產要素運作所需成本的部分。那樣的「經濟租」可能將消費者的資源轉移給企業，扭曲投資與聘僱決策，並鼓勵企業從事不經濟的尋租活動。

即使是通常持保守立場的《經濟學人》（*The Economist*）雜誌都提出警告，它指出「一九九七年至二〇一二年間，每個產業前四大企業的市場占有率從二六%上升至三二%。」它提到，集中度降低的產業營收日益降低，而集中度上升的產業營收則增加。請見"Too Much of a Good Thing: Profits Are Too High. America Needs a Giant Dose of Competition," Mar. 26, 2016。

已有一系列的研究報告指出，在勞動市場上，雇主之間缺乏彼此競爭的後果：請見José Azar, Ioana Marinescu, 與 Marshall Steinbaum, "Labor Market Concentration," (NBER Working Paper No. 24147, Dec. 2017); José Azar, Ioana Marinescu, Marshall Steinbaum, 與 Bledi Taska, "Concentration in US Labor Markets: Evidence from Online Vacancy Data," (IZA DP No. 11379, Mar. 2018); Arindrajit Dube, Jeff Jacobs, Suresh Naidu, Siddharth Suri, "Monopsony in Online Labor Markets," (NBER Working Paper No. 24416, Mar. 2018); 以及 Efraim Benmelech, Nittai Bergman, 與Hyunseob Kim, "Strong Employers and Weak Employees: How Does Employer Concentration Affect Wages?" (NBER Working Paper No. 24307, Feb. 2018)。

21. Gustavo Grullon, Yelena Larkin, and Roni Michaely, "Are US Industries Becoming More Concentrated?," 2016。可由以下連結取得http://finance.eller.arizona.edu/sites/finance/files/grullon_11.4.16.pdf。

根據福爾曼（Jason Furman）與奧爾格（Peter Orszag）的說法，一九九七年至二〇一二年間，十三個可取得數據的主要產業中，有十二個產業的市場集中度上升。他們引用一系列個體層面的產業研究報告，包括航空旅遊、電訊、銀行與食品加工等產業，每個都能找到產業集中度上升的證據。請見Furman and Orszag, "A Firm- Level Perspective on the Role of Rents in the Rise in Inequality" and Card et al., "Firms and Labor Market Inequality."

22. 不意外的，掌握較大市場操縱力的大型企業報酬較高。福爾曼與奧爾格暗示，集中度上升可能是各大型企業的報酬落差懸殊且持續擴大的重要因素，其中獲利能力最高的企業（位於九十百分位的企業）的報酬是中位數的六倍以上，是一九九〇年差異的兩倍以上。請見Furman and Orszag, "A Firm- Level Perspective on the Role of Rents in the Rise in Inequality"; 以及 Furman and Orszag, "Slower Productivity and Higher Inequality: Are they Related?" (Peterson Institute for International Economics, Working Paper 18- 4, June 2018)。我必須特別強調，並非所有經濟學家都認同集中度和獲利能力之間存在強烈的關係；事實上，某些研究聲稱，利潤和集中度之間並無強烈的相關性，那些研究甚至主張集中度平均來說未上升（儘管證據擺在眼前，例如經濟顧問委員會的"Benefits of Competition and Indicators of Market Power"報告）。儘管如此，有非常多人強烈推斷，市場競爭愈不激烈，加價幅度就會愈高（以下將說明），利潤因而愈高（以約當GDP的占比和以股東權益報酬率而言）。我們稍後會解釋為何在少數關鍵產業，邊際利潤率反而在集中度上升的情況下降低，但這些產業是例外情況。

23. De Loecker 與 Eeckhout, "The Rise of Market Power and Macroeconomic Implications." 有些人也認為市場集中度和經濟體系投資活動減少有關。請見German Gutierrez 與 Thomas Philippon, "Declining Competition and Investment in the U.S." (NBER Working Paper No. 23583, 2017)。這也可能和長期利率因資本需求減少而降低的現象有關。請見Ricardo J. Caballero, Emmanuel Farhi 與 Pierre- Olivier Gourinchas, "Rents, Technical Change, and Risk Premia Accounting for Secular Trends in Interest Rates, Returns on Capital, Earning Yields, and Factor Shares," *American Economic Review* 107, no. 5 (2017): 614–20。

24. 這是指資本回報（return to capital），不包括商譽。請見Tim Koller, Marc Goedhart, 與 David Wessels, *Valuation: Measuring and Managing the Value of Companies/McKinsey & Company* (Hoboken, NJ: Wiley, 2015)。誠如我們接下來提到的，即使政府債券的報酬率日益降低，且風險管理技術提升，當今的資本回報還是日益上升，這為「經濟租」增加的假設提供堅實的支撐。（誠如我們曾提到過的，「資本回報」包括賣方獨占／寡占租。以經濟術語來說，我們不該將它視為資本的邊際產量〔marginal product of capital〕的價值。）尤其驚人的是頂層的資本回報水準，排名前一〇%的企業平均資本回報超過八〇%，前二五%的企業也有四〇%。」請見Furman and Orszag, "A firm- Level Perspective on the Role of Rents in the Rise in Inequality."

25. Matt Kranz, "6 percent of Companies Make 50 percent of U.S. profit," *USA Today*, Mar. 2, 2016.

26. *America's Concentration Crisis: An Open Markets Institute Report*, Open Markets Institute, Nov. 29, 2018. 可由以下連結取得 https://

concentrationcrisis.openmarketsinstitute.org/。

27. 請見Mar. 26, 2016, issue of The Economist.

28. 正式來說，真正重要的是邊際成本。

29. 雖然有些人確實做此推斷，但事實並不盡然如此。來自亞馬遜公司（Amazon）的競爭迫使零售產業展開合併，但即使是合併後，傳統零售部門的邊際利潤率還是很低，而且也不乏破產的案例。

如果一個市場上只有少數幾家企業，它們就很容易共謀，而且通常是暗中勾結。雖然企業暗中共謀的情事很難證明，但通常從價格的上漲就很容易確認它們是否共謀。

30. 當然，有些例子顯示單一企業的市場操縱力可能相當巨大：例如沙漠綠洲上單一水源的所有權人。沒有水，人就活不下去，因此，控制水的人就能將價格訂得像天一樣高。控制其他必需品的事物（如鹽）的人，也可能把價格訂在極高的水準；政府深知這個道理，因而常會成立公家的賣方獨占事業。至少在那個情況下，消費者被壓榨的錢是流向公共用途，另外，這類事業的訂價也可能設有上限。

31. 《紐約時報》於二〇一五年以一系列報導說明義務仲裁陪審團扭曲美國司法的程度。請見Jessica Silver- Greenberg 與 Robert Gebeloff, "Arbitration Everywhere, Stacking the Deck of Justice," *New York Times*, Oct. 31, 2015。這些仲裁條款導致很多被安養院詐騙的人最終無法為自己或父母索賠，類似駭人聽聞的故事時有所聞。這類仲裁條款也幾乎存在於所有聘僱合約。

32. 儘管如此，最高法院已判定，一個人一旦簽署仲裁條款，就等於放棄自身在美國公共法律體系的審訊權。Epic Systems Corp v. Lewis No. 16–285, Decided May 21, 2018.

33. 這些手法（例如FUD）能在不影響現有廠商的情況下提高對手的生產成本。這是為自家產品打造護城河最完美的方法。Thomas G. Krattenmaker與Steven C. Salop更早之前就曾說明這個理論："Competition and Cooperation in the Market for Exclusionary Rights," *American Economic Review* 76, no. 2 (1986): 109–13; Steven C. Salop and David T. Scheffman, "Raising Rivals' Costs," *American Economic Review* 73, no. 2 (1983): 267–71。

34. 即使是基礎雄厚的企業偶爾也會踢到鐵板，尤其當專利被所謂「專利流氓」（patent trolls，指主要商業模型不是創新，而是申請專利，並以專利遭侵犯為由而不斷興訟的企業）把持，而非掌握在其他大企業手上時。黑莓機公司（Blackberry）便曾陷入這樣的窘境，該公司一度是領先的行動電話公司，但它經歷漫長的專利訴訟，光是為了能繼續提供服務，就支付六．一二億美元的代價，不管它被控侵犯的專利最終是否有效，它都得付出這筆錢。

對新創企業來說，這類訴訟當然更令人退卻。舉例來說，Vlingo公司是一家研究語言辨識技術的新創企業。然而，一家規模更大的Nuance公司對它提起一系列法律訴訟受到重創。到最後，Vlingo同意接受Nuance公司的收購，但那是在付了三百萬美元訴訟費用且贏了第一項訴訟（總共六項）的事了。請見Charles Duhigg與Steve Lohr, "The Patent, Used as a Sword," *New York Times*, Oct. 7, 2012. See also Colleen V. Chien, "Patent Assertion and Startup Innovation" (Santa Clara University of Law Legal Studies Research Paper Series 26-13, 2013)。

35. 芝加哥經濟學家為這些反市場競爭的做法辯護，他們表示，這些限制只是雙邊市場（two-sided markets，譯注：指具兩個不同客群的經濟平臺，例如信用卡、黃頁等）上天經地義的效率競爭方式。根據這些經濟學家的說法，雙邊市場只是兩組代理人（agent）彼此互動的「會面地點」，現在通常是在電子平台上。信用卡讓顧客與商戶得以聚集在一起。他們主張，法院不應該干預市場的運作。這些論述完全忽略市場的實際運作，而我這樣的批評已經算客氣了。儘管如此，那些經濟學家還是成功以這些論述說服某些法院，包括美國最高法院的一項「五比四」的撕裂式判決，允許這類濫用市場操縱力的情況得以延續。相關的精彩討論詳見Benjamin E. Hermalin與Michael L. Katz, "What's So Special About Two-Sided Markets?" in Martin Guzman, ed. *Toward a Just Society* (New York: Columbia University Press, 2018), 111-130。

36. 這些合約條款高度反市場競爭，連僅擁有低市場占有率的企業（例如發現卡〔Discover Card〕），都有能力確實收取遠高於成本的手續費。澳洲禁止採用這類合約，結果造就競爭顯著的市場，信用卡公司對商家的收費因而降低，信用卡公司的利潤當然也較低。

37. 這也代表其他消費者（例如付現金的消費者）的財務狀況因而惡化。

38. 以另一個採用幾乎相同的經濟分析的類似案件來說，提供主要航空公司訂位的系統公司先啟公司（Sabre）被發現採用限制市場競爭為目的的類似合約條款，因而被判定有罪。以那個案件來說，這家電腦訂位系統公司收取的手續費遠高於提供服務的成本。它設定的合約條款遏止其他廠商進入市場創新，甚至導致各航空公司無法嘗試引導顧客利用自家的線上訂位系統（較便宜），當然，航空公司因此無法為利用自家訂位系統的人（規避Sabre公司收取的高額手續費）提供折扣，請見US Airways

Inc. v. Sabre Holdings Corp et al., U.S. District Court, Southern District of New York, No. 11- cv- 2725。在本書付梓之際，這個案件還在上訴階段。（充分揭露聲明：我是各原告的專家證人，這個案件的原告宣稱那些合約條款和幾個信用卡案件一樣涉嫌反市場競爭。）

39. 例如King Drug Company v. Smithkline Beecham Corporation, United States Court of Appeals for the Third Circuit, No. 14- 1243, November 19, 2014。最高法院後來拒絕檢討這個判決，也請見FTC v. Actavis, Inc., Supreme Court No. 12- 416 (2013)。

40. 舉例來說，製藥公司等到某個專利到期後，再推出這些專利到期藥品的緩釋劑型（譯注：緩釋劑型是指透過特殊材質外殼讓藥品在腸胃道中以特定的速度逐漸釋放，以延長藥品作用時間）。進步性（nonobvious）創新是取得專利的先決條件，推出現有藥品的緩釋劑型並沒有進步性可言，照理說不能取得專利。印度已察覺到美國製藥業的這種手法並立法反制，這讓美國非常惱火。美國政府經常為了協助大型製藥公司將學名藥物擋在門外，並以所謂「數據獨占權」（data exclusivity）條款，限制外界利用原始藥品的數據來評估學名藥物的安全性與效能，這些行動都能助大型製藥公司一臂之力。

41. 我們在第六章提出幾個這類先發制人的合併案例。

42. 經濟體系的演進可能導致市場集中度進一步提高的原因還有很多。第六章討論大數據如何造就自然的賣方獨占權，這種自然賣方獨占權可能使諸如Google和亞馬遜等企業擁有其他企業沒有的優勢。在這些環境下，市場競爭很難正常運作，因為競爭壓根兒就不會發生。

43. 二十世紀中葉美國有三家主要汽車生產商（通用、克萊斯勒和福特）和幾家小型企業（Studebaker和Nash-Rambler）。如今，美國這三家主要車廠已面臨日本、韓國、德國和義大利等多家車廠的激烈競爭。

44. 標準競爭模型在這類市場上根本不可能行得通。若依標準競爭理論的觀點，在「價格等於邊際成本」（邊際成本是指多生產一個單位所增加的成本）的情況下，這些產業照理說根本無法生存。

45. 諷刺的是，誠如我們先前提到的，直接或間接促使市場力量擴大且使經濟體系表現轉弱、不平等程度擴大的一項遊戲規則變更是：頂層人口稅率的降低。較低的稅率可能鼓勵「尋租行為」，從事尋租行為的企業並不是藉由生產較優質的產品來提高利潤，而是藉由取得政府的偏袒等方式來提高利潤。請見Piketty, Saez, and Stantcheva, "Optimal Taxation of Top Labor Incomes." 二〇一七年的稅改法案以實例闡述一個相關的現象：當企業所得稅率降低到促使捐款企業獨厚掌權政黨的程度，代表稅法當中可能充斥優惠某個團體但虧待另一個團體的條款，這對經濟體系造成扭曲，並使整體效率降低。

46. 美國市場集中度上升但歐洲並未出現這個狀況的事實顯示，影響市場力量的關鍵並不是技術，而是政策。古鐵雷茲（German Gutierrez）與菲利龐（Thomas Philippon）將這個差異歸因於反托拉斯法是否強制執行上的差異，請見Gutierrez 與 Philippon, “How EU Markets Became More Competitive than US Markets: A Study of Institutional Drift” (NBER Working Paper No. 24700, June, 2018)。

47. 換言之，市場操縱導致國民所得的水準降低（且有更多國民所得流向賣方獨占者）。更進一步來說，市場操縱力的提升也導致經濟成長降低，部分是因為創新的誘因可能因市場競爭的減弱而降低，部分是由於掌握市場操縱力的企業精心打造堅實的進入障礙，導致其他創新者不願意進入，而局部則是因為有較多原本投入研究的費用，被挪到維持與提高市場操縱力以及策劃更能利用市場力量剝削他人的方法等用途。差別取價（企業對不同顧客收取不同價格），數位經濟的這項特質已愈來愈明顯，因為企業利用蒐集到的顧客數據，來判斷我們願意付多少錢買一樣商品或勞務，更誘發更多扭曲，一如我們在第六章的討論。

48. “Aggregate Productivity and the Rise of Mark- Ups,” *Vox*, Dec. 4, 2017; and David R. Baqaee and Emmanuel Farhi, “Productivity and Misallocation in General Equilibrium” (NBER Working Paper 24007, 2018).

49. 哈蒂凡格與其共同研究者的詳細學術研究，以極具說服力的方式，翔實記載這個情況。請見Ryan Decker, John Haltiwanger, Ron S. Jarmin, 與Javier Miranda, “The Secular Decline in Business Dynamism in the US” (manuscript, 2014); John Haltiwanger, Ian Hathaway, 與 Javier Miranda, “Declining Business Dynamism in the U.S. High- Technology Sector” (Kauffman Foundation, 2014); Ryan Decker, John Haltiwanger, Ron S Jarmin, 與Javier Miranda, “The Role of Entrepreneurship in US Job Creation and Economic Dynamism,” *Journal of Economic Perspectives* 28, no. 3 (2014): 3–24。也請見Ian Hathaway 與Robert E. Litan, “Declining Business Dynamism in the United States: A Look at States and Metros” (Brookings Papers, 2014). 從ＯＥＣＤ的數據也可看出這一點，其中，美國的表現並非最差，但和我們的印象相反的是，美國也不是最好的，請見Chiara Criscuolo, Peter N. Gal, Carlo Menon, “The Dynamics of Employment Growth: New Evidence from 18 Countries” (ＯＥＣＤ, Science, Technology and Industry Policy Papers no. 14, May 21, 2014)。福爾曼（Jason Furman）與奧爾格（Peter Orszag）提供進一步證明美國經濟活力降低的證據，他們認

為美國經濟活力降低的部分原因是市場競爭減弱。請見Furman and Orszag,“Slower Productivity and Higher Inequality: Are they Related?”；以及 Furman and Orszag, “A Firm- Level Perspective on the Role of Rents in the Rise in Inequality.”

50. 福爾曼與奧爾格也提到，即使大型企業的報酬率似乎非常高，卻一樣減少投資，他們也將這個現象局部歸咎於市場競爭的減弱，請見Furman and Orszag, “A Firm- Level Perspective on the Role of Rents in the Rise in Inequality”；以及Furman and Orszag,“Slower Productivity and Higher Inequality: Are They Related?” 另外，古鐵雷斯與菲利龐（二〇一七年）也同樣發現美國當今的投資活動相對比獲利能力與評價（valuation）指標更弱，同時發現缺乏市場競爭與短視近利的心態（和以下即將討論的公司治理問題有關），是造成這個現象的兩個關鍵原因。請見German Gutierrez and Thomas Philippon, “Investment-less Growth: An Empirical Investigation,” Sept. 2017, New York University and Brookings, https://www.brookings.edu/wp-content/uploads/2017/09/2_gutierrezphilippon.pdf。投資活動的疲弱當然也對總需求造成負面的影響，這個影響在諸如二〇〇八年金融危機後那段期間的重要性尤其關鍵，因為在那段時期，總體需求的匱乏是壓抑經濟體系的關鍵要素。數據擷取自“Shares of Gross Domestic Product: Gross Private Domestic Investment,” St. Louis FRED，可由以下連結取得：https://fred.stlouisfed.org/series/A006RE1Q156NBEA#0/。

51. Princeton: Princeton University Press。就像網際網路上很多不良行為者從事「釣愚」行為，尋找會掉入他們設下陷阱的人。

52. 這個議題獲得歐巴馬政府的一些關注。請見CEA Issue Brief, “Labor Market Monopsony: Trends, Consequences, and Policy Responses,” Oct. 2016。

53. 例如，請見Alan Manning, “Imperfect Competition in Labour Markets,” in *Handbook of Labor Economics*, eds. Orley Ashenfelter and David Card, vol. 4 (Amsterdam: North- Holland, 2011); 以及John Schmitt, “Why Does the Minimum Wage Have No Discernible Effect on Employment?” (CEPR Publication, 2013)。

54. 有很多情況根本不可能有商業祕密或「內線資訊」的損失，因此這樣的反偷獵條款並沒有合理藉口可言，例如速食店員工。克魯格與波思納就發現，四分之一的美國勞工曾在職涯的某個階段遭受非競爭協議或禁止偷獵（譯注：禁止員工在一年內向老東家挖角）協議危害。這類協議經常被用在最弱小的勞工身上。請見“A Proposal for Protecting LowIncome Workers from Monopsony and Collusion,” *The Hamilton Project Policy Proposal* 5 (2018)。

55. 亞當斯密，《國富論》（*The Wealth of Nations*）。

56. 最近的一份研究顯示：「一週工作超過四十小時的多數時薪制員工當中，有十九%員工獲得的加班費低於標準規定約一．五倍。Susann Rohwedder and Jeffrey B. Wenger, "The Fair Labor Standards Act: Worker Misclassification and the Hours and Earnings Effects of Expanded Coverage" (Rand work paper, Aug. 7, 2015)。

57. 最近一份針對線上勞動市場所做的經濟計量研究可以找到最貼切的證據。有些人可能預期買方獨占的操縱力很弱，但證據顯示情況正好相反。請見Dube, Jacobs, Naidu, and Suri, "Monopsony in Online Labor Markets" 以及Azar et al., "Concentration in US Labor Markets: Evidence from Online Vacancy Data."我們也在種族、少數民族以及性別差別待遇（這類差別待遇在勞動市場很常見）方面見到雇主市場力量的證據。競爭理論主張這類差別待遇不可能存在，但即使是一般人都能發現差別待遇確實存在，而且這就證明這些族群與雇主相比是弱勢的。

58. 遊戲規則及市場結構的改變，是導致工會力量弱化與營運困難的主要原因，例如：全球化削弱了工會為勞工爭取加薪的能力，因此進而益導致會員流失。此外，還有許多因素可能導致工會力量弱化，例如：有時工會領袖未能充分反映取會員利益，這種現象被稱為「委託人—代理人問題」（principal agent problem），資訊不對稱或課責制度不完備的組織都可能發生這類問題。

59. 費南德茲（Alexander Hertel- Fernandez）針對工會沒落、不平等程度惡化與這些趨勢和政治之間的相關性等，完成一份有趣的研究。請見*Politics at Work: How Companies Turn Their Workers into Lobbyists* (New York: Oxford University Press, 2018)。

60. 更廣泛來說，工會受一系列完整的規章管理，而這些規章會影響到工會招攬會員與收費的難易度、如何贏得選舉以取得代表工廠勞工的權利，以及如何有效協商等。以前的雇主一旦發現有勞工試圖組織工會，就會予以解雇，並將那些勞工列為黑名單，讓他們無法順利在其他公司找到工作。儘管現在這些作為已經不合法，但雇主還是有很多巧妙或不怎麼巧妙的合法或非法手段可阻礙工會的組成。國家勞資關係委員會（National Labor Relations Board）監督勞動相關法律與監理規定，也負責解釋與執行這些規定。康乃狄克大學的史特茲納（Mark Stelzner）已設法證明勞工地位的降低，多半是幾項關鍵規章修訂及其解釋方式所造成，而且這些規章及其解釋已對工會產生不利的影響。請見Mark Stelzner, "The New American Way— How Changes in Labour Law Are Increasing Inequality," *Industrial Relations Journal* 48, no. 3 (2017): 231–55。

工會一向也在降低工資不平等方面發揮重要的作用，所以，工會的弱化自然也和不平等程度的惡化息息相關。請見David Card, "The Effect of Unions on Wage Inequality in the U.S. Labor Market," *Industrial and Labor Relations Review* 54, no. 2 (2001): 296–315。美國不平等程度惡化的一個理由是工會比以前弱勢。有關全球的狀況，請見Era Dabla- Norris, Kalpana Kochhar, Nujin Suphaphiphat, Frantisek Ricka, 以及Evridiki Tsounta,"Causes and Consequences of Income Inequality: A Global Perspective," IMF Staff Discussion Note No. 15/13 (Washington, DC: International Monetary Fund, 2015); 以及Florence Jaumotte 與 Carolina Osorio Buitron, "Inequality and Labour Market Institutions," IMF Staff Discussion Note No. 15/14 (Washington, DC: International Monetary Fund, 2015)

二〇一八年六月，最高法院經由*Janus v. American Federation of State, County and Municipal Employees*一案的判決，撤銷公部門工會向非工會會員收取會費的權利。這些對策逼得工會不得不把較多心力投注到募款的事務上，從事其他活動的能力因而減弱，包括以強化勞工福祉為目標的政治活動。請見James Feigenbaum, Alexander Hertel- Fernandez,and Vanessa Williamson, "From the Bargaining Table to the Ballot Box: Political Effects of Right to Work Laws"(NBER Working Paper 24259, 2017).

為傷害勞工的市場操縱力與政治力量而設計的法律相當多，由於篇幅限制，我不可能一一闡述恢復勞工市場與政治力量的完整行動計畫，只能說明推翻那類有害法律的部分行動計畫。經濟體系的變遷、服務部門的成長、製造業的縮小、零工經濟體系的發展等，皆使這些挑戰變得更加困難。請見Brishen Rogers and Kate Andrias, *Rebuilding Worker Voice in Today's Economy* (Roosevelt Institute, 2018)；以及Kate Andrias, "The New Labor Law," *Yale Law Journal* 126, no. 1 (Oct. 2016).

61. 有關工會對工資高低的影響等相關討論，請見Henry S. Farber, Daniel Herbst, Ilyana Kuziemko, 與Suresh Naidu, "Unions and Inequality Over the Twentieth Century: New Evidence from Survey Data" (NBER Working Paper No. 24587, 2018).

62. 請見高伯瑞(John Kenneth Galbraith), *American Capitalism: The Concept of Countervailing Power* (Boston: Houghton Mifflin, 1952). 他的概念是，當時（一如目前）的經濟體系並未充分展現出競爭市場的樣貌，而是呈現出市場力量處處瀰漫的樣貌，但在那當中，大型工會與大企業彼此互相牽制，整個體系因這些勢均力敵的力量而得以順利運作。

63. 近幾年學術界與政策制定者對更新反托拉斯相關法律的主題產生極大的興趣。舉例來說，請見吳修銘（Tim Wu）, "Antitrust in the New Gilded Age" (Columbia Business School Global Reports, 2018)；其他的羅斯福協會部落格與研究報告，包括：

Marshall Steinbaum,"Crossed Lines: Why the AT&T–Time Warner Merger Demands a New Approach to Antitrust," Feb. 2, 2017; "Airline Consolidation, Merger Retrospectives, and Oil Price Pass- Through," Apr. 6, 2018; "It's Time for Antitrust to Take Monopsony Seriously," Oct. 17, 2017; "A Missing Link: The Role of Antitrust Law in Rectifying Employer Power in Our High- Profit, Low-Wage Economy," Apr. 16, 2018; Marshall Steinbaum, Eric Harris Bernstein、與 John Sturm, "Powerless: How Lax Antitrust and Concentrated Market Power Rig the Economy Against American Workers, Consumers, and Communities," Mar. 27, 2018; 以及Adil Abdela, "Market Concentration and the Importance of Properly Defined Markets," Apr. 23, 2018。也請見Joseph E. Stiglitz,"Towards a Broader View of Competition Policy," in *Competition Policy for the New Era: Insights from the BRICS Countries*, eds. Tembinkosi Bonakele, Eleanor Fox, 與Liberty Mncube (Oxford: Oxford University Press, 2017); (lecture presented to the 4th BRICS International Competition Conference in Durban, November 2015); 以及Joseph E. Stiglitz,"America Has a Monopoly Problem— and It's Huge," *Nation*, Oct. 23, 2017。也請見林恩（Barry Lynn）的Open Markets Institute website, https://openmarketsinstitute.org/。林恩原本是新美國基金會（New America Foundation）的學者，不過，他和他的團隊後來離開，據稱是因為Google施壓的緣故，因林恩公開讚揚歐盟對Google所做出的反托拉斯裁決。請見 Barry Lynn, "I Criticized Google. It Got Me Fired. That's How Corporate Power Works," *Washington Post*, Aug. 31, 2017.

64. 實際上，早在傅利曼嶄露頭角前，這些原則就深受芝加哥大學派支持。不過，傅利曼對這些原則的推廣居功厥偉，例如，他在與妻子蘿絲（Rose Friedman）合著的*Free to Choose*（New York: Harcourt, 1980)書中大力讚揚這些原則。

65. 例如在三分之一個世紀以前，達斯古普塔（Partha Dasgupta）和我就已說明，熊彼得宣稱「獨占勢力只是暫時的現象」是錯誤的，因為獨占者擁有確保其永久操縱市場的力量和誘因。請見Dasgupta and Stiglitz, "Uncertainty, Industrial Structure, and the Speed of R&D," *Bell Journal of Economics* 11, no. 1 (1980): 1–28。我們和其他同僚也共同說明，搶奪賣方獨占者地位的鬥爭不盡然會像熊彼得的假設，對創新產生正面影響，反而有可能抑制創新。請見Kenneth J. Arrow, "Economic Welfare and the Allocation of Resources to Invention,"與Drew Fudenberg, Richard Gilbert , Joseph E. Stiglitz,and Jean Tirole, "Preemption, Leapfrogging and Competition in Patent Races," *European Economic Review* 22 (June 1983): 3–32（Jean Tirole於二〇一四年榮獲諾貝爾經濟學獎）。我在與格林華德合著的"*Creating a Learning Society*"書中補強這些結論，尤其是在第

五、六章。
芝加哥大學的Arnold Harberger宣稱，消費者因賣方獨占勢力而折損的福利的重要性較低（大約是ＧＤＰ的〇．一％左右）。請見Arnold C. Harberger, "Monopoly and Resource Allocation," *American Economic Review* 44, no. 2 (1954): 77–87。但最近的研究顯示，Harberger嚴重低估相關的代價。請見Baqaee 與 Farhi, "Productivity Misallocation in General Equilibrium." 即使Harberger的結論在一九五〇年代正確無誤，後續市場力量的提升（以及加價幅度的因此增加，已在本章稍早篇幅說明）意味那個結論早已不正確。

66. 換言之，在強制執行反托拉斯相關法律的過程中，可能會犯下兩種類型的錯誤：誤判某一項非自由競爭作業是自由競爭的，或誤判某一項競爭作業是非自由競爭的。他們比較重視在後者，因為他們相信任何非自由競爭作業長期存在的機率很低。

67. 在Brooke Group Ltd. v. Brown & Williamson Tobacco Corp., 509 U.S. 209 (1993)案件中，最高法院似乎認同這個論述。即使幾名芝加哥律師（例如Robert Bork）最初提出這些論述時，很多經濟學家就強烈批判這些論述，例如諾貝爾獎得主Oliver Williamson就在"Review of *The Antitrust Paradox: A Policy at War with Itself* by Robert H. Bork," *University of Chicago Law Review* 46, no. 2 (1979): 10提出批判。而且從那時迄今的經濟理論發展，讓這些批判者的結論更顯得無可辯駁。
但諷刺的是，在美國境內控告美國業者從事掠奪性訂價的訴訟案件，原告很難獲得勝訴，但在此同時，在美國境內指控外國公司從事不公平商業活動（訂價低於成本）的相似訴訟案件卻很容易獲得勝訴。

68. 目前原告（宣稱被告公司採取反自由競爭行為）必須負責證明反市場競爭的影響超出效率的提升。這是基於「市場運作良好且是競爭的，所以看似反競的爭情況實際上有可能是促進競爭的情況」的假設。

69. 因此，當Google直接從事銷售行為，就會和使用Google來推銷產品的廣告主之間產生利益衝突。亞馬遜的利益衝突甚至更加無所不在。我們將在本書稍後討論這些新平台的崛起而衍生的某些監理議題，不過，這些新平台對美國經濟體系構成的挑戰（包括競爭）遠超過本書範疇。例如，請見Lina M. Khan, "Amazon's Antitrust Paradox," *The Yale Law Journal* 126, no. 3 (Jan. 2017)。

70. 斷定市場力量的某些傳統程序也應進行一些調整。通常主張某企業違反反托拉斯法的人，被要求必須舉證說明該企業掌握很大的市場占有率。相關的推斷是，若一家企業未掌握龐大的市場占有率，根本就不可能從事反市場競爭作業。

理論上那是錯誤的推斷。不過，實務上更糟，因為「相關市場」（relevant market）通常很難認定。事實上，如果能找到市場力量的直接證據（如以上討論的市場操縱——高加價幅度、差別取價、超額報酬且競爭者無法進入、逼迫買方接受諸如仲裁條款等令人無法接受的條件等）就應該足夠。有關其他程序調整的更深入討論，請見Wu, “Antitrust in the New Gilded Age”。

71. “Costly Choices for Treating Wilson’s Disease,” *Hepatology* 61, no. 4 (2015): 1106–8。這篇文章提到，發明這項藥品的默克（Merck）連續二十年將藥價成本（譯注：對病患而言的成本）維持在維力安公司訂價的〇．五%左右。

72. 圖靈製藥公司（Turing Pharmaceuticals）收購Daraprim（到二〇一五年為止，這項藥品已有六十二年的歷史，二〇一五年起就不再是專利藥）後，將一錠藥的價格從十三．五美元提高到七百五十美元。其他例子不勝枚舉。請見Andrew Pollack, “Drug Goes from $13.50 a Tablet to $750, Overnight,” *New York Times*, Sept. 20, 2015。

73. 相似的，如果股價上漲超過他們宣稱的節省幅度，意味市場力量的增長或許才是驅使這宗合併或收購案件的重要因子。當局也必須嚴密審視合併後的狀況，如果這宗合併案確實促使訂價上漲（合併前原本承諾訂價會下跌）並構成明確可信的威脅，或許可以撤銷這宗合併案，

74. 第六章解釋為避免因網際網路服務供應商那類利益衝突而起的市場操縱力的濫用，有必要設置要求網路中立性（net neutrality）的監理規定。以前反托拉斯活動聚焦在同一個產業內部的合併案件，並推斷垂直整合並非反市場競爭行為。不過，由於世人體認到很多市場的競爭性有限，所以，目前一般人也了解到，垂直合併一樣會產生「水平」的影響，並使市場競爭進一步減弱。但從近年來幾個法院判決便可見到芝加哥學派的持續性影響（這個學派的根本推斷是，市場基本上是競爭的）；例如允許AT&T及時代華納合併（目前仍在上訴階段）。也請見“Brief for 27 Antitrust Scholars as Amici Curiae in Support of Neither Party,” United States Of America, Plaintiff- Appellant, v. AT&T Inc.; Directv Group Holdings, LLC; And Time Warner Inc., Defendants- Appellees. On Appeal from the United States District Court for the District of Columbia, No. 1:17- cv- 2511 (Hon. Richard J. Leon). United States Court of Appeals for the District of Columbia Circuit, Document: #1745344. Filed: August 13, 2018。

75. 這是「對個人有利卻不見得對經濟體系與社會有利」的另一個例子。風險趨避的新創企業所有權人滿足於能馬上取得合理的回報，較不願承擔來日的不確定性（不確定性使未來市場風險提高）。不過，維持一個競爭的市場能維護整個社會的根本利

益。

76. 尤其是非自由競爭條款與禁止偷獵條款。

77. 第六章將討論某些較創新的方法。

78. 在歐洲，有非常多人對維持各國之間的公平競爭憂心忡忡，因為維持各國公平競爭將導致任何形式的政府援助被禁止，包括透過亞馬遜尋求稅賦優惠提供的援助。

79. 請見Joseph E. Stiglitz,"Economic Foundations of Intellectual Property Rights," *Duke Law Journal* 57 (2008): 1693–1724; 以及Claude Henry and Stiglitz, ,"Intellectual Property, Dissemination of Innovation, and Sustainable Development," *Global Policy* 1, no. 1 (2010): 237–51。

80. 一九九八年的「著作權期間延長法案」將著作權延長到創作者的壽命加上七十年，並將企業作品的著作權延長到初次發表的九十五年後，或創作後的一百二十年，以先到期者為準。標準經濟理論表明，這些條款不太可能鼓勵新智慧財產的創造，甚至毫無鼓勵效果可言；但顯而易見的事實是，一旦有人創造像米老鼠那麼持久受歡迎的產品，這項法案將使那創造者可獲得的「經濟租」大幅增加。

81. 這個例子將在第六章進一步討論。

82. "Declaration of Joseph E. Stiglitz and Jason Furman," Before the United States Department of Justice, Civil Action No 98- 1232 (CKK) and Civil Action No 98- 1233 (CKK)。可由以下連結取得：https://www.justice.gov/sites/default/files/atr/legacy/2002/06/05/mtc-00030610c.pdf/。

83. 舉例來說，請見Andrea Prat, "Media Power," *Journal of Political Economy* 126, no. 4 (2018): 1747–83; and Andrea Prat, 2015, "Media Capture and Media Power," in *Handbook of Media Economics*, eds. Simon Anderson, Joel Waldfogel, 與 David Stromberg, vol. 1b (Amsterdam: North- Holland, 2015)。或請見Timothy Besley與 Andrea Prat, "Handcuffs for the Grabbing Hand? The Role of the Media in Political Accountability," *American Economic Review*, 96, no. 3 (2006): 720–36。

84. 經濟學家表示，資訊是一種「公共財」，在一個缺乏政府支援的市場經濟體系，這項公共財的供給將不足。擁有一個活躍的媒體圈不僅對廣告主和消費者有利，也會對社會帶來更廣泛的利益，而且不盡然是透過「擁有較資訊靈通的公民」獲益。媒體圈能在「政府課責」與「遏制貪腐」等方面發揮重要的功能。

85. 舉例來說，以辛克萊廣播集團（Sinclair Broadcast Group）的例子來說，它收購美國各地的電視台後，便開始將那些電視台節目改成極度保守的內容。請見Sheelah Kolhatkar, "The Growth of Sinclair's Conservative Media Empire," *The New Yorker*, Oct. 22, 2018。

86. 另一個需要以較高標準來評斷其市場操縱力的範疇是金融業。所有經濟體的大型銀行與金融機構都能施展不成比例的勢力。

87. Vincent Lariviere, Stefanie Haustein, 與 Philippe Mongeon, "The Oligopoly of Academic Publishers in the Digital Era," *PLoS ONE* 10, no. 6 (2015): e0127502, https://doi.org/10.1371/journal.pone.0127502。

88. 過去半個世紀以來的研究辨別出許多「市場失靈」的情境，在那些情境，市場未能創造有效率的結果，包括缺乏完全風險與資本市場，以及資訊不完全與不對稱。本章（更廣泛來說，本書）聚焦在一種市場失靈，那就是缺乏市場競爭，因為我相信這種市場失靈是導致當今經濟體系面臨各種弊病的關鍵。

89. 過去四十年間，美國企業執行長的薪酬巨幅成長，成長幅度遠高於其他先進國家的企業執行長。從生產力的角度來說，這樣的薪酬水準絲毫沒有道理可言，因為美國企業執行長並沒有遠比其他國家的企業執行長更有生產力，當今美國的企業執行長相對勞工的生產力也沒有比四十年前高。（二〇一七年，前三百五十大企業執行長的薪酬是勞工平均薪酬的三百倍以上，遠高於一九六五年的二十倍。請見Lawrence Mishel 與Jessica Schieder, "CEO Compensation Surged in 2017," Economic Policy Institute, Aug. 16, 2018，可由以下連結取得：https://www.epi.org/ publication/ceo-compensation-surged-in-2017/）相較之下，目前挪威企業執行長的薪酬大約只有一般勞工工資的二十倍。美國的倍數遠高於世界上其他國家，也遠高於北方的鄰國加拿大。Anders Melin and Wei Lu, "CEOs in U.S., India Earn the Most Compared with Average Workers," *Bloomberg*, Dec. 28, 2017, available at https://www.bloomberg.com/news/articles/2017-12-28/ceos-in-u-s-india-earn-the-most-compared-with-average-workers。

90. 我在第八章詳細闡述這一點。

91. 舉例來說，無力感會對健康產生多重不良影響，包括抑鬱症的好發率。最近史丹佛大學的一份學術研究翔實記載無力感衍生出明顯的政治後果：Jojanneke van der Toorn, Matthew Feinberg, John T. Jost, Aaron C. Kay, Tom R. Tyler, Robb Willer, 與 Caroline Wilmuth, "A Sense of Powerlessness Fosters System Justification: Implications for the Legitimation of Authority, Hierarchy, and

Government," *Political Psychology* 36, no. 1 (Feb. 2015)。

92. 因剝削目的的非法商業行為而受害的大量個人（例如微軟程式的購買人）所提起的訴訟。沒有任何一個人有能力或願意提起訴訟，畢竟每個人所受到的「傷害」或許只有幾百美元或幾千美元，不足以支付動輒數百萬美元的法律費用。但若集體來看，損害可能就非常龐大。商業界已透過各種運作，讓民眾較難以提起這類訴訟，因為企業界知道若無集體訴訟，企業基本上就不會因為受害者發起的法律行動受到不利的影響。

93. Song et al. in "Firming Up Inequality"，說明同一家企業內部的薪酬差異擴大，是導致工資不平等惡化的重要因素，不過這個影響不像企業間工資差異擴大的影響那麼顯著，而誠如我們已說明的，不同企業間的工資差異擴大，多半導因於企業技能組成結構的變化。

94. 舉例來說，抑制企業領袖支配力量的對策可以包括：要求揭露高階主管薪酬相對一般勞工工資的比率，同時揭露高階主管股票選擇權價值相對股東持股價值的狀況，或是讓股東在決定高階主管薪酬的議題上擁有更多話語權。但即使是這些溫和的改革，都已遭遇企業高階主管的極大阻力（這倒是不足為奇），因為企業高階主管擔心過高的薪酬會因此縮水。

另一個獲得關注的提案是，藉由較低的企業所得稅或是對過高薪酬課徵較高稅賦等誘因，鼓勵企業不要發放過高的薪酬給執行長與高級經營階層。至少目前鼓勵企業發放股票選擇權的特殊稅賦條款應該被廢除。

有關這個議題及其可能解決方案的更深入討論，請見Joseph E. Stiglitz, *The Price of Inequality*與*The Roaring Nineties*。蕭伯斯坦（Stephen M. Silberstein）力促加州立法將企業所得稅率與企業執行長薪酬綑綁在一起，但他迄今尚未達到目的；也請見Gary Cohn, "Overcompensation: Tying Corporate Taxes to CEO Pay," *Capital & Main*, Aug. 6, 2014。過去幾年有非常多暢銷書討論美國獎金導向的薪酬系統，更廣泛乃至公司治理的問題。例如請見Steven Bavaria, *Too Greedy for Adam Smith: CEO Pay and the Demise of Capitalism*, 2nd ed.

95. 本書強調市場操縱的影響，包括：大企業與企業執行長勢力的擴大、市場操縱對勞工與消費者的支配程度，以及我們需要改寫已導致企業執行長與大企業勢力擴大、且勞工與消費者勢力式微的種種市場經濟體系規則。不過，若想實現一個更有活力且公平的經濟體系，這些只是眾多有必要改寫的一系列遊戲規則中的代表性變革罷了。請見Stiglitz et al., "*Rewriting the Rules of the American Economy: An Agenda for Growth and Shared Prosperity*"。

第四章　全球化的錯誤解讀

1. 川普反覆稱這是「有史以來最糟」的協議。
2. 舉例來說，這些談判促成一九九四年北美自由貿易協定（North American Free Trade Agreement，簡稱NAFTA）的簽署，或一九九五年世界貿易組織（World Trade Organization）的成立。還有其他非常多的雙邊貿易協定，例如美國與智利，以及美國與韓國之間的協定。
3. 較知名的解釋請見Daron Acemoglu and James A. Robinson, *Why Nations Fail: The Origins of Power, Prosperity, and Poverty* (New York: Crown Business, 2013)。
4. 長久以來，現代經濟科學認定若政府未能積極干預，工資差異巨大的兩國貿易時，會導致較先進國家的工資降低。因此現代經濟學早已就當前發生的情況提出警告。（這個結果最初是薩繆森〔Paul Samuelson〕與史托普〔Wolfgang Stolper〕在一九四一年確認）("Protection and Real Wages," *Review of Economic Studies* 9, no. 1 [1941]: 58–73)也請見Samuelson, "International Trade and the Equalisation of Factor Prices," *Economic Journal* 58, no. 230 [1948]: 163–84。
因此基本上，美國與中國貿易所產生的後果，和兩個工資大略相等的地區（例如歐洲和美國）貿易往來的後果並不相同。有關這些議題的更深入討論，請見Joseph E. Stiglitz, *Globalization and Its Discontents*，以及*Making Globalization Work*。
5. 請見David H. Autor, David Dorn, 與 Gordon H. Hanson, "The China Syndrome: Local Labor Market Effects of Import Competition in the United States," *American Economic Review* 103, no. 6 (2013): 2121–68。
6. 全球化的問題非常多，上述清單絕對不夠完整。舉例來說，全球化經常導致風險上升，尤其全球化衍生的很多新風險讓企業與家庭無法利用保險來避險。關於較完整的討論，請見Joseph E. Stiglitz, *Globalization and Its Discontents*。
7. 相關的條款包含內建在貿易協定的投資協定，例如NAFATA第十一章。目前這些條款已成為美國所有對外貿易協定的標準條款，只不過，這些條款實際上是和投資有關，與貿易無關。不意外的，這些條款是應大企業的要求而置入，而任何未納入這些條款的貿易協定都會遭到大企業反對。
8. 當監理規定的更改導致投資的價值降低，就稱為監理性徵收（regulatory takings）。美國國會與法院一向判定美國大企業無權因監理性徵收而獲得補償，不過，我們的對外投資協定卻要求簽訂協定的對方提供這類補償。大企業獲准直接控告其他國家的政府，而一旦爆發爭端，必須透過仲裁系統來解決，而仲裁系統的三名仲裁人之一是由大企業指定。這個系統向來備受外界批判，而外界的批判也非無的放矢。例如，請見Joseph E. Stiglitz, "Regulating Multinational Corporations: Towards Principles of Cross- Border Legal Frameworks in a Globalized World Balancing Rights with Responsibilities," *American University International Law Review*, 23, no. 3 (2007): 451–558, 在第一〇一屆美國國際法協會年度會議的葛羅秀斯講座（Grotius Lecture）發表演說 Washington, DC, Mar. 28, 2007；以及"Towards a Twenty- first Century Investment Agreement," Preface in *Yearbook on International Investment Law and Policy 2015–2016*, eds. Lise Johnson and Lisa Sachs (New York: OxfordUniversity Press), xiii- xxviii, 可由以下連結取得 :http://ccsi .columbia.edu/files/2014/03/YB-2015-16-Front-matter.pdf。

9. 有另一項證據可以證明全球化的設計是為了促進大企業的利益，勞工與更廣泛的社會因此而被犧牲。共和黨中倡導全球化不遺餘力的人，通常強烈反對「貿易調整協助」（trade adjustment assistance），這是為了幫助因全球化而流離失所的人而設計，這項協助理當能確保全球化的大輸家減少。任何有意確保全球化獲得長期廣泛支持的人，當然都希望竭盡所能的減輕全球化重度受害者對全球化的反對聲浪。然而，我們的企業領袖卻短視近利的聚焦在他們可因工資降低與工作條件惡化（因為雇主的協商地位將因此增強）而獲得的短期利益。

智慧財產權條款的設計也一樣，尤其是藥品有關的條款，這些條款使製藥公司的利潤增加，但犧牲消費者和政府（因此而上漲的藥品成本，多半是政府吸收）。

10. 這些作為被稱為「稅賦倒置」（inversion）。通常除了正式總部改變以外，其他改變非常少。實際上發生業務的地點還是不變。大企業搬遷意願那麼高的情況，顯示它們非常缺乏忠誠度，大企業只真心忠於金錢和利潤。然而，美國政府卻在國際論壇與貿易協商的場合捍衛這些大企業的利益，這再次顯現出競選捐款的力量有多大。就這個議題而言，藥品公司是最貼切的實例：藥品公司並不會製造很多就業機會；因為藥品通常是在中國製造，而非美國。藥品公司想方設法就是為了少繳一點稅。將母公司搬遷到低稅賦的司法管轄區，就是避稅策略的手法之一。然而近幾年貿易協定的重要條款（也是最具爭議性的條款）的設計，就是為了讓學名藥落入不利地位，好讓大型製藥公司的利潤增加。因此，美國的公民實際上因這些手法所造成的高藥價而受害。即使是對降低藥品成本的貢獻非常自豪的歐巴馬，都在跨太平洋夥伴協定（Trans- Pacific Partnership

Agreement，簡稱TPP）中背叛他自己的原則。

11. 逐底競賽有很多不同的形式：舉例來說，銀行業者表示，除非監理規定放寬，否則它們會將營運活動轉移到其他地方。這造成監理上的逐底競賽。二〇〇八年全球金融危機就是監理逐底競賽的後果之一。

12. 誠如我們已經提到的，稅賦只是影響企業選擇營運據點的眾多變數之一。不過，即使只聚焦在稅賦，較低稅賦確實就足以誘使企業重新選擇營運據點，除非我們意圖向它們竊取就業機會的國家採取回應。如果那些國家降稅，我們就不會有優勢。到頭來，這場逐底競賽的唯一贏家就是一開始激起這場競賽的大企業。

13. 這些稅賦措施並不具備倡議者所宣稱的利益，請見第一章與第九章所解釋的證據與理論分析。

14. 部分是因為減稅將衍生的巨額預算赤字，部分則是由於這套法案對房地產投機活動有利，但會壓抑經濟體系最具活力的領域的經濟活動，尤其是對基礎建設與教育的投資。根據標準模型的模擬結果，未來十年的國民所得水準（考量為籌措那些赤字的財源，我們必須向海外借款，而國債水準愈高，勢必將排擠到更多民間投資）二〇二七年國債水準將可能和目前水準相當或甚至更低。關於這些預測，我要感謝歐巴馬總統的經濟顧問委員會主席福爾曼（Jason Furman）和哈佛大學的巴洛（Robert Barro）的共同研究。

15. 有效企業稅率是十八．六%。"International Comparisons of Corporate Income Tax Rates," CBO, Mar. 8, 2017，可由以下連結取得：https://www.cbo.gov/publication/52419。

16. 當歐盟耳聞蘋果公司和愛爾蘭之間的祕密協議，便命令蘋果公司支付一百三十億歐元（大約略高於一百四十五億美元）。

17. 兩大批寶貴文件揭露這些祕密避稅、洗錢及其他惡質活動的天堂遭到多麼嚴重的濫用。其中一批文件被稱為「巴拿馬文件」（Panama Papers），多數是來自莫薩克馮賽卡律師事務所（Mossack Fonseca）的文件，為「國際記者調查同盟」（Consortium of Investigative Journalists）所公布。另一批被稱為「天堂文件」（Paradise papers），則是來自毅博律師事務所（Appleby）的文件。

18. 因此，儘管銀行業者及他們的大企業客戶與超級富豪客戶明顯會為了避免這些避稅天堂遭摧毀而頑強抗拒，但顯而易見的，這個打擊任務還是有可能完成。九一一事件後，美國開始對這些避稅天堂淪為恐怖主義工具一事感到極度憂心，並成功大幅限縮這些避稅天堂。事實上，當局某種程度上抑制了那些避稅天堂的被用於助長重大惡行的機會，一些從事逃稅相關惡質活動的銀行遭處巨額罰款。儘管如此，從目前成功取得的進展，足以證明我們能夠且應該做得更多。

19. 當前這類不利於低技能勞工的技術變遷，被稱為「技術偏向」（skilled- biased）的變遷。雖然到二十世紀末，不平等的惡化多半被歸咎於高技能勞工獲益的技術變遷，但也有愈來愈多人認同那並非是造成過去二十年間不平等情況惡化的主因。因為如今連高技能勞工都陷入困境。請見皮凱提在"*Capital in the Twenty- First Century*"中有關高技能勞工獲益之技術變遷的討論，以John Schmit, Heidi Shierholz, and Lawrence Mishel, "Don't Blame the Robots: Assessing the Job Polarization Explanation of Growing Wage Inequality" (*Economic Policy Institute*, November 19, 2013)

這當中隱藏一個更深層的問題：既然低技能勞工的失業狀況已經那麼高，工資也已降到那麼低，為何我們的市場經濟體系仍然繼續以促使失業率進一步上升、且工資進一步降低的方式進行創新？顯然是創新系統出了某種差錯：它非但未將研究活動導引到滿足社會需要的方向（例如解救地球免於走上氣候變遷的不歸路），反而加重了現有的社會問題。

一九六〇年代有一份古老但卓越的文獻，曾就技術變遷的方向是否提高高技能或低技能勞動力、資本或天然資源等的生產力提出解釋。請見Emmanuel M. Drandakis與Edmond S Phelps, "A Model of Induced Invention, Growth, 以及 Distribution,"*Economic Journal* 76 (Dec. 1966): 832–40; William Fellner, "Two Propositions in the Theory of Induced Innovations, *The Economic Journal* 71, no. 282 (1961): 305–8; Charles Kennedy, "Induced Bias in Innovation and the Theory of Distribution," *Economic Journal* 74, no. 295 (1964): 541–7; 與Paul A. Samuelson "A Theory of Induced Innovation along Kennedy- Weisacker Lines," *The Review of Economics and Statistics* 47, no. 4 (1965): 343–56。另外，近年來，我也嘗試解釋為何市場解決方案通常缺乏效率，這些方案較不重視天然資源的節約，又太過重視勞動力的節約，尤其是低技能的勞動力。

這些問題已因二〇〇八年後危機時代世界各地的貨幣政策而更加惡化，因為貨幣政策促使資金的成本降低，而這使得節省勞動力成為相對更吸引人的選擇。

20. 這當然也是造成不平等程度惡化的重要因素。請見David H. Autor, Alan Manning與Christopher L. Smith, "The Contribution of the Minimum Wage to US Wage Inequality over Three Decades: A Reassessment," *American Economic Journal: Applied Economics* 8, no. 1 (2016): 58–99。後者發現，美國中產階級與底層一〇%人口之間的不平等惡化，有大約三分之一是導因於最低工資的實質值降低。

21. 關稅導致進口成本提高，並進而壓抑貿易活動。不過，有很多條款能使進口品變得較不具競爭力。外國農產品常因不符合美國的「植物檢疫條件」而被排除進口。歐洲和基因改造生物（genetic modified organisms，GMO）有關的監理規定（以下將討論），也讓美國小麥和玉米農民難以將收成出口到歐洲。很多這類監理規定自有其道理可言，這些規定反映的是社會對健康與安全的真實憂慮。然而，其中某些監理規定主要則是專為抑制進口而設置，而這兩種情況通常很難區分。

22. 但將這個協議稱為「夥伴協定」其實有點令人誤解。因為在這個夥伴關係中，美國幾乎掌控所有條件。眾所周知，「貿易協定」的名稱長期以來遭到曲解。所謂北美自由貿易協定，其實並不是一個自由貿易協定，真正的自由貿易協定應該是要消除所有有害自由貿易的障礙，包括補貼。但美國卻保有全數的巨額農業補貼。TPP也通常被稱為「自由貿易協定」，但它長達六千頁的內容卻包含許多會影響到無數產業的具體協議，這顯示我們應該將這類貿易協定視為「管理貿易協定」（managed trade agreements）。

23. 請　見"Trans- Pacific Partnership Agreement: Likely Impact on the U.S. Economy and on Specific Industry Sectors" (United States Trade International Commission, Investigation No. TPA- 105- 001, USITC Publication 4607, 2016)。另一項研究則發現會對美國經濟成長造成負面影響。Jeronim Capaldo, Alex Izurieta, 與Jomo Kwame Sundaram, "Trading Down: Unemployment, Inequality and Other Risks of the Trans- Pacific Partnership Agreement" (Global Development and Environment Institute working paper 16- 01, Tufts University, 2016)。一向擁護貿易自由化不遺餘力的人則認定，至少到二〇三〇年，正面影響比美國政府預期的更大，這派人馬會提出這種看法或許不令人感到意外：Peter A. Petri and Michael G. Plummer (Peterson Institute for International Economics) and the World Bank both estimated that the TPP would increase annual GDP by 0.5 by 2030. See World Bank Group, *Global Economic Prospects: Spillovers amid Weak Growth. A World Bank Group Flagship Report* (Washington, DC: World Bank, 2016), 219–34。

24. 值得一提的是語言的使用：將智慧財產稱為一種「權利」，就讓這些條款獲得和人權類似的一種地位，即使智慧財產權的影響是否定最根本的生存權利，因為智慧財產權將救命藥品的價格提高到很多開發中國家與新興市場民眾無力負擔的水準。將這些智慧財產權稱為「貿易相關」的智慧財產權，似乎就能順理成章地將之納入貿易協定，即使貿易協定的條款會影響到的是所有商品（無論是否為貿易商品）的智慧財產，且即使日內瓦已有一個理當設定國際智慧財產標準的現成國際實體：世界智慧財產權組織（World Intellectual Property Organization，簡稱ＷＩＰＯ）。

雖然製藥產業是促使智慧財產權條款納入貿易協定的最大動力，但還有其他助攻力量。娛樂（電影）產業在促成著作權相關條款方面的影響力尤其重要。請見先前有關「米老鼠」的討論。

25. 有趣的是，美國退出TPP後，留下的國家繼續完成一份貿易協定，目前稱為跨太平洋夥伴全面進步協定（Comprehensive and Progressive Agreement for Trans- Pacific Partnership），而且這些國家取消最令人反感但美國堅持納入的健康條款。

26. 智慧財產機制已導致開發中國家與新興市場為了支付智慧財產的使用費，而出現資金流失的現象。二〇一六年，美國向開發中國家收取的版稅與授權費用超過一百七十億美元（採用美國國際貿易委員會的數據做出的計算）。

27. 傳統的知識包括和食品（一家美國企業被授與印度傳統食物印度香米有關的專利）與藥品（著名的印度傳統藥品薑黃與苦楝油的醫療用途已取得美國的專利）有關的知識。TRIPS與後續幾項貿易協定中的相似條款，也在其他方面對開發中國家造成負面的影響，包括和農業（種子）有關的條款。例如請見Mario Cimoli, Giovanni Dosi, Keith E. Maskus, Ruth L. Okediji, Jerome H. Reichman, Joseph E. Stiglitz(eds.), *Intellectual Property Rights: Legal and Economic Challenges for Development* (Oxford: Oxford University Press, 2014)。

28. 當川普終於搞懂那個道理，他命令財政部長徹底改變美國長期以來認同「強勢」美元的政策。當他吞吞吐吐地試圖發表這個新政策，外匯市場隨即爆發一場浩劫，但那只是一場短暫的浩劫。財政部長或甚至總統（即使是被當成一回事的總統）的談話，通常只會對市場造成短期的影響，最終，根本經濟動力還是會恢復對市場的支配力量。

29. 因此，二〇一八年三月，川普宣布對特定國家的鋼鐵課徵二五%的關稅：這導致想向那些國家採購鋼鐵的美國人被迫支付高出二五%的價格。中國的銷售量確實也因此降低。

30. 財政與貿易赤字通常亦步亦趨的同步移動，所以，通常被稱為雙赤字。這兩者未同步移動的情況並不多見，而這種情況是經濟體系其他變化所造成。例如美國在一九九〇年代降低預算赤字時，貿易赤字並未同步降低，因為當時也同步發生一波投資熱潮。

31. 不管是否簽訂新貿易協定，少數幾個利基市場的製造活動勢必會出現某種程度的回歸（有時也稱為境內轉包〔onshoring〕），因為新技術如3D列印技術，讓生產活動可以在離消費者較近的地點進行。

32. 誠如我們提到過的，整體而言，川普的政策反而可能使貿易赤字增加（而非一般預期的減少）。不意外的，儘管川普口口聲聲承諾降低貿易赤字，他上任後一年，貿易赤字已增加超過一〇％，從二〇一六年的五千零二十億美元增加到二〇一七年的五千五百二十億美元。當然，還有其他很多因素會對匯率與貿易赤字造成衝擊。舉例來說，如果一般民眾對國家的未來感到悲觀，他們可能會努力將資金移至海外，而這種行為會導致匯率貶值。因此，擔心巨額財政赤字會傷害經濟體系未來發展的的投資人，可能會試圖將資金轉出這個國家，所以，導致預算赤字擴大的立法一旦通過，有可能會產生匯率貶值的短期影響。然而，中期而言，我們剛剛描述的幾項動力還是傾向於取得支配力量。

33. Lawrence J. Lau 教授已在 *The China–U.S. Trade War and Future Economic Relations* (Hong Kong: Chinese University Press, 2018) 中說明，聚焦在附加價值，就能使表面雙邊貿易赤字的規模降低四〇％（相同的，由於中國的附加價值比率低，二五％的關稅將誘使很多企業至少將最終階段的生產活動搬遷到其他地點來進行）。他估計，美國貿易戰對中國經濟的影響，最多只會使GDP降低一個百分點多一些，對一個每年成長超過六％的經濟體來說，這是能輕易吸收的傷害。

34. 《華盛頓郵報》與喬治梅森大學（George Mason University）共同進行的問卷調查顯示，五六％的美國選民認為貿易戰對美國就業機會不利。請見 Aaron Blake, "How Trump's Trade War with China Could Go Sideways on Him," *Washington Post*, July 7, 2018。

35. 有關中國對智慧財產權的立場向來還有兩種抱怨。一是中國拒絕強制執行約定成俗的智慧財產權。雖然這些指控在十年前確實很常見，但目前的情況已有改善，或許那是因為中國企業本身也取得愈來愈多專利，所以它們希望政府強勢執行相關法律。第二個抱怨是網路盜竊。雖然中美雙方在歐巴馬政府時代達成一個遏制網路盜竊的協定，但顯然目前這個協定並未獲得強制執行。由於網路盜竊是在祕密的狀態下進行，所以，不管是美國或中國，都難以得知網路盜竊的規模究竟有多大，不過看起來它的規模已經很大，且日益擴大。美國在智慧財產權方面的抱怨綜合這三個不同的議題，如果將關注焦點直接集中在網路盜竊的問題上，將會更有效率。

36. 諷刺的是，美國和中國原本還有可能就這類議題達成國際投資協定，但美國的談判人員（美國商業界的代表）卻獅子大開口，最終導致協商破局，他們不僅要求不能有差別待遇，還要求一旦監理規定更改，必須給予補償。

37. 中國企業取得的美國專利達到十年前的十倍。請見 Susan Decker, "China Becomes One of the Top 5 U.S. Patent Recipients for the First Time," Bloomberg, Jan. 9, 2018。

38. 批判美國立場的人也提到美國根本是偽善：十九世紀至二十世紀初，美國也曾偷竊或利用其他國家的智慧財產（有時並非蓄意），例如生產鋼鐵的伯斯麥製程（Bessemer proces）（請見Philip W. Bishop, The Beginnings of Cheap Steel [Project Guttenberg, http://www.gutenberg.org/files/29633/29633-h/29633-h.htm]）。另外，飛行技術的關鍵創新來自更早之前的一位巴西人，而非萊特兄弟（Wright Brothers）。很多和汽車製造有關的重要進展也一樣。目前美國在智慧財產權階梯上的地位已經上升，所以，換它希望設法讓其他國家較難以追上它的腳步，這是張夏準（Ha-Joon Chang）的*Kicking Away the Ladder: Development Strategy in Historical Perspective*（New York: Anthem, 2002)書中（這本書極具說服力）所要傳達的最重要訊息。

39. 當然，貿易作業「不公平」的疑慮向來存在，而WTO各項規章的設計，就是為提供一系列防範那類不公平作業的基本規則。當一個國家違反這些規則，它有可能被傳喚到「法院」：到WTO的法庭，而如果法庭判定這個國家有罪，它就必須停止那些作業，否則它的貿易夥伴就會獲准對它實施對應的關稅及其他貿易限制。有時候也會發生互相指控的狀況：美國相信歐洲不公平補貼空中巴士公司（Airbus），而歐洲則認定美國不公平補貼波音公司。問題是，這兩方採取的補貼方法非常不同。很多監理規定是為呼應國內的疑慮而實施，但卻會被其他國家視為不公平的貿易障礙，一如我們在討論基因改造食品時提到的狀況。

40. 這些投資協定有很多條款需要修訂，包括衝突解決機制。應該規定在訴諸投資協定的特殊條款前，需先使用國內的法院。這一點對於美國和其他先進國家簽訂的投資協定尤其重要，因為一般推斷，先進國家都擁有優質的司法系統。如果發生問題，應該以平衡對待國內與外國投資人的方式來解決。另外，違反投資協定的情事發生時的補償金額高低也必須進行調整，目前是根據「若非如此，利潤理當會是多少」的模糊概念來決定，而不是單純根據折損的投資來決定。請見Joseph E. Stiglitz, "Towards a Twenty-First- Century Investment Agreement."

41. 在「跨太平洋夥伴協定」的談判過程中，我親身體驗美國貿易代表署的思維有多麼封閉，簡直封閉到極端。我當時對於學名藥可取得性條款的負面影響憂心忡忡，而且也成功安排一場召集該領域所有談判人員的會議，但美國的談判代表竟不願參加這場會議。

42. 有些鐵石心腸的人暗示我們不應該幫助這些人。幾百年前有一個稱為「社會達爾文主義」（Social Darwinism）的概念，這個概念主張，如果放任無法靠一己之力脫離困境的人自生自滅，整個社會將變得更加富足。這個概念的座右銘是「適者生存」。

這些學說非常不人道，不僅如此，暗示那類政策將對社會有益的分析雖自詡以達爾文進化論為依據，實際上卻是誤解達爾文的理論。

43. 有時候，當產業政策的目的是要保護老舊的垂死產業，一如川普試圖達到的目的，就會被視為保護主義政策。但我倡議的產業政策則正好相反。我倡議的產業政策是希望幫助經濟體系朝新產業邁進，以適應不斷變遷的市場與技術。為確保產業政策不被濫用於保護現有企業擺脫市場競爭，這是另一種型態的尋租行為，政策實施過程中必須進行嚴密的監督。

第五章　金融危機與國家危機

1. 我在這一章稍後說明企圖廢除「陶德—法蘭克法案」某些關鍵環節的早期作為。二〇一八年起，資產規模低於兩千五百億美元的銀行業者免受「陶德—法蘭克法案」較嚴格的規定監督。在這一路上，銀行業者不斷掣肘。誠如一位監理人員向我形容：如果牆壁和壁紙之間存在任何空間，銀行業者也會善加利用。何況銀行業者總是努力設法確保牆壁和壁紙之間能留下非常大的空間。

2. 危機爆發後，參與拯救行動的靈魂人物是蓋特納與聯準會主席柏南奇。這兩個人都是共和黨人，由歐巴馬任命。他們各自寫下自己的回憶錄。請見Ben Bernanke, *The Courage to Act*（New York: W. W. Norton, 2015）；Timothy F. Geithner, *Stress Test: Reflections on Financial Crises*（New York: Broadway Books, 2014）。他們為當初的行動（外界對這兩本書的很多評論都廣泛提及這些行動）所做的牽強辯護（例如請見"Does He Pass the Test?" by Paul Krugman, *New York Review of Books*, July 10, 2014; "More Talk, More Action," *The Economist*, Oct. 17, 2015）讓一個觀點顯得更具說服力：政府一向認定金融業的利益比所有國人的利益優先，所以拯救金融業是第一要務。

3. 我在*The Euro: How a Common Currency Threatens the Future of Europe*詳述很多這一節的概念。

4. 我必須說，並不是只有美國銀行業者的道德那麼墮落：川普在商業往來方面與川普大學（Trump University）的許多墮落作為，比起銀行業者有過之而無不及。這也不僅是美國的問題，某些最惡質的銀行作業其實是在海外發生。

汽車業涉及更廣泛的欺騙行為，例如它們假裝自家產品符合環保標準，但其實不然，這顯示道德敗壞行徑並不局限於金融業。儘管如此，若以欺瞞與不誠實活動所涉及的金額來評斷，金融業當然勝出。光是馬多夫（Bernie Madoff）的金字塔騙局，就導致一般個人帳戶的財富蒸發六百五十億美元。而由於金融業的觸角幾乎遍及經濟體系的其他產業，因此金融業的墮落病毒也迅速散播到經濟體系的多數環節。

5. 因此，當諸如住宅抵押貸款證券（residential backed mortgage securities，簡稱ＲＭＢＳ）等複雜的證券被開發出來，為了將這些包含成千上萬宗不動產抵押貸款的證券能順利脫手，證券的發行機構與投資銀行必須提出可被視為約當現金的退款保證（money-back guarantee）：銀行業者同意買回所有名不符實（不符合銀行最初向這些證券的投資人或承保機構說明的條件）的抵押貸款，因為最終來說，如果沒有退款保證，承保機構與投資人絕對不敢輕易承保與投資這些證券。不過最後大家發現，其中很多抵押貸款名不符實（例如，銀行謊稱某一筆出租型房地產的抵押貸款是自有房地產的抵押貸款）的情況被揭發，銀行卻常拒絕履行先前的承諾，不願買回那些抵押貸款。出租型房地產的抵押貸款當然和自有房地產的抵押貸款不同，因為自有房地產的違約率遠低於非自有房地產。到最後，銀行不得不年復一年支付應付的費用，至少有幾個例子是如此。（基於充分揭露目的：我在某些訴訟案件擔任專家證人。在事件發生後超過十年，很多案件依舊處於纏訟狀態。）

6. 參議員李文（Carl Levin）在一場國會聽證會中，告訴高盛的董事長兼執行長布蘭克費恩，他「不信任」高盛，因為他反覆質詢銀行是否願意「在你們誘惑他們購買某項商品，接著又建立與他們對作的部位時」揭露其部位時，布蘭克芬先生都回答：「我不認為有任何義務」告知投資人。請見James Quinn, "Goldman Boss Lloyd Blankfein Denies Moral Obligation towards Clients," *Telegraph*, Apr. 28, 2010。完整的對談可在C-Span上觀看。布蘭克費恩有備而來的評論以及這場聽證會的視訊，也可在參議院國土安全暨政府事務委員會常設調查小組（Homeland Security and Governmental Affairs Permanent Subcommittee on Investigations）網站上找到。2018年7月23日存取：https://www.hsgac.senate.gov/subcommittees/investigations/hearings/-wall-street-and-the-financial-crisis-the-role-of-investment-banks。

7. 高盛可能真的因為短視而建立那些部位：它們見到眼前透過這筆交易賺錢的可能性，完全不管未來利潤及信譽可能折損的問題。

8. *Financing SMEs and Entrepreneurs 2018*, OECD。美國對中小企業的放款數字請參考未償還的商業貸款存量（the stock of

outstanding business loans）。令人矚目的是，流向中小企業的貸款比例從二〇〇七年的三〇・一%大幅降至二〇一六年的一八・五%。

9. 該銀行是由五個主要的新興市場共同創辦，包括巴西、俄羅斯、印度、中國和南非，外界採這些國家的英文名稱的第一個字母，將這個集團稱為金磚國家（BRICS）。

10. 一九九六年時，因缺乏每年區區五十億美元的資金用來訓練被迫脫離福利體系的人並照顧其年幼子女，導致福利系統無法有效改革。二十年後的二〇一五財政年度，美國花費在急難家庭相關計畫（稱為急難家庭暫時援助計畫〔Temporary Assistance for Families in Need〕）的支出也才一百六十五億美元。

11. 他們老謀深算的經由立法花招，將這個條款附加到一個不得不通過的法案（為維持政府開門運作的法案），從而成功使這項條款通過。請見Erika Eichelberger, "Citigroup Wrote the Wall Street Giveaway the House Just Approved," *Mother Jones*, Dec. 10, 2014。

12. 有幾家銀行因違規而被處以非常高的罰金。舉例來說，瑞士信貸（Credit Suisse）支付二十六億美元的罰金。外國銀行抱怨，美國政府在追究銀行業者不良行為的責任時，對外國銀行的態度極端嚴厲，而對美國本國銀行業者則總是輕輕放下，呈現顯著的差別對待，這樣的抱怨並非無的放矢。

13. 有錢人因此收到的資金多半是以資本利得課稅，而非以股息課稅，所以才會衍生這些利益。

14. 收到這筆資金的有錢人會花掉其中一小部分；他們可能會花一部分在房地產上，導致房地產價格上脹；也可能會用來分散投資組合，將資金投資到海外。他們可能拿一部分資金從事賭博行為，像是購買衍生性金融商品與信用違約交換。他們也可能將部分資金投入經濟體系其他具生產力的新投資案。令人憂心的是，美國的企業獲利被重新投入實體經濟投資的比重大幅降低，這也是美國投資率降低的理由之一。

15. 近幾年來，自企業流出的總資金量（加上庫藏股買回）占GDP的比率，從六〇年代低於三%增加一倍，達到近幾年約六%。自二〇〇五年以來，非金融企業的庫藏股買回金額已超過淨資本形成金額。請見Lester Gunnion, "Behind the Numbers," *Deloitte Insights*, Nov. 2017，根據經濟分析局的數據。庫藏股買回增加與企業投資減少的整體趨勢已經形成，但這本身並不代表這兩者之間存在因果關係。事實上，我們可以將這兩者想成第三章討論的市場操縱力增強的體現，因為市場操縱力的增強同時提高利潤並降低邊際投資誘因。

16. 至二〇一八年十二月六日當天，美國企業已宣布高達九千六百九十億美元的庫藏股買回計畫，預料到年底時，這個數字將超過一兆美元，請見Michael Schoonover, "Will the Record- Setting Buyback Trend Continue in 2019?," *Catalyst Fund Buyback Blog*, Dec. 7, 2018。由非常多的減稅利益流向庫藏股買回與股息發放，難怪投資未明顯增加，勞工薪酬也幾乎沒有變動。經濟政策協會估計，這次減稅讓勞工在二〇一八年間每小時多獲得二美分的紅利。二〇一八年十二月十日，已宣布使用稅賦節省利益方法的一百四十五家羅素一〇〇〇指數成分企業當中，保留給勞工的稅賦節省利益僅六％（https://justcapital.com/tax-reform-weekly-updates/）。值得一提的是，在這項稅改法案通過並使企業獲得巨額「贈品」後一年，不僅股票市場沒有上漲，CBO也估計，二〇二〇年至二〇二二年間的經濟成長將趨緩到一．六％。請見*Vox*, "Republican Tax Cut Bill One Year Later: What It Did-and Didn't-Do," https://www.vox.com/policy-and-politics/2018/12/18/18146253/tax-cuts-and-jobs-act-stock-market-economy。

17. 在現代的文獻中，這些狀況被稱為利率上升的負向誘因與逆向選擇效應（adverse selection effects，譯注：因參與者之間的資訊不對稱而衍生的問題，例如保險公司無法分辨高風險與低風險族群，因而以平均值計費，結果導致低風險族群不願投保，高風險族群蜂擁而來，進而使保險公司不堪負荷而退出市場）。例如請見Joseph E. Stiglitz and Andrew Weiss, "Credit Rationing in Markets with Imperfect Information," *American Economic Review* 71, no. 3 (1981): 393–410。

18. 儘管這種做法最初可回溯到一九九〇年代。請見Vitaly M. Bord and Joao A. C. Santos, "The Rise of the Originate- to- Distribute Model and the Role of Banks In Financial Intermediation," *Federal Reserve Bank of New York Policy Review*, July 2012, 21–34，可由以下連結取得：https://www.newyorkfed.org/medialibrary/media/research/epr/12v18n2/1207bord.pdf。

19. 我們可以用非常簡單的方式看待準備金的角色。假設銀行有一千美元的存款，並承作一千美元的放款，但有一百美元的淨值是以準備金的形式存在；如果有超過一〇％的放款變成呆帳，這家銀行可回收的資金就只剩不到九百美元，而收回的資金加上一百美元的準備金，還不夠還給存款人。這時，銀行就需要政府的紓困。如果這家銀行收受一萬美元的存款，而放款金額也達到一萬美元，那麼，只要一％的放款未能如期還款，就會導致這家銀行陷入無法還錢給存款人的困境。在這場危機爆發前，法定存款準備非常低，所以，儘管無法還款的比率很低，還是造成極大的問題。

20. 他的評論成為二〇一一年一部以金融危機為主題的賣座影片的標題《資本主義的陷阱》（*The Flaw*），該片是大衛辛東（David

Sington）所執導。

21. 這只是誘因失調的一個領域。交易量愈大，銀行業者賺得愈多。他們喜歡「交易成本」與手續費，因為他們的利潤多半來自這些項目。當然，手續費愈高，銀行顧客的財務狀況愈差。在一個資訊流通、擁有理性顧客的競爭市場，收取過高費用的銀行業者是無法生存的，問題是，金融市場遠遠偏離這樣的理想狀態。

當銀行業者爭取到一個代客操作的帳戶，它們有可能會不斷短線買賣帳戶內的資產，並宣稱那麼做是純粹是為了代替客戶，將資金投入有希望獲得最高報酬的資產。但事實正好相反，多數投資經理人的選股能力不見得比一隻射飛鏢的猴子好，而猴子至少是誠實的。資產管理人的利益衝突行為堪稱家常便飯。資產管理人會把客戶的資金投資到願意回饋他們較高佣金的共同基金，而且，短線買賣頻率愈高，資產管理人的利潤自然也愈高。當歐巴馬政府提議某些資產管理人理應適用某個忠誠受託標準（fiduciary standard），也就是必須以客戶的最高利益為行為依據，銀行業者和財富管理人隨即群起抗議，他們宣稱一旦適用那個忠誠受託標準，他們將無法生存，換言之，如果無法不時占一下顧客的便宜，他們就無法生存。他們更無恥的承認自己無法承諾將時時以客戶的最高利益為重。這些銀行業者並不認為利益衝突有何不妥，因為根據估計，他們每年藉由犧牲退休老人的利益，為自身賺進一百七十億美元。一如高盛的布蘭克費恩稍早所坦承的立場，這代表著金融業全新的道德敗壞現象，也是視聲譽如糞土的表現。

22. 傅利曼是先前描述的芝加哥學派的一代宗師，他極力維護這些立場，即使經濟學領域的進展已經清楚解釋：為何股東價值最大化並無法帶來廣泛的社會福祉，他還是沒有改變立場。舉例來說，請見Sanford Grossman 與Joseph E. Stiglitz,"On Value Maximization and Alternative Objectives of the Firm," *Journal of Finance* 32, no. 2 (1977): 389–402; and "Stockholder Unanimity in the Making of Production and Financial Decisions," *Quarterly Journal of Economics* 94, no. 3 (1980): 543–66。

23. 請見Tooze, *Crashed*。

24. 共和黨的稅改法案將銀行業的利潤進一步推高。舉例來說，美國銀行（Bank of America）二〇一八年每一季的盈餘將近七十億美元，創下歷史新高。即使利潤大幅增加，美國銀行的稅改支出卻因新稅法而減少大約二六%。請見Matt Egan, "Big Banks Are Minting Money Right Now," *CNN Money*, Apr. 18, 2018。

25. 二〇一六年民主黨初選期間爆發了一場愚蠢的辯論：究竟真正關鍵的問題是大到不能倒的銀行以及恢復某種版本的「格拉斯

—史提格爾法案」（這項法案在商業銀行業務與投資銀行業務之間隔了一道防火牆）？還是「影子銀行」（shadow banking）體系？正確答案是，這兩方面都需要改革。請見Joseph E. Stiglitz, *Freefall*；聯合國大會主席指派的國際貨幣與金融系統改革專家委員會（Commission of Experts on Reforms of the International Monetary and Financial System），*The Stiglitz Report: Reforming the International Monetary and Financial Systems in the Wake of the Global Crisis* (New York: The New Press, 2010); Simon Johnson and James Kwak, *13 Bankers: The Wall Street Takeover and the Next Financial Meltdown* (New York: Random House, 2010); 以及Rana Foroohar, *Makers and Takers: How Wall Street Destroyed Main Street* (New York: Crown, 2016)。

第六章　新技術的挑戰

1. 由Google旗下的ＡＩ公司DeepMind所開發的人工智慧圍棋軟體AlphaGo，在二〇一六年三月打敗世界圍棋冠軍李世乭。請見Choe Sang- Hun, "Google's Computer Program Beats Lee Se- dol in Go Tournament," *New York Times*, Mar. 15, 2016。一年半後，Google公開發表另一款功能更強大的人工智慧圍棋軟體。請見Sarah Knapton, "AlphaGo Zero: Google DeepMind Supercomputer Learns 3,000 Years of Human Knowledge in 40 Days," *Telegraph*, Oct. 18, 2017。
2. Robert J. Gordon, *The Rise and Fall of American Growth: The US Standard of Living since the Civil War*（Princeton: Princeton University Press, 2016）。我應該趕緊補充，並非所有學者都認同高登的觀點。與高登同在西北大學的傑出經濟歷史學家莫基爾（Joel Mokyr）則抱持遠比他樂觀的看法。例如，請見Joel Mokyr, "The Next Age of Invention: Technology's Future Is Brighter than Pessimists Allow," *City Journal* (Winter 2014): 12–20。有些人暗示ＧＤＰ存在顯著衡量誤差，所以主張這個數字低估實際的經濟成長率，但我認為，儘管衡量誤差確實存在，但並不影響整個趨勢的判讀，尤其當今ＧＤＰ的成長速率確實低於以往。當然，就其本質而言，我們根本無法確定未來的創新速率會是如何。
3. 這個時點被稱為「奇點」（singularity），也請見Stanislaw Ulam, "Tribute to John von Neumann," *Bulletin of the American Mathematical Society* 64, no. 3, part 2 (1958): 5. 並請見Anton Korinek與Joseph E. Stiglitz,"Artificial Intelligence and Its Implications

for Income Distribution and Unemployment," in *Economics of Artificial Intelligence* (Chicago: University of Chicago Press, forthcoming).

4. 過去五年，AI的快速進展已促使很多人猜測AI在許多職務上的表現將超越人類。一個針對眾多AI專家所做的調查研究預測，二〇二四年時，AI在語言翻譯方面的表現將優於人類，二〇二七年時，AI駕駛卡車的表現亦將勝出。這些專家相信，AI在所有工作上的表現在四十五年內超過人類的機率高達五〇%。請見Katja Grace, John Salvatier, Allan Dafoe, Baobao Zhang, and Owain Evans, *Journal of Artificial Intelligence Research* (2018), arXiv:1705.08807。

5. 相關內容請見Carl B. Frey and Michael A. Osborne, "The Future of Employment: How Susceptible Are Jobs to Computerisation?," *Technological Forecasting and Social Change* 114 (2017): 254–80。也請見Erik Brynjolfsson and Andrew McAfee, *Race against the Machine* (Lexington: Digital Frontier Press, 2011)

6. 關於這個故事的一個版本，請見"Difference Engine: Luddite Legacy," *The Economist*, Nov. 4, 2011。

7. 請　見Joseph E. Stiglitz, "*The Great Divide*"，393-403，　根　據Domenico Delli Gatti, Mauro Gallegati, Bruce Greenwald, Alberto Russo, 與我更早之前的研究, "Mobility Constraints, Productivity Trends, and Extended Crises," *Journal of Economic Behavior & Organization* 83, no. 3 (2012): 375–93; 以及"Sectoral Imbalances and Long Run Crises," in *The Global Macro Economy and Finance*, eds. Franklin Allen, Masahiko Aoki, Jean- Paul Fitoussi, Nobuhiro Kiyotaki, Roger Gordon,　與Joseph E. Stiglitz，International Economic Association World Conference vol. 150- III (Houndmills,UK and New York: Palgrave, 2012), 61–97。

8. 有關大蕭條期間農產品價格下跌，例如小麥價格在一九二〇年代初期下跌大約六〇%；一九三〇年代初期又下跌了大約七〇%。"The Wheat Situation," Bureau of Agricultural Economics, US Department of Agriculture, WS- 61, Nov. 1941。

9. 請見Delli Gatti et al., "Mobility Constraints, Productivity Trends, and Extended Crises."。其他研究已發現，所得降低的幅度也同樣令人印象深刻。請見"Wages and Income of Farm Workers, 1909 to 1938," *Monthly Labor Review* 49, no. 1 (1939): 59–71；這份研究報告顯示，所得降低超過五〇%。

10. 有關這段期間土地價值下跌的相關討論，請見"Publications: Trends in U.S. Agriculture: Land Values," United States Bureau of Agriculture, National Agricultural Statistics Service, accessed July 2, 2018, 可由以下連結取得：https://www.nass.usda.gov/

Publications/Trends_in_U.S._Agriculture/Land_Values/index.php。

11. 市場所需要的技能和勞工目前所擁有的技能之間，確實有可能存在錯配（mismatch）的問題。若是如此，再訓練計畫有助於為勞工提供必要技能。不過，近幾年的主要問題並非技能錯配；如果是，高技能勞工的工資理當會上漲得比較快，但實際上並非如此。

12. 我之所以說政治很骯髒，是因為過去共和黨人以「平衡預算」為由，不願支持能讓美國更快走出大衰退陰影的政策。但後來眼見有助於共和黨及支持共和黨的大企業和億萬富翁的機會，馬上拋棄原本對「平衡預算」的意識型態承諾。

13. 這當中存在取捨的問題：短期勞動力需求會因投資增加而增加，但隨著機械勞工取代人類勞工，長期勞動力需求遂減少。利率的降低，也會使仰賴政府公債利息過活的老人的消費減少。

14. 勞動市場結構的變化除了會導致工資下降外，也可能形成一些缺乏保障且福利不佳的就業機會，稱為「零工經濟」（gig economy）。

15. 在許多產業中，因各項職務傳統上是依照性別分類，所以向來存在不利於女性的工資差別待遇。

16. 為大企業使用大數據辯護者還主張，大數據能協助企業引導個人購買較符合需求的產品。撇開那種「老大哥」式的「引導」觀點不說，我們必須認清一個事實：大型科技企業使用大數據的真正動機並不是要讓一般人變得更幸福，而要提升自家利潤，以及在其網站刊登廣告企業的利潤。遺憾的是，許多大數據使用方式會對整體消費者造成損害，尤其是在資訊上處於弱勢地位的消費者。有些人將當前利用大數據所發展出的市場經濟模式稱為「監控資本主義」（surveillance capitalism）。請見John Bellamy Foster and Robert W. McChesney, "Surveillance Capitalism," *Monthly Review*, July 1, 2014; Shoshana Zuboff, "Big Other: Surveillance Capitalism and the Prospects of an Information Civilization," *Journal of Information Technology 30*, no. 1 (2015): 75–89; 以及 Shoshana Zuboff, *The Age of Surveillance Capitalism* (New York: Public Affairs, 2019)。

17. 「完全差別訂價」是指試圖對每一個消費者收取願意取得一項商品或服務所付出最高的價格。任何一項商品或服務的市場上，都存在願意支付各種不同價格的潛在買方（即消費者），而他們願意付出的價格，取決於個人的偏好與財力。以一雙生產成本一百美元的時尚鞋款為例，一定有些人只願意付一美元買這雙鞋，但勢必也會有人願意用五百美元買它，還有更多人願意用介於兩者之間的價格買它。基於利潤最大化考量，企業會想將鞋子賣給所有願意支付超過一百美元的消費者，而且以每個消費者各自願意支付的最高價格，將鞋子賣給他們。於是有人支付一百零一美元，有人支付兩百美元，還有少部分人支付五百美元。企業會利用各種方法來差別對待願意購買產品的消費者，包括建立品牌、促銷，以及對特定族群打折等。這種差別待遇對社會沒有建樹，只是盡可能剝削消費者罷了。經濟學家以「榨取消費者剩餘」（extracting consumer surplus）的術語來形容這種行為，意思就是為了公司的利益，盡可能向個人掠奪最高的商品總價值。根據一九三六年的「羅賓森—帕特曼法案」（Robinson-Patman Act），對不同人收取與成本無關的不同價格是不合法的，不過這項法律鮮少被執行。有關大數據脈絡下差別訂價行為的討論，請見Silvia Merler, "Big Data and First- Degree Price Discrimination," *Bruegel*, Feb. 20, 2017, 可由以下連結取得：http://bruegel.org/2017/02/big-data-and-first-degree-price-discrimination/。

18. 效率市場的標準論述是以「一般人對一項商品的邊際評價相同，且與邊際成本相同」的概念為基礎，這是千真萬確，因為所有人面對的都是相同的價格。雖然若完全差別取價確實存在，市場效率或許還是會存在，但現實世界卻是一個不完全差別取價的世界，這個世界的特色是普遍如果缺乏效率與扭曲。請見Joseph E. Stiglitz, "Monopoly, Non- Linear Pricing and Imperfect Information: The Insurance Market," *Review of Economic Studies* 44, no. 3 (1977): 407–30. Reprinted in *Selected Works of Joseph E. Stiglitz, Volume I: Information and Economic Analysis* (Oxford: Oxford University Press, 2009), 168–92。AI也造成資訊不對稱的問題。有些企業掌握的資訊比其他人多，而大型科技公司掌握的資訊也比消費者多。市場只有在資訊無扭曲ＡＩ不對稱的情況下才有效率，不管那種資訊不對稱是自然發生或是市場造成。而大數據正導致這類不對稱惡化，從而有可能使資源分配變得更沒有效率。

19. Jennifer Valentino- DeVries, Jeremy Singer- Vine, and Ashkan Soltani, "Websites Vary Prices, Deals Based on Users' Information," *Wall Street Journal*, Dec. 24, 2012.

20. 借用諾貝爾獎得主阿克洛夫（George Akerlof）與席勒（Robert Shiller）的生動比喻來說，這種行為叫做「釣愚」（phish for phools）。請見Akerlof and Shiller, *Phishing for Phools*.。

21. 請見圖菲克希（Tüfekçi）在ＴＥＤ的演講, "We're Building a Dystopia Just to Make People Click on Ads," Oct. 27, 2017。

22. 參與控告巨數公司訴訟案件的，還包括賓州大學、哥倫比亞大學、紐約大學、埃默里大學及耶魯大學的研究人員。美國公民自由聯盟（American Civil Liberties Union）與公共專利基金會（Public Patent Foundation）免費為原告提供律師。我也就經濟學立場為原告撰寫一篇專家報告，我在報告中主張撤銷巨數公司專利將能刺激創新。後續的發展果然和我的分析一致。

23. 政府有權在想要的時候取用民間掌握的數據。儘管美國比其他國家（如中國）更難做到這一點，但我們不該假裝政府和民間企業之間存在一道鐵幕。而且，同樣令人憂心的是，若缺乏限制，民間部門有更大的誘因基於商業理由使用與濫用這些數據。

24. George Orwell, *1984* (New York: Harcourt, Brace, 1949); Dave Eggers, *The Circle* (New York: Alfred A. Knopf, 2015)。

25. 請見Greenwald and Stiglitz, *Creating a Learning Society*，以及書中引用的研究報告。

26. 許多科技業者說得很簡單：「問題就交給我們吧！我們很聰明。既然問題是我們造成的，我們當然知道怎麼解決。我們需要的只是一點點自我規範。我們可以自我監督。」這種說法似曾相識，過去銀行業者也說過一模一樣的話，而且我們都知道後果如何。答案看來顯而易見：不能把問題交給民間部門去處理。因為他們的誘因和社會上其他人的利益不一致，他們只對利潤感興趣，對社會福祉漠不關心。

27. 歐盟於二〇一八年實施「一般資料保護規範」（General Data Protection Regulation，GDPR）。儘管這是重要的第一步，卻仍遠遠不足以解決我們已討論過的問題。

28. 舉例來說，川普政府指控歐盟利用隱私權政策來打造貿易障礙。

29. 艾可飛是提供個人信用資訊的信用報告機構。目前並沒有監理機制可確保這類企業能做到足夠的資訊安全防護。企業一向短視，它們只關心眼前的利潤。花錢加強資訊安全防護將減少眼前的利潤，所以若無適當監理機制，企業有強烈誘因盡可能減少相關支出。何況因加強防護而衍生的利益多半是歸屬他人（那些被企業蒐集個人資訊的人），而企業顯然並不太在乎這些人。

30. 每一個監理提案在設計時都會面臨各種複雜情況。例如，若顧客每次都訂購相同的雜貨，那麼這類資訊應該允許被儲存，但不允許使用於非交易用途。

31. 匿名資料可能仍不足夠。因為當大數據公司取得夠多資訊，他們就有能力分辨出那個人是誰。因此，必須將數據集裡的某些資訊去除。

32. 用戶張貼毀謗性文章所衍申的相關責任，可能導致平台破產，所以平台業者的相關責任在「通訊端正法案」（Communications Decency Act）第兩百三十條中得到豁免。但我們有必要適當規範平台業者所應該負起的責任，因此相關責任應高到讓業者有誘因關注自家平台上張貼的文章，但又不能高到導致它們無法運作。出版商必須尊重作權，但平台的相關責任在「數位千禧年著作權法案」（Digital Millennium Copyright Act）第五百一十二條中得到豁免。這樣的情況也必須改變，但應仔細權衡規範的程度。例如，若要求搜尋引擎就所展示的每一條資訊進行付費，那麼它們絕對無法生存。

33. 某些科技業巨擘的觀點前後矛盾，在對其有利的情境下自稱是出版商，但在對其不利的情境下又自稱不是出版商。

34. Jason Horowitz, "In Italian Schools, Reading, Writing, and Recognizing Fake News," *New York Times*, Oct. 18, 2017, https://www.nytimes.com/2017/10/18/world/europe/italy-fake-news.html. 遺憾的是，依過去消費者教育的經驗來看，效果可能相當有限。

35. 此處是單就臉書而言，不包含Instagram與WhatsApp。

36. 本書稍後將更深入討論這項監督作業的某些層面和美國的政治流程尤其攸關。政府或許會覺得值得打造一個「公共選項」，也就是一個和民間平台競爭的替代平台（第十章將更廣泛討論公共選項）。這個公共選項將不會受民間所有權所造成的不良或不正常誘因（以各種可能具剝削之實的方式將數據貨幣化，或以可能造成破壞的方法鼓勵成癮）影響。

37. 要衡量社群媒體的社會價值，事實上相當複雜而困難。由於社群媒體看似免費提供服務（忽略數據的價值），所以國民所得統計並未記入它為用戶帶來的價值。然而，社群媒體公司的利潤被計入國民所得，只不過，企業利潤的增加不盡然意味社會福利的增加。企業利潤的增加可能來自個人福利的減損。例如企業以剝削方式使用個人數據，等於是將個人的消費者剩餘「貨幣化」。企業利潤的增加也可能來自傳統出版商利益的減損。例如報紙能提供調查報導（investigative reporting）這類具有極高價值的服務，而其為用戶帶來的價值也未被記入國民所得。

38. 舉例來說，在健康相關領域，大數據和AI扮演重要的角色，同時隱私權議題在這個領域也更加敏感。

39. 「分裂網」一詞是因麥康森（Scott Malcomson）的*Splinternet: How Geopolitics and Commerce Are Fragmenting the World Wide Web* (New York: OR Books, 2016)一書而廣為人知。前Google執行董事長施密特（Eric Schmidt）及寇恩（Jared Cohen）也在*The New Digital Age: Reshaping the Future of People, Nations and Businesses* (New York: Alfred A. Knopf, 2013)書中探討網際網路競爭日益「巴爾幹化」（balkanized）的概念。

40. 尤其是注釋27提及的GDPR監理規定。

41. 有些人聲稱，由於市場實質上是本土導向的，所以全球性資訊的價值將有限。根據這個觀點，掌握來自多重市場（如中國加上美國加上歐洲）的資訊的邊際價值將非常小，小到我們可以忽略源自於不同監理體制的「不公平」優勢。

42. 網路上的假新聞是特別棘手的挑戰，尤其是在這個「講述真理的機構」不斷遭受攻擊的時代（請見第一章）。然而，若要討論適當的政策回應，又已超出本書的範疇。

第七章　為何需要政府出面？

1. 牛頓爵士（Sir Isaac Newton）在一六七五年說過：「如果我能看得更遠，那是因為我站在巨人的肩膀上。」

2. 我最初是在一本小書裡詳述其中某些概念，這本書是*The Economic Role of the State* (Oxford: Basil Blackwell, 1989)

3. 或稱「薩謬森式的純公共財」（Samuelsonian pure public goods）」，以薩謬森來取名，他是第一個明確闡述這類財貨與「私部門」財貨之間差異的人，請見"The Pure Theory of Public Expenditure," *The Review of Economics and Statistics* 36 (1954): 387–9。從那時開始，有非常多描述公家提供各式各樣財貨的文獻被提出，例如公共提供的私部門財貨，以及「不純」的公共財。請見Anthony B. Atkinson and Joseph E. Stiglitz ,"*Lectures on Public Economics*" (New York: McGraw- Hill, 1980; reprinted in 2015, with a new introduction, Princeton: Princeton University Press)。

4. 也可以說，每個人都想要搭別人便車。搭便車的人能享受他人所提供的公共財利益，但又無需承擔成本。

5. 我在其他地方曾將政府稱為社會的軟性基礎建設。很多由共產主義轉型為市場經濟體系國家所遭遇的困難，都是缺乏這類軟性基礎建設所引發。請見 "*Whither Socialism?* "(Cambridge, MA: MIT Press, 1994)。

6. 現代經濟理論對很多市場失靈提出解釋。保險市場的失靈通常和資訊不對稱、逆向選擇問題以及道德風險（舉例來說，促使個人作出可能導致保險公司暴險程度上升的作為，但保險公司無法監督，因此也無法控制）有關。舉例來說，政府就能避免其中某些逆向選擇問題發生，因為政府是透過社會保險系統為全民提供保障。

7. 提供和聯邦醫療保險相同服務的民間計畫，價格會高出二〇%。民間部門管理年金的行政成本通常比公部門高十倍以上。政府成本較低且結果較理想是有理由的；政府不需要花廣告費，也不需要為了行使市場操縱力而不惜花大把銀子。民間部門一向會從事挑精（cream- skimming）行為，換言之，它只希望承擔最低的風險。

8. 民營監獄的問題更大。這些監獄一心只想著利潤最大化，而這可能包括削減訓練支出或甚至是食物支出，而且不太關心犯罪矯治議題。事實上，如果有更多已釋放的罪犯再次入獄，這些民營監獄的利潤反而會增加。盡快讓受刑人重新融入社會才符合公共利益，由此可見公共利益和私部門利益之間難以趨於一致。請見Seth Freed Wessler, “The Justice Department Will End All Federal Private Prisons, Following a ‘Nation’ Investigation,” *The Nation*, Aug. 18, 2016。David Sappington與Joseph E. Stiglitz,“Privatization, Information and Incentives,” *Journal of Policy Analysis and Management* 6, no.4 (1987): 567–82，解釋民間部門外包失敗的通論。

9. 有非常多例子闡述這些要點。在二〇〇八年危機爆發期間，紐約州公共不動產抵押貸款計畫的績效遠比民間計畫好。英國鐵道、美國濃化鈾生產或智利、墨西哥道路等的民營化大致上都不順利，某些個案甚至必須重新國有化。開發中國家民營化後績效改善的個案，有時是拜取得融資的人為限制（國際貨幣基金組織強制實施）獲得取消所賜。請見Anzhela Knyazeva, Diana Knyazeva, 與Joseph E. Stiglitz，“Ownership Changes and Access to External Financing,” *Journal of Banking and Finance* 33, no. 10 (Oct. 2009): 1804–16; and “Ownership Change, Institutional Development and Performance,” *Journal of Banking and Finance* 37 (2013): 2605–27。

10. 請見華倫（Elizabeth Warren）一段有關監理的權威演說，她是在二〇一八年六月五日於喬治城大學法律中心發表這場演說，可由以下連結取得：https://www.warren.senate.gov/newsroom/press-releases/senator-warren-delivers-speech-on-dangers-of-deregulation。

11. 經濟學家稱這些影響為「外部性」（externalities）。

12. 歐盟有一個頒布與強制執行某些類型監理規定的替代管道，從很多方面來說，這個管道較不像美國那麼容易流於政治化。

13. 因此，在促成一九九五年通訊法案之前的討論，眾人對未來的技術發展方式爭辯不休，不是以確保市場競爭且不受政府干預的方式發展，或者可能以導致市場操縱力更加集中化的方式發展。我強烈認為是後者，不過，我也進一步主張，即使那樣的發展方式有一點點可能是正確的，我們還是應該事先做好準備，以便控制市場操縱力的擴大與濫用。很遺憾的，最後的發展顯示我的猜測是正確的。請見 Joseph E. Stiglitz, *The Roaring Nineties*。

14. 監理系統是保障民眾健康、安全與環境甚至經濟體系的必要元素，但川普卻已危害到我們對監理系統的信心，讓人只看到監理系統誤謬且不誠實的那一面。他試圖引導世人相信我國的監理規定是一群不負責任的不知名文官所設置。川普很像一個沒有上過權力分立與制衡重要性等小學課程的小學生，而且似乎也沒上過和美國監理系統有關的進階課程，更糟的是，他顯然完全不打算補救他受教育過程的上述缺陷及其他缺陷。

15. 更糟的是，這些營利型教育機構和這些機構的財務後台不僅抗拒監理，還成功在美國的破產法中，加入一些幾乎不可能免除這些債務的條款。川普大學成為這些剝削機構的象徵。

16. 此外，多數地點可以選擇的業者受到更多局限，那裡只有一個或兩個網際網路服務供應商。

17. 川普政府的推理一向缺乏一致性，所以它應對通訊產業市場競爭的立場自相矛盾。它試圖阻止時代華納（CNN的母公司）與AT&T合併，理由是這宗合併案將傷害市場競爭。我認為他們對這個案件的見解是正確的，不過，地區法院的判決卻許可這兩家公司合併。這是一宗垂直合併案件，換言之，時代華納與AT&T不屬於同一個產業，其中一家公司為另一家公司提供服務。傳統來說，主管市場競爭事務的機關只會留意同個市場內的競爭，不那麼在乎市場與市場之間互動狀況。不過，現在我們知道那樣的態度是錯誤的。微軟公司對個人電腦作業系統的控制力量，增強了該公司在所有應用程式市場的控制力量。以這個個案來說，合併的潛在負面影響已因網路中立性的廢除而被增強。

18. 那意味沒有選擇，請見 Jon Brodkin, "50 Million US Homes Have Only One 25 Mbps Internet Provider or None at All," *Ars Technica*, June 30, 2017。

19. 這個例子也闡述賣方獨占勢力的複雜本質及後果。我們可以這樣想：網際網路服務供應商將其服務（在內容提供者與顧客之間進行的傳輸）賣給諸如網飛公司等內容提供者。網際網路服務供應商可行使市場操縱力，影響內容提供者的市場，進而間接對消費者造成重大影響。另外，我們也可以將網際網路服務供應商想成向其他人購買內容（例如網飛公司提供的電影）、再將這些內容賣給消費者的業者。若從這個角度來看，網際網路服務供應商其實也掌握買方獨占的勢力，因為他們是唯一或唯二「購買」內容並將之傳遞給網路消費者的業者；網際網路服務供應商利用它們控制網路的市場力量，為自家的內容提供服務創造優勢，並讓其他提供內容服務的業者屈居下風。但不管是從哪一個視角來看，最終受害的還是消費者，他們只會得到價格較高或較不創新且較劣質的產品。

20. 我在*The Economic Role of the State*中解釋為何不能只是仰賴自願式的集體行動。舉例來說，由於公共財的提供存在「搭便車」問題，每個人都只想享受補貼，不願意付出代價。

21. 例如請見Joseph E. Stiglitz,"Some Lessons from the East Asian Miracle," *World Bank Research Observer* 11, no. 2 (Aug. 1996): 151–77; 與*The East Asian Miracle: Economic Growth and Public Policy*, a World Bank policy research report (New York: Oxford University Press, 1993)。政府的角色實在太重要了，所以學者稱這些國家處於發展狀態。例如請見Atul Kohli, *State- Directed Development: Political Power and Industrialization in the Global Periphery* (Cambridge: Cambridge University Press, 2004)。

22. 例如請見Mariana Mazzucato, *The Entrepreneurial State: Debunking Public vs. Private Sector Myths* (London: Anthem Press, 2013)與Chang, *Kicking Away the Ladder*.

23. 有些人主張這樣的狀況是精心策畫下的結果。民主與共和兩黨都是由不同族群組成的聯盟。共和黨是福音派（evangelicals）、大企業、超級富豪以及自由意志論者組成的聯盟，而倡議社團主義者（corporatist）／菁英經濟行動計畫的人的部分策略是希望藉由點燃文化戰爭來分散眾多福音派人士的注意力，因而不會留意到社團主義者與菁英份子所推動的經濟政策與福音派人士的經濟利益背道而馳。請見Thomas Frank, *What's the Matter with Kansas: How Conservatives Won the Heart of America* (New York: Henry Holt, 2004)。他進一步主張，柯林頓總統領導下的新民主黨與民主黨領導委員會（Democratic Leadership Council）也難逃助紂為虐的責任，因為他們打造一套吸引金融業及其他商業菁英、但漠視藍領工人（民主黨的傳統支持者）的經濟行動計畫。

24. 很難得知失去自有住宅的人數究竟有多少，估計大約介於三百萬至一千萬人，數字的差異取決於統計期間以及「失去自有住宅」的認定方式。在經濟衰退最嚴重的那段時間，有一千五百萬名美國人失業（勞工統計局數據）。

25. 請見Jesse Eisinger, *The Chickenshit Club: Why the Justice Department Fails to Prosecute Executives* (New York: Simon and Schuster, 2017); Rana Faroorhar, *Makers and Takers: The Rise of Finance and the Fall of American Business* (New York: Crown Business, 2016); and Danny Schechter, *The Crime of Our Time: Why Wall Street Is Not Too Big to Jail* (San Francisco: Red Wheel Weiser, 2010。二十年前（規模遠遠較小）的存貸危機後，有超過一千名銀行從業人員鋃鐺入獄。但在這場危機，遭起訴的人並不多，被定罪的人

更少。William D. Cohan, "How Wall Street's Bankers Stayed Out of Jail," *Atlantic*, Sept. 2015. Schechter暗示，在存貸危機過後，銀行從業人員投資大量資源到遊說用途，以確保法律的設立與修訂不會讓他們因不當行為而鋃鐺入獄。

26. 這些人多半是共和黨人，不過也有很多較保守的民主黨人士。較典型的情況是，民主黨人至少主張推動一些計畫來保護可能會受這些政策傷害的人。尤其以全球化的個案來說，民主黨人主張應提供貿易調整援助（trade adjustment assistance），但在共和黨人反對下，最終還是未能幫助那些政策所傷的人提供足夠的援助，儘管如此，還是有很多人繼續支持全球化，似乎相信下滲經濟學總有一天會發揮效果。

27. 在那樣的體系下，或許連確認系統穩定性都有困難。請見Stefano Battiston, Guido Caldarelli, Robert M. May, Tarik Roukny, 與Joseph E. Stiglitz, "The Price of Complexity in Financial Networks," *PNAS (Proceedings of the National Academy of Sciences of the United States of America*) 113, no. 36 (2016): 10,031–6; 以及Tarik Roukny, Stefano Battiston, 與Joseph E. Stiglitz,"Interconnectedness as a Source of Uncertainty in Systemic Risk," *Journal of Financial Stability* 35: 93–106.

28. 有關集體行動訴訟更深入的討論，請見第三章的注釋92。

第八章　恢復監督與制衡的民主政治

1. Harry Enten, "The GOP Tax Cuts Are Even More Unpopular than Past Tax Hikes," *FiveThirtyEight*, Nov. 29, 2017, https://fivethirtyeight.com/features/the-gop-tax-cuts-are-even-more-unpopular-than-past-tax-hikes/.

2. 請見Nancy MacLean, *Democracy in Chains*。也請見Steven Levitsky and Daniel Ziblatt, *How Democracies Die* (New York: Crown, 2018).

3. 但實際上的第一步是在控制選舉之前就已發生，也就是移民階段：試圖限制較可能把票投給民主黨的人進入美國。因移民政策而起的衝突，至少某部分相當於爭奪未來選民的衝突。

4. 值得注意的是，儘管基於代表席次的目的，很多州的囚犯和已被定罪的重刑犯被列入選民統計，但這些囚犯的投票權卻被剝奪。有些州已將位於特定地點的監獄列為有助於進行不公平重劃選區的額外工具。

5. 請見Michelle Alexander, *The New Jim Crow: Mass Incarceration in the Age of Colorblindness* (New York: The New Press, 2010).

6. 相較之下，無法投票的成年非裔美國人是一．八%。被剝奪選舉權的非裔美國人當中，有不成比例的人數是男性。請見"6 Million Lost Voters: State- Level Estimates of Felony Disenfranchisement, 2016," Sentencing Project, Oct. 2016。二〇一八年期中選舉的最大成就是佛羅里達州透過公民投票，恢復該州的一百五十萬份投票權，其中大約三分之一是非裔美國人。

7. 二〇一八年，五個州（印地安納、肯塔基、新罕布夏、俄亥俄以及奧克拉荷馬州）嘗試或成功頒布一項限制投票的法律。"Voting Laws Roundup 2018," Brennan Center for Justice, Apr. 2, 2018, https://www.brennancenter.org/analysis/voting-laws-roundup-2018。

8. 美國有很多有關剝奪選舉權的卓越文獻，這些文獻不僅探討勞工選舉權被剝奪的問題，也探討婦女（婦女比較可能反戰）及新移民選舉權遭剝奪的問題。請見Alexander Keyssar, *The Right to Vote: The Contested History of Democracy in the United States* (New York: Basic Books, 2000)。我在哥倫比亞大學的同事奈杜（Suresh Naidu）說明，在南北戰爭後的南方，這些壓制選民的作為都順利得逞，並使整體選舉投票率降低一%至七%，民主黨在全國選舉獲得的選票因而增加五%至十%。他也說明，這些發展進而對黑人學校的支出產生極大影響，並衍生極大的財富分配效果：「黑人勞工因公民權遭剝奪而承擔至少相當於年度所得十五%的集體損失，土地所有權人則享受了十二%的利益。」（"Suffrage, School, and Sorting in the Post- Bellum U.S. South," NBER Working Paper no 18129, June 2012）近年來西班牙裔民眾成為剝奪公民權的主要目標。

9. 詳細請見"State Poll Opening and Closing Times (2018)," Ballotpedia, available at https://ballotpedia.org/State_Poll_Opening_and_Closing_Times_(2018)。

10. 技術的升級已增強不公平重劃選區的力量，「公平代表制」已成為愈來愈可望而不可即的目標。

11. 如果不光是考慮已登記選民的投票出席率，也考慮選舉年齡人口實際上出門投票的比例，投票率低得令人無言。在二〇一六年的全國大選當中，後者的數字低於五六%。（川普只獲得實際投票者四六%的選票，這代表他只爭取到二六%的選舉年齡人口的支持，換言之，他只獲得非常少數的支持。）相較之下，比利時選舉年齡人口的全國性投票參與率是八七%，瑞典則是八二%。請見Drew DeSilver, "U.S. Trails Most Developed Countries in Voter Turnout,"Pew Research Center, May 15, 2017。地方選舉更不用說，地方選舉的投票率通常低很多。舉例來說，二〇一八年三月的初選，加州的登記選民投票率僅三六%，儘管這個州向來被宣傳為被政治激怒的反川普政府地區。

12. 除了壓制有權投票的人以及合法移民勞工（有納稅但不准投票）的投票行為，光是居住在加州的無證移民（undocumented immigrants）就有大約兩百五十萬名，大約占加州勞工的十分之一。請見"Just the Facts: Undocumented Immigrants in California," Public Policy Institute of California, accessed Mar. 11, 2018，可由以下連結取得：http://www.ppic.org/publication/undocumented-immigrants-in-california/。

13. 制衡制度的設計是為了防止諸如喬治三世國王（King George III）之類有專制傾向的瘋狂統治者從事濫權的行為。川普擔任總統帶給我們的主要教誨之一，就是讓我們體察到這種制衡制度有多麼重要。

14. 偉大的社會學家暨經濟學家馬克斯韋伯（Max Weber）強調那種文官體系的重要性（*Economy and Society* [Berkeley: University of California Press, 1922]）。諷刺的是，儘管共和黨人經常批評美國的不知名文官體系，美國人卻非常正面看待很多甚至多數文官系統的分支機構的表現，例如國家公園系統，以及美國的社會安全及聯邦醫療保險系統。每個小學生都知道，外界對傑克遜的主要批評，就在於他導入了「分贓制度」（spoils system，譯注：又稱為獵官制，指政黨輪替後將大量公職人員更換為同黨同志的做法）。

15. 值得一提的是，多數保守派人士支持獨立的貨幣主管機關，因為他們擔心一旦貨幣供給決策政治化，將對經濟產生危害。有關中央銀行獨立性的相關原則與論戰，請見Paul Tucker, *Unelected Power: The Quest for Legitimacy in Central Banking and the Regulatory State* (Princeton: Princeton University Press, 2018)，這是一份傑出的研究報告。

16. 從川普在紐約市遭受恐怖攻擊後發表的兩則推文，便可看出他藐視法院系統的態度：「我們需要迅速且強勢的司法，需要比當今更迅速且更強勢的司法。因為目前的司法只是一場笑話，只是一個笑柄。難怪會發生這麼多這種事，」以及「……法院速度太慢且政治化！」舉例來說，也請見Kristine Phillips, "All the Times Trump Personally Attacked Judges— and Why His Tirades Are 'Worse than Wrong,' " *Washington Post*, Apr. 26, 2017。

17. 當然，傑克遜總統之前的民主黨人也是結合一群北方自由主義者與南方各州民主黨黨員的獨特聯盟。

18. 一如預期，某些法官以優雅的詭辯話術來解釋這一次他們公開出言反對各州權利的原因；但真正重要的是結果。

19. 當然，任何一個政治團體的決策（代表不同利益團體與觀點之間的妥協）都有可能因缺乏一致性而看似沒有原則。這是阿羅（Kenneth J. Arrow）著名的重要獨到見解：阿羅悖論（impossibility theorem）。Kenneth J. Arrow, *Social Choice and Individual Values* (New York: Wiley, 1951）不過，信仰、利害關係與偏好的分歧愈大，嚴重不一致的情況也愈可能發生。

20. 舉例來說，各項判決危害到「選舉權法」（Voting Rights Act）與「平價醫療法案」等的重要條款。在「平價醫療法案」方面，最為人所津津樂道的案件是「全國獨立企業聯盟訴西貝利厄斯案」*National Federation of Independent Business v. Sebelius*，它在二〇一二年批准歐巴馬健保的多數條款。然而這項判決也允許各州可選擇退出「平價醫療法案」最初命令的擴大聯邦醫療保險計畫。後來有十九個州選擇退出，這導致大約兩百二十萬個民眾最終沒有健康保險，其中非裔美國人占比異常高。在二〇一八年的選舉，愛達荷州、內布拉斯加州以及猶它州推翻了那些判決。舉例來說，請見Scott Lemieux, "How the Supreme Court Screwed Obamacare," *The New Republic*, June 26, 2017。

二〇一三年六月，最高法院（在一個五比四的判決中）判定一九六五年選舉權法案的某一項重要條款違憲，這個條款是讓非裔美國人恢復選舉權的重要影響因素；這個判決令人聯想到一八八三年最高法院廢除一八七五年民權法案的判決。請見Lawrence Goldstone, *Inherently Unequal: The Betrayal of Equal Rights by the Supreme Court, 1865–1903* (New York: Walker, 2011)。

21. 例如請見"The Case for Supreme Court Term Limits Has Never Been Stronger," *Vox*, Jan. 31, 2017. 也請見奧恩斯坦（Norm Ornstein）的著作，包括"Why the Supreme Court Needs Term Limits," *Atlantic*, May 22, 2014。

22. 在上述提案的架構下，若有人過世或辭任，最高法院也能維持九名法官。如果沒有人辭任或過世，最高法院的法官又已有九人，總統還是可能獲准定期額外提名一個人選，不過，被任命的那位法官要等到有懸缺時才能上任。如果在任法官人數是奇數，那麼，被任命的法官同樣不能立即上任，要等到出現兩個懸缺時才可以上任。

23. 拒絕追認某個法官候選人並不會使下一任總統可任命的法官人數增加。

24. 舉例來說，請見Stefano DellaVigna and Ethan Kaplan, "The Fox News Effect: Media Bias and Voting," *The Quarterly Journal of Economics*, 122, no. 3 (2007): 1187–234。

25. 舉例來說，國會預算辦公室（Congressional Budget Office，簡稱ＣＢＯ）估計，如果准許政府脅迫品牌藥品製造商，就聯邦醫療保險所補助的特定藥品支付最低回扣給政府，納稅人平均一年就可能省下一百一十億美元。請見"Options for Reducing the

Deficit: 2015–24" (CBO, Nov. 2014), 51。不意外的，製藥業不惜花費大量金錢來保住這個「慷慨賞賜」。「自二〇〇三年一月開始，藥品製造商與經銷商提供一．四七五億美元的聯邦政治獻金給各總統及國會候選人、各黨委員會、個人領袖政治行動委員會以及政治倡議團體。」其中多數資金流向共和黨。擷取自Stuart Silverstein, "This Is Why Your Drug Prescriptions Cost So Damn Much: It's Exhibit A in How Crony Capitalism Works," *Mother Jones*, Oct. 21, 2016。

26. 這些人包括拉斯維加斯金沙集團董事長阿戴爾森（Sheldon Adelson）、他的太太以及他們所控制的企業，光是在二〇一六年選舉週期，他們就花了超過八千兩百萬美元支持共和黨與其他保守派外圍團體。以及擔任共和黨全國委員會財務主席的韋恩（Steve Wynn），後來他因被控涉及極度不端的性行為而下台。請見"Top Individual Contributors: All Federal Contributions," OpenSecrets.org, https://www.opensecrets.org/overview/topindivs.php。這些人只是眾多「尋租者」中的一群，「尋租者眾」是共和黨的主要特色之一。（記得嗎？「尋租者」是指並非經由把國家的餅作大〔例如生產更多民眾想要或需要的商品〕而致富的人，而是經由侵奪更多現有國家大餅而致富的人。）

27. 房地產投資信託享受的稅賦利益甚至比小型企業的稅賦利益更大，因為個人利用後者圖利的行為受到限制，但利用前者圖利的行為則不受限。

28. 歐巴馬政府執政最後幾年頒布了幾項監理規定修訂，因而較容易清查出洗錢行為，但這個說法僅適用於紐約與少數其他地點。據報導，這對要價數百萬美元的房地產區隔的衝擊非常大，也確認洗錢行為在這個市場的影響力。

29. 「聯合公民訴聯邦選舉委員會案」*Citizens United v. Federal Election Commission*, 2010.的判決使「超級政治行動委員會」（Super PACs）得以興起，有非常多政治資金透過這些委員會流動。一個較低階的法院在「Speechnow.org 訴聯邦選舉委員會案」判決中指出，依「聯合公民案」的判例，對任何能進行獨立政治支出的團體設限是違憲的。

30. 某些個案的企業執行長可能會為自己辯護，聲稱他在政治上支持某個政黨或候選人是為了提高公司的利潤，而「提高公司的利潤」正是他的主要責任。但在一個良性運作的經濟體系和社會，大企業必須有更宏觀的眼界。大企業藉由欺瞞手段來提高利潤，顯然是錯誤的做法－而且企業藉由競選活動來確保政府允許它從事「欺瞞」行為，從而提高公司的利潤，一樣也是明顯錯誤的作為。監理規定能創造一個讓不想「作弊」的人不會被迫從事欺瞞行為，並且不會因為從事惡意活動的競爭者而陷入不利處境。

31. 阿坦納修（John Attanasio）教授（南方衛理工會戴德曼法學院〔SMU Dedman School of Law〕前院長）在*Politics and Capital* (Toronto: Oxford University Press, 2018)中提供的數據，說明「聯合公民案」判例與超級富人競選支出增加（光是在這個判決出爐後短短十一個月間，頂層〇・〇一%人口的捐款就增加六五%）之間的關聯性。「聯合公民案」判決出爐後，對祕密性質的501(c)(4)組織（這類組織可迴避揭露捐款內容）的捐款幾乎增加兩倍。有非常多政治研究文獻顯示，捐款能使門路增加，而門路增加能提升影響力，這攸關後續的立法活動。阿坦納修強調最高法院先前對「巴克萊控訴衛里歐案」*Buckley v. Valeo*, 424 U.S. 1 (1976)判決的重要性，該判決廢除競選捐款限制。最高法院雖然體察到金錢對概念傳播的影響重大，卻完全沒有考慮到金錢在政治領域的同等影響力。（也請見以下在注釋35中的討論）。由於美國的不平等情況非常嚴重，所以，最高法院似乎也核准了一個能確保「一%所有、一%所治、一%所享」的政府系統。更廣泛來說，Benjamin I. Page and Martin Gilens, *Democracy in America?: What Has Gone Wrong and What We can Do About It* (Chicago: University of Chicago Press, 2017)中說明，廣大的中低所得階層幾乎對政策沒有任何影響力，那不僅是因為他們的錢少，也因為各式各樣的反民主對策，像是不公平的選區重劃、小州影響力過大（這些州的兩名參議員握有和紐約州、加州與德州一樣多的選票）以及眾議院共和黨籍議長（一九九九年至二〇〇七年）哈爾斯特（Dennis Hastert）所採用的「哈爾斯特規則」（Hastert Rule，譯注：又稱為「多數中的多數規則」），根據這項規則，只有多數共和黨人支持的法案才有機會進行投票表決。

32. 經濟學家經常使用較生動的語言來描述這個流程：他們稱之為「俘虜」（capture）。這個用語最初似乎是世界銀行在我擔任該行首席經濟學家的任期即將結束時開始使用，也是諾貝爾經濟學獎得主芝加哥經濟學家史蒂格勒（George Stigler）所謂「監理俘虜」（regulatory capture）的自然延伸。（"The Theory of Economic Regulation," *The Bell Journal of Economics and Management Science* [Spring 1971]: 3–21）。

33. 對民主黨而言，金錢利益當然也扮演著重要角色，尤其是來自金融產業的金錢利益。儘管如此，許多民主黨領袖級人物還是出面大力推動相關改革。值得注意的是，美國最高法院在與政治資金不當使用有關的判決中，通常會呈現「五比四」的分歧表決結果，這個比例也反映出法官們的政黨傾向。

34. 這項法律規定比剛剛描述的稍微複雜一些。選擇加入公共募款的候選人就不能使用任何來自民間捐獻、個人、政治行動委員等的資金，而且，選擇加入這項計畫的候選人可以取得的資金上限為七萬五千美元。所以，如果甲候選人的對手沒有選擇公共募資，甲候選人最多還是只能獲得七萬五千美元的配比資金，換言之，如果對手能募集到超過七萬五千美元的資金，甲候選人也不能向州政府取得更多配比資金。

35. 公民發起的一項公投是亞利桑納州這項法律的法源。最高法院法官卡甘（Elena Kagan）代表四位異議法官提出論述時表示：「憲法第一修正案的核心宗旨是要促進一個健康、有生氣且充滿健全的對話及辯論的政治體系。而亞利桑納州的反貪汙條例：亞利桑納州公民潔淨選舉法案（Arizona Citizens Clean Elections Act），則完全不違反這項憲法保障。」她繼續表示，為「約束民選官員的特殊利益」而戰，符合各州的利益。這項法律能「促進概念的活躍競爭及其最終目標，那就是一個積極回應民眾意願的政府。」批判這個法院判決的批評者如前紐約大學布瑞南司法中心（Brennan Center for Justice）的尤恩（Monica Youn）表示，最高法院因此創造一種「維護貨幣利益權利」的心權利。最高法院的多數法官一如往常地罔顧這些憂慮，主張打造公平戰場等於剝奪個人利用自有資金為自己爭取利益的權利。例如請見Robert Barnes, "Supreme Court Strikes Arizona's 'Matching Funds' for Publicly Financed Candidates," *Washington Post*, June 27, 2011。這個案件的正式名稱是「麥康米希訴班奈特案」*McComish v. Bennett*，在二〇一一年判決。

36. 雖然自「聯合公民案」*Citizens United*後，最高法院法官的成員已經改變，但可預期的，如果類似的案件再次被送到最高法院，最終還是會得到五比四的判決。但只要改變表決方式，或是將最高法院的法官人數增加一倍，就能推翻這個令人遺憾的判決。

37. 金錢發揮影響力的機制非常多，這一章討論的只是其中幾種，絕對不是全部。舉例來說，遊說的作用力就非常強大。為抑制遊說活動的影響力而付出的努力已收到局部的成效，不過，還有改善的空間。

再重申一次，較高程度的揭露，包括政府官員會客名單，或許會有幫助。川普政府拒絕公開白宮訪客日誌的做法，已使外部影響力的不透明度達到一個新極端。請見Hirschfeld Davis, "White House to Keep Its Visitor Logs Secret," *New York Times*, Apr. 14, 2017。

38. 川普是雙重少數的候選人：即使他獲得的支持比其他十六名候選人多，但情勢清楚顯示，他並未得到共和黨內的過半數支持。不過，選舉制度讓他得以爭取到共和黨候選人的資格，接著又以遠比對手少的選票，奪下總統大位。有些人說民主黨內的初選流程也大致相同，但這兩黨之間存在一些根本差異。

共和黨內的極端份子已經順利接管整個黨。在眾議院方面，茶黨掌握足以阻擋該黨反對的所有立法行動的強勢地位。即使桑德斯（Bernie Sanders）與華倫（Elizabeth Warren）屬於主流「社會民主派人士」，他們和歐洲的社會民主派人士也有些許不同（且在多數情況下略微右傾）。

39. 一如政治學者道爾頓（Russell J. Dalton）及其合著作者指出，自古以來就有很多對政黨系統覺醒的例子，但政黨系統乃美國民主政治正常運作的必要元素，這又是一個不爭的事實。請見Dalton, David M. Farrell, and Ian McAllister, *Political Parties and Democratic Linkage: How Parties Organize Democracy* (New York: Oxford University Press, 2011)，以及Sean Wilentz, *The Politicians and the Egalitarians* (New York: W. W. Norton, 2016)。

40. 很顯然的，美國教育制度的弱點導致美國選民更容易受川普及福斯新聞的扭曲言論及謊言影響。不過，如果有錢人有能力選擇退出，或為他們自己設計飛地（enclaves，譯注：座落於其他國家管轄境內的領土），公共教育制度永遠也無法突破那些弱點。

41. 第六章已說明新技術甚至已經讓他們擁有形塑整個社會的更大力量。

第九章　重建機會均等的活力經濟

1. 十分諷刺的是，向來被視為批判市場最有力的民主黨人，現在卻不得不承擔起維護市場正常運作的責任，因為共和黨人已和想要維持目前這種以尋租為導向的扭曲經濟體系的特殊企業利益團體站在同一陣線。

2. 事實上，誠如在第二章評論到，如今連人均GDP都已無法作為評估生活水準的理想指標：以標準的生活水準衡量指標來說，美國的表現遠比幾個較高人均GDP的國家差。關於為何GDP不是生活水準的理想衡量指標的更廣泛討論，請見Joseph E. Stiglitz, Jean-Paul Fitoussi, and Amartya Sen, *Mismeasuring Our Lives: Why GDP Doesn't Add Up* (New York: The New Press, 2010)，這是我擔任某國際委員會的主席時，針對經濟表現與社會進步的衡量方式所提出的報告。

3. 我們可以設法改善出生率，但基於我們面臨的種種挑戰，很難說民眾會不會想「增產報國」，尤其是氣候變遷所帶來的挑戰。

4. 請見Case and Deaton, "Rising Morbidity and Mortality in Midlife among White Non- Hispanic Americans in the 21st Century."的討論。

5. 這個稅改法案的倡議者宣稱它將促成更多民間投資。但誠如我們已經提到的，流向企業金庫的額外資金多數是被用於股息發放及庫藏股買回。

6. 在這項稅改法案通過後幾個星期的二〇一八年一月，我參加達沃斯（Davos）的一場討論會，川普政府的運輸部長趙小蘭（Elaine L. Chao）也出席那場會議，並在會中重申她對基礎建設的承諾，但她也接著指出實現這個承諾的問題：缺錢。顯然川普政府已明確傳達它的優先考量：即使是設計不良的富人減稅方案都比基礎建設更加重要。

7. 透過對州所得與房地產稅的可扣抵稅額設限的條款。

8. 他表示減稅的效益將大到足以使稅收增加。但不用說也知道，事實正好相反，財政赤字大幅增加。

9. 個人儲蓄率降到二．二%，直到金融危機爆發時都還是維持低檔。布希減稅未能促進儲蓄、投資與經濟成長的相關討論，請見第一章注釋44的深入討論。

10. 當然，有關如何打造一個促進創新的社會，還有非常多可以說明的。例如請見Stiglitz and Greenwald, "*Creating a Learning Society*"。

11. 產業政策（industrial policies）一詞的英文容易產生誤會，這類政策不盡然是要促進工業發展。所謂的產業政策，是指促進經濟體系中某個產業、某項技術的發展，或鼓勵企業設置於特定地點。

12. 因此，積極的勞動市場政策有時遭到批評：這些政策在某些國家（例如北歐國家）的施行成效良好，但在其他國家的成效則良莠不齊。這是有原因的，而我們應該記取這些失敗個案所留下的重要教誨：如果個人接受的是不存在的就業機會的訓練（就業機會不存在的原因有二：一是因為總體經濟政策未能創造就業機會，二是因為訓練政策本身未能針對現有就業機會的需要提供教育計畫，導致個人所受的訓練不符合那些就業機會所需），那麼，那樣的訓練當然注定不會有成效。

正統的新自由主義觀點也對產業政策多所批判，它主張政府不應該自顧自的欽點贏家（譯注：贏家不是靠政府挑選而來，而是透過競爭的淬煉而來）。不過，每一個成功的國家都實施過產業政策卻是個不爭的事實；美國的產業政策多半是國防部的既定政策。如果不是政府的多項研究計畫，美國不會成為網際網路領域的領導者。無論如何，所有政府都必須制定和教育制度設計與基礎建設有關的長期決策，而這些決策必須以國家的未來發展願景為基礎。關於更深入的討論，請見Stiglitz and Greenwald, "*Creating a Learning Society*"，以及Mazzucato, *The Entrepreneurial State*。

13. 經濟學家與社會學家同樣提及存在於社區的組織與社會資本。當社區被摧毀，這項資本也會被摧毀。例如請見Robert J. Putnam, *Bowling Alone* (New York: Simon and Schuster, 2000); 以 及Robert J. Sampson, *Great American City: Chicago and the Enduring Neighborhood Effect* (Chicago: University of Chicago Press, 2011)

14. 更概括來說，經濟活動的空間配置沒有效率，那是嚴重的交通阻塞和其他專屬特定地點的外部性所造成（記得嗎，當一個個人決策的全部影響未反映在他必須負擔的成本時，一定會衍生外部性；而一旦有外部性發生，市場就沒有效率。）

15. 當時政府發揮的作用力部分是無心插柳所致，那是第二次世界大戰的副產品；為了進行戰爭相關的生產活動，政府協助引導民眾從農村搬遷到都會區，而且政府也透過「退伍軍人權利法案」，協助確保從戰場歸來的人能學會在這個新工業化經濟體系獲得成就的必要技能。有關這一點的更詳細說明，請見第六章注釋 7 所引用的研究。

16. 現代經濟理論（根據不對稱資訊）已解釋為何會如此，也說明為何這些問題是固有的問題。

17. Joseph E. Stiglitz and Jungyoll Yun,"Integration of Unemployment Insurance with Retirement Insurance," *Journal of Public Economics*, 89, no. 11–12 (2005): 2037–67; 以及"Optimal Provision of Loans and Insurance Against Unemployment From A Lifetime Perspective" (NBER Working Paper No. 19064, 2013)已詳細說明這個概念。

18. 我要感謝克魯格（Alan Krueger）撥冗就這些議題和我進行多次討論。舉例來說，政府可以針對舊工作與新工作機會之間的工資差異提供部分補貼，至少短期的補貼；個人則可以一邊繼續尋找更好的就業機會。到最後，他不是找到那個更好的工作，就是向下修正他的期望。不過，根據這個計畫，他至少有工作。

19. 因此，自動穩定器甚至在標準指標（如經濟成長率或失業水準等）顯示情況不對勁之前就已先挹注資金到經濟體系了。尤其是在政治體系窒礙難行的美國，即使當局體察到問題，都不見得能及時挹注資金到經濟體系，從政府對大衰退的回應便可見一斑，儘管經濟體系迫切需要資金挹注，國會還是可能遲遲無法完成表決，造成代價慘重的延宕。

20. 倡議全民基本收入的書籍多到可用過剩來形容，包括：Guy Standing, *Basic Income: A Guide for the Open- Minded* (New Haven: Yale University Press, 2017); Annie Lowrey, *Give People Money: How a Universal Basic Income Would End Poverty, Revolutionize*

Work, and Remake the World (New York: Crown, 2018); 以及 Philippe Van Parijs 與 Yannick Vanderborght, *Basic Income: A Radical Proposal for a Free Society and a Sane Economy* (Cambridge, MA: Harvard University Press, 2017)。從這些標題可看出那些書籍的作者都相信全民基本收入將對我們的社會產生改造的作用力。

21. 有些人暗示全民基本收入還具備政治上的優勢，諸如社會安全計畫等全民性的計畫能獲得較多的支持，原因很簡單，因為那種計畫涵蓋「全民」。有一句俗話說，經濟狀況調查計畫（means-tested programs，資格取決於所得等「經濟狀況」的計畫）很小氣（mean，古時候這個英文字代表「吝嗇」）。

22. 將利率維持在極端低水準，也可能對經濟體系造成扭曲，尤其是金融產業，因為那會鼓勵世人過度投資在資本密集的技術，進而使得風險溢價（risk premia）降得過低。此外，一味依賴貨幣政策也可能造成利率敏感型產業的龐大負擔。

23. OECD 數據。

24. 請見 Wagner and Wendy Sawyer, "Mass Incarceration: The Whole Pie 2018," Prison Policy Initiative, Mar. 14, 2018。

25. "Employed Full Time: Median Usual Weekly Real Earnings: Wage and Salary Workers: 16 Years and Over," St. Louis FRED Economic Data, accessed July 14, 2018，可由以下連結取得：https://fred.stlouisfed .org/series/LES1252881600Q。有些人暗示，造成低勞動力參與率的原因是，不在勞動力之列的人不具備新就業機會所需要的技能。但那類技能錯配的現象並非導致當前勞動市場種種問題唯一的原因，因為如果問題真的單純是技能錯配，那麼較高技能勞工的工資理當會上漲，而其他領域的工資剛性（rigidities）的降低，也理當讓那些領域的工資降幅受限；因此，平均工資的提升速度理當比我們目前見到的更快速才對。

26. 一如美國在伊拉克與阿富汗戰爭期間的作為。請見 Joseph E. Stiglitz and Linda Bilmes, The Three Trillion Dollar War: The True Cost of the War in Iraq (New York: W. W. Norton, 2008).

27. 不要求它們為實際的社會成本（例如環境損害的價值）付出代價，實質上就是一種補貼。如果國家不課徵碳稅，企業就不會因為造成的環境損害而付出任何代價。由於我們不逼迫汙染企業為它們對社會造成的損害付出代價，無形中也等於給予這些企業補貼。

28. 即使依照傳統的衡量方式，不將較佳環境的利益列入考慮。那種稅的部分收入可進而用來投資「綠」經濟，例如能翻新改造美國公共基礎建設的投資活動。這一切（包括民間與公共部門將創造的就業機會）是即將被稱為「綠色新政」（Green New Deal）的一環。有些人倡議依照碳訂價高層委員會（High- Level Commission on Carbon Prices，我和英國的重量級經濟學家尼可拉斯・史特恩閣下〔Lord Nicholas Stern〕共同擔任該會主席）建議的方針來課徵碳稅，但也建議這些收入應該還給納稅人。

不過，倡議實施「將碳稅收入退還給納稅人」政策的人，忽略我們對新投資的規模（包括公部門投資，這些投資是綠化經濟體系的必要投資）所提出的重要警告（當時由時任法國環境部長的羅雅爾〔Segolene Royal〕與一位重量級荷蘭商人領導的全球政商組織賦予我們一個任務：釐清若要實現巴黎與哥本哈根等國際協定所設定的目標：將全球暖化限制在「氣溫上升一・五度至二度」需要課徵多少碳稅。請見“Report on the High- Level Commission on Carbon Prices,” 也被稱為“The Stern- Stiglitz Report,” Carbon Pricing Leadership Coalition, accessed July 4, 2018。可由以下連結取得：https://www.carbonpricingleadership.org/report-of-the-highlevel-commission-on-carbon-prices/）。

課徵碳能的好處是：能鼓勵世人聚焦在為拯救地球而降低碳排放的相關研究。根據我們目前的經濟體系，企業無需為碳排放負擔任何成本，所以它們根本沒有誘因進行技術創新或降低碳排放。

29. 這個論述很簡單：政府支出的擴張效果（expansionary effect）超過稅賦的緊縮效果（contractionary effect）。當稅賦是針對超級富翁課徵，緊縮效果將尤其小；而特定類型投資活動的擴張效果可能尤其大，例如和教育與技術有關的投資，以及很多對環境的投資。

30. 請見Mazzucato, *The Entrepreneurial State*。

31. “Some Dates and Figures,” European Investment Bank, accessed July 4, 2018, available at http://www .eib .org/about/key_figures/ index .htm .

32. 在川普政府執政初期，有一些提案建議藉由提供高額的稅賦利益，徵召避險基金提供基礎建設融資。當然，稅賦利益的提供並非沒有代價，這種稅賦利益會導致政府可用到其他方面的資金遭到剝奪。透過全國性基礎建設銀行募集的資金對大眾造成的成本，將遠低於引誘避險基金提供融資所需付出的成本，無論如何，避險基金較感興趣的應該是為機場及其他可讓他們取得直接收入來源的專案提供融資，較沒興趣為鄉村的道路與基礎建設中其他較不受重視的層面提供資金。

33. 其他來源的證據顯示，那類作為不僅能影響生活品質，甚至會鼓勵學習並壓抑犯罪。

在協助醫院、學校與老人院方面，也還有其他工作需要做。縮短各項公共服務的等待時間也能創造價值，只不過，美國國民所得統計並未善加計算那項價值。

34. 有關印度這項方案與成就的描述，請見Jayati Ghosh, “Can Employment Schemes Work? The Case of the Rural Employment Guarantee in India,” in *Contributions to Economic Theory, Policy, Development, and Finance: Essays in Honor of Jan A. Kregel*, ed. Dmitri Papadimitriou (London: Palgrave Macmillan, 2014), 145–71。當然，印度勞動市場結構和美國大不相同，因此兩國適用的方案自然也會有很大差異。儘管如此，重點還是一樣：一個遠比美國貧窮、正職勞工占比遠低於美國的國家，都有能力負擔並成功推動保證就業計畫，這代表美國也應該有能力做到。

在實施這類計畫時，有很多技術細節必須解決。一方面我們覺得不支付勞工適當工資是錯誤的；但另一方面我們也認為不該干涉民間部門的雇用行為。因此這類措施應該被視為一種最後手段。

我們所期待的，終究還是靠恰當的貨幣政策與財政政策來實現「所有族群」都充分就業的目標。然而，事實顯示這並不容易。非裔美國人的失業率通常是其他人口的兩倍，部分原因是差別待遇；這代表除非政府成功將整體失業率壓到非常低的水準，否則少數族群的失業水準往往會高到令人難以接受。

當然，保證就業計畫和勞動福利計畫類似，過去的成果良窳不一。勞工雖然在計畫中被指派了工作，但不代表這是份有意義的工作，自然也不會提供適當訓練。因此參與計畫的勞工多半無法成功累積到有助於未來重新融入勞動市場所需的技能。

通常這種方案指派的任務都是一些不太有意義的工作，被指派做這些工作的人沒有受過適當的相關訓練，而且這些工作多半未能積極協助參與方案的勞工累積將來重新融入市場勞動力的技能。但經由這些失敗經驗所領略到的獨到見解，可作為設計更理想的就業保證方案的參考。

一旦我們體察到漫長失業期將帶來的極高社會成本，尤其當失業集中在特定地區或集中在人口結構的特定次族群，那麼即使是設計不完美的計畫也還是可能會令人欣然接受。

35. 有些右派人士聲稱一切都該交給市場去處理。如果工作的淨利益（包括支付的孩童照護費用）不充足，個人就不該工作；若根據這個觀點，孩童照護補貼將會扭曲勞動市場。不過，這樣的觀點忽略早已存在於勞動市場及社會上其他地方的多重扭曲，包括無法無天的性別差別待遇；而且，這個觀點也忽略工作尊嚴可能被賦予的社會價值，並忽略因工作而提升的人力資本。

36. 不用說也知道，這牽涉到為勞工提供較符合勞動市場需求的技能。

37. 關於「預分配」，請見Jacob S. Hacker and Paul Pierson, *Winner-Take- All Politics: How Washington Made the Rich Richer— And Turned Its Back on the Middle Class* (New York: Simon & Schuster, 2010); 以及Joseph E. Stiglitz, "*The Price of Inequality*。

38. 關於工資不平等的決定因素的更完整討論，請見第二章（包括注釋23）的討論。

39. 格拉斯—史提格爾法案（區隔商業與投資銀行業務的法律）廢除後，銀行業集中化的情況大幅上升，這讓銀行業者掌握更大的市場操縱力。前五大銀行資產約當整體商業銀行資產的比重，從一九九八年（格拉斯—史提格爾法案廢除前一年）的二九%，大增到二〇一五年的四六%。"5- Bank Asset Concentration for United States," St. Louis FRED Economic Data, accessed July 14, 2018, 可由以下連結取得：https://fred .stlouisfed .org/series/DDOI06USA156NWDB。

40. 有關提高最低工資與提高工資補貼的相對優點，各界辯論不休。我相信美國需要同時實施這兩種對策。

41. Miles Corak透過實驗，以文本翔實記載所得平等與機會平等之間的關係，歐巴馬總統時代的經濟顧問委員會主席亞倫·克魯格（Alan Krueger）稱這個關係為了不起的蓋茨比曲線（Great Gatsby Curve）。請見Corak, "Income Inequality, Equality of Opportunity, and Intergenerational Mobility," *Journal of Economic Perspectives* 27, no. 3 (2013): 79–102; 與Corak，"The Rise and Consequences of Inequality in the United States,"二〇一二年一月十二日在美國進步中心（Center for American Progress）所發表的演說。

42. 根據教育部的統計，最富裕的二五%學區所花費的基金，比最貧窮的二五%學區高一五·六%。數據擷取自教育金融統計中心（Education Finance Statistics Center），二〇一八年七月四日取得，可由以下連結取得：http://nces .ed .gov/edfin/xls/A -1_FY2012 .xls。C. Kirabo Jackson, Rucker C. Johnson, 與Claudia Persico所做的一份研究發現，在十二年教育中，學生的花費每高一〇%，會促使未來的工資高七%，而且會使每年的貧窮發生率降低三·二%。請見ackson, Johnson, 與 Persico, "The Effects of School Spending on Educational and Economic Outcomes: Evidence from School Finance Reforms," *Quarterly Journal of Economics* 131, no. 1 (2016): 157–218。這些結果和先前提到的現象一致（第二章），在特定地點成長的孩童較不可能成功。

43. 不意外的，由於教育攸關重大，所以有無數嘗試改革的作為與書籍分別提議各種不同的方法。區區幾個段落無法充分說明這個豐富的主題研究。我討論獎勵薪酬的改革作為。另一個作為聚焦在特許學校（charter school，譯注：公辦民營的學校），允許新學校成立。平均來說，這些學校的績效並不比公立學校好（Philip Gleason, Melissa Clark, Christina Clark Tuttle, 與 Emily Dwoyer, "The Evaluation of Charter School Impacts: Final Report (NCEE 2010- 4029)" [Washington, DC: National Center for Education Evaluation and Regional Assistance, Institute of Education Sciences, U.S. Department of Education, 2010]），但還是有幾家學校創造出顯赫的成績。我們可將之視為「教育創新實驗室」，並將成功的專案引進公立學校。我們不該將那些學校視為取代公立學校的另類選擇。因為一旦這麼想，幾乎必然會造成在經濟、社會層面且甚至種族層面較為隔離的學校體系。改革的第三個支柱聚焦在打擊工會。這有點古怪，因為表現最好的公立學校體系是高度工會化的學校體系。不意外的，在大型企業界常見的反勞工、反工會態度，在教育改革辯論中也普遍可見。

44. 「謝爾比縣訴霍爾德案」（*Shelby County v. Holder*）案件宣稱這項法案的某個重要條款違憲。這項法案將美國歷來具備選民差別待遇傳統的地區納入聯邦監督範圍。其中很多地區擺脫這些限制後，明目張膽地採取阻礙非裔美國人投票的作為（例如關閉與改變投票所）。缺乏投票勢力衍生公共資源分配上的後果。關於這些議題的更完整討論，包括最高法院判決，請見第八章。

45. 資料來源：世界監獄人口清單（World Prison Population List），國際監獄研究中心（International Center for Prison Studies）。

46. 這個大規模監禁系統後來被稱為「新吉姆克勞法」（new Jim Crow）。然而，誠如我在第八章提到的，這達到一個政治目的：更順利剝奪大量非裔美國人的選舉權。請見Alexander, *The New Jim Crow*。這也涉及剝削。誠如我們先前提到的，當今美國有幾近五%的工業勞動力是已被定罪的勞動力，通常這些人的工資遠低於最低工資。

47. 這一場金融危機凸顯出美國的經濟法院系統最惡質的一面。諸如富國銀行等銀行業者鎖定非裔美國人從事掠奪性放款行為。幾乎沒有一個理當為這場危機（或為這樣的差別待遇）負責的有錢銀行從業人員最後真的出面扛下相關的責任，他們甚至把沒有欠任何錢的人趕出自家住宅（其中有一些屋主被趕出家門的原因竟是因為銀行業者自己找不到適當文件），但也未因這樣的罪行負責。請見Joseph E. Stiglitz, "Justice for Some,"in *The Great Divide*, 70–73。

48. 請見Andrea Flynn, Dorian T. Warren, Susan Holmberg, 與 Felicia Wong, "Rewrite the Racial Rules: Building an Inclusive American Economy," Roosevelt Institute, June 2016。

49. 與川普支持者會談時常碰觸到的話題之一是，他們覺得在人生的發跡路上，別人總是能拿到可以直接跳過他們的通行卡。以高爾夫球來說，我們都知道公平的戰場牽涉到為弱者提供有利的條件（或為強者設置障礙）。面對人生時，我們也必須要有這樣的體認：有些人天生就屈居劣勢，需要幫助才能確保他們擁有真正公平的戰場。

50. 有一個訴訟案件代二十一位年輕孩童對川普政府的氣候政策提起訴訟，這些論述就是那場訴訟的部分論述。這個案件的名稱是「朱利安娜訴美國政府案」*Juliana v. US*，在最高法院（七比二的判決）確認這些孩童打官司的權利後，目前處於擱置階段，等待奧瑞岡州尤金市的審訊。我是這個案件的專家證人之一。

51. 請見Joseph E. Stiglitz, "Reforming Taxation to Promote Growth and Equity," Roosevelt Institute White Paper, May 28, 2014。關鍵的改革包括對股利、資本利得、地方債券利息完整課稅，以及消除大量漏洞（包括繼承性資產資本利得課稅成本基準提升〔step-up〕相關條款，根據這項條款，只需針對出售資產的價格與繼承時的價格的差額納稅，換言之，上一代在世期間獲得的所有資本利得全數免課稅）。

52. 其中一項漏洞是先前提到的「附帶權益」（carried interest）條款（在一九八六年的「國內稅收法」）：私募基金投資人（購買企業、加以重整，接著再將之轉賣）繳納的資本利得稅很低，其他部門的從業人員則必須負擔遠高於私募基金從業人員的稅率。

53. 不過證據顯示，每一個個案的反應通常都很小，誠如經濟學家所言，稅收彈性（tax elasticities）很低。

54. 請見Henry George, *Progress and Poverty: An Inquiry into the Cause of Industrial Depressions and of Increase of Want with Increase of Wealth* (San Francisco: W. M. Hinton & Company, printers, 1879), 38。

55. 可從另一面看待這件事：土地的價值將降低，所以，如果個人希望退休後能持有特定金額的財富，較多財富必須以生產性資本的形式持有。

56. 請見本章注釋28所討論的"The Stern- Stiglitz Report"。

57. 當然，縮減對石化燃料的巨額補貼（估計每年為大企業帶來兩百零五億美元的福利，其中多數是透過稅賦體系提供；一旦縮減這類補貼，可能使可花在其他地方的資金增加）是有道理的。David Roberts, "Friendly Policies Keep US Oil and Coal Afloat Far More than We Thought," *Vox*, Oct. 7, 2017，根據國際石油變革組織（Oil Change International）的數據。這項數據遺漏很多類別的補貼，例如直接流向消費者的補貼。國際貨幣基金組織估計，二〇一五年的能源補貼（多數流向石化燃料）達五．三兆美元，大約是全球GDP的六．五%。David Coady, Ian Parry, Louis Sears, and Baoping Shang, "How Large Are Global Energy Subsidies?," *International Monetary Fund*, 2015。他們估計，美國的年度補貼金額達六千億美元。

58. 全球因天然災害所承受的損失總計為三千三百五十億美元。美國承受全球經濟損失中的八八%。*Natural Disasters 2017*, www.emdat.be/publications(accessed Jan. 28, 2019). 也請見Pascaline Wallemacq與Rowena House, "Economic Losses, Poverty and Disasters 1998–2017" (United Nations Office for Disaster Risk Reduction and Centre for Research on the Epidemiology of Disasters, 2018), accessed January 24, 2019,可由以下連結取得：https://www.unisdr.org/we/inform/publications/61119。

59. 事實上，這種交易活動會干擾到金融市場的效率。誠如Michael Lewis在他二〇一四年發表的*Flash Boys: A Wall Street Revolt* (New York: W. W. Norton)一書中指出，高頻交易活動多半只過是一種技術上更先進的「搶前交易」（front running）法，其中某些較不精密的「搶前交易」法並不合法。流向這些交易人員的資金，是理當流向可能有助於提升經濟體系整體效率的真實資訊的資金。請見Joseph E. Stiglitz, "Tapping the Brakes: Are Less Active Markets Safer and Better for the Economy?,"Tuning Financial Regulation for Stability and Efficiency, Apr. 15, 2014, 可由以下連結取得：http://www.frbatlanta.org/documents/news/conferences/14fmc/ Stiglitz.pdf。

第十章　確保人人享有理想生活

1. 即使哥斯大黎加的人均國民所得只有美國的四分之一，都擁有比美國長的平均壽命，部分原因是該國為全民提供優質的醫療照護。

2. 根據美國經濟分析局的數據，債務毛額在第二次世界大戰達到GDP的一一九%的高峰。"Gross Federal Debt as Percent of Gross Domestic Product," St. Louis FRED, accessed July 15, 2018,可由以下連結取得：https://fred.stlouisfed.org/series/GFDGDPA188S.

3. 教育的投資報酬非常高，在一份國會報告中提及，每花費一美元，就能回收七美元。不同種族在接受教育福利上差異甚大：只有十二%的非裔美國人繼續接受較高等的教育，和白人的二八%呈現明顯的對比。Edward Humes“How the GI Bill Shunted Blacks into Vocational Training,” *The Journal of Blacks in Higher Education*, no. 53 (Autumn 2006): 92–104解釋導致這種差別待遇發生的機制。值得注意的是，儘管退伍軍人權利法案提升北方的教育程度，卻未對南方帶來任何影響。請見Sarah Turner and John Bound, “Closing the Gap or Widening the Divide: The Effects of the GI Bill and World War II on the Educational Outcomes of Black Americans,” *The Journal of Economic History* 63, no. 1 (2003), 145–77。退伍軍人權利法案也提供住宅貸款，但同樣拒絕對貧窮區域民眾放款或對他們收取較高費率，這意味非裔美國人無法充分利用這些津貼。請見Edward Humes, *Over Here: How the G.I. Bill Transformed the American Dream* (New York: Diversion Books, 2006)。

4. 儘管本章較偏重政府計畫（包括新公共選項）在確保所有美國人都能享有理想生活方面所扮演的角色，但還是必須認識到前一章討論的監理框架也同樣重要。如果員工容易被雇主剝削（例如透過零散輪班與零工時工作）、生活環境遭到破壞，或是不斷被往來的企業剝削（不管是網際網路供應商、行動電話公司或航空公司），那麼人們就不可能擁有理想的生活。

5. 因此，公共選項的效果可能優於僅由政府提供特定服務。

6. 諷刺的是，國會打造聯邦醫療保險的一個民間選項，但為了讓這些民間業者擁有競爭能力，必須提供大量補貼。

7. 即使是在川普企圖以陰險手段破壞平價醫療法案之前，還大約有一二%的美國成年人沒有保險，換言之，大約有三千萬人。請見Zac Auter, “U.S. Uninsured Rate Steady at 12.2% in Fourth Quarter of 2017” (Gallup, Jan. 16, 2018);以及Edward R. Berchick, Emily Hood, 與Jessica C. Barnett, “Current Population Reports, P60- 264, Health Insurance Coverage in the United States: 2017” (US Government Printing Office, Washington, DC, 2018).國會預算辦公室在二〇一七年十一月估計，由於二〇一七年稅改法案的影響，到二〇二七年時會增加一千三百萬名未參加保險者。請見“Repealing the Individual Health Insurance Mandate: An Updated Estimate” (CBO, Nov. 8, 2017)。

8. 這個選項基本上代表原本透過民間保險系統由健康民眾為不健康民眾提供的補貼，轉而透過稅賦系統來進行。

9. 請　見Peter R. Orszag and Joseph E. Stiglitz,“Rethinking Pension Reform: Ten Myths about Social Security Systems,” in *New Ideas about Old Age Security*, eds. Robert Holman and Joseph E. Stiglitz, (Washington, DC: World Bank, 2001), 17–56。多數人並不知道這

些替代計畫所收取的手續費，所以並不了解手續費對其退休所得影響。據估計，美國個人退休賬戶（IRA）所隱含的交易成本，將導致退休津貼降低約三〇%。請見Robert Hiltonsmith, "The Retirement Savings Drain: The Hidden and Excessive Costs of 401(k)s," New York: Demos.org, 2012, accessed Jan. 24, 2019, 可由以下連結取得：https://www.demos.org/publication/retirement-savings-drain-hidden-excessive-costs-401ks。

10. 請見第五章注釋21的討論。川普政府和銀行業者一個鼻孔出氣，遲遲不願實施和其他先進國家類似的忠誠受託標準。讓銀行業者繼續經由利益衝突犧牲退休者的利益，來獲取自身利益。接著，第五巡迴法院（the Fifth Circuit Court，涵蓋德州、路易斯安納州與密西西比州）更直接廢除這項規定。這一切的一切讓「公共選項」的條款變得更加重要。進一步的討論請見Alessandra Malito, "The Fiduciary Rule Is Officially Dead. What Its Fate Means to You," *Market Watch*, June 25, 2018, https://www.marketwatch .com/story/is -the -fiduciary -rule -dead -or -alive -what -its -fate -means -to -you -2018 -03 -16等。

11. 「貸款後證券化系統」是指房貸仲介協助銀行出售這些房屋的抵押貸款，他們將這些房貸賣給投資銀行，投資銀行進一步將之包裝成不同的證券，而這些證券的潛在買家是退休基金與其他尋求分散投資組合的人，這已在第五章討論。

12. 請見Laurie Goodman, Alanna McCargo, Edward Golding, Jim Parrott, Sheryl Pardo, Todd M. Hill- Jones, Karan Kaul, Bing Bai, Sarah Strochak, Andrea Reyes, 與John Walsh, "Housing Finance at a Glance: A Monthly Chartbook," Urban Institute, Dec. 2018, 可由以下連結取得：https://www.urban.org/research/publication/housing-finance-glance-monthly-chartbook-december-2018/view/full_report。

13. 這項建立經濟模型的方法稱為「特徵價格法」（hedonic pricing，效用估價），這是為了釐清和一棟住宅有關的各種不同特質（包括地點與各種舒適感）的市場價值。

14. 舉例來說，房屋抵押貸款公司與投資銀行經常將租賃型房地產指稱為自用不動產。這個做法的影響非常重大，因為前者的違約風險遠比後者高。

15. 經濟學家將這些稱為「範疇經濟」（economies of scope，譯注：兩個以上的事業單位共同分擔研發、行銷、生產等成本而享有的經濟效益）。多數個人的付款有可能在實質上零邊際成本的情況下直接連結到工資。這個提案需要解決一系列實務上的疑問與議題。雖然這些關鍵係細節要留意，但我們在此要強調的重點是，有非常大的空間可打造一個遠比現有安排更有效率的公共放款。主管機關必須承擔風險並參與房貸的擔保，不管是隱性還是公開的參與，反正根據現有的安排，政府也有同樣的職責。

16. 在這場危機爆發前幾年，三十年期的房屋抵押貸款產品的違約狀況遠低於民間市場爭相採用的產品，例如浮動利率產品以及期末整付型貸款（balloon payments）；不過，連三十年期房屋抵押貸款產品都無法在風險分攤及穩定經濟體系上，達到很多人所說的效率（例如剛剛在本文中描述的），而且在某些情況下，也不像其他國家提供的產品那麼有效率（包括著名的丹麥不動產抵押貸款債券）。

17. 舉例來說，請見Deirdre Bloome, Shauna Dyer, and Xiang Zhou, "Educational Inequality, Educational Expansion, and Intergenerational Income Persistence in the United States," *American Sociological Review* 83, no. 6 (2018): 1215–53。

18. 請見James J. Heckman, "Invest in early childhood development: Reduce deficits, strengthen the economy," https://heckmanequation.org/www/assets/2013/07/F_HeckmanDeficitPieceCUSTOM-Generic_052714-3-1.pdf 與 Ajay Chaudry, Taryn Morrissey, Christina Weiland, and Hirokazu Yoshikawa, *Cradle to Kindergarten: A New Plan to Combat Inequality* (New York: Russell Sage Foundation, 2017)。

19. 這些替代方案的主要差異是對代際所得分配產生不同影響。「所得連動貸款」是讓受教育的一代自行負擔教育支出，而「免學費政策」則是讓當前勞動人口承擔下一代的教育支出。不過代際所得分配也會受到其他政策的影響，例如社會安全制度（退休金）的設計。

20. 應該要讓個人得以向政府借錢償還民間貸款；任何提前還款的罰則都不應該具有法律效力。

21. 有關不平等與經濟隔離相關性的討論，請見Sean F. Reardon and Kendra Bischoff, "Income Inequality and Income Segregation," *American Journal of Sociology* 116, no. 4 (2011): 1092–1153。

第十一章　打造全新的資本主義社會

1. 當然，這兩種價值觀並非完全不同，誠如我們在第五章清楚說明的：銀行從業人員道德敗壞的行徑是導致美國金融體系功能失調的重要因素。

2. 十九世紀時，愛爾傑（Horatio Alger）的一系列書籍貼切描繪這樣的榜樣人物，他描述一些貧窮男孩透過堅定的決心與努力工作，最終得以興隆發展。

3. 美國最優質的學校多半未實施將財務需求納入入學審查標準的制度，這些學校未將學生家長的財務情況列為審查標準，並主動提供財源來確保所有人都能註冊入學。然而，來自所得分配底層五〇％家庭的學生占比還是非常低（一〇％以下）。泛長春藤（即長春藤名校加上麻省理工學院、史丹佛大學、杜克大學以及芝加哥大學）中，有一四．五％的學生來自頂層一％家庭，而一三．五％來自底層五〇％家庭。Anthony P. Carnevale 與 Stephen J. Rose, "Socioeconomic Status, Race/Ethnicity, and Selective College Admission," in *America's Untapped Resource: Low-Income Students in Higher Education*, ed. Richard D. Kahlenberg (New York: Century Foundation, 2004); 以及 Raj Chetty, John N. Friedman, Emmanuel Saez, Nicholas Turner, and Danny Yagan,"Mobility Report Cards: The Role of Colleges in Intergenerational Mobility," NBER Working Paper No. w23618, July 2017, https://www.nber.org/papers/w23618.pdf。

4. 現代行為經濟學在矯正這些問題方面已有建樹。不過，美國與先進國家當前許多經濟政策並非以行為經濟學的獨特見解為基礎，而是以標準經濟學的訓誡為基礎，這些訓誡來自於一些不切實際的概念，像是人是完全理性、消息靈通且自私的。

5. 前一個態度的表現是：讚賞倡議「改革」的政治領袖，即使那項改革只是為了偏袒某個族群而犧牲另一個族群或甚至整個經濟體系而改變遊戲規則。雷根的改革就造成較遲緩的經濟成長與更嚴重的不平等等惡果；唯一的贏家是頂層民眾。後一個態度的表現是：最高法院的法官似乎相信一切應以美國開國元勳馬首是瞻，即使現代人面臨那些古人想像不到的窘境，也要堅定遵從他們的指引。

6. 事實上，誠如我們先前提到的，亞當斯密的第一本書《道德情操論》最初是在一七五九年發表。

7. 這份清單絕對不夠完整，但卻是為了更聚焦而提出的關鍵議題；我也無意暗示美國人會全體無異議支持這些價值觀以任何一種具體形式的表現。然而，我認為會公開反對某一項法律規定與某一個普遍容忍系統（system of widespread tolerance）的人並不多。當然，總是有一些人會以基於促進自身利益為目的的方式來表達這些價值觀。

8. 當川普在二〇一八年年底至二〇一九年年初關閉部分政府機關時，整個國家才終於體會政府對美國經濟體系與社會正常運作的重要性。

9. 二〇一七年，聯邦政府雇用兩百一十九萬人（不包括美國郵政公司）；一九六七年的雇用人數大約是兩百一十三萬人（All Employees: Government: Federal, Except U.S. Postal Service [CES9091100001],），取自FRED, Federal Reserve Bank of St. Louis; https://fred .stlouisfed .org/series/CES9091100001 . Accessed Jan. 24, 2019)。

10. 這是汽車安全立法之前的案件，納德（Ralph Nader）在他的經典著作*Unsafe at Any Speed: The Designed- In Dangers of the American Automobile* (New York: Pocket Books, 1965)中以文本翔實記載當時的情況。

11. 當一個總統主張他擁有自由赦免自己及其部屬的權利，代表他主張自己擁有肆無忌憚的獨裁權力，那麼就只有憲法提供的最終檢驗（彈劾）能控制得了他；而由於川普獲得所屬政黨的強力支持（罷免總統需要參議院三分之二席次通過），加上他極度傲慢的聲稱，就算他在第五街正中央開槍殺人也不會失去他的忠誠選民，所以他似乎沒什麼好怕的。

12. 很多重要的監理規定在幾乎神不知鬼不覺的情況下就遭到修訂。例如一項簡單的修法讓人在失能訴訟中不再敬重自己的醫師，而這可能會導致很多人在申請失能給付時遭到否決。

13. 根據OECD的二〇一七年數據，美國的實質人均GDP成長率略低於OECD平均值，但二〇一八年又略高一些。

14. 我在*Rewriting the Rules of the American Economy*中，將「全球化」與「新技術」描述成一股巨大的全球動力，透過美國經濟體系的運作規則（包括造成不公平與差別待遇現象的那些規則），轉化為我們的日常經驗。不過實際情況更加複雜，技術與全球化最初皆源於政策並深受其影響。就「新技術」而言，技術是由基礎研究所驅動，即使是民間部門的技術發展方向也深受政策影響，例如實施較嚴格的環保政策，就能促成更多研究降低溫室起體排放量的投資；而低利率政策則可降低資本相對勞動力的成本，從而鼓勵和節省勞動力有關的研究和其他投資。就「全球化」而言，則多半是受影響商品、勞務、資本與民眾之跨境移動的政策所驅動。

15. 那並不是十分精確。誠如本書第八章注釋11中提及，由於投票率偏低的緣故，川普的得票數僅約選舉年齡人口的二六%。

16. 我在*The Price of Inequality*與*The Great Divide*等書已深入說明這個觀點。不過並非只有我這麼認為，例如Thomas Piketty, *Capital in the Twenty- First Century*及Angus Deaton, *The Great Escape: Health, Wealth, and the Origins of Inequality* (Princeton: Princeton University Press, 2013)。

17. 關於「伍斯特訴喬治亞州案」*Worcester v. Georgia*, 31 U.S. (6 Pet.) 515 (1832)。傑克遜實際上對寇菲（John Coffee）准將說的話是：「最高法院的判決已胎死腹中，他們將發現無法強迫喬治亞州服從其命令。」

18. 南方發展出一種經濟制度，透過分益租（sharecropping，佃農按農產品收穫量一定比例繳納佃租）來延續舊奴隸主階級支配力量的經濟體系。南方在教育、所得、健康等所有社會與經濟福祉指標全數落後，以非裔美國人最為嚴重，但白人及其他族裔亦然。於是南方政治領袖利用種族主義，將貧窮白人的憤怒全數轉移到他們的黑人鄰居身上。小羅斯福總統在一九三八年通過全國最低工資政策後，大量非裔美國人從南方遷徙到北方，但產業為尋求低勞動成本，反而紛紛到南方重新設點，所以南方的統計數字最終還是獲得改善。原本一般人指望一九六〇年代的人權相關立法（是由一場大規模反經濟與種族長期不公義的運動所促成）能扭轉潮流，的確有一小段時間情況似乎讓人感到希望。不過在四分之一個世紀過後，進步的力量陷入停滯，甚至開始走回頭路（尤其是在法院中的力量）：經濟隔離、種族經濟鴻溝，以及政治去權（political disempowerment）的情況快速惡化。

19. 川普企圖利用種族主義創造個人政治優勢，這在歷史上當然早有先例。在詹森（Lyndon B. Johnson）總統的民權法案通過後，南方的共和黨人利用瀰漫整個黨的種族主義，成功促成黨內派系團結與大規模重組。

20. 某些人強調，戰爭有時具有促進平等的作用。的確，第二次世界大戰創造了休戚與共的凝聚力，讓美國得以實施高度累進的稅制，為戰後世代罕見的低度不平等局面奠定堅穩基礎。不過，戰爭絕非必要，也不必然會帶來平等主義社會，況且戰爭代價太高，不是實現平等的效率方案。

21. 這與之前提到「政府只是代替後代子孫保管特定天然資源的受託人」的觀點一致。這樣觀點又稱為公共利益原則（Public Interest Doctrine），最早可追溯到查士丁尼法典，在十九世紀末融入美國法律。這也是二十一名孩童控告川普政府未設法保護孩童利益的依據之一，他們主張川普政府未針對氣候的變遷採取適當行動。我在第九章的注釋50討論了這個案件。

22. 根據聯邦存款保險公司（ＦＤＩＣ）與全國信用合作社管理局（ＮＣＵＡ，是信用合作社的監理機構）的數據，在金融危機爆發前，信用合作社的破產率和營利型銀行大致相當，但在危機發生期間，信用合作社的破產率遠低於銀行。此外，儘管從二〇〇八年到二〇一六年，銀行業對小型企業的放款萎縮近一千億美元，信用合作社對小型企業的放款卻幾乎增加一倍，從三百億美元提高到六百億美元。請見全國聯邦保險信用合作社協會（ＮＡＦＣＵ）二〇一七年信用合作社報告，可由以下連結取得：https://www.nafcu.org/sites/default/files/data-research/economic-credit-union-industry-trends/industry-trends/Annual%20Report%20on%20Credit%20Unions/NAFCU%20Report%20on%20Credit%20Unions%20-%202017.pdf 以及 Rebel A. Cole, "How Did Bank Lending to Small Business in the United States Fare After the Financial Crisis?" (Small Business Administration, Jan. 2018).。

23. 舉例來說，美國最大奶油生產商藍多湖合作社（Land O'Lakes）。它最初的名稱是明尼蘇達合作奶油乾酪廠協會（Minnesota Cooperative Creameries Association），目前已有一萬名員工分別在五十個州與超過五十個國家工作，淨銷售額達到一百四十億美元。美國除了合作社住宅（cooperative housing）之外，也有超過六萬四千家合作社，包括公用事業和農業相關的合作社。其他眾所周知的合作社還包括香吉士（Sunkist）和優鮮沛（Ocean Spray）。

24. 英國前首相柴契爾夫人在一九八七年所作的評論，堪稱最強力否定集體行動的影響力與社會福祉的評論，她說：「這個世界上沒有『社會』這種東西。」

25. 例如請見 Paxton, *The Anatomy of Fascism*。

國家圖書館出版品預行編目(CIP)資料

史迪格里茲改革宣言：回應不滿世代的新資本主義 / 史迪格里茲(Joseph E. Stiglitz)著；陳儀譯. -- 第一版. -- 臺北市：遠見天下文化, 2020.03

448面；14.8×21公分. -- (財經企管；BCB691)

譯自：People, power, and profits : progressive capitalism for an age of discontent

ISBN 978-986-479-952-7(精裝)

1.資本主義 2.經濟社會學 3.經濟政策 4.二十一世紀 5.美國

551.5952 109002020

財經企管 BCB691

史迪格里茲改革宣言
回應不滿世代的新資本主義

People, Power, and Profits: Progressive Capitalism for an Age of Discontent

作者 — 史迪格里茲 Joseph E. Stiglitz
譯者 — 陳儀

總編輯 — 吳佩穎
書系主編 — 蘇鵬元
責任編輯 — Jin Huang（特約）
封面設計 — Bianco Tsai
封面照片提供 — 達志影像

出版者 — 遠見天下文化出版股份有限公司
創辦人 — 高希均、王力行
遠見・天下文化・事業群　董事長 — 高希均
事業群發行人／CEO — 王力行
天下文化社長／總經理 — 林天來
國際事務開發部兼版權中心總監 — 潘欣
法律顧問 — 理律法律事務所陳長文律師
著作權顧問 — 魏啟翔律師
社址 — 台北市 104 松江路 93 巷 1 號 2 樓
讀者服務專線 —（02）2662-0012 ｜傳真 —（02）2662-0007；2662-0009
電子信箱 — cwpc@cwgv.com.tw
郵政劃撥 — 1326703-6 號　遠見天下文化出版股份有限公司

電腦排版 — 立全電腦印前排版有限公司
製版廠 — 東豪印刷事業有限公司
印刷廠 — 柏皓彩色印刷有限公司
裝訂廠 — 精益裝訂股份有限公司
出版登記 — 局版台業字第 2517 號
總經銷 — 大和書報圖書股份有限公司｜電話 —（02）8990-2588
初版日期 — 2020 年 03 月 31 日第一版第一次印行

定價 — 550 元
ISBN — 978-986-479-952-7
書號 — BCB691
天下文化官網 — bookzone.cwgv.com.tw

天下文化
BELIEVE IN READING